# 쉽게 배우는 PHP 웹 프로그래밍

송미영 지음

지은이 **송미영** songsnail@naver.com

웹 기반의 관공서 위기관리 시스템·의학 용어 온라인 평가 시스템·중도 탈락 예방 시스템 개발, 앱 기반의 전자동화 및 교육용 게임 개발, 유니티를 이용한 가상현실 콘텐츠 개발 등 다양한 실무 경험을 쌓고 자바, 웹 프로그래밍(JSP/PHP), 스프링, 안드로이드 프로그래밍, 유니티 엔진, VR/AR 프로그래밍 등을 강의했습니다. 현재 수원여자대학교 교수로 재직하면서 컴퓨터 비전, 모바일 게임, 가상현실 등을 연구하고 있으며, 캡스톤 디자인 프로젝트나 경진대회, 공모전 등에서 학생들이 현장 실무 능력을 쌓도록 도와주는 지도교수로서 CATS(Computer Application Technology Study) 동아리를 운영 중입니다. 또한 다년간의 현장 실무 개발과 교육 강의를 통해 얻은 지식을 이해하기 쉬운 책으로 펴내기 위해 힘쓰고 있습니다. 저서로는 『쉽게 배우는 JSP 웹 프로그래밍(2판)』(한빛아카데미, 2023), 『JAVA 마스터』(한빛아카데미, 2023), 『단계별 예제로 배우는 안드로이드 프로그래밍 with 자바』(길벗캠퍼스, 2023), 『스프링 코딩 공작소』(길벗, 2022)가 있습니다.

## 쉽게 배우는 PHP 웹 프로그래밍

**초판발행** 2024년 06월 30일

**지은이** 송미영 / **펴낸이** 전태호
**펴낸곳** 한빛아카데미㈜ / **주소** 서울시 서대문구 연희로2길 62 한빛아카데미㈜ 2층
**전화** 02-336-7112 / **팩스** 02-336-7199
**등록** 2013년 1월 14일 제2017-000063호 / **ISBN** 979-11-5664-031-8 93000

**총괄** 박현진 / **책임편집** 김성무 / **기획** 정서린 / **편집** 김예원 / **교정** 신꽃다미
**디자인** 표지 김재석, 내지 박정우 / **전산편집** 이소연 / **제작** 박성우, 김정우
**영업** 김태진, 김성삼, 이정훈, 임현기, 이성훈, 김주성 / **마케팅** 김호철, 심지연

이 책에 대한 의견이나 오탈자 및 잘못된 내용에 대한 수정 정보는 아래 이메일로 알려주십시오.
파본은 구매처에서 교환하실 수 있습니다. 책값은 뒤표지에 표시되어 있습니다.
**홈페이지 www.hanbit.co.kr / 이메일 question@hanbit.co.kr**

# 쉽게 배우는 PHP 웹 프로그래밍

송미영 지음

한빛아카데미
Hanbit Academy, Inc.

# 탄탄한 기초 지식과 실무 활용 능력을 한 번에 쌓을 수 있는 한 권의 책!

대표적인 웹 프로그래밍 언어에는 ASP, 서블릿, JSP, PHP 등이 있습니다. ASP는 마이크로소프트에서 제작한 언어를 기반으로 하며 윈도우 계열을 사용합니다. 스크립트 방식으로 동적 웹 페이지를 구현할 수 있도록 지원하고 빠른 생산성과 편의성을 제공합니다. 하지만 비교적 많은 비용이 들며 현재는 마이크로소프트의 추가 지원이 끊긴 상태입니다.

JSP와 서블릿은 자바 언어를 이용하기 때문에 플랫폼이 독립적입니다. JSP는 표현 언어, JSTL 등과 같은 기능을 서블릿보다 많이 제공하므로 서블릿 기술의 확장이라 할 수 있습니다. 서블릿은 HTML과 자바 코드가 섞여 있어 유지 보수가 어렵지만 JSP는 이를 분리함으로써 유지 보수가 용이하고 코드의 길이를 줄일 수 있다는 것이 장점입니다.

동적 웹 페이지를 구축하는 데 사용하는 PHP는 가장 널리 사용되는 C 언어를 기반으로 한 오픈 소스의 범용 서버 측 스크립트 언어입니다. 구문이 이해하기 쉽게 되어 있어 배우기 쉽고, JSP나 ASP 등의 다른 언어로 작성된 스크립트보다 훨씬 빠르게 실행됩니다. 코드 작성이 수월해 생산성이 높고 유지 비용이 적게 들며 리눅스, 윈도우 등 멀티플랫폼을 지원합니다.

이 책에서는 웹 애플리케이션 개발에 입문하는 독자나 웹 애플리케이션 개발 실무에 자신감을 얻고자 하는 독자를 위해 가장 널리 사용되는 서버 측 스크립팅 언어인 PHP 웹 프로그래밍 언어를 다룹니다. 웹 프로그래밍 언어를 배우는 목적은 웹 쇼핑몰 같은 동적 웹 애플리케이션을 개발하기 위함입니다. 그러나 독자가 웹 프로그래밍을 배우면서 가장 크게 느끼는 어려움은, 한 권의 책을 충실히 학습했음에도 실제로 웹 애플리케이션을 개발할 때 배운 내용을 어느 부분에 어떻게 적용할지 난감하다는 것입니다. 이는 대부분의 책이 이론과 기본 실습 위주로 설명하고 응용 실습은 책의 후반부에 맛보기 예제로만 제공하여 이해력이나 응용력을 독자의 몫으로 넘기기 때문이라고 생각합니다.

그에 반해 이 책은 최신 PHP 버전을 기반으로 PHP의 이론을 먼저 살펴보고 기본 및 실습 예제를 통해 개념에 대한 이해도를 높여줍니다. 그리고 학습한 개념과 사용법이 웹 애플리케이션 개발에 어떻게 적용되는지 파악할 수 있도록 최신 부트스트랩 프레임워크 CSS를 적용한 반응형 웹 쇼핑몰을 구축해보는 응용 실습으로 구성했습니다. 또한 세션을 이용한 장바구니, 쿠키를 이용한 주문 처리, 다국어 처리, 유효성 검사, MySQL을 이용한 데이터베이스 등 웹 애플리케이션 개발에 필요한 다양한 기능을 다룹니다. 그 밖에 웹 애플리케이션 구축에 필요한 회원 가입/수정/탈퇴, 로그인/로그아웃, 게시판 구현을 직접 해볼 수 있도록 완성된 코드를 제공합니다.

많은 독자가 이 책을 통해 웹 애플리케이션 개발에 필요한 탄탄한 기초 지식을 쌓고 프로젝트 실무에 좀 더 자신감을 가질 수 있길 바랍니다. 끝으로 책을 집필하는 데 많은 도움을 준 한빛아카데미(주)의 김예원 선임님께 진심으로 감사의 말을 전합니다.

지은이 **송미영**

# 이 책의 사용 설명서

## • 누구를 위한 책인가

- PHP를 통해 웹 애플리케이션 개발에 입문하는 독자
- 웹 애플리케이션 개발 실무에 자신감을 얻고자 하는 독자
- 동적 웹 페이지를 쉽게 배우고 싶은 입문자
- 웹 프로그래밍을 익힌 후 실무에 빨리 적용하고 싶은 개발자
- 응용 기술을 익혀 웹 애플리케이션 개발 경험을 쌓으려는 개발자

## • 무엇을 다루는가

### 01 PHP 기본 문법 배우기(1~6장)

PHP의 기본 문법으로 변수, 자료형, 연산자, 제어문, 배열, 문자열, 함수를 다룹니다. 각 장에서 배운 기본 문법을 북마켓 구축에 적용하여 시작 페이지 만들기, 도서 목록 표시하기, 페이지 모듈화하기, 도서 상세 정보 표시하기 등을 실습합니다.

### 02 페이지 처리 기법 배우기(7~10장)

폼 태그, 파일 업로드, 유효성 검사, 예외 처리 등을 다룹니다. 각 장에서 배운 내용을 북마켓 구축에 적용하여 도서 등록 페이지 만들기, 이미지 등록하기, 유효성 검사하기, 예외 처리 페이지 만들기 등을 실습합니다.

### 03 PHP 고급 문법 배우기(11~15장)

세션, 쿠키, 데이터베이스 구축과 API 등을 다룹니다. 각 장에서 배운 내용을 북마켓 구축에 적용하여 장바구니 페이지 만들기, 주문 처리 페이지 만들기, 데이터베이스, 도서 조회/등록/수정/삭제하기 등을 실습합니다. 웹 쇼핑몰 구축에 필요한 회원 가입/수정/탈퇴하기, 로그인/로그아웃, 웹 게시판 만들기 등을 실습합니다.

## • 학습 로드맵

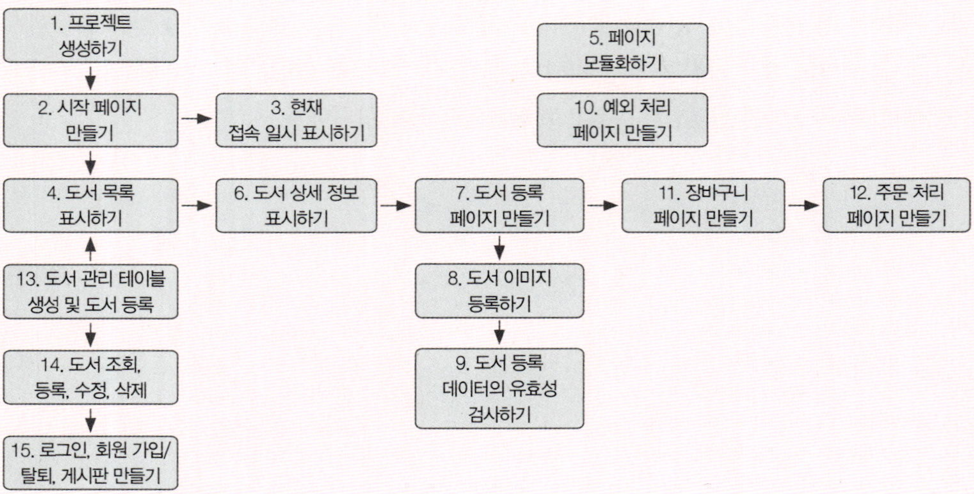

- **실습 자료**

실습에 필요한 자료는 아래 주소에서 다운로드할 수 있습니다.
http://www.hanbit.co.kr/src/40031

- **실습 환경**

이 책의 실습 환경은 다음과 같습니다. 자료실에서 예제 소스를 다운로드하면 책과 동일한 환경에서 실습할 수 있습니다.

- **운영체제** Windows 10, 11(Windows 8 이후 실습 가능)

| 항목 | 프로그램명 | 이 책의 버전 |
|---|---|---|
| PHP 엔진 | XAMPP | XAMPP 8.x 이상 |
| 웹 서버 | | |
| 데이터베이스 | | |
| 편집기 | 비주얼 스튜디오 코드 | Visual Studio Code 1.89 |

- **강의 보조 자료**

한빛아카데미 홈페이지에서 '교수회원'으로 가입하신 분은 인증 후 교수용 강의 보조 자료를 제공받을 수 있습니다. 한빛아카데미 홈페이지 상단의 〈교수전용공간〉 메뉴를 클릭하세요.
http://www.hanbit.co.kr/academy

- **연습문제 해답 안내**

이 책은 대학 강의용 교재로 개발되었으므로 연습문제 해답을 제공하지 않습니다.

- **이 책의 구성 요소**

단계별 학습을 통해 실무 능력의 향상을 돕고자 PHP의 기본 개념 ▶ 기본 예제 ▶ 실습 예제 ▶ 응용 실습 ▶ 요약 ▶ 연습문제 등으로 구성했습니다. 그 외에 추가로 학습할 필요가 있거나 알아두면 좋은 내용 등은 'NOTE' 코너에 담았습니다.

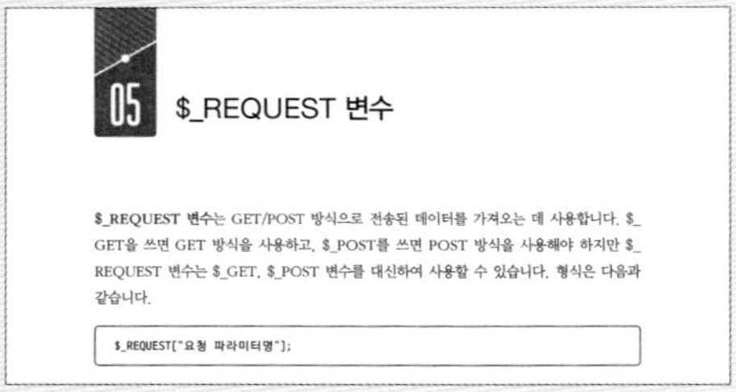

05 $_REQUEST 변수

$_REQUEST 변수는 GET/POST 방식으로 전송된 데이터를 가져오는 데 사용합니다. $_GET을 쓰면 GET 방식을 사용하고, $_POST를 쓰면 POST 방식을 사용해야 하지만 $_REQUEST 변수는 $_GET, $_POST 변수를 대신하여 사용할 수 있습니다. 형식은 다음과 같습니다.

```
$_REQUEST["요청 파라미터명"];
```

**| 기본 개념 |**

PHP 웹 애플리케이션을 개발하기 위해 필요한 기본 개념을 설명합니다.

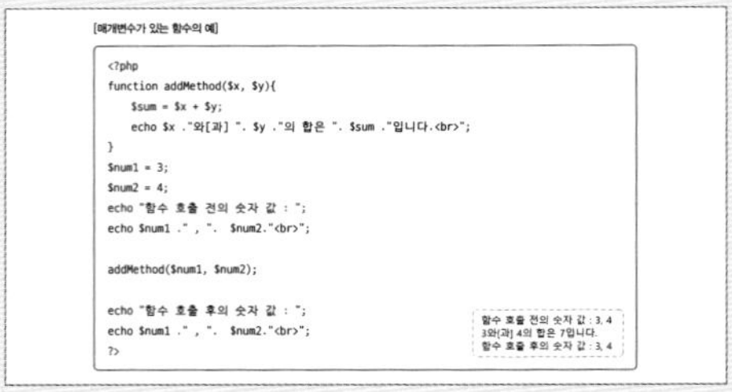

[매개변수가 있는 함수의 예]

```
<?php
function addMethod($x, $y){
    $sum = $x + $y;
    echo $x ."와[과] ". $y ."의 합은 ". $sum ."입니다.<br>";
}
$num1 = 3;
$num2 = 4;
echo "함수 호출 전의 숫자 값 : ";
echo $num1 ." , ".  $num2."<br>";

addMethod($num1, $num2);

echo "함수 호출 후의 숫자 값 : ";
echo $num1 ." , ".  $num2."<br>";
?>
```

함수 호출 전의 숫자 값 : 3, 4
3와[과] 4의 합은 7입니다.
함수 호출 후의 숫자 값 : 3, 4

**| 기본 예제 |**

프로그램 예제를 통해 기본 문법을 익힙니다.

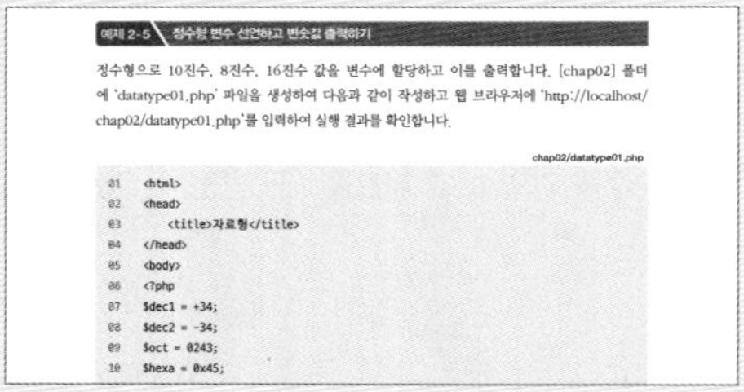

예제 2-5 정수형 변수 선언하고 변숫값 출력하기

정수형으로 10진수, 8진수, 16진수 값을 변수에 할당하고 이를 출력합니다. [chap02] 폴더에 'datatype01.php' 파일을 생성하여 다음과 같이 작성하고 웹 브라우저에 'http://localhost/chap02/datatype01.php'를 입력하여 실행 결과를 확인합니다.

chap02/datatype01.php

```
<html>
<head>
    <title>자료형</title>
</head>
<body>
<?php
$dec1 = +34;
$dec2 = -34;
$oct = 0243;
$hexa = 0x45;
```

**| 실습 예제 |**

스스로 실습해보면서 개념을 적용해봅니다.

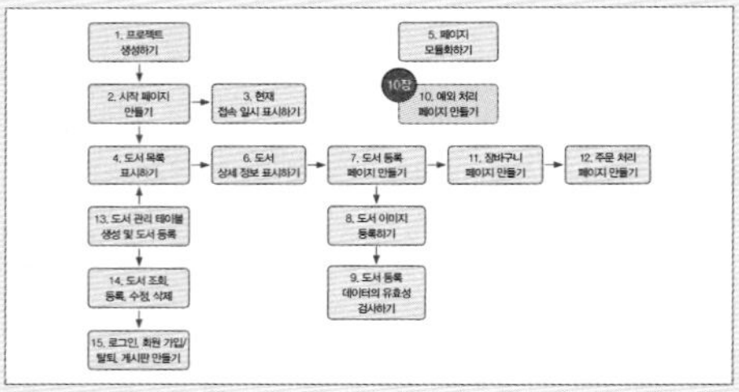


**| 응용 실습 |**

실무에 적용할 수 있도록 해당 장에서 배운 내용을 누적하여 북마켓(도서 쇼핑몰)을 구축해봅니다.

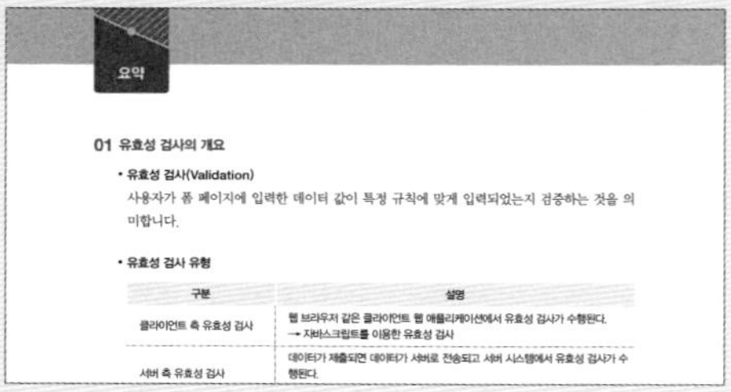

요약

01 유효성 검사의 개요

- 유효성 검사(Validation)
  사용자가 폼 페이지에 입력한 데이터 값이 특정 규칙에 맞게 입력되었는지 검증하는 것을 의미합니다.
- 유효성 검사 유형

| 구분 | 설명 |
|---|---|
| 클라이언트 측 유효성 검사 | 웹 브라우저 같은 클라이언트 웹 애플리케이션에서 유효성 검사가 수행된다.<br>→ 자바스크립트를 이용한 유효성 검사 |
| 서버 측 유효성 검사 | 데이터가 제출되면 데이터가 서버로 전송되고 서버 시스템에서 유효성 검사가 수행된다. |

**| 요약 |**

장이 끝날 때마다 핵심 내용을 요약·정리했습니다.

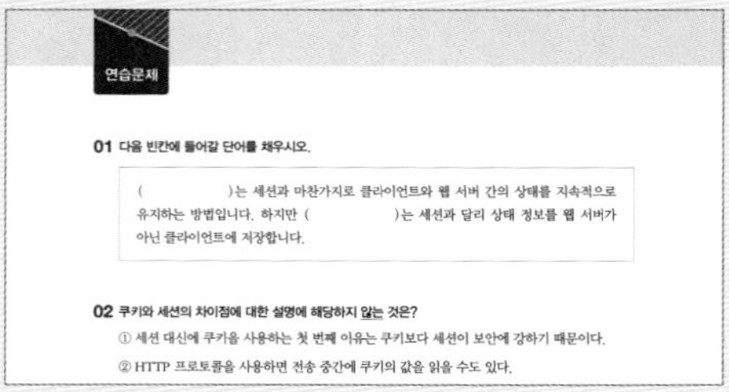

연습문제

01 다음 빈칸에 들어갈 단어를 채우시오.

(　　　　　)는 세션과 마찬가지로 클라이언트와 웹 서버 간의 상태를 지속적으로 유지하는 방법입니다. 하지만 (　　　　　)는 세션과 달리 상태 정보를 웹 서버가 아닌 클라이언트에 저장합니다.

02 쿠키와 세션의 차이점에 대한 설명에 해당하지 않는 것은?

① 세션 대신에 쿠키을 사용하는 첫 번째 이유는 쿠키보다 세션이 보안에 강하기 때문이다.
② HTTP 프로토콜을 사용하면 전송 중간에 쿠키의 값을 읽을 수도 있다.

**| 연습문제 |**

해당 장에서 배운 핵심 개념과 문법, 코드를 분석하는 문제를 통해 문제 해결 능력을 키워봅니다.

# 목차

## Chapter 05 함수: 페이지 모듈화하기

## Chapter 06 GET & POST 방식: 도서 상세 정보 표시하기



# PART 02 페이지 처리 기법 배우기

## Chapter 07 폼 태그: 도서 등록 페이지 만들기

## Chapter 08 파일 입출력과 업로드: 도서 이미지 등록하기



## Chapter 09 유효성 검사: 도서 등록 데이터의 유효성 검사하기

## Chapter 10 예외 처리: 예외 처리 페이지 만들기



# PART 03 PHP 고급 문법 배우기

## Chapter 11 세션: 장바구니 페이지 만들기



## Chapter 12 쿠키: 주문 처리 페이지 만들기

# PART 01

# PHP 기본 문법 배우기

# PART 01

# PHP 기본 문법 배우기

# CHAPTER 01

# PHP의 이해: 북마켓 프로젝트 생성하기



**학습목표**

- PHP의 개념과 특징을 이해합니다.
- PHP의 동작 원리를 이해합니다.
- PHP 프로그래밍에 필요한 개발 환경을 구축합니다.
- 간단한 PHP 프로그램을 시작하고 실행합니다.
- 북마켓 프로젝트를 생성합니다.

# PREVIEW

PHP는 웹 기반 애플리케이션 개발에 가장 널리 사용되는 서버측 스크립팅 언어입니다. 이번 장에서는 PHP의 특징, 동작 과정과 같은 전체적인 개요를 살펴보고 PHP 소스 코드를 작성하기 위한 개발 환경을 구축합니다. 또 간단한 PHP 프로그램을 작성하고 실행에 대해 자세히 알아봅니다.

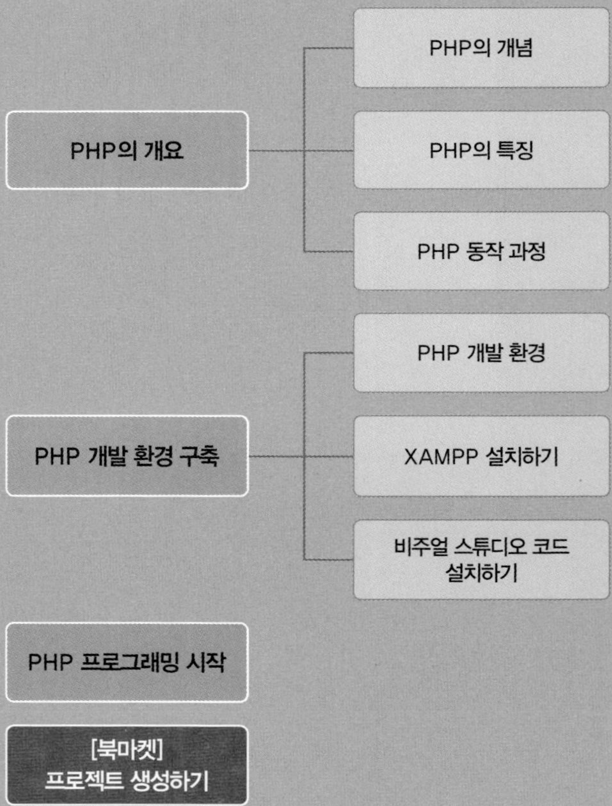

# 01 PHP의 개요

## 1 PHP의 개념

**PHP**(Hypertext Preprocessor)는 특히 웹 개발에 널리 사용되는 오픈소스 범용 서버 측 스크립팅 언어입니다. 동적 웹 페이지를 만들기 위해 설계되었으며, PHP로 작성된 코드를 PHP 엔진에서 HTML 파일과 같이 처리해 웹 페이지를 생성합니다. PHP 파일에는 HTML 및 자바스크립트(JavaScript) 코드가 포함될 수 있습니다. 예를 들면 사용자 ID와 비밀번호 로그인 양식과 같은 동적 웹 페이지를 만드는 데 사용됩니다. 사용자의 정보가 유효하면 로그인이 되고 그렇지 않으면 오류 메시지를 표시하는 웹 사이트 등을 만들 수 있습니다.

PHP와 자바스크립트는 모두 HTML 웹 페이지에 포함될 수 있습니다. 이때 PHP는 웹 서버에서 실행되는 서버 측 스크립트이고 자바스크립트는 클라이언트 브라우저에서 실행되는 클라이언트 측 스크립트입니다. 그리고 PHP 스크립트는 웹 서버에서 실행되며 결과는 클라이언트 브라우저에 HTML 문서로 표시됩니다.

PHP 스크립트가 사용되는 주요 영역은 다음 세 가지입니다.

■ **서버 측 개발을 위한 스크립팅**

서버 측 개발을 위한 스크립팅은 PHP가 등장한 이후 널리 사용된 주요 분야입니다. 이 작업을 수행하려면 PHP 파서(CGI 또는 서버 모듈), 웹 서버, 웹 브라우저 세 가지가 필요합니다. 연결된 PHP 설치를 통해 웹 서버를 실행해야 하고, 웹 브라우저를 사용하여 PHP 프로그램 출력에 접근하고 서버를 통해 PHP 웹 페이지를 볼 수 있습니다. PHP 프로그래밍의 실행 결과를 확인한다면 개인 컴퓨터에서 실행할 수 있습니다.

■ **명령줄 사용을 위한 스크립팅**

서버나 브라우저 없이 PHP 스크립트를 실행하도록 만들 수 있습니다. 이 작업을 수행하는 데는 PHP 파서만 필요합니다. PHP 파서를 사용하여 명령줄에서 PHP 스크립트를 쉽게 실행할 수 있습니다. 이러한 사용 유형은 cron(*nix 또는 Linux) 또는 작업 스케줄러(Windows)를 사용하여 정기적으로 실행되는 스크립트에 이상적입니다. 또한 간단한 텍스트 처리 작업에도 사용할 수 있습니다.

■ **데스크톱 애플리케이션 개발**

PHP는 데스크톱 응용 프로그램 및 크로스 플랫폼 응용 프로그램과 같은 응용 프로그램을 개발하는 데도 사용할 수 있습니다. 클라이언트 측 애플리케이션에서 일부 고급 PHP 기능을 사용하고 싶다면 PHP-GTK를 사용하여 수행할 수 있습니다.

**NOTE 스크립팅 언어**

스크립팅 언어는 런타임에서 스크립트를 해석하는 언어입니다. 스크립트의 목적은 일반적으로 애플리케이션의 성능을 향상시키거나 일상적인 작업을 수행하는 것입니다. 서버 측 스크립트는 서버에서 해석되고 클라이언트 측 스크립트는 클라이언트 응용 프로그램에서 해석됩니다.

PHP는 서버에서 해석되는 서버 측 스크립트이고 자바스크립트는 클라이언트 브라우저에서 해석되는 클라이언트 측 스크립트의 대표적인 예입니다. PHP와 자바스크립트는 모두 HTML 페이지에 포함할 수 있습니다.

**표 1-1 프로그래밍 언어와 스크립팅 언어의 차이점**

| 프로그래밍 언어 | 스크립팅 언어 |
| --- | --- |
| 완전한 애플리케이션을 개발하는 데 필요한 모든 기능을 갖추고 있다. | 주로 일상적인 작업에 사용한다. |
| 코드는 실행되기 전에 컴파일되어야 한다. | 일반적으로 컴파일하지 않고 실행된다. |
| 다른 언어에 포함될 필요가 없다. | 일반적으로 다른 소프트웨어 환경에 포함된다. |

## 2 PHP의 특징

PHP에는 다음과 같은 특징이 있습니다.

- **빠른 성능:** PHP 스크립트는 JSP 및 ASP와 같이 다른 언어로 작성된 스크립트보다 훨씬 빠르게 실행됩니다. PHP는 자체 메모리를 사용하기 때문에 서버 작업량과 로딩 시간이 자동으로 줄어들어 처리 속도가 빨라지고 성능이 향상됩니다.
- **오픈소스:** PHP 소스 코드와 소프트웨어는 웹에서 자유롭게 사용할 수 있습니다. 별도 비용이 발생하지 않고 요구 사항에 따라 모든 버전의 PHP로 개발할 수 있습니다. 모든 구성 요소는 무료로 내려받아 사용할 수 있습니다.
- **단순한 구문:** 구문을 이해하기 쉬워서 시작하기 간편하고 배우기 좋습니다.
- **플랫폼 독립적:** PHP 기반의 웹 응용 프로그램은 모든 플랫폼에서 실행할 수 있습니다. 즉 PHP는 윈도우(Windows), 맥(MAC), 리눅스(LINUX), 유닉스(UNIX) 운영체제에서 사용할 수 있습

니다. 따라서 다른 프로그래밍 언어 및 데이터베이스와 쉽게 통합할 수 있으며 재개발이 필요하지 않아서 노력과 비용이 절약됩니다.

- **데이터베이스 지원:** MySQL, SQLite, ODBC와 같은 모든 주요 데이터베이스를 지원합니다. PHP는 데이터베이스에 연결하는 데 사용되는 내장 모듈이 있어 데이터베이스에 쉽고 안전하게 연결됩니다. 데이터베이스 관리 시스템에 연결하는 시간도 단축됩니다. 또한 여러 데이터베이스를 PHP와 통합할 수도 있습니다.
- **유연한 언어:** PHP를 사용하면 데이터 유형을 선언하지 않고 변수를 사용할 수 있으며, 값에 포함된 데이터 유형에 따라 실행 시 자동으로 가져올 수 있습니다. 또한 데이터 표현을 위해 다양한 기능 모듈을 사용할 수 있는 강력한 라이브러리 지원이 있고, HTML 태그와 스크립트에 쉽게 삽입할 수 있습니다.
- **웹 서버 지원:** Apache, Netscape, Microsoft IIS 등 오늘날 사용되는 거의 모든 로컬 서버와 호환됩니다.
- **보안:** 웹 사이트 개발에 사용되는 안전한 언어입니다. 스레드 및 악의적인 공격을 방지하도록 여러 계층의 보안으로 구성되며, PHP 프레임워크에 내장된 기능과 도구를 사용하면 외부 공격과 보안 위협으로부터 웹 애플리케이션을 보호할 수 있습니다.
- **오류 보고:** PHP에는 런타임에 오류 알림 또는 경고를 생성하기 위해 미리 정의된 오류 보고 상수가 있습니다(예 E_ERROR, E_WARNING, E_STRICT, E_PARSE).
- **유용한 커뮤니티:** 설명서, 온라인 도움말 및 FAQ를 정기적으로 업데이트하는 대규모 개발자 커뮤니티가 있습니다. 커뮤니티에서 PHP를 배울 수 있는 것은 큰 장점입니다.

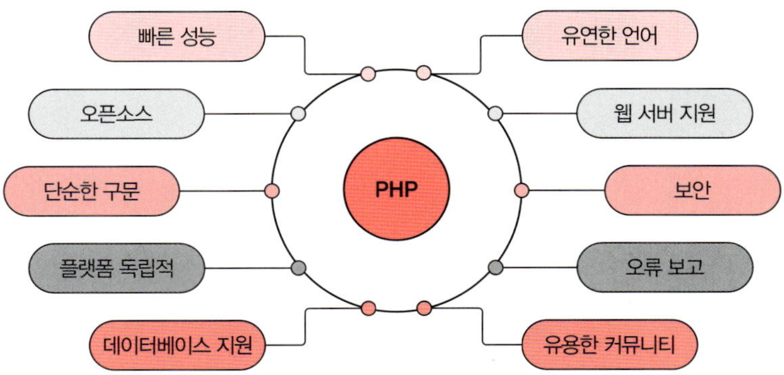


그림 1-1 PHP의 주요 특징

## ❸ PHP 동작 과정

PHP는 서버 측 언어이므로 전체 작업 흐름이 서버 자체에 있습니다. PHP 파일을 확인하기 위해 PHP 엔진(PHP 인터프리터를 포함)도 서버에 설치됩니다. 클라이언트 측에서는 웹 브라우저를 갖추고 인터넷에 연결만 하면 됩니다.

PHP 페이지가 작동하는 방식을 단계별로 살펴보겠습니다.

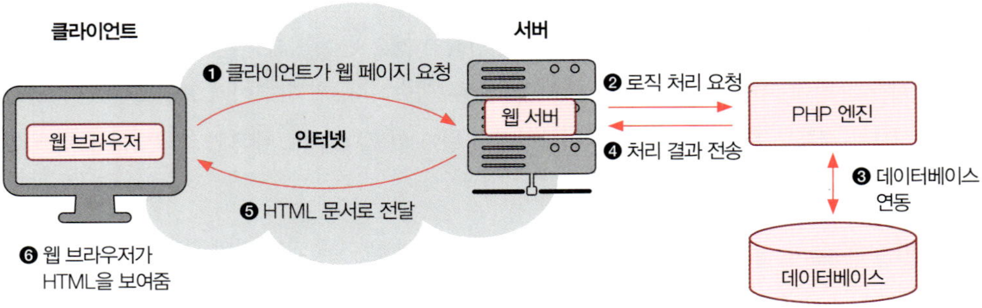


그림 1-2 PHP 동작 방식

❶ 사용자(클라이언트)가 웹 브라우저에 URL을 입력하여 PHP 웹 페이지를 요청합니다.

❷ 웹 서버(PHP 엔진이 설치된 곳)는 요청과 관련된 *.php 파일임을 확인한 후 클라이언트의 로직 처리를 PHP 엔진에 요청합니다.

❸ PHP 엔진은 요청된 데이터가 데이터베이스에 있는지 확인하고 연동된 데이터베이스를 처리합니다.

❹ 데이터베이스를 처리한 후 PHP 엔진은 요청된 처리 결과를 HTML 문서로 보냅니다(브라우저가 *.php 파일을 인식하지 못하기 때문).

❺ 웹 서버는 PHP 엔진으로부터 받은 HTML 문서를 클라이언트에 보냅니다.

❻ 웹 브라우저는 HTML 웹 페이지를 출력합니다.

# 02 PHP 개발 환경 구축

## 1 PHP 개발 환경

PHP 웹 페이지를 개발하고 실행하려면 먼저 다음과 같은 개발 환경 도구를 설치해야 합니다.

**표 1-2** PHP 개발 환경 도구

| 요소 | 프로그램명 | 설명 |
|---|---|---|
| PHP 엔진 | XAMPP | PHP 스크립트를 처리하려면 웹 브라우저에 출력할 수 있는 HTML 문서로 생성해야 하므로 이를 위해 PHP 해석기(Interpreter)를 설치해야 한다. |
| 웹 서버 | | PHP 스크립트로 작성된 웹 페이지를 실행하여 웹 브라우저에 나타내려면 웹 서버를 설치해야 한다. PHP는 마이크로소프트(Microsoft)의 인터넷 정보 서버(IIS)를 포함하여 거의 모든 웹 서버 소프트웨어와 함께 작동하며, 무료인 아파치(Apache) 서버가 가장 많이 사용된다. |
| 데이터베이스 | | 데이터베이스와의 상호 작용을 위해 데이터베이스를 설치해야 한다. PHP는 Oracle 및 사이베이스(Sybase)를 포함한 거의 모든 데이터베이스 소프트웨어와 함께 작동하며, 무료인 MySQL 데이터베이스가 가장 일반적으로 사용된다. |
| 편집기 | 비주얼 스튜디오 코드 | PHP 코드 작성과 오류 검사를 할 수 있는 코드 편집 에디터로 비주얼 스튜디오 코드를 설치해야 한다. |

TIP 데이터베이스에 관한 더 자세한 내용은 CHAPTER 13~14를 참고합니다.

**NOTE XAMPP란?**

XAMPP는 다음과 같이 웹 서버, MySQL 데이터베이스 엔진, PHP 및 Perl 프로그래밍 패키지로 구성된 오픈소스 크로스 플랫폼 웹 서버를 의미합니다.

- X: 크로스 플랫폼 운영체제를 의미하며, 윈도우, 맥, 리눅스 등 모든 OS에서 실행할 수 있음을 나타냅니다.
- A: Apache를 의미하며 웹 서버 소프트웨어임을 나타냅니다.
- M: MySQL 데이터베이스를 의미합니다.
- P: PHP를 의미합니다.
- P: Perl 스크립팅 언어를 의미합니다.

PHP를 사용하려면 Apache와 MySQL을 설치해야 하는데, PHP 및 Perl과 함께 설정하고 통합해야 하므로 Apache를 설치하고 구성하는 것이 쉽지는 않습니다. 하지만 XAMPP는 Apache를 설정하고 PHP 및 Perl과 통합하는 복잡한 과정을 모두 처리합니다. 또한 명령을 사용하지 않고 Apache, MySQL 및 기타 프로그램을 쉽게 관리할 수 있는 제어판을 제공합니다.

**NOTE WampServer란?**

WampServer는 윈도우 웹 개발 환경입니다. 이를 통해 Apache2, PHP, MySQL 데이터베이스를 사용하여 웹 애플리케이션을 만들 수 있습니다. 또한 웹 브라우저를 사용하여 데이터베이스를 쉽게 관리할 수 있도록 MySQL 관리 도구인 phpMyAdmin도 제공됩니다.

- **WampServer 다운로드 및 설치 가이드 제공 공식 웹 사이트:** http://www.wampserver.com/en

## 2 XAMPP 설치하기

XAMPP는 PHP, 웹 서버, 데이터베이스 서버가 포함된 올인원 소프트웨어 패키지로, 설치가 쉽고 가장 널리 사용되는 PHP 개발 환경 중 하나이며 윈도우, 맥, 리눅스 운영체제를 지원합니다. PHP로 웹 애플리케이션을 실행하기 위해 XAMPP를 다운로드하고 설치하겠습니다.

### 예제 1-1 XAMPP 설치하기

**1 XAMPP 사이트에 접속하기:** 공식 XAMPP 웹 사이트(https://www.apachefriends.org)에 접속하여 〈Download〉를 클릭합니다.

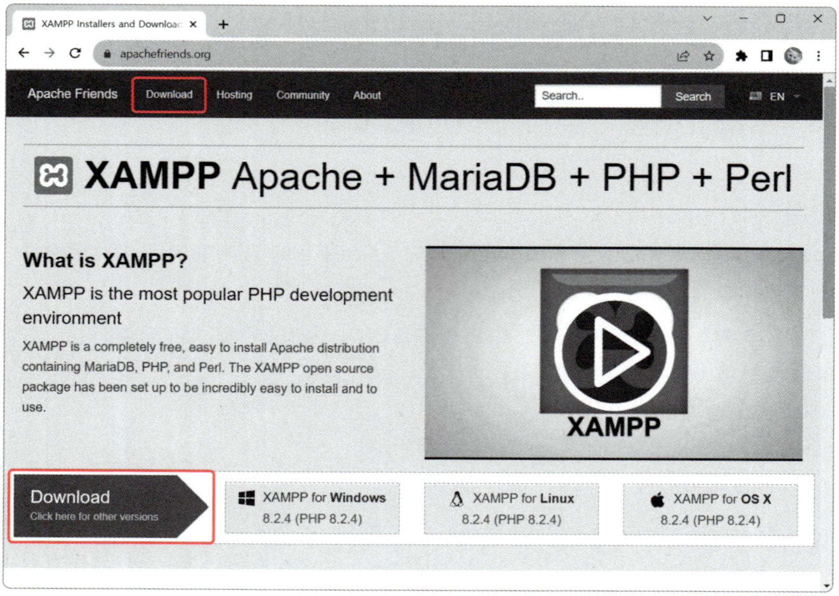

**2 설치 파일 다운로드하기:** 운영체제에 맞는 최신 버전을 찾아 〈Download(64bit)〉를 클릭합니다. 여기서는 'XAMPP for Windows 8.2.4'를 선택했습니다.

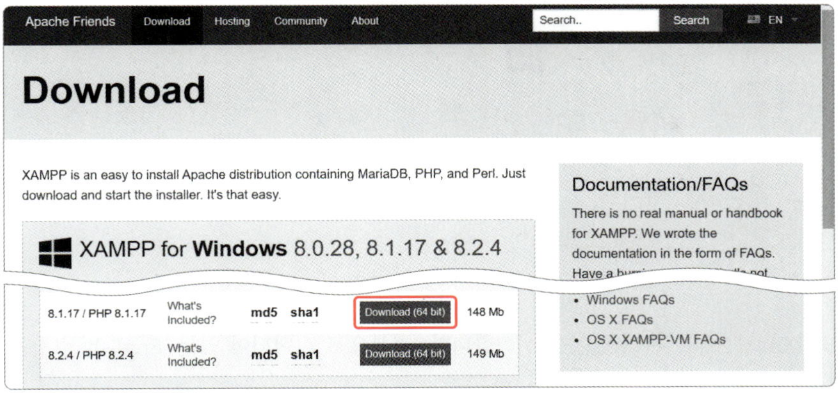

**3 설치 파일 실행하기:** 다운로드한 설치 파일을 더블클릭하여 XAMPP 설치를 시작합니다. 첫 화면에서 〈Next〉를 클릭합니다.

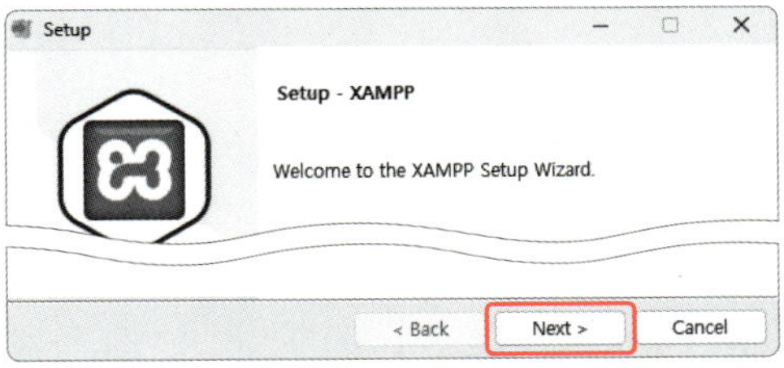

**4 설치할 구성 요소 선택하기:** 설치하려는 구성 요소를 선택하는 단계입니다. Apache, MySQL, PHP, phpMyAdmin은 선택을 유지하고 그 외 다른 구성 요소는 취소한 후 〈Next〉를 클릭합니다.

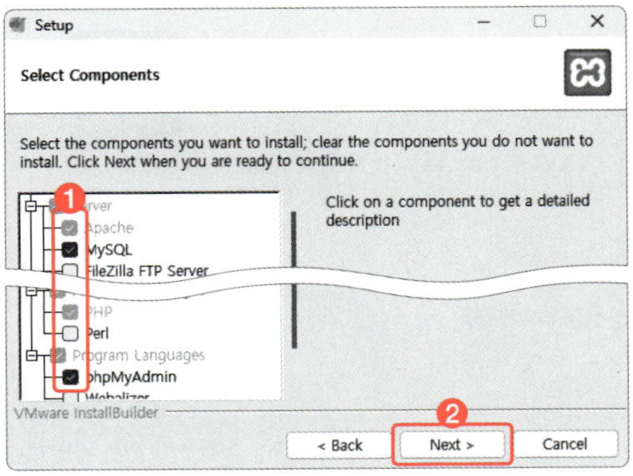

**5 설치 폴더 지정하기:** XAMPP를 설치할 폴더를 선택합니다. [c:\xampp] 폴더에 설치하는 것이 좋습니다. 〈Next〉를 클릭하여 다음 단계로 이동합니다.

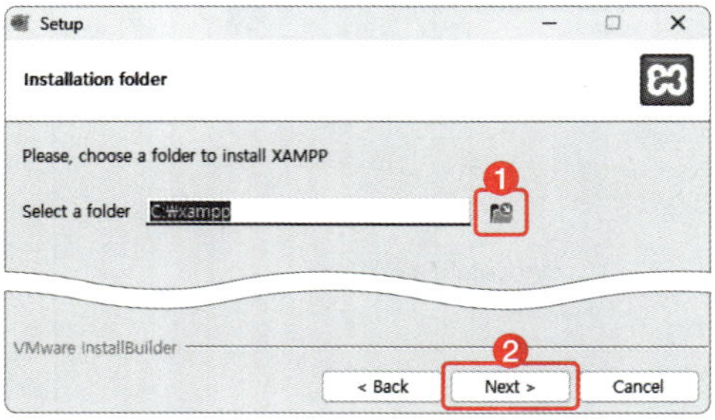


**6 언어 선택하기:** XAMPP 제어판의 언어를 선택합니다. 기본으로 선택되어 있는 'English'를 유지하고 〈Next〉를 클릭하여 다음 단계로 이동합니다.

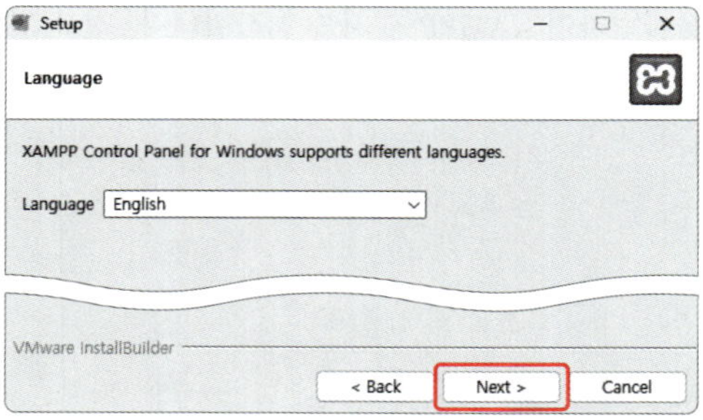


**7 설치하기:** 이제 XAMPP를 설치할 준비가 되었습니다. 〈Next〉를 클릭하여 설치를 시작합니다. 완료하는 데 몇 분 정도 걸립니다.

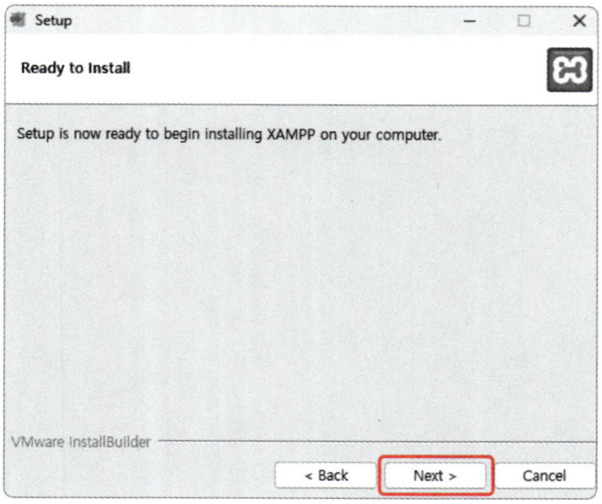


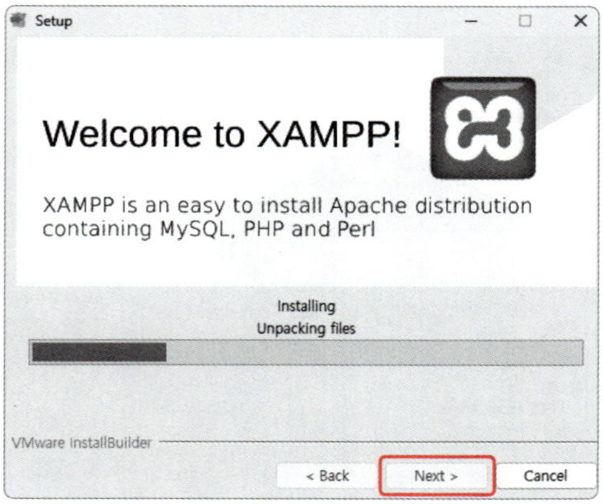

**8 설치 완료하고 실행하기:** 설치가 완료되면 XAMPP 설정 마법사에 다음 화면이 표시됩니다. 〈Finish〉를 클릭하면 XAMPP 제어판을 시작할 수 있습니다.

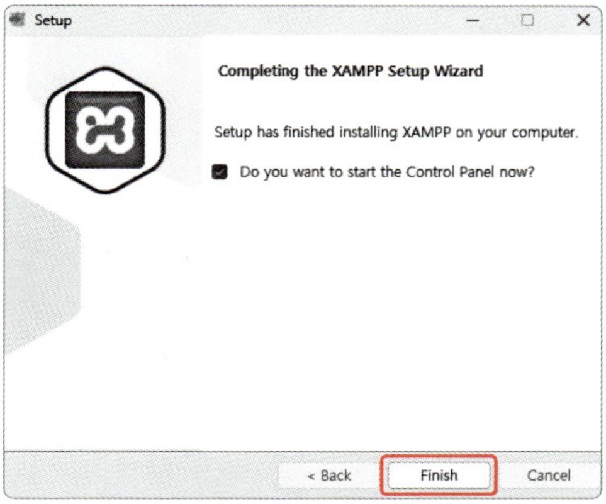


## 예제 1-2 XAMPP 실행 및 동작 확인하기

**1 Apache 웹 서버 실행하기:** XAMPP 제어판(Control Panel) 화면이 나타나면 'Apache' 항목의 〈Start〉를 클릭합니다. Apache 웹 서버가 정상적으로 동작하면 Apache 웹 서버 프로그램이 동작 중이라는 메시지와 함께 'Apache' 글자 배경이 초록색으로 변경되고 'Apache' 항목의 〈Start〉가 〈Stop〉으로 변경됩니다.

**TIP** PHP 웹 페이지의 실행 결과를 확인하려면 XAMPP 제어판 화면에서 Apache 웹 서버를 항상 실행하고 있어야 합니다.

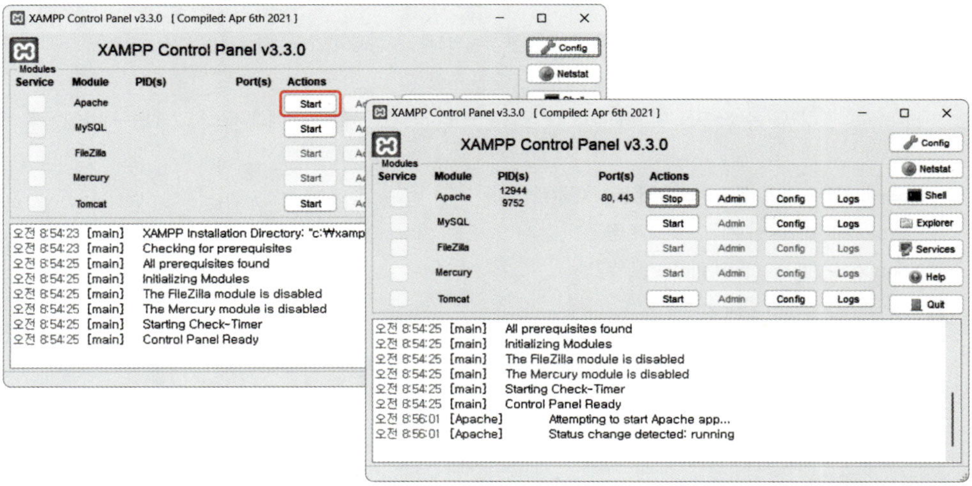

**NOTE XAMPP 제어판의 구성**

다음은 XAMPP 제어판 화면입니다. 각 구성 요소가 무엇을 의미하는지 간단하게 살펴보겠습니다.

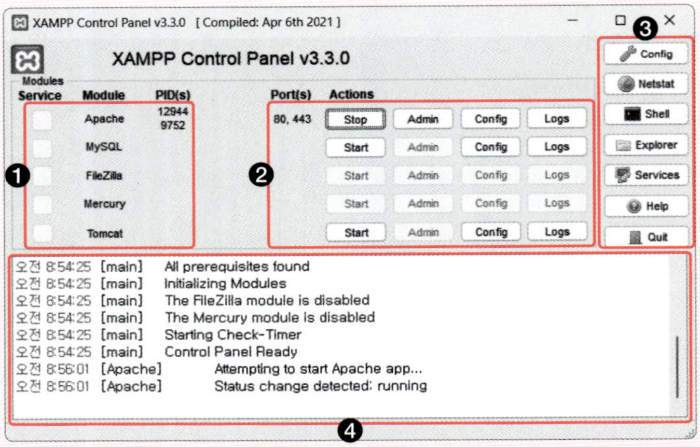

그림 1-3 XAMPP 제어판 화면

❶ 설치된 서비스(Service), 모듈(Module) 및 프로세스 ID(PID)가 나열됩니다. 글자 배경이 초록색으로 표시된 것은 모듈이 동작 중이라는 의미입니다.

❷ 모듈과 관련된 포트가 표시됩니다. 다음의 항목을 포함하고 있습니다.

- **Start/Stop:** 모듈 시작 및 중지
- **Admin:** Apache 및 MySQL용 관리 창 열기
- **Config:** Apache, MySQL 등의 구성 파일을 열어 변경
- **Logs:** 모듈에 대한 로그 파일 보기

❸ Netstat, 윈도우 서비스 바로 가기 등과 같은 유용한 유틸리티가 포함되어 있습니다.

- **Config:** XAMPP를 시작할 때 자동으로 시작될 모듈을 구성
- **Netstat:** TCP/IP 주소, 포트 및 프로세스 ID 정보를 포함하여 현재 네트워크에 액세스하고 있는 서비스 목록 표시
- **Shell:** 커맨드 창을 실행, 데이터베이스 바로 접속 가능
- **Explorer:** [htdocs] 폴더에 빠르게 접근
- **Services:** 윈도우 OS의 서비스 창 열기

❹ 다음과 같은 모듈의 상태 정보를 표시합니다.

- XAMPP를 통해 설치된 Apache, MySQL 등과 같은 서비스 설치 및 제거
- 서비스 시작과 중지
- 구성 파일 등의 열기

**2 XAMPP 동작 확인하기:** 설치한 XAMPP 프로그램이 잘 동작하는지 확인하기 위해 웹 브라우저 주소 입력란에 'http://localhost' 또는 'http://127.0.0.1'을 입력하고 Enter 를 누릅니다. 다음과 같이 XAMPP 웹 페이지가 출력됩니다.

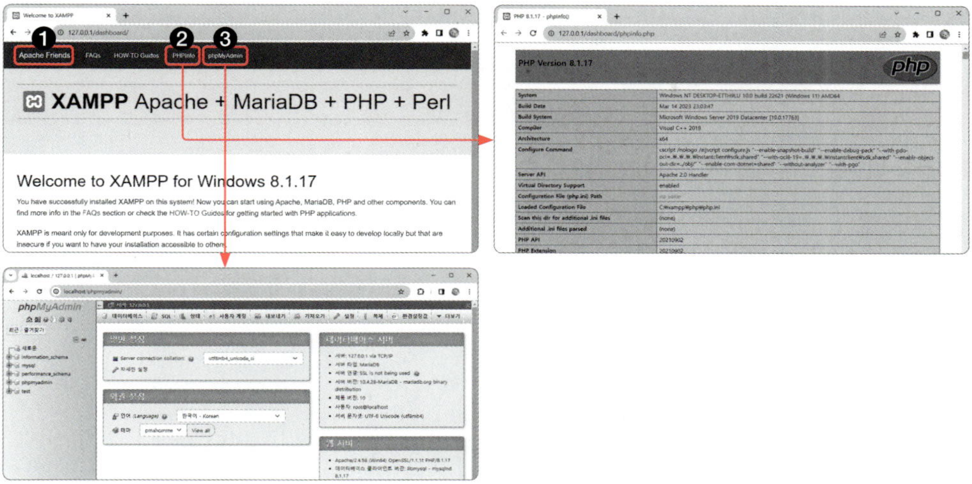


❶ **XAMPP의 버전과 정보:** XAMPP의 버전과 정보를 확인할 수 있습니다.

❷ **PHP 버전과 정보:** XAMPP 웹 페이지에서 [PHPInfo] 탭을 클릭하면 설치된 PHP의 버전과 정보를 확인할 수 있습니다.

❸ **phpMyAdmin 정보:** XAMPP 웹 페이지에서 [phpMyAdmin] 탭을 클릭하면 데이터베이스 관련하여 접근할 수 있습니다.

**TIP** MariaDB는 MySQL의 소스 코드를 그대로 가져와 개발한 것이므로 거의 모든 기능이 동일해 서로 호환됩니다. 이에 대한 자세한 내용은 CHAPTER 13을 참고합니다.

**NOTE localhost와 127.0.0.1**

localhost는 네트워크 상에서 로컬 컴퓨터의 주소를 의미합니다. 자신의 컴퓨터를 뜻하며 다른 컴퓨터에서는 접근할 수 없습니다. 그리고 127.0.0.1는 네트워크 상에서 로컬 컴퓨터의 IP 주소를 의미합니다.

예를 들어 localhost가 www.hanbit.co.kr을 의미한다면 127.0.0.1은 hanbit의 ip 주소인 210.118.149.19를 의미하는 것입니다. 웹 브라우저 주소 입력란에 'www.hanbit.co.kr'을 입력하면, 이는 DNS(Domain Name Server)를 통해 IP 주소로 변환됩니다. 컴퓨터는 내부적으로 숫자를 이용해 작동하는 장치이므로 문자로 구성된 주소를 숫자인 IP 주소로 변환하는 것입니다.

## 3 비주얼 스튜디오 코드 설치하기

비주얼 스튜디오 코드는 마이크로소프트에서 오픈소스로 개발하고 있는 소스 코드 편집기로, 문서 작성에 워드프로세서를 사용하듯이 코딩하는 데 범용적으로 사용됩니다. 비주얼 스튜디오 코드(Visual Studio Code) 도구를 설치하겠습니다.

**예제 1-3 비주얼 스튜디오 코드 설치하기**

**1 공식 비주얼 스튜디오 코드 사이트 접속하기:** 비주얼 스튜디오 코드 사이트(https://code.visualstudio.com)에 접속하여 〈Download〉를 클릭합니다

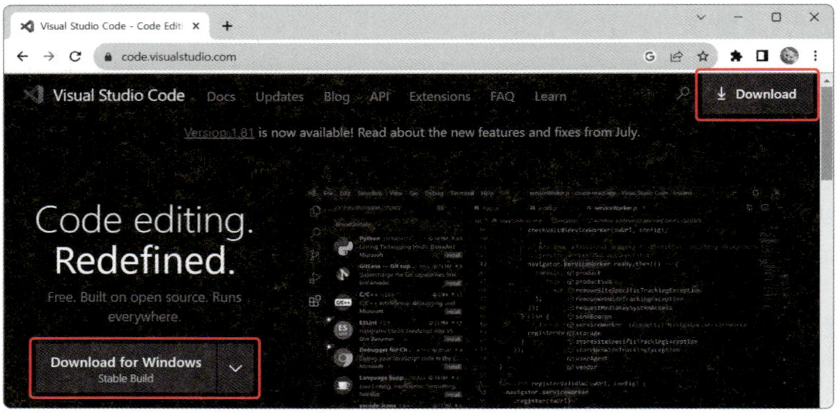


**2 설치 파일 다운로드하기:** 설치하려는 컴퓨터의 운영체제에 맞는 버전을 클릭하여 다운로드합니다. 여기서는 'Windows 10, 11'을 선택했습니다.

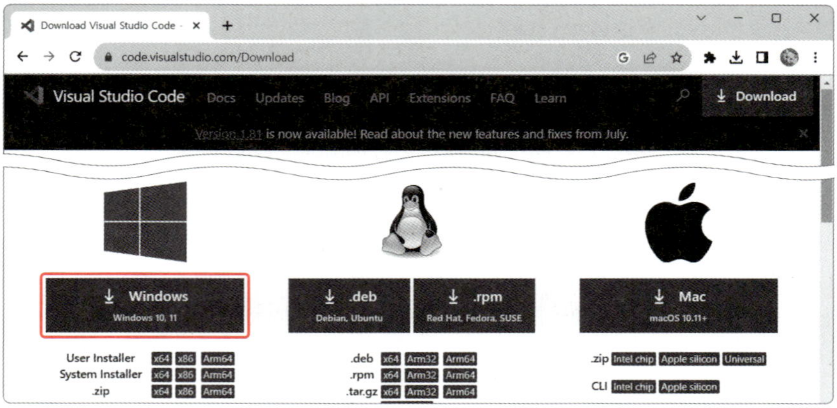

**3 라이선스 동의하기:** 사용자 계약 여부를 묻는 창에서 '동의합니다'를 선택하고 〈다음〉을 클릭합니다.

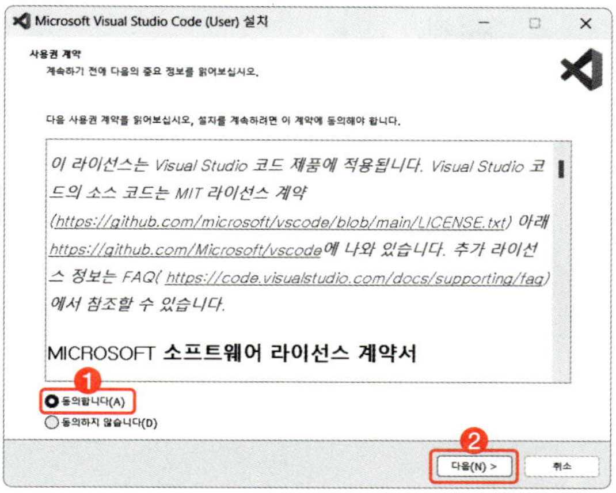


**4 설치하기:** 각 설치 단계마다 기본 설정을 유지하고 〈다음〉 또는 〈설치〉를 클릭합니다. 마지막 화면에서 〈종료〉를 클릭하면 설치가 완료됩니다.

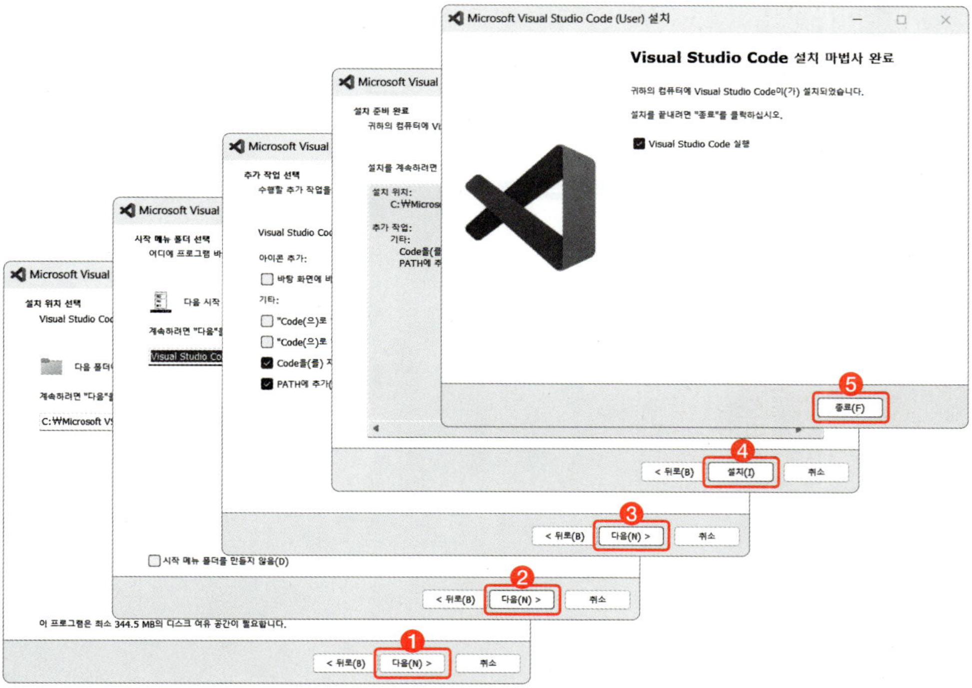

**5 비주얼 스튜디오 코드 실행하기:** 실행 파일([C:\Microsoft VS Code] 폴더 안의 'Code.exe' 파일)을 더블클릭하여 비주얼 스튜디오 코드를 실행합니다.

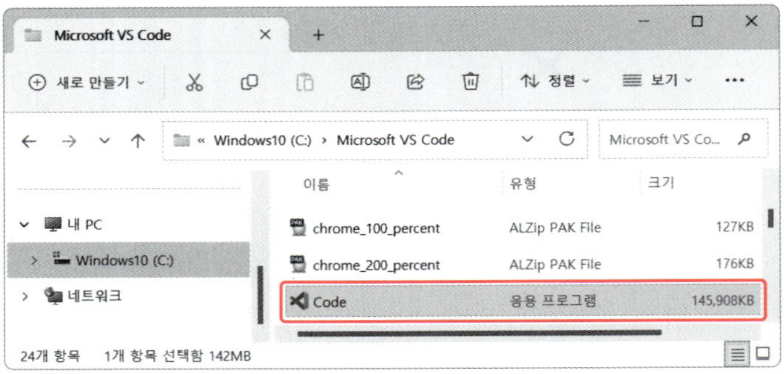

**6 실행 화면 확인하기:** 다음과 같이 비주얼 스튜디오 코드가 실행됩니다. [Welcome] 창의 Get Started with VS Code에서 [Light Modern]을 클릭하여 밝은 화면으로 전환합니다. [Welcome] 창의 [X]를 클릭해 닫으면 넷빈즈의 편집 화면이 나타납니다.

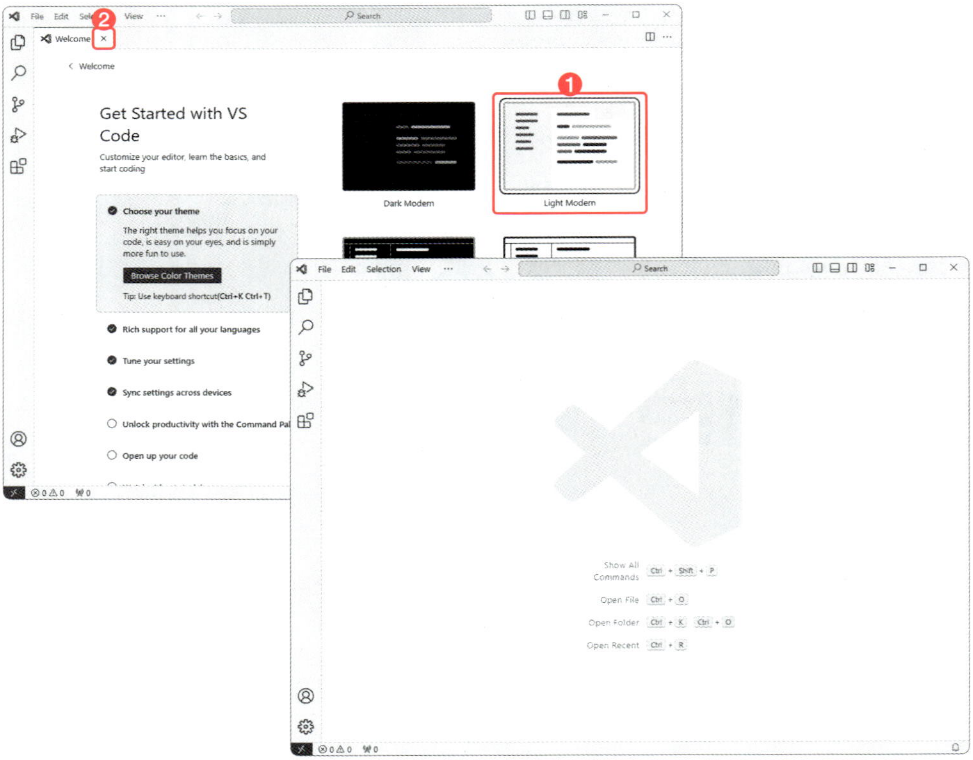

## NOTE 비주얼 스튜디오 코드 편집기 화면 테마 변경하기

비주얼 스튜디오 코드의 새 창에서 〈Get Started with VS Code〉를 클릭하면 다음과 같은 4개의 편집기 화면 테마 중에서 선택할 수 있습니다. 이 책에서는 밝은 배경 화면을 기본으로 사용합니다.

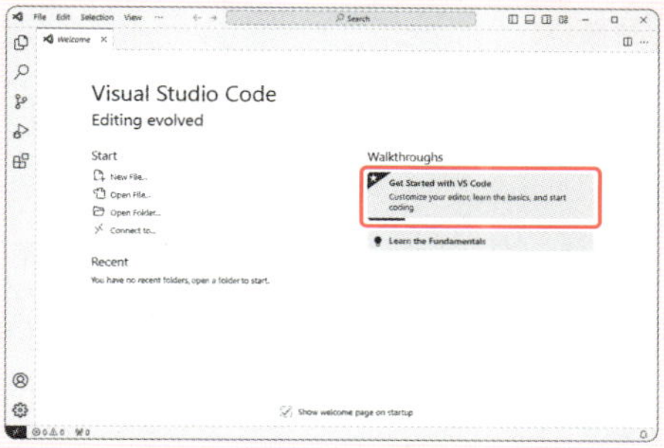


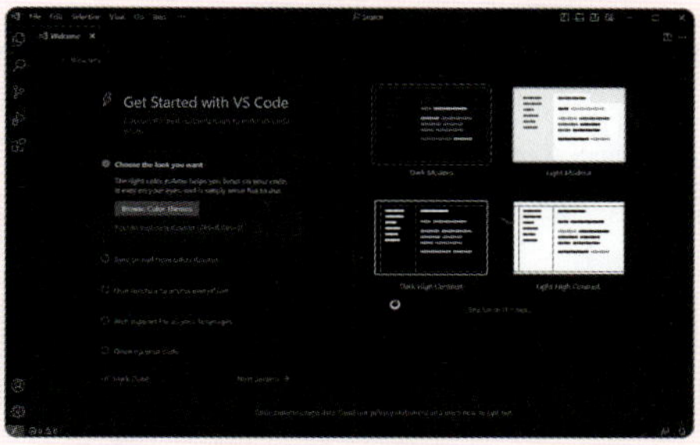


(a) 어두운 배경 화면(Dark Modern)

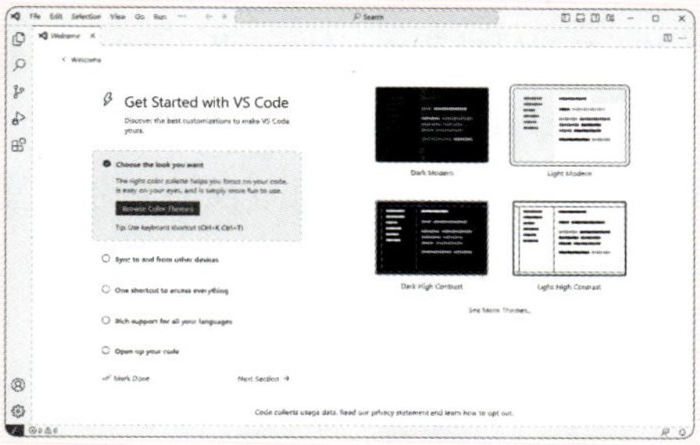


(b) 밝은 배경 화면(Light Modern)

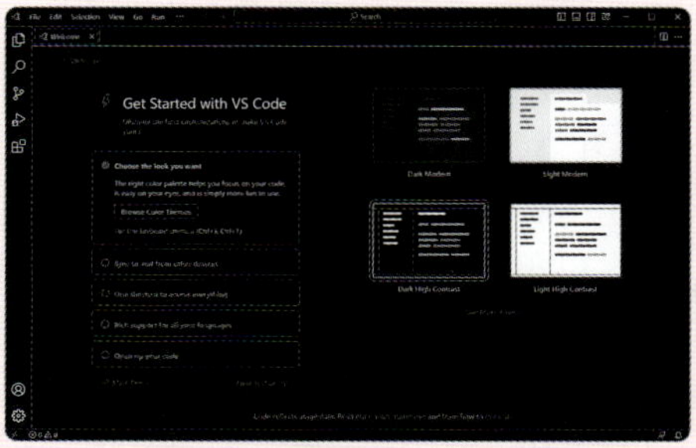


(c) 어두운 배경과 테두리 화면(Dark High Contrast)

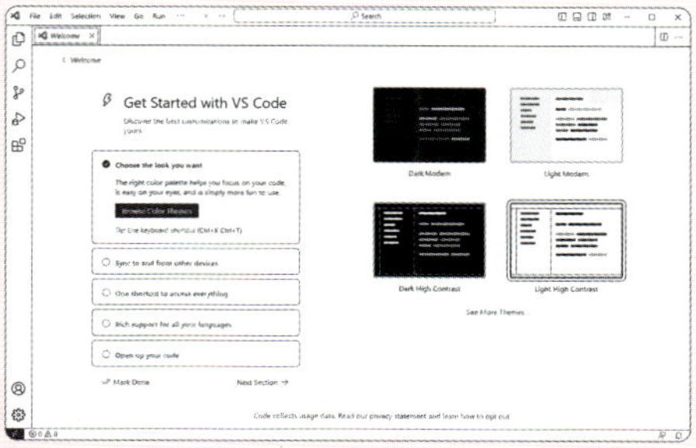


(d) 밝은 배경과 테두리 화면(Light High Contrast)

**그림 1-4** 비주얼 스튜디오 코드 편집기 화면 테마

# 03 PHP 프로그래밍 시작

PHP 웹 애플리케이션을 개발할 때 생성하는 모든 파일은 [xampp 설치 위치\htdocs] 폴더에 저장해야 합니다. 여기서 [htdocs] 폴더는 웹 애플리케이션의 루트 폴더(Web Application Root Directory)를 의미하며, 일반적으로 이곳에 PHP 파일을 작성하고 웹 브라우저를 통해 직접 접근합니다. 예를 들어 [htdocs] 폴더에 'hello.php' 파일을 작성했다면 웹 브라우저에서 'http://localhost/hello.php'를 입력해 접근하는 것입니다. 또 [htdocs] 폴더 하위에 [PHPBook] 폴더를 생성하고 여기에 'hello.php' 파일을 작성했다면 'http://localhost/PHPBook/hello.php'로 접근합니다.

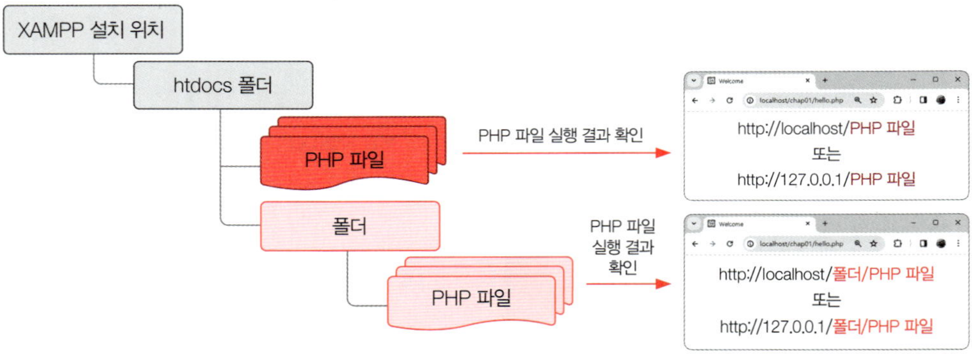


**그림 1-5** PHP 파일 저장 장소와 웹 브라우저를 통한 PHP 파일의 접근 주소

## 예제 1-4 PHP 파일 만들고 실행하기

PHP 페이지를 만들고 실행하여 PHP 애플리케이션 개발 전 과정을 연습해봅시다.

### [PHP 파일 작성하기]

**1 PHP 파일 생성하기:** 비주얼 스튜디오 코드 편집기에서 ❶ [File]-[Open Folder...]를 선택하고 [Open Folder] 창이 열리면 [C:\xampp\htdocs] 폴더를 선택합니다. ❷ [HTDOCS] 경로 오른쪽에 있는 [New Folder] 아이콘( )을 클릭하고 ❸ 폴더 이름으로 'chap01'을 입력한 후 Enter를 누릅니다. 이어서 ❹ [New File] 아이콘( )을 클릭하고 ❺ 파일명으로 'hello.php'를 확인한 후 Enter를 누릅니다.

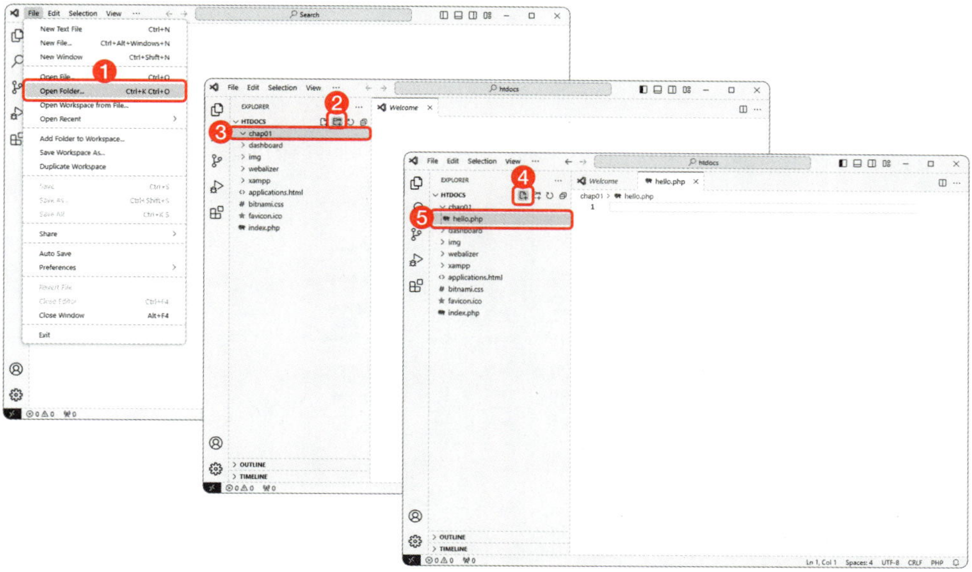


**2** **PHP 페이지 코드 작성하기:** 생성된 'hello.php' 파일에 다음과 같이 작성하여 저장합니다.

C:\xampp\htdocs\chap01\hello.php

```
<html>
<head>
    <title>Welcome</title>
</head>
<body>
    <h1> Hello PHP!! </h1>
    Hello! Hypertext Preprocessor.
</body>
</html>
```

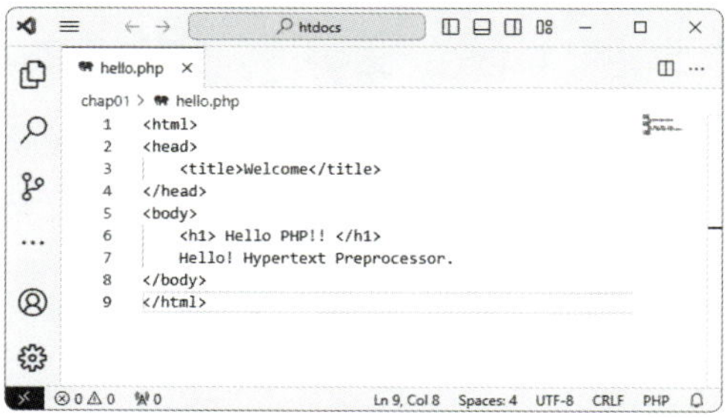

**[PHP 파일 실행하기]**

**3 Apache 웹 서버 실행하기:** XAMPP 컨트롤 패널 화면을 열고 Apache 웹 서버가 정상적으로 동작하는지 확인합니다.

TIP 'Apache' 글자의 배경이 초록색이고 〈Stop〉 액션 버튼으로 유지되고 있다면 정상적으로 동작하는 것입니다.

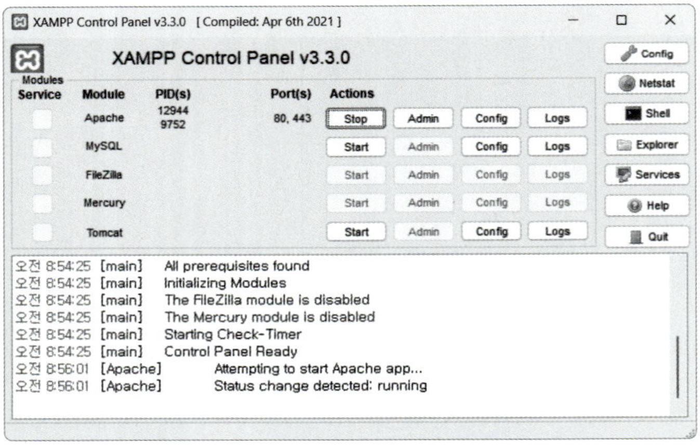


**4 실행 결과 확인하기:** 웹 브라우저를 열고 주소 입력란에 'http://localhost/chap01/hello.php'를 입력하여 실행 결과를 확인합니다.

TIP 이 책에서는 크롬(Chrome)에서 실행 결과를 확인합니다.

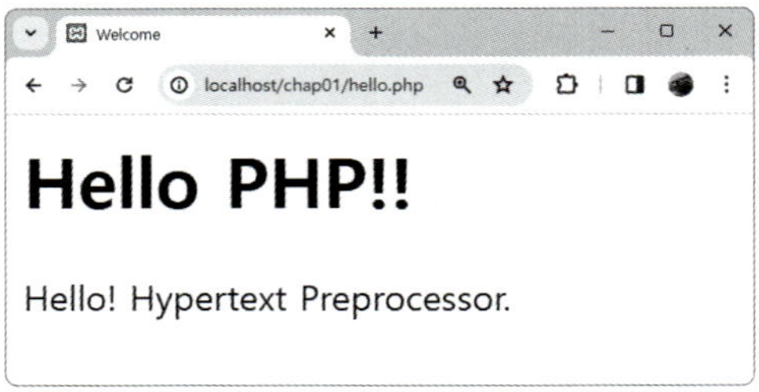

# 04 북마켓 프로젝트 생성하기

이 책에서는 북마켓을 제작하는 프로젝트를 진행합니다. 각 장에서 배우는 내용을 바탕으로 북마켓 기능과 페이지를 만들 것입니다. 이번 장에서는 'BookMarket' 프로젝트를 생성한 후 간단한 PHP 페이지를 하나 만들고 제대로 실행되는지 확인해보겠습니다.

그림 1-6 북마켓 프로젝트의 실행

## 예제 1-5 북마켓 만들기

### [저장 경로 생성하기]

**1 북마켓 폴더 생성하기:** 비주얼 스튜디오 코드 편집기에서 [File]-[Open Folder...]를 선택하고 [Open Folder] 창이 열리면 [C:\xampp\htdocs] 폴더를 선택합니다. [HTDOCS] 경로 오른쪽에 있는 [New Folder] 아이콘( )을 클릭하고 폴더 이름으로 'BookMarket'을 입력한 후 Enter를 누릅니다.

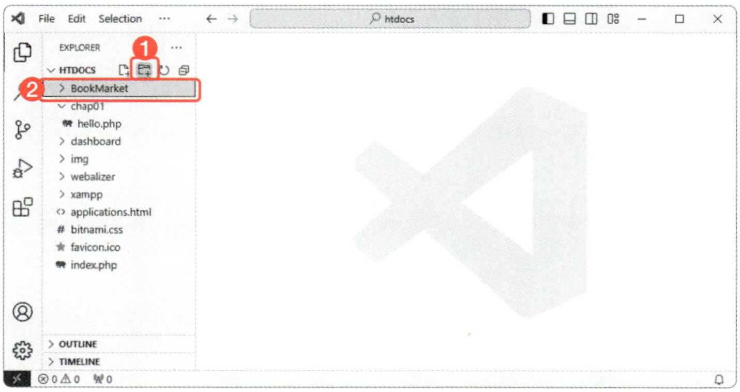

## [PHP 페이지 작성하기]

**2 PHP 파일 생성하기:** [BookMarket] 폴더를 선택하고 [HTDOCS] 경로 오른쪽에 있는 [New File] 아이콘(📄)을 클릭한 후 파일명으로 'welcome.php'를 입력합니다.

**3 PHP 코드 작성하기:** 생성된 'welcome.php' 파일에 다음과 같이 작성하여 저장합니다.

BookMarket/welcome.php

```
<html>
<head>
    <title>Welcome</title>
</head>
<body>
    <h1>도서 쇼핑몰에 오신 것을 환영합니다</h1>
    <h3>Welcome to Web Market!</h3>
</body>
</html>
```

**4 실행 결과 확인하기:** 웹 브라우저에 'http://localhost/BookMarket/welcome.php'를 입력하여 실행 결과를 확인합니다.

## 요약

### 01 PHP의 개요

- **PHP(Hypertext Preprocessor)**는 특히 웹 개발에 널리 사용되는 오픈소스 범용 서버 측 스크립팅 언어입니다. 동적 웹 페이지를 만들기 위해 설계되었으며, 이를 구현하기 위해 PHP로 작성된 코드를 PHP 엔진에서 HTML 파일과 같이 처리해 웹 페이지를 생성합니다.

- **PHP의 특징**

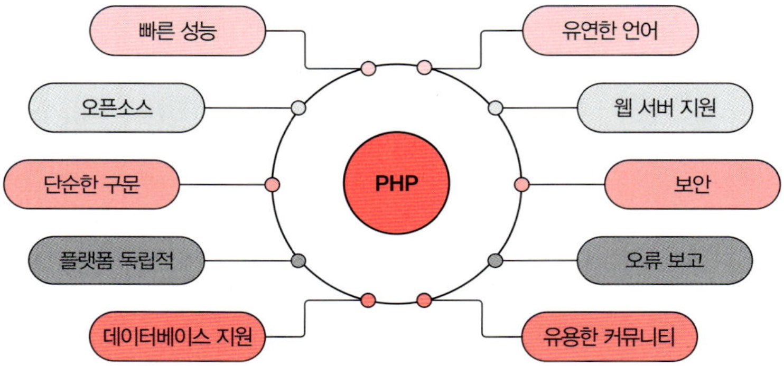


- **PHP 동작 과정**

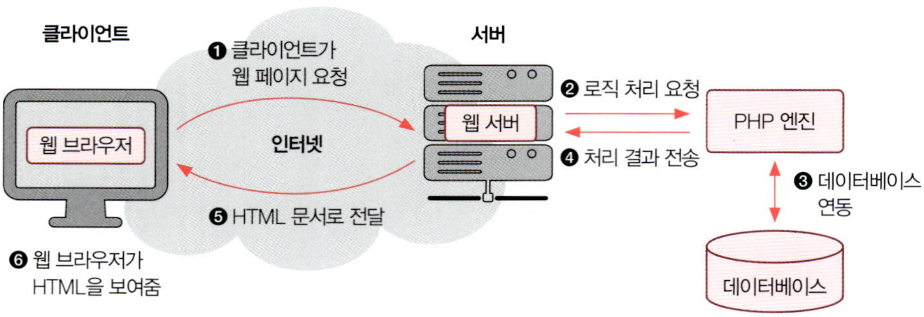

## 02 PHP 개발환경 구축하기

• **PHP 개발 환경 도구**

| 요소 | 프로그램명 | 설명 |
|---|---|---|
| PHP 엔진 | XAMPP | PHP 스크립트를 처리하려면 웹 브라우저에 출력할 수 있는 HTML 문서로 생성해야 하므로 이를 위해 PHP 해석기(Interpreter)를 설치해야 한다. |
| 웹 서버 | | PHP 스크립트로 작성된 웹 페이지를 실행하여 웹 브라우저에 나타내려면 웹 서버를 설치해야 한다. PHP는 마이크로소프트(Microsoft)의 인터넷 정보 서버(IIS)를 포함하여 거의 모든 웹 서버 소프트웨어와 함께 작동하며, 무료인 아파치(Apache) 서버가 가장 많이 사용된다. |
| 데이터베이스 | | 데이터베이스와의 상호 작용을 위해 데이터베이스를 설치해야 한다. PHP는 Oracle 및 사이베이스(Sybase)를 포함한 거의 모든 데이터베이스 소프트웨어와 함께 작동하며, 무료인 MySQL 데이터베이스가 가장 일반적으로 사용된다. |
| 편집기 | 비주얼 스튜디오 코드 | PHP 코드 작성과 오류 검사를 할 수 있는 코드 편집 에디터로 비주얼 스튜디오 코드를 설치해야 한다. |

## 03 PHP 프로그래밍 시작하기

• **PHP 폴더 구조**

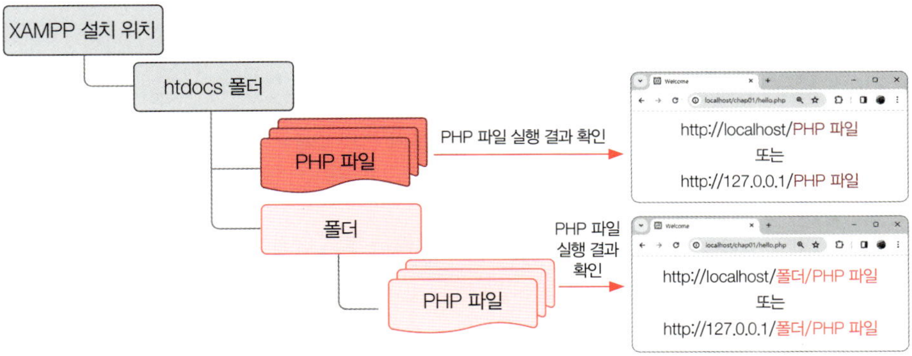


PHP 웹 애플리케이션을 개발할 때 생성하는 모든 파일은 [xampp 설치 위치\htdocs] 경로에 저장해야 합니다. 여기서 [htdocs] 폴더는 웹 애플리케이션의 기본 또는 루트 폴더를 의미합니다. 일반적으로 이 루트 폴더에 PHP 파일을 작성하고 웹 브라우저를 통해 이 파일에 직접 접근할 수 있습니다.

## 연습문제

**01** 다음 중 PHP를 올바르게 설명한 것은?

① PHP는 오픈 소스 프로그래밍 언어이다.

② PHP는 동적 및 대화형 웹사이트를 개발하는 데 사용된다.

③ PHP는 서버 측 스크립팅 언어이다.

④ 위 모두 해당함

**02** PHP는 ______________________의 약자이다.

① Hypertext Preprocessor

② Pretext Hypertext Preprocessor

③ Processor Hypertext Processor

④ 위에 해당사항 없음

**03** 다음 중 PHP 파일의 기본 파일 확장자는?

① .php ② .ph

③ .xml ④ .html

**04** 다음 중 PHP의 특징으로 옳지 않은 것은?

① 윈도우, 매킨토시, 유닉스, 리눅스 등 대부분의 운영체제에서 잘 동작한다.

② MySQL, mSQL, Oracle, Sybase 등의 데이터베이스와 연동해서 사용할 수 있다.

③ C 언어와 유사하지만 C 언어보다 익히기 어려운 것이 단점이다.

④ 일반적인 인터프리터 방식 언어인 ASP나 Peal보다 처리 속도가 훨씬 더 빠르다.

**05** 다음 중 XAMPP 프로그램에 포함되지 않은 프로그램 모듈은?

① PHP ② MySQL

③ Apache ④ 크롬 브라우저

**06** XAMPP 프로그램을 이용하여 프로그램을 개발할 때 PHP 파일을 저장하는 기본 폴더는?

① htdocs

② www

③ phpMyAdmin

④ sublimetext

**07** XAMPP 프로그램을 로컬 컴퓨터인 [C:\xampp]에 설치한 상태에서 PHP 실습 파일인 'company.php'의 실행 결과를 확인하기 위해 웹 브라우저 주소 창에 입력하는 URL 주소는?

① http://localhost

② http://localhost/htdocs/company.php

③ http://localhost/company.php

④ http://localhost/htdocs/company.php

**08** 다음 조건에 맞게 PHP 애플리케이션을 만들고 실행 결과를 확인하시오.

**조건**

❶ [HelloPHP] 폴더를 생성합니다.

❷ [HelloPHP] 폴더에 다음과 같은 'hello.php' 파일을 생성합니다.

- 〈h1〉 태그를 이용하여 'Hello! PHP Programming'을 출력합니다.
- 'Welcome to PHP'를 출력합니다.

❸ 서버를 실행하고 웹 브라우저에 'http://localhost/HelloPHP/hello.php'를 입력하여 실행 결과를 확인합니다.

**09** 자기소개 페이지를 만들기 위해 다음 조건에 맞게 PHP 애플리케이션을 만들고 실행 결과를 확인하시오.

> **조건**
>
> ❶ [HelloPHP2] 폴더를 생성합니다.
>
> ❷ [HelloPHP2] 폴더에 다음과 같은 'hello2.php' 파일을 생성합니다.
> - 〈h1〉 태그를 이용하여 'Self-Introduction'을 출력합니다.
> - '이름 : 홍길순'과 '학과 : 컴퓨터학과'를 2행으로 출력합니다.
>
> ❸ 서버를 실행하고 웹 브라우저에 'http://localhost/HelloPHP2/hello2.phpp'를 입력하여 실행 결과를 확인합니다.

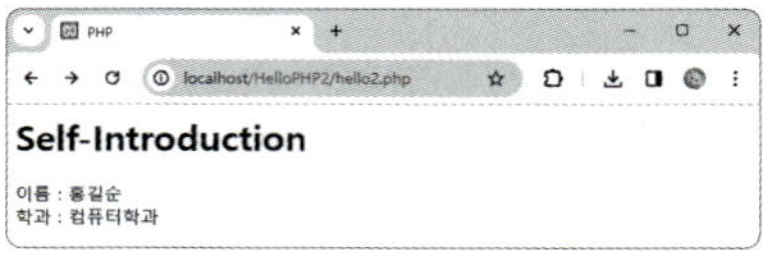


**10** 프로젝트의 구조를 이해하기 위해 다음 조건에 맞게 PHP 애플리케이션을 만들고 실행 결과를 확인하시오.

> **조건**
>
> ❶ [HelloPHP3] 폴더를 생성합니다.
>
> ❷ [HelloPHP3] 폴더에 [php] 폴더를 만들고 다음과 같은 'hello3.php' 파일을 생성합니다.
> - 〈h1〉 태그를 이용하여 'Welcome to PHP'를 출력합니다.
> - 'PHP is Dynamic Web Page.'와 'PHP is Processor Hypertext Processor.'를 2행으로 출력합니다.
>
> ❸ 서버를 실행하고 웹 브라우저에 'http://localhost/HelloPHP3/php/hello3.php'를 입력하여 실행 결과를 확인합니다.

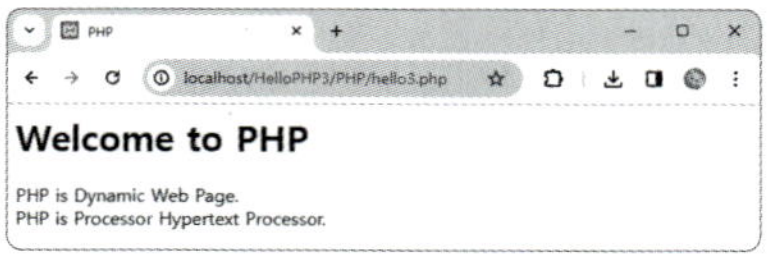

# CHAPTER 02

# PHP 기초 문법: 북마켓 시작 페이지 만들기



**학습목표**

- PHP의 기본 구조를 이해합니다.
- 출력처리에 대해 알아봅니다.
- 변수와 상수의 개념을 이해합니다.
- 기본 자료형의 유형과 개념을 이해합니다.
- 연산자의 유형을 알아보고 사용법을 익힙니다.
- 북마켓의 시작 페이지를 만들어봅니다.

# PREVIEW

이번 장에서는 PHP의 기초 문법을 학습합니다. 먼저 PHP 코드를 작성하기 위해 PHP의 기본 구조를 살펴봅니다. 이어서 출력처리, 변수와 상수, 자료형, 연산자에 대해 알아봅니다.

# 01 PHP 기본 구조

PHP는 태그를 이용하여 문법을 기술합니다. <?php로 시작하고 ?>로 끝나는 구분 기호 기호의 태그 사이에 PHP 코드를 작성합니다. 형식은 다음과 같습니다.

```
<?php        ······ PHP 프로그램의 시작
//PHP 코드;  ······ 모든 PHP 문장은 반드시 세미콜론(;)으로 끝나야 함
?>           ······ PHP 프로그램의 끝
```

PHP 태그에 포함된 코드는 PHP 엔진에서 실행되며, 그 결과는 HTML로 변환되어 웹 브라우저에 전송됩니다. PHP 태그는 웹 페이지의 아무 곳에나 배치할 수 있습니다. 모든 PHP 소스 파일은 확장자가 '.php'입니다. PHP 파일은 일반적인 HTML 페이지와 마찬가지로 HTML을 작성할 수 있을 뿐 아니라 서버 측 실행을 위한 PHP 코드를 포함할 수도 있습니다.

다음은 1장에서 작성한 'hello.php' 파일의 코드를 PHP 기본 구조 안에 사용한 예입니다.

**[PHP 태그 사용 예]**

```
<?php
echo "<h1>Hello PHP!</h1>";
echo "Hello! Hypertext Preprocessor.";
?>
```

echo는 큰따옴표("") 안의 내용을 화면에 출력함

**Hello PHP!**

Hello! Hypertext Preprocessor.

TIP echo 문에 대한 자세한 내용은 2절을 참고합니다.

이번에는 'hello.php' 파일의 코드를 가지고 HTML 내에 PHP 기본 구조를 포함하는 방법을 살펴봅시다.

[HTML에 PHP 태그 사용 예]

```
<html>
<head>
    <title>Welcome</title>
</head>
<body>
    <?php
    echo "<h1>Hello PHP!</h1>";
    echo "Hello! Hypertext Preprocessor.";
    ?>
</body>
</html>
```

**Hello PHP!**

Hello! Hypertext Preprocessor.

## 예제 2-1 PHP 태그에 HTML 태그를 이용하여 글자 색 설정하기

**1 [chap02] 폴더 생성하기:** 비주얼 스튜디오 코드 편집기에서 [File]−[New Window]를 선택하여 새 창을 엽니다. 그 후 [File]−[Open Folder]를 선택하여 [C:\xampp\htdocs] 폴더 하위에 [chap02] 폴더를 생성합니다.

**2 PHP 파일 생성하기:** [chap02] 폴더를 선택한 상태에서 [New File] 아이콘을 클릭하고 파일명으로 'basic.php'를 입력합니다.

**3 echo 문 작성하기:** 화면에 출력할 내용을 큰따옴표 안에, <font color='red'> 태그의 속성들은 작은따옴표 안에 작성합니다.

chap02/basic.php

```
<html>
<head>
    <title>PHP 기본 구조</title>
</head>
<body>
<?php
echo "<h1>Hello PHP!</h1>";
echo "<font color='red'>Hello! Hypertext Preprocessor</font>";
?>
```

작은따옴표로 작성

```
</body>
</html>
```

**4 PHP 파일 실행하기:** 웹 브라우저에 'http://localhost/chap02/basic.php'를 입력하여 실행 결과를 확인합니다.

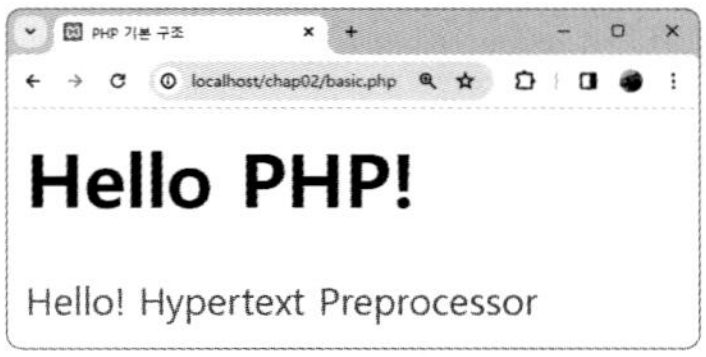

# 02 출력처리

PHP에서 데이터를 출력하려면 echo 문과 print 문을 사용합니다. echo 문과 print 문에는 괄호를 사용할 수도 있고 사용하지 않을 수도 있습니다. 형식은 다음과 같습니다.

```
void echo( string $arg1 [, string $... ] )
int print( string $arg )
```

echo 문은 하나 이상의 문자열을 출력하며 echo 문의 끝에는 세미콜론(;)을 입력해야 합니다. echo 문을 사용하여 문자열, 숫자, 변수, 값 및 표현식 결과를 출력할 수 있습니다. print 문도 echo 문과 같지만 하나 이상의 문자열을 출력할 수 없습니다.

## 1 문자열 출력하기

앞에서 살펴본 echo 문을 사용하여 단일 문자열과 여러 문자열을 출력해보겠습니다.

### 단일 문자열 출력하기

단일 문자열을 출력할 때는 키워드 echo를 사용하고 출력할 문자열을 큰따옴표(" ")나 작은따옴표(' ') 안에 표시합니다.

다음은 문자열을 출력하는 예입니다.

[단일 문자열을 출력하는 예]

```
<?php
echo "Hello PHP!<br>";
echo 'Hello! Hypertext Preprocessor';
?>
```

줄바꿈 역할 (<br>)

```
Hello PHP!
Hello! Hypertext Preprocessor
```

**NOTE PHP 코드에서 줄 바꿈을 하려면?**

PHP에서 줄 바꿈 기호는 \n입니다. 하지만 \n은 실행 코드에만 줄 바꿈이 적용되고 실제 웹 브라우저에서는 적용되지 않습니다. 따라서 웹 브라우저에서 인식되는 HTML 형식인 〈br〉 또는 `nl2br()+\n`을 사용해야 합니다.

```
<?php
echo nl2br("Hello PHP!\nHello! Hypertext Preprocessor");
?>
```

```
Hello PHP!
Hello! Hypertext Preprocessor
```

## 여러 문자열 출력하기

여러 문자열을 출력할 때는 쉼표(,)로 구분하여 echo 문에 전달합니다. 예를 들어 "Hello"와 "PHP!"라는 두 개의 문자열을 출력하고 싶다면 `("Hello", "PHP!")`로 전달합니다.

다음은 여러 문자열을 출력하는 예입니다.

[여러 문자열을 출력하는 예]

```
<?php
echo "Hello! ", "Hypertext ", "Preprocessor";
//print "Hello! ", "Hypertext ", "Preprocessor";   //오류 발생
?>
```

```
Hello! Hypertext Preprocessor
```

TIP 주석으로 처리된 print 문을 실행하면 Parse error: syntax error, unexpected token "," 라는 오류가 발생합니다.

## 2 변수의 값 출력하기

변수에 저장된 값을 출력할 때도 echo 문을 사용합니다. echo 문에 변수를 선언하거나 따옴표 내에 변수를 설정하여 변수의 값을 출력할 수 있습니다.

TIP 변수에 대한 자세한 내용은 3절을 참고합니다.

다음은 echo 문에 변수명을 선언하여 변수의 값을 출력하는 예입니다.

**[변수의 값 출력 예 2: echo 문에 변수명 선언]**

```
<?php
$name = "홍길순";
echo "나의 이름은 ", $name, "입니다.";
?>
```

나의 이름은 홍길순입니다.

다음은 echo 문의 따옴표 내에 변수를 설정하여 변수의 값을 출력하는 예입니다.

**[변수의 값 출력 예 2: 따옴표 사용]**

```
<?php
$name = "홍길순";
echo "나의 이름은 {$name}입니다.";
?>
```

나의 이름은 홍길순입니다.

여기서 echo 문의 따옴표 내에 변수명과 문자열을 붙여서 출력하려면 변수명과 문자열을 구분하는 중괄호({})로 설정해야 합니다. 그렇지 않으면 변수명과 붙어있는 문자열까지 모두 변수명으로 취급하고 변수의 값이 없다고 판단하여 `'Undefined variable $name입니다.'`라는 오류가 발생합니다.

**NOTE echo 문과 print 문의 차이점**

출력처리에는 echo 문 외에 print 문도 사용됩니다. 둘의 차이점을 살펴보겠습니다.

**표 2-1 echo 문과 print 문의 차이점**

| echo 문 | print 문 |
|---|---|
| ','로 구분된 여러 문자열을 전달할 수 있다. | 여러 문자열을 전달할 수 없다. |
| 여러 표현식을 허용할 수 있다. | 여러 표현식을 허용할 수 없다. |
| 어떤 값도 반환하지 않는다. | 항상 1을 반환한다. |
| print 문보다 빠르다. | echo 문보다 느리다. |

## 예제 2-2 echo 문을 이용하여 이름과 나이를 출력하기

echo 문을 이용하여 이름과 나이를 출력하겠습니다. [chap02] 폴더에 'echo.php' 파일을 생성하여 다음과 같이 작성합니다. 웹 브라우저에 'http://localhost/chap02/echo.php'를 입력하여 실행 결과를 확인합니다.

chap02/echo.php

```
01 <html>
02 <head>
03     <title>echo 문</title>
04 </head>
05 <body>
06 <?php
07 echo "이름 : 홍길순 <br>";
08 echo "나이 : 20세";
09 ?>
10 </body>
11 </html>
```

<br> : 줄바꿈 역할

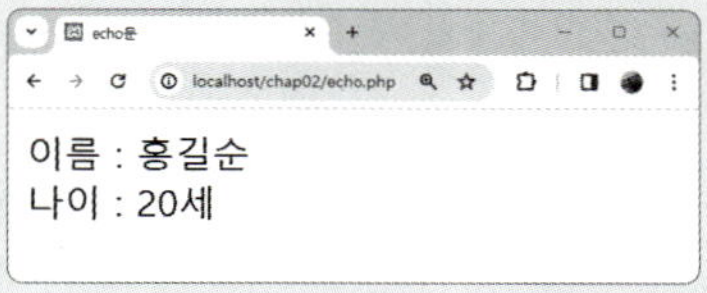


**07, 08행** 출력할 문자열을 echo 문에 작성합니다.

# 03 변수와 상수

## 1 변수

**변수**(Variable)는 컴퓨터 프로그램이 처리할 데이터(값)를 저장하기 위한 메모리 위치 또는 저장 영역을 의미합니다. 일반적인 프로그램의 경우 데이터를 컴퓨터의 메모리 공간에 저장하는데, 이때 데이터가 저장되는 메모리 주소가 복잡하므로 메모리 주소 이름을 지정합니다. 이러한 메모리 주소의 이름, 즉 메모리 공간 저장 위치의 이름을 변수명이라고 하며, 여기에 저장된 값은 변경될 수 있습니다.

### 변수 선언

PHP에서 변수를 사용하려면 먼저 변수를 선언해야 합니다. 변수명 앞에는 '$' 기호가 붙습니다. 변수명을 쓰고 등호(=)를 추가한 후 해당 변수에 저장하려는 값을 설정하면 됩니다. 변수 선언의 형식은 다음과 같습니다.

```
$변수명 = 값(데이터);
$myVar = 20;
```

[그림 2-1]에서 보듯이 변수명($myVar)은 처리할 데이터를 저장하는 메모리 공간의 위치인 주소 이름에 해당하고, 값(20)은 메모리 주소에 저장 또는 할당하는 데이터입니다.

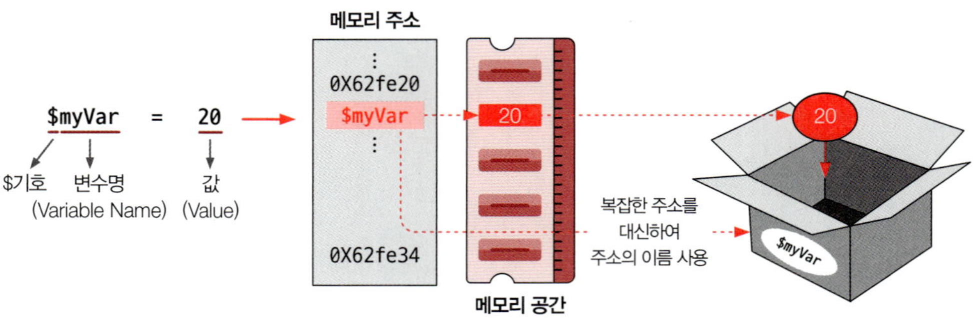


그림 2-1 변수와 메모리 공간

[변수 사용 예]

```
<?php
$name = "홍길순"; // 변수 $name에 값 홍길순을 저장함
$age = 20;        // 변수 $age에 값 20을 저장함

echo "이름 : $name<br>";
echo "나이 : $age";
?>
```

```
이름 : 홍길순
나이 : 20
```

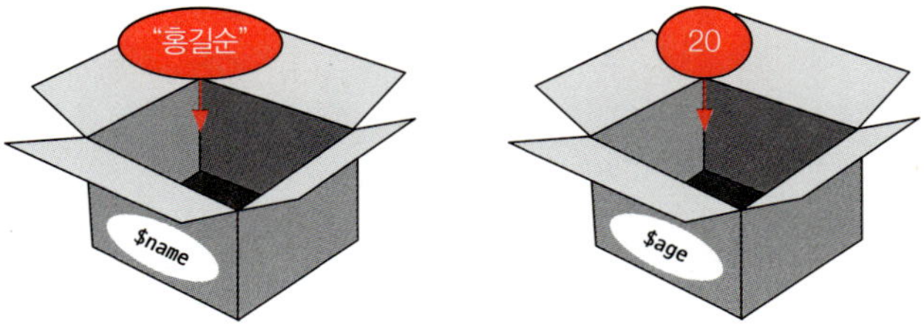


**그림 2-2** 상자에 비유한 변수

## 변수 생성 규칙

변수는 문자열, 숫자 등과 같은 데이터를 저장하는 데 사용됩니다. 변수에 들어있는 값은 프로그램 과정에서 변경될 수 있습니다. PHP에서 변수를 생성하고 변수명을 지을 때 반드시 지켜야 하는 규칙은 다음과 같습니다.

- 모든 변수는 $ 기호로 시작하고 그 뒤에 변수명이 옵니다.
- 변수명은 영문자(대·소문자) 또는 밑줄 문자(_)로 시작해야 합니다.
- 변수명은 숫자로 시작할 수 없습니다.
- 변수명에는 영문자, 숫자, 밑줄(A-z, 0-9, _)만 사용할 수 있습니다.
- 변수명에는 공백이 포함될 수 없습니다.
- 변수명은 대소문자를 구분합니다.
- 미리 정의된 키워드는 변수명으로 사용할 수 없습니다.

## 예제 2-3 변수 선언하고 값 할당하기

두 개의 변수 $num, $str에 값을 저장한 후 변경해보겠습니다. [chap02] 폴더에 'variable.php' 파일을 생성하여 다음과 같이 작성하고 웹 브라우저에 'http://localhost/chap02/variable.php'를 입력하여 실행 결과를 확인합니다.

chap02/variable.php

```
01 <html>
02 <head>
03     <title>변수</title>
04 </head>
05 <body>
06 <?php
07 $num = 20;
08 echo $num;      //$num 변수의 값 출력
09 echo "<br>";
10
11 $str = "Hello World!<br>";
12 echo $str;      //$str 변수의 값 출력
13
14 $num = 40;
15 echo $num;      //$num 변수의 값 출력
16 ?>
17 </body>
18 </html>
```

**07행** 변수 $num에 값 20을 저장합니다.

**11행** 변수 $str에 값 Hello World!를 저장합니다.

**14행** 변수 $num에 다시 값 40을 할당하여 저장된 값을 변경합니다.

## 2 상수

**상수(Constant)**는 변수와 마찬가지로 데이터를 저장할 수 있는 메모리 공간이지만, 프로그램이 실행되는 동안 메모리에 저장된 데이터를 변경할 수 없습니다. 상수는 변수처럼 정의할

수 없으며 define() 함수를 사용해야만 정의할 수 있습니다. 또한 일단 정의하면 다시 정의하거나 변경할 수 없으며, 이름에 $ 기호가 필요하지 않습니다. 상수는 프로그램의 여러 위치에서 단일 값을 사용할 때만 사용합니다. 선언 형식은 다음과 같습니다.

```
define(상수명, 상숫값);
```

상수는 프로그램이 실행되는 동안 변경되지 않는 데이터를 저장하는 데 매우 유용합니다. 예를 들어 데이터베이스 사용자 이름 및 암호, 웹 사이트의 기본 URL, 회사 이름 등과 같은 구성 설정에 사용할 수 있으며 원주율 파이(π)와 같이 변하지 않는 값을 상수로 지정하고 원의 넓이를 구할 수 있습니다.

**[상수 사용 예]**

```
<?php
define("SILE_URL", "https://www.hanbit.co.kr/");
define("PI", 3.14);
//PI = 3.1.414; //오류 발생

echo SILE_URL,"<br>";
echo PI;
?>
```

상수는 값을 변경할 수 없으므로 오류가 발생함

```
https://www.hanbit.co.kr/
3.14
```

**TIP** 주석으로 처리된 print 문을 실행하면 상수는 값을 변경할 수 없으므로 Parse error: syntax error, unexpected token "="라는 오류가 발생합니다.

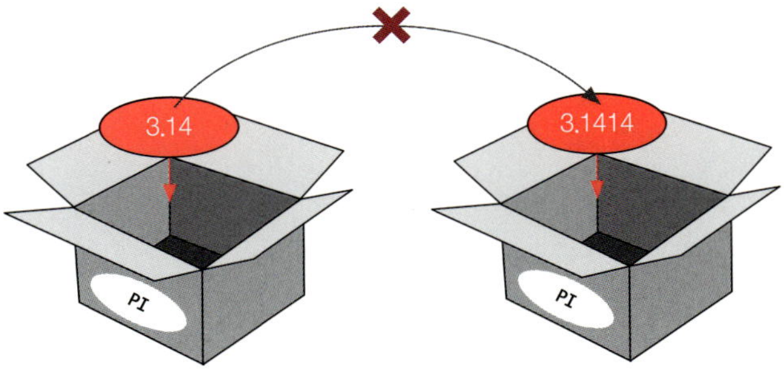


**그림 2-3** 값을 변경할 수 없는 상수

## 예제 2-4 상수를 사용하여 원의 넓이 구하기

파이(π)를 상수로 지정하여 원의 넓이를 구해보겠습니다. [chap02] 폴더에 'constant.php' 파일을 생성하여 다음과 같이 작성하고 웹 브라우저에 'http://localhost/chap02/constant.php'를 입력하여 실행 결과를 확인합니다.

chap02/constant.php

```
01  <html>
02  <head>
03      <title>상수</title>
04  </head>
05  <body>
06  <?php
07  define("PI", 3.14);
08  echo "반지름 3인 원의 넓이 = ";
09  echo (3 * 3 * PI);
10  ?>
11  </body>
12  </html>
```

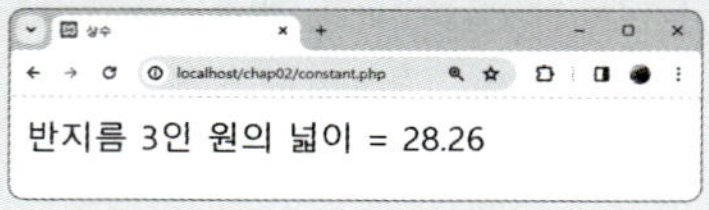


TIP 연산자 *에 대한 자세한 내용은 5절을 참조합니다.

**07행** 상수 PI의 값으로 3.14를 할당하기 위해 define() 함수를 작성합니다.

**09행** 반지름이 3인 원의 넓이를 계산하도록 작성합니다.

# 04 자료형

## 1 자료형의 개념

**자료형**(Data Type)은 변수가 저장할 수 있는 숫자, 문자열 등의 다양한 데이터 유형을 의미합니다. PHP는 정수, 실수, 문자열, 불, 배열, 객체, 자원, NULL 총 8가지 데이터 유형을 지원합니다. 이러한 데이터 유형은 변수를 구성하는 데 사용됩니다. 여기서는 기본 자료형인 정수, 실수형, 불형, 문자열형과 같은 단일 자료형에 대해 살펴보겠습니다.

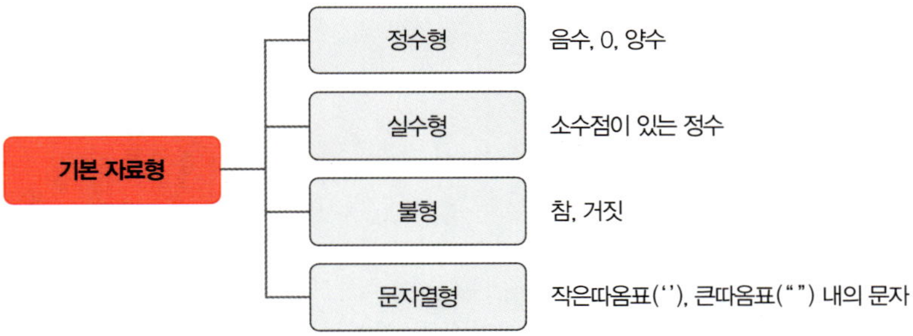


그림 2-4 기본 자료형의 유형

> **NOTE 자료형의 구분**
>
> PHP는 정수, 실수, 불, 문자열, 배열, 객체, 자원 및 NULL의 총 8가지 데이터 유형을 지원합니다.
>
> - **단일 자료형**(Scalar Datatype): 하나의 값만을 저장할 수 있는 자료형으로 정수형, 실수형, 문자열형, 불형 등이 있습니다.
> - **복합 자료형**(Compound Datatype): 두 개 이상의 복합적인 값을 저장할 수 있는 자료형으로 배열, 객체형 등이 있습니다.
> - **기타 자료형**(Special Datatype): NULL, 데이터베이스와 연동하는 리소스 등이 있습니다.

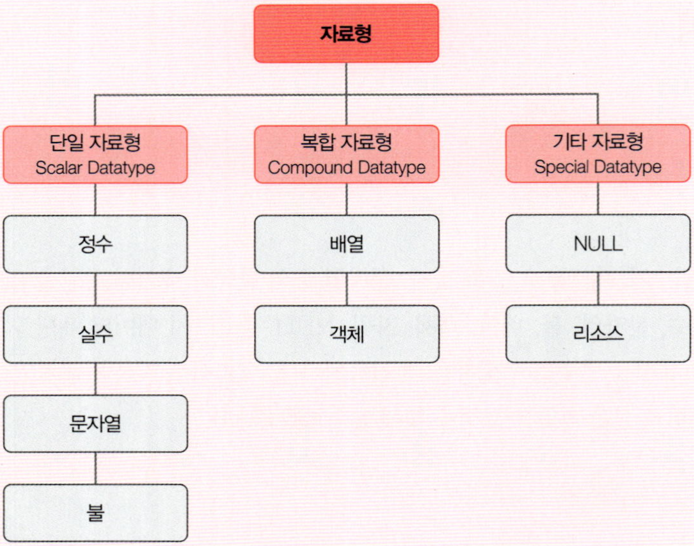


**그림 2-5** 자료형의 구분

## 2 정수형

정수형은 −2, −1, 0, 1, 2과 같은 소수점이 없는 정수를 의미하며 양수와 음수를 포함합니다. 10진수, 16진수(접두사 '0x') 또는 8진수(접두사 '0') 표기법으로 지정할 수 있으며 선택적으로 음수 또는 양수 기호(−/+)를 붙일 수 있습니다. 범위는 2,147,483,648에서 2,147,483,647($-2^{31}$~$2^{31}$) 사이여야 합니다.

[정수형 사용 예]

```
<?php
$a = 34;          //10진수 양수
$b = -34;         //10진수 음수
$oct = 0243;      //8진수
$hexa = 0x45;     //16진수
?>
```

## 예제 2-5 정수형 변수 선언하고 변숫값 출력하기

정수형으로 10진수, 8진수, 16진수 값을 변수에 할당하고 이를 출력합니다. [chap02] 폴더에 'datatype01.php' 파일을 생성하여 다음과 같이 작성하고 웹 브라우저에 'http://localhost/chap02/datatype01.php'를 입력하여 실행 결과를 확인합니다.

chap02/datatype01.php

```
01  <html>
02  <head>
03      <title>자료형</title>
04  </head>
05  <body>
06  <?php
07  $dec1 = +34;
08  $dec2 = -34;
09  $oct = 0243;
10  $hexa = 0x45;
11
12  echo var_dump($dec1)," = " ,$dec1, "</br>";
13  echo var_dump($dec2)," = " ,$dec2, "</br>";
14  echo var_dump($oct)," = ",$oct, "</br>";
15  echo var_dump($hexa)," = " ,$hexa, "</br>";
16  ?>
17  </body>
18  </html>
```

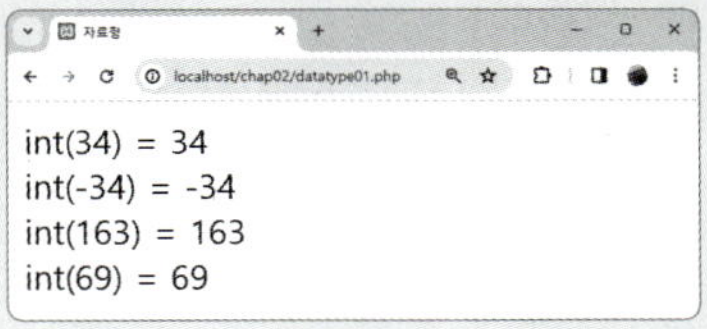


**12~15행** 변수의 정보를 출력하는 함수 var_dump()를 작성합니다.

**NOTE var_dump() 함수**

변수의 정보를 출력하는 함수로 PHP 4 이상에서 사용할 수 있습니다. 형식은 다음과 같습니다.

```
var_dump( $var1, $var2, ... );
```

## ❸ 실수형

실수형은 분수 또는 소수점이 있는 숫자로, 음수 또는 양수 부호를 포함합니다.

[실수형 사용 예]

```
<?php
$a = 1.234;
$b = 10.2e3;
$c = 4E-10;
?>
```

### 예제 2-6 실수형 변수 선언하고 변숫값 출력하기

실수형으로 값을 변수에 할당하고 이를 출력해보겠습니다. [chap02] 폴더에 'datatype02.php' 파일을 생성하여 다음과 같이 작성하고 웹 브라우저에 'http://localhost/chap02/datatype02.php'를 입력하여 실행 결과를 확인합니다.

chap02/datatype02.php

```
<html>
<head>
    <title>자료형</title>
</head>
<body>
<?php
$a = 1.234;
$b = 10.2e3;
$c = 4E-10;

echo var_dump($a), " = " ,$a, "</br>";
echo var_dump($b), " = " ,$b, "</br>";
echo var_dump($c), " = " ,$c, "</br>";
?>
</body>
</html>
```

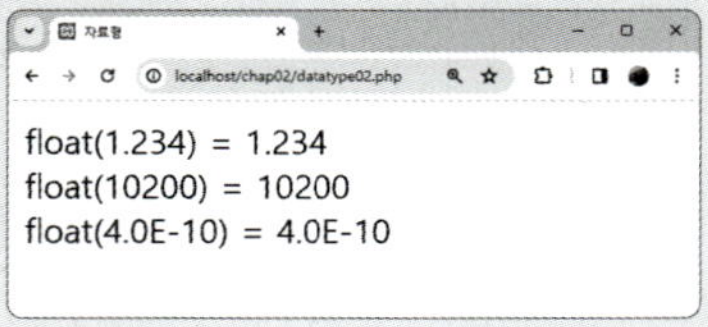

## ❹ 불형

불형은 true(1)와 false(0)의 두 가지 값만 있습니다. 대소문자를 구분하지 않으므로 true, True, TRUE, false, False를 사용하여 불 값을 나타낼 수 있습니다. 불형은 if 문 및 while 문과 같은 제어문을 제어하는 조건식에 참 또는 거짓을 반환할 때 사용됩니다.

**[불형 사용 예]**

```
<?php
$a = true;
$b = false;
?>
```

### 예제 2-7 불형의 변수 선언하고 변숫값 출력하기

불형으로 값을 변수에 할당하고 이를 출력합니다. [chap02] 폴더에 'datatype03.php' 파일을 생성하여 다음과 같이 작성하고 웹 브라우저에 'http://localhost/chap02/datatype03.php'를 입력하여 실행 결과를 확인합니다.

chap02/datatype03.php

```
<html>
<head>
    <title>자료형</title>
</head>
<body>
<?php
$yes = true;
$no = false;

echo var_dump($yes)," = " ,$yes, "</br>";
echo var_dump($no)," = " ,$no, "</br>";
?>
</body>
</html>
```

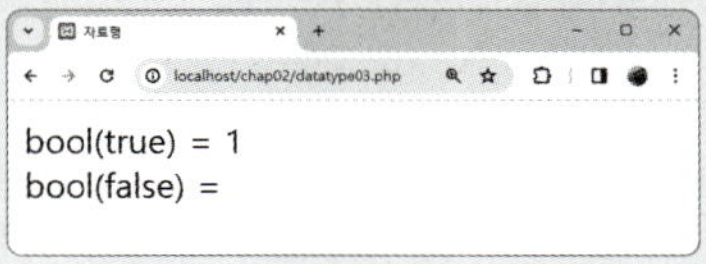

**NOTE PHP에서 거짓으로 해석되는 값**

PHP에서 다음 값들은 거짓(false)으로 해석되니 주의해야 합니다.

- false 키워드
- 정수 0과 −0
- 부동 소수점 0.0 및 −0.0
- 빈 문자열("", '')과 문자열 "0"
- 빈 배열(array() 또는 [ ])
- null

## 5 문자열형

문자열형은 문자, 숫자, 특수 문자 및 산술 값 또는 이들의 조합입니다. 문자열을 선언하는 가장 간단한 방법은 문자나 문자열을 작은따옴표(' ')로 묶는 것이며, 큰따옴표(" ")를 사용할 수도 있습니다.

**[문자열형 사용 예]**

```
<?php
$str1 = 'Hello PHP!';
$str2 = "Hello PHP!";
?>
```

TIP 작은따옴표와 큰따옴표는 다른 방식으로 작동합니다. 이에 대한 자세한 내용은 CHAPTER 05를 참고합니다.

### 예제 2-8 문자열형 변수 선언하고 변숫값 출력하기

문자열형으로 값을 변수에 할당하고 이를 출력합니다. [chap02] 폴더에 'datatype04.php' 파일을 생성하여 다음과 같이 작성하고 웹 브라우저에 'http://localhost/chap02/datatype04.php'를 입력하여 실행 결과를 확인합니다.

chap02/datatype04.php

```
<html>
<head>
    <title>자료형</title>
```

```
</head>
<body>
<?php
$str1 = 'Hello PHP!';
echo $str1;
echo "<br>";

$str2 = "Hello PHP!";
echo $str2;
echo "<br>";

echo var_dump($str1)," = " ,$str1, "</br>";
echo var_dump($str2)," = " ,$str2, "</br>";
?>
</body>
</html>
```

# 05 연산자

연산자는 PHP 엔진에 특정 작업을 수행하도록 지시하는 기호입니다. 예를 들어 더하기(+) 기호는 두 변수나 값을 더하라고 지시하는 연산자로, 2+3=5라는 식에서 2와 3은 피연산자라고 하고 +는 연산자라고 합니다. PHP는 이러한 작업을 처리할 수 있도록 다양한 연산자를 제공합니다.

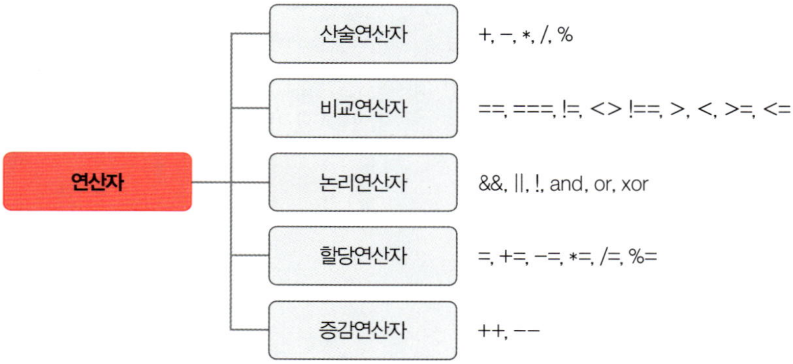


그림 2-6 연산자의 유형

## 1 산술연산자

산술연산자는 더하기, 빼기, 곱하기 등과 같은 일반적인 산술 연산을 수행하는 데 사용합니다. 산술연산자의 종류는 다음 표와 같습니다.

표 2-2 산술연산자의 종류

| 연산자 | 설명 | 예 |
| --- | --- | --- |
| + | 왼쪽 피연산자와 오른쪽 피연산자를 더한다. | 3+2 = 5 |
| - | 왼쪽 피연산자에서 오른쪽 피연산자를 뺀다. | 3-2 = 1 |
| * | 왼쪽 피연산자와 오른쪽 피연산를 곱한다. | 3*2 = 6 |
| / | 왼쪽 피연산자를 오른쪽 피연산자로 나누고 몫을 반환한다. | 3/2 = 1.5 |
| % | 왼쪽 피연산자를 오른쪽 피연산자로 나누고 나머지 값을 반환한다. | 3%2 = 1 |

[산술연산자 사용 예]

```
<?php
$a = 10;
$b = 20;

echo $a + $b,"<br>";
echo $a * $b;
?>
```

```
30
200
```

## 예제 2-9 산술연산자를 이용하여 정수와 실수 연산하기

정수와 실수를 연산하면 결괏값이 정수라는 것에 주의해야 합니다. 변수 a가 10, b가 2.0일 때 산술 연산에 따른 결괏값을 예상하고 실행 결과를 확인해보겠습니다. [chap02] 폴더에 'operator01.php' 파일을 생성하여 다음과 같이 작성하고 웹 브라우저에 'http://localhost/chap02/operator01.php'를 입력하여 실행 결과를 확인합니다.

chap02/operator01.php

```
<html>
<head>
    <title>연산자</title>
</head>
<body>
<?php
$a = 10;
$b = 2.0;

echo "a + b = " , ($a + $b) , "<br>";
echo "a - b = " , ($a - $b) , "<br>";
echo "a * b = " , ($a * $b) , "<br>";
echo "a / b = " , ($a / $b) , "<br>";
echo "a % b = " , ($a % $b) , "<br>";
?>
</body>
</html>
```

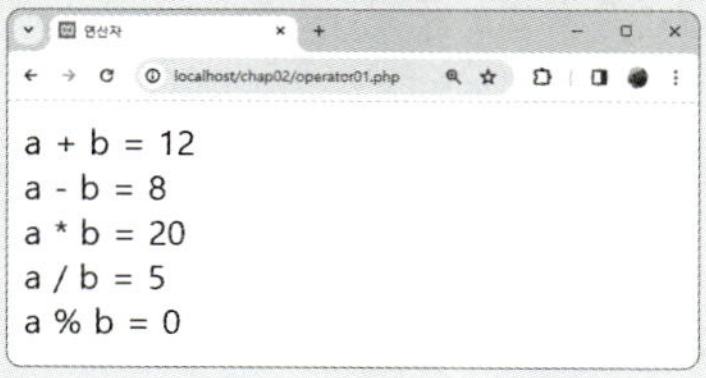

## 2 비교연산자

비교연산자는 불 방식으로 두 값을 비교하는 데 사용합니다. 두 값의 비교가 참이면 true를 반환하고 거짓이면 false를 반환합니다. 비교연산자는 보통 if 문, while 문 등에서 조건식을 판별하는 데 사용됩니다. 비교연산자의 종류는 다음 표와 같습니다.

**표 2-3** 비교연산자의 종류

| 연산자 | 설명 | 예 |
|---|---|---|
| == | 왼쪽 피연산자와 오른쪽 피연산자가 같다. | 3==2 → false |
| === | 왼쪽 피연산자와 오른쪽 피연산자가 같고 자료형도 같다. | 3=="2" → false |
| != | 왼쪽 피연산자와 오른쪽 피연산자가 같지 않다. | 3!=2 → true |
| <> | 왼쪽 피연산자와 오른쪽 피연산자가 같지 않다. | 3<>2 → true |
| > | 왼쪽 피연산자가 오른쪽 피연산보다 크다. | 3>2 → true |
| < | 왼쪽 피연산자가 오른쪽 피연산자보다 작다. | 3<2 → false |
| >= | 왼쪽 피연산자가 오른쪽 피연산자보다 크거나 같다. | 3>=2 → true |
| <= | 왼쪽 피연산자가 오른쪽 피연산자보다 작거나 같다. | 3<=2 → false |

[비교연산자 사용 예]

```
<?php
$a = 10;
$b = 10;
echo $a == $b,"<br>";
echo $a >= $b;
?>
```

```
1
1
```

**예제 2-10 비교 연산자를 이용하여 두 정수 비교하기**

변수 $a가 10이고 $b가 2.0일 때 관계 연산에 따른 결괏값을 예상하고 실행 결과를 확인해보겠습니다. [chap02] 폴더에 'operator02.php' 파일을 생성하여 다음과 같이 작성하고 웹 브라우저에 'http://localhost/chap02/operator02.php'를 입력하여 실행 결과를 확인합니다.

chap02/operator02.php

```
<html>
<head>
    <title>연산자</title>
</head>
<body>
<?php
$a = 10;
$b = 2.0;

echo "a == b =>" , ($a == $b) , "<br>";
echo "a != b => " , ($a != $b) , "<br>";
echo "a > b => " , ($a > $b) , "<br>";
echo "a < b => " , ($a < $b) , "<br>";
echo "a >= b => " , ($a >= $b) , "<br>";
echo "a <= b => " , ($a <= $b) , "<br>";
?>
</body>
</html>
```

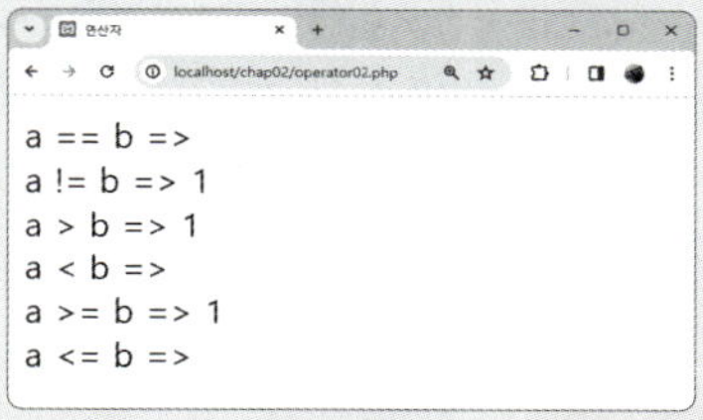


## 3 논리연산자

논리연산자는 일반적으로 조건문을 결합하는 데 사용합니다. 일반적으로 논리연산자는 if 문, while 문 등에서 조건식을 판별하는 데 사용됩니다. 논리연산자의 종류는 다음 표와 같습니다.

**표 2-4** 논리연산자의 종류

<table>
<tr><th>연산자</th><th>설명</th><th>예</th></tr>
<tr><td>&&<br>AND</td><td>두 피연산자의 조건이 모두 참이면 true를 반환하고, 그렇지 않으면 false를 반환한다(논리적 AND).</td><td>a && b<br>a AND b</td></tr>
<tr><td>||<br>or</td><td>두 피연산자의 조건 중 하나라도 참이면 true를 반환하고, 그렇지 않으면 false를 반환한다(논리적 OR).</td><td>a || b<br>a or b</td></tr>
<tr><td>!</td><td>조건을 부정한다. 즉 피연산자의 조건이 참이면 false를 반환하고, 피연산자의 조건이 거짓이면 true를 반환한다(논리적 NOT).</td><td>!a</td></tr>
</table>

다음 표는 피연산자 a와 b의 값에 따른 논리연산자의 실행 값을 보여줍니다.

**표 2-5** 피연산자에 따른 논리연산자 실행 값

| a | b | a&&b | a\|\|b | !a |
|---|---|---|---|---|
| true | true | true | true | false |
| true | false | false | true | false |
| false | true | false | true | true |
| false | false | false | false | true |

[논리연산자 사용 예]

```
<?php
$a = 10;

echo ($a < 10 && $a < 20),"<br>";
echo ($a < 10 ||$a < 20),"<br>";
echo (!($a < 10 && $a < 20));
?>
```

```
1
1
```

## 예제 2-11 논리연산자를 이용하여 정수 계산하기

변수 a가 5이고 b가 10일 때 논리 연산에 따른 결괏값을 예상하고 실행 결과를 확인해보겠습니다. [chap02] 폴더에 'operator03.php' 파일을 생성하여 다음과 같이 작성하고 웹 브라우저에 'http://localhost/Chap02/operator03.php'를 입력하여 실행 결과를 확인합니다.

chap02/operator03.php

```
<html>
<head>
    <title>연산자</title>
</head>
<body>
<?php
$a = 5;
$b = 10;

echo "a > b  => " , ($a > $b) , "<br>";
echo "!(a > b) => ", !($a > $b) . "<br>";
```

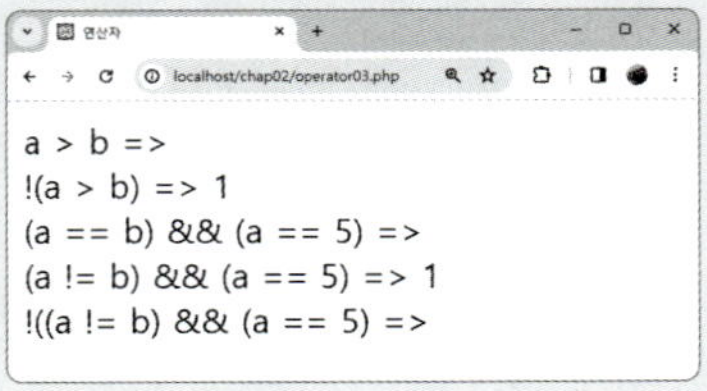

```
echo "(a == b) && (a == 5) => " , (($a == $b) && ($a == 5)) , "<br>";
echo "(a != b) && (a == 5) => " , (($a !=$b) && ($a == 5)) , "<br>";
echo "!((a != b) && (a == 5) => " , (!(($a != $b) && ($a == 5))) , "<br>";
?>
</body>
</html>
```

## 4 할당연산자

할당연산자는 변수에 값을 할당하는 데 사용되며, 왼쪽 피연산자는 변수이고 오른쪽 피연산자가 값입니다. 연산자의 오른쪽에 주어진 값이 왼쪽에 있는 변수에 할당됩니다. 할당 연산자의 종류는 다음 표와 같습니다.

**표 2-6** 할당연산자의 종류

| 연산자 | 설명 | 예 | 동일 표현식 |
|---|---|---|---|
| = | 왼쪽 피연산자에 오른쪽 피연산자의 값을 할당한다. | b = a | b = a |
| += | 왼쪽 피연산자와 오른쪽 피연산자를 더한 값을 왼쪽 피연산자에 할당한다. | b += a | b = b + a |
| -= | 왼쪽 피연산자에서 오른쪽 피연산자를 뺀 값을 왼쪽 피연산자에 할당한다. | b -= a | b = b - a |
| *= | 왼쪽 피연산자와 오른쪽 피연산자를 곱한 값을 왼쪽 피연산자에 할당한다. | b *= a | b = b * a |
| /= | 왼쪽 피연산자를 오른쪽 피연산자로 나누고 몫을 왼쪽 피연산자에 할당한다. | b /= a | b = b / a |
| %= | 왼쪽 피연산자를 오른쪽 피연산자로 나누고 나머지 값을 왼쪽 피연산자에 할당한다. | b %= a | b = b % a |

**[할당연산자 사용 예]**

```
<?php
$a = 10;
echo $a,"<br>";
$a -= 2;
echo $a,"<br>";
$a %= 2;
echo $a,"<br>";
?>
```

```
10
8
0
```

## 예제 2-12 할당연산자를 이용하여 정수 계산하기

변수 a가 10이고 b가 20일 때 할당 연산에 따라 b의 값이 어떻게 달라지는지 미리 예상하고 실행 결과를 확인해보겠습니다. [chap02] 폴더에 'operator04.php' 파일을 생성하여 다음과 같이 작성하고 웹 브라우저에 'http://localhost/Chap02/operator04.php'를 입력하여 실행 결과를 확인합니다.

chap02/operator04.php

```
<html>
<head>
    <title>연산자</title>
</head>
<body>
<?php
$a = 5;
$b = 10;

echo "c = a =>  " . ($c = $a)  . "<br>";
echo "b += a => " . ($b += $a) . "<br>";
echo "b -= a => " . ($b -= $a) . "<br>";
echo "b *= a => " . ($b *= $a) . "<br>";
echo "b /= a => " . ($b /= $a) . "<br>";
echo "b %= a => " . ($b %= $a) . "<br>";
echo "b ^= a => " . ($b ^= $a) . "<br>";
?>
</body>
</html>
```

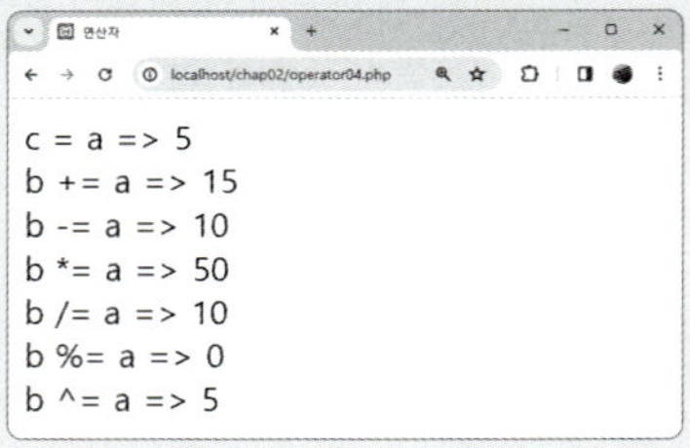


## 5 증감연산자

증가 및 감소 연산자는 ++와 --로, ++는 피연산자에 1을 더하고 --는 피연산자에서 1을 뺍니다. 변수의 위치(앞 또는 뒤)에 따라 값이 달라지기 때문에 주의해야 합니다. 예를 들어 $a가 5라면 $a++ 및 ++$a 값은 6이고 $a– 및 --$a 값은 4입니다. 다음 표는 증감연산자의 종류입니다.

**표 2-7** 증감연산자의 종류

| 연산자 | 설명 | 예 |
|---|---|---|
| ++ | 피연산자를 1 증가시킨다. | $a++<br>++$a |
| -- | 피연산자를 1 감소시킨다. | $a--<br>--$a |

[증감연산자 사용 예]

```
<?php
$a = 10;

echo $a++,"<br>";
echo ++$a,"<br>";

echo $a--,"<br>";
echo --$a;
?>
```

```
10
12
12
10
```

## 예제 2-13 증감연산자를 이용하여 정수 계산하기

변수 $a, $b, $c, $d가 10일 때 증감연산의 위치에 따라 각각의 값이 어떻게 달라지는지 예상하고 실행 결과를 확인해보겠습니다. [chap02] 폴더에 'operator05.php' 파일을 생성하여 다음과 같이 작성하고 웹 브라우저에 'http://localhost/Chap02/operator05.php'를 입력하여 실행 결과를 확인합니다.

chap02/operator05.php

```
<html>
<head>
    <title>연산자</title>
</head>
<body>

<?php
$a = 10;
$b = 10;
```

```
$c = 10;
$d = 10;

echo "a++ => ", ($a++), "<br>";
echo "a => " , $a, "<br>";
echo "++b => " , (++$b), "<br>";
echo "c-- => " , ($c--), "<br>";
echo "--d => " , (--$d);
?>
</body>
</html>
```

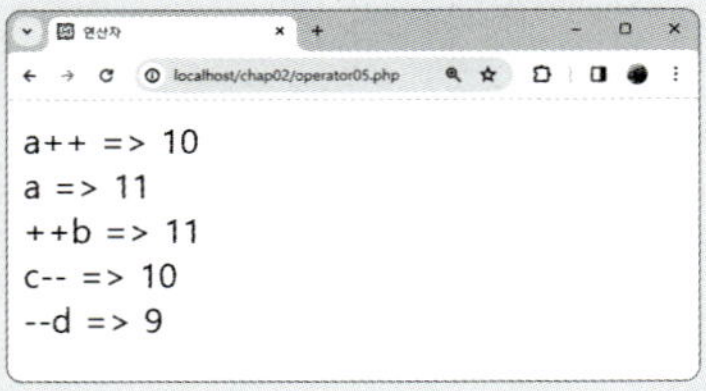


## 6 연산자의 우선순위

연산자 우선순위는 식을 그룹화하는 것을 결정하는데, 이것은 식을 평가되는 방법에 영향을 미칩니다. 특정 연산자는 다른 연산자보다 우선순위가 높습니다. 예를 들어 곱셈 연산자는 더하기 연산자보다 우선순위가 높습니다. 예를 들어 x=2+5*6인 경우, x에는 42가 아니라 32로 할당됩니다. 연산자 *가 +보다 우선순위가 높아 먼저 5*6 곱셈을 수행한 후 2를 더하기 때문입니다. 둘 이상의 연산자가 포함되어 있을 때 소괄호(( )) 안의 연산식을 먼저 수행한 다음 연산자의 우선순위에 따라 수행합니다.

연산자의 우선순위는 다음 표와 같습니다. 우선순위는 맨 위에 있는 연산자가 가장 높고 맨 아래에 있는 연산자가 가장 낮습니다.

**표 2-8** 연산자의 우선순위

| 유형 | 설명 | 우선순위 |
|---|---|---|
| ( ) | 괄호 | 높다. ↑ |
| ! ++ -- | 오른쪽에서 왼쪽으로(←) | |
| * / % | 왼쪽에서 오른쪽으로(→) | |
| + - | 왼쪽에서 오른쪽으로(→) | |
| < <= > >= | 왼쪽에서 오른쪽으로(→) | |
| == != | 왼쪽에서 오른쪽으로(→) | |
| && | 왼쪽에서 오른쪽으로(→) | |
| \|\| | 왼쪽에서 오른쪽으로(→) | |
| = += -= *= /= %= | 오른쪽에서 왼쪽으로(←) | ↓ 낮다. |

# 06 북마켓 시작 페이지 만들기

이번 장에서는 PHP 프로그램에서 변수를 적용하여 북마켓 시작 페이지를 만들어보겠습니다. 그리고 웹 페이지를 웹 브라우저에 표현하기 위해 부트스트랩 프레임워크에서 제공하는 스타일시트를 적용하여 출력합니다.

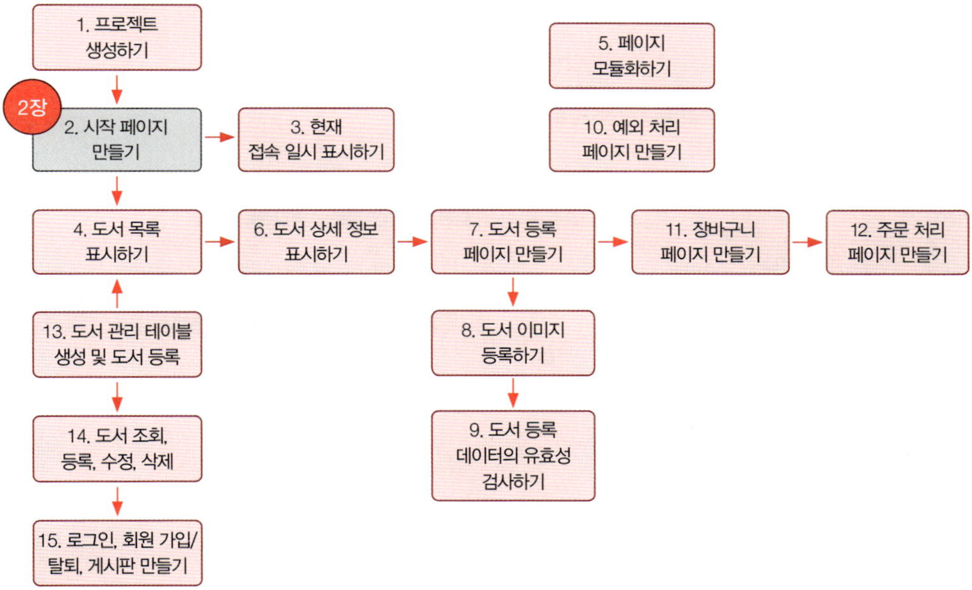


**그림 2-7** 작업 과정 확인: 시작 페이지 만들기

**그림 2-8** 완성된 북마켓 시작 페이지

부트스트랩은 웹 디자인을 쉽게 할 수 있도록 몇 가지 CSS의 클래스 선택자와 정의된 스타일 시트, 자바스크립트 플러그인을 모아놓은 강력한 프론트엔드 프레임워크입니다. 즉 부트스트랩은 반응형이며 모바일 우선인 웹 프로젝트를 개발할 때 가장 인기 있는 HTML, CSS, JS 프레임워크입니다. 트위터 내부에서 개발하던 라이브러리로 각종 UI 컴포넌트를 모아놓은 종합 선물 세트라 할 수 있는 부트스트랩을 이용하면 간단한 스크립트와 CSS/HTML만으로 UI/UX를 깔끔하게 구성할 수 있습니다. 디자인에 익숙하지 않은 개발자가 데모 또는 프로토타입을 만드는 데 매우 유용하며, 구현하기 까다로운 여러 Javascript action도 라이브러리로 제공하므로 쉽게 사용할 수 있습니다.

**TIP** 자세한 내용은 https://getbootstap.com이나 https://bootstrap.kr 페이지를 참고합니다.

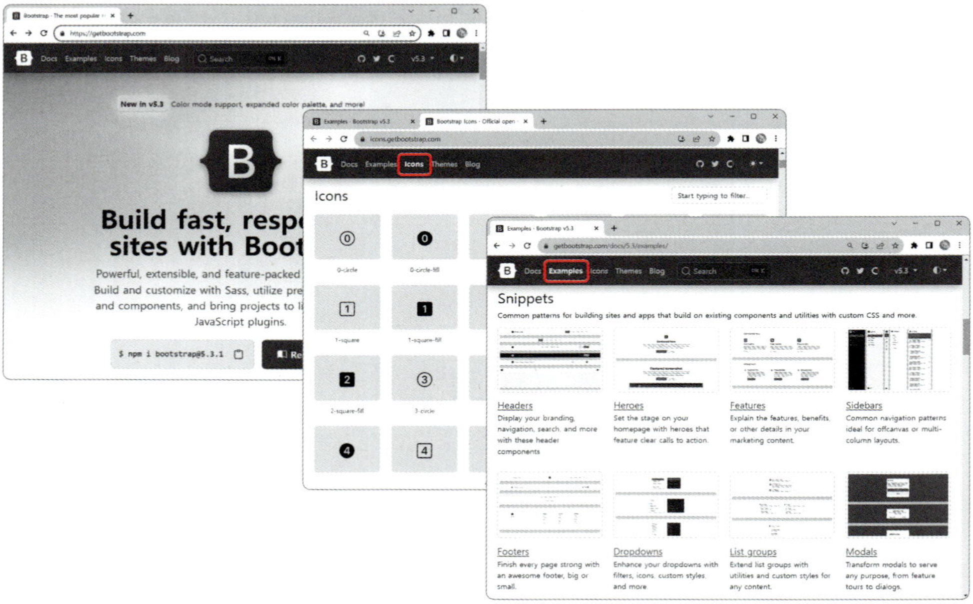


그림 2-9 부트스트랩 페이지

## 예제 2-14 북마켓 쇼핑몰 시작 페이지 만들기

북마켓 시작 페이지를 만들고 부트스트랩 프레임워크에서 제공하는 스타일시트를 적용해봅시다.

**1 시작 페이지 작성하기:** 1장에서 작성한 'welcome.php' 파일을 다음과 같이 수정한 후 웹 브라우저에 'http://localhost/BookMarket/welcome.php'를 입력하여 실행 결과를 확인합니다.

BookMarket/welcome.php

```
01  <html>
02  <head>
03      <title>Welcome</title>
04  </head>
05  <body>
06  <?php
07      $greeting = "도서 쇼핑몰에 오신 것을 환영합니다";
08      $tagline = "Welcome to Web Market!";
09  ?>
10  <h1><?php echo $greeting ?></h1>
11  <h3><?php echo $tagline ?></h3>
12
13  </body>
14  </html>
```

**07~08행** 변수 greeting, tagline에 각각 문자열을 저장하도록 합니다.

**10행** 변수 greeting의 값을 출력하도록 echo 문을 작성합니다.

**11행** 변수 tagline의 값을 출력하도록 echo 문을 작성합니다.

10~11행은 다음과 같이 PHP 태그를 단순화하여 표현할 수 있습니다.

```
<h1><?= $greeting ?></h1>
<h3><?= $tagline ?></h3>
```

**2 부트스트랩 CSS 적용하기:** 부트스트랩에서 제공하는 스타일시트를 시작 페이지에 적용하고 웹 브라우저에 'http://localhost/BookMarket/welcome.php'를 입력하여 실행 결과를 확인합니다.

BookMarket/welcome.php

```
<!doctype html>
<html class="h-100">
<head>
    <title>Welcome</title>
    <link href="https://getbootstrap.com/docs/5.3/dist/css/bootstrap.min.css"
rel="stylesheet">
```

```
    <script src="https://getbootstrap.com/docs/5.3/dist/js/bootstrap.bundle
.min.js"> </script>
</head>
<body class="d-flex flex-column h-100">
<header>
  <!-- Fixed navbar -->
    <nav class="navbar navbar-expand-md navbar-dark fixed-top bg-dark">
        <div class="container-fluid">
            <a class="navbar-brand" href="./welcome.php">
                <svg xmlns="http://www.w3.org/2000/svg" width="28" height="28"
fill="currentColor" class="bi bi-book" viewBox="0 0 16 16">
                    <path d="M1 2.828c.885-.37 2.154-.769 3.388-.893 1.33-.134
2.458.063 3.112.752v9.746c-.935-.53-2.12-.603-3.213-.493-1.18.12-2.37.461-
3.287.811V2.828zm7.5-.141c.654-.689 1.782-.886 3.112-.752 1.234.124 2.503.523
3.388.893v9.923c-.918-.35-2.107-.692-3.287-.81-1.094-.111-2.278-.039-
3.213.492V2.687zM8 1.783C7.015.936 5.587.81 4.287.94c-1.514.153-3.042.672-
3.994 1.105A.5.5 0 0 0 0 2.5v11a.5.5 0 0 0 .707.455c.882-.4 2.303-.881 3.68-
1.02 1.409-.142 2.59.087 3.223.877a.5.5 0 0 0 .78 0c.633-.79 1.814-1.019
3.222-.877 1.378.139 2.8.62 3.681 1.02A.5.5 0 0 0 16 13.5v-11a.5.5 0 0
0-.293-.455c-.952-.433-2.48-.952-3.994-1.105C10.413.809 8.985.936 8 1.783z"/>
                </svg>
                <span class="fs-5">BookMarket</span>
            </a>
            <button class="navbar-toggler" type="button" data-bs-toggle
="collapse" data-bs-target="#navbarCollapse" aria-controls="navbarCollapse"
aria-expanded="false" aria-label="Toggle navigation">
                <span class="navbar-toggler-icon"></span>
            </button>
            <div class="collapse navbar-collapse" id="navbarCollapse">
                <ul class="navbar-nav me-auto mb-2 mb-md-0">
                    <li class="nav-item">
                        <a class="nav-link active" aria-current="page"
href="./welcome.php">Home</a>
                    </li>
                </ul>
                <form class="d-flex" role="search">
                    <input class="form-control me-2" type="search"
```

햄버거 메뉴 활성화를 위해 필요

⑤ 아이콘 표시

⑥ Home 메뉴 표시

```
placeholder="Search" aria-label="Search">
                    <button class="btn btn-outline-success" type="submit">
Search</button>
                </form>
            </div>
         </div>
     </nav>
</header>

<?php
$greeting = "도서 쇼핑몰에 오신 것을 환영합니다";
$tagline = "Welcome to Web Market!";
?>
<br>
 <main>
     <div class="container py-5">
         <div class="p-5 mb-4 bg-body-tertiary rounded-3">
             <div class="container-fluid py-5">
                 <h1 class="display-5 fw-bold"><?php echo $greeting ?></h1>
                 <p class="col-md-8 fs-4">BookMarket</p>
             </div>
         </div>
         <div class="row align-items-md-stretch text-center">
             <div class="col-md-12">
                 <div class="h-100 p-5">
                     <h2><?php echo $tagline ?></h2>
                 </div>
             </div>
         </div>
     </div>
 </main>

 <footer class="footer mt-auto py-3 bg-body-tertiary">
     <div class="container">
         <span class="text-body-secondary"> &copy; BookMarket</span>
     </div>
 </footer>
```

❶ 메뉴 영역

❷ 제목 영역

❸ 본문 영역

❹ 바닥글 영역

```
67    </body>
68    </html>
```

**09~37행** 웹 페이지의 메뉴 표시줄을 표현하도록 부트스트랩 CSS를 작성합니다.

**39~42행** 변수 `greeting`, `tagline`에 각각 문자열을 저장하도록 작성합니다. 이 두 변수는 전역변수로 어디에서나 호출하여 사용할 수 있습니다.

**46~51행** 웹 페이지의 제목을 표현하도록 부트스트랩 CSS를 작성합니다. 40행에서 변수 `greeting`의 값인 '**도서 쇼핑몰에 오신 것을 환경합니다**'를 출력하도록 echo 문을 작성합니다.

**52~58행** 웹 페이지의 본문을 표현하도록 부트스트랩 CSS를 작성합니다. 41행에서 변수 `tagline`의 값인 '`Welcome to Web Market!`'을 출력하도록 표현문 태그를 작성합니다.

**62~66행** 웹 페이지의 바닥글 '`@BookMarket`'을 표현하도록 부트스트랩 CSS를 작성합니다.

▼ 실행 결과

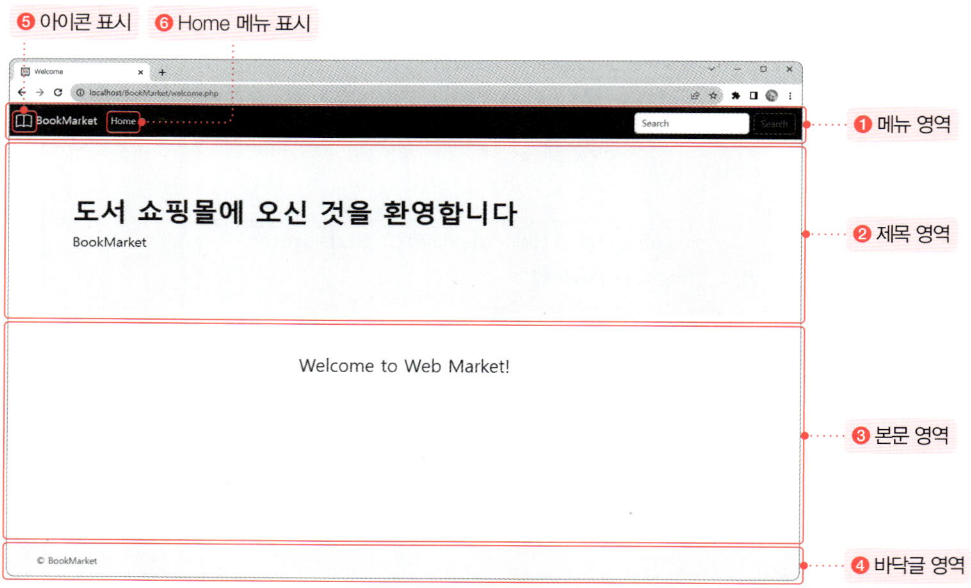

요약

## 01 PHP 기본 구조

- PHP는 <?php로 시작하고 ?>로 끝나는 구분 기호 기호의 태그 사이에 PHP 코드를 작성합니다.

```
<?php
// PHP 코드;
?>
```

## 02 출력처리

- **단일 문자열 출력하기**

  단일 문자열을 출력할 때는 키워드 echo를 사용하고 출력할 문자열을 큰따옴표(" ")나 작은 따옴표(' ') 안에 표시하면 됩니다.

- **여러 문자열 출력하기**

  여러 문자열을 출력할 때는 쉼표(,)로 구분하여 echo 문에 전달합니다. 예를 들어 "Hello"와 "PHP!"라는 두 개의 문자열을 출력하고 싶다면 `("Hello", "PHP!")`로 전달합니다.

- **변수의 값 출력하기**

  변수에 저장된 값을 출력할 때도 echo 문을 사용합니다. echo 문에 변수를 선언하거나 따옴표 내에 변수를 설정하여 변수의 값을 출력할 수 있습니다.

## 03 변수와 상수

- **변수(Variable)**는 컴퓨터 프로그램이 처리할 데이터(값)를 저장하기 위한 메모리 위치 또는 저장 영역을 의미합니다. PHP에서 변수를 사용하려면 먼저 변수를 선언해야 합니다. 변수명 앞에는 '$' 기호가 붙습니다.

```
$변수명 = 값(데이터);
```

- **상수(Constant)**는 변수와 마찬가지로 데이터를 저장할 수 있는 메모리 공간이지만, 프로그램이 실행되는 동안 메모리에 저장된 데이터를 변경할 수 없습니다. 상수는 변수처럼 정의할 수 없으며 define() 함수를 사용해야만 정의할 수 있습니다.

```
define(상수명, 상숫값);
```

## 04 자료형

- **자료형(Data Type)**은 변수가 저장할 수 있는 숫자, 문자열 등의 다양한 데이터 유형을 의미합니다.

- **기본 자료형의 유형**

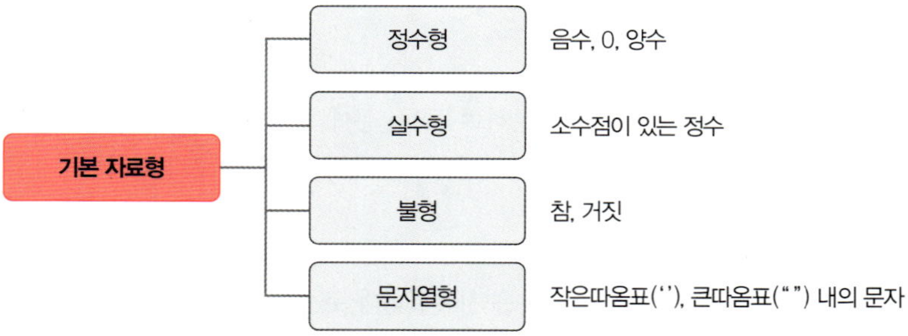

## 05 연산자

- **연산자**는 PHP 엔진에 특정 작업을 수행하도록 지시하는 기호입니다.

- **연산자의 유형**

| 연산자 | 유형 | 연산자 기호 |
|---|---|---|
| 연산자 | 산술연산자 | +, −, *, /, % |
| | 비교연산자 | ==, ===, !=, <> !==, >, <, >=, <= |
| | 논리연산자 | &&, \|\|, !, and, or, xor |
| | 할당연산자 | =, +=, −=, *=, /=, %= |
| | 증감연산자 | ++, −− |

## 연습문제

**01** 다음 중 PHP 코드를 작성하기 위한 구문은?

① <?php ?>　　② < php >

③ < ? php ?>　　④ <? ?>

**02** 다음 중 PHP의 변수명으로 옳지 않은 것은?

① $bus　　② $my age

③ this_year　　④ font7

**03** 다음 중 변수 num에 111을 저장하는 PHP 문은?

① 111 = $num;　　② int $num = 111;

③ int mum = 111;　　④ $num = 111;

**04** 다음 중 화면에 Hello World를 출력하는 PHP 문은?

① printf("Hello World");　　② echo("Hello World");

③ print("Hello World");　　④ 모두 해당함

**05** 변수 $name을 출력하는 <?php echo $name?>의 약식 표현은?

① <?=$name?>　　② <?/*$name?>

③ <?//$name?>　　④ <?$name?>

**06** 하나 또는 여러 개의 문자로 구성된 데이터형은 무엇인가?

① 정수　　② 불

③ 배열　　④ 문자열

**07** PHP에서 한 줄을 주석 처리하는 데 사용되는 기호는?

① <?　　② //

③ /*　　④ <!--

**08** 자신의 이름, 휴대폰 번호, 주소, 이메일 주소를 변수로 저장하고 이를 출력하는 프로그램을 작성하시오.

**09** 다음 프로그램의 실행 결과가 웹 브라우저 화면에 어떻게 출력될지 예측하시오.

```
<?php
$a = 3;
$b = 2;

$a = $a + $b;
$b = $a + 5;
$c = $a * $b;

$c = $c % 2;
$a = $b + $c;
$b = $a * $b;

echo "a : $a, b : $b, c : $c";
?>
```

**10** 다음은 거스름돈을 계산하는 프로그램이다. 빈칸을 채워 프로그램을 완성하시오.

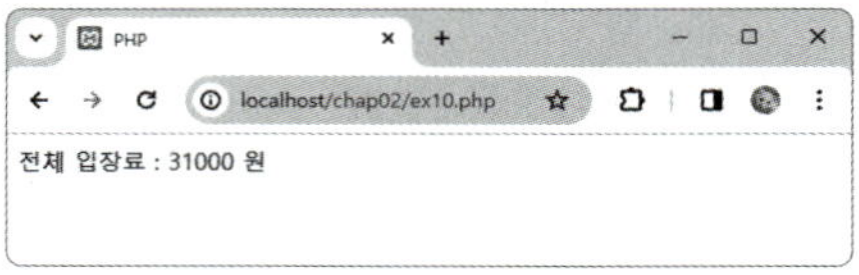


```
<html>
<head>
    <title>PHP</title>
</head>
<body>
<?php
$money = 3000;      // 지불액
$price = 800;       // 물건 가격
$num = 3;           // 구매 개수

$change = __________❶__________;
// 거스름돈 = 지불액 - 물건 가격 * 구매 개수

// 결과 출력
echo ("물건 가격 : ________❷________ <br>");
echo ("구매 개수 : $num <br>");
echo ("지불액 : _________❸_________ <br>");
echo ("거스름돈은 $change 원 입니다.<br>");
?>
</body>
</html>
```

# CHAPTER 03

# 제어문: 현재 접속 일시 표시하기



**학습목표**

- 제어문에 대해 이해합니다.
- 조건문의 유형을 알아봅니다.
- 반복문의 유형을 알아봅니다.
- 분기문의 유형을 알아봅니다.
- 북마켓의 시작 페이지에 현재 접속 일시를 표시합니다.

# PREVIEW

PHP에서는 위에서 아래로 오른쪽에서 왼쪽으로 프로그램을 읽으면서 번역하는데, 제어문을 사용하면 이러한 흐름을 변경할 수 있습니다. 이번 장에서는 제어문에 대해 살펴보고 제어문의 종류인 조건문과 반복문의 유형에 대해 자세히 알아봅니다. 그리고 프로그램의 흐름의 순서를 변경하는 분기문에 대해서도 살펴봅니다.

# 01 제어문의 개요

**제어문**은 프로그램을 구성하는 코드가 실행될 때 코드의 처리 순서를 변경할 수 있는 문장을 말합니다. 일반적으로 코드는 위에서 아래로 차례대로 처리되는 순차 구조이지만, 순차적인 실행 방법만으로는 효율적인 프로그램을 만들 수 없습니다. 즉 처리하고자 하는 조건에 따라 처리하는 명령을 달리하거나 특정 명령어를 반복할 필요가 있습니다.

이처럼 명령의 흐름 처리 방법을 지정할 때 사용하는 것이 제어문입니다. 제어문에는 조건문, 반복문, 분기문 등이 있습니다.

- **조건문**: 조건에 따라 처리하는 명령을 달리하는 문장
- **반복문**: 일정한 조건이 충족될 때까지 동일한 명령을 반복적으로 처리하는 문장
- **분기문**: 강제로 명령의 처리 순서를 바꾸는 문장

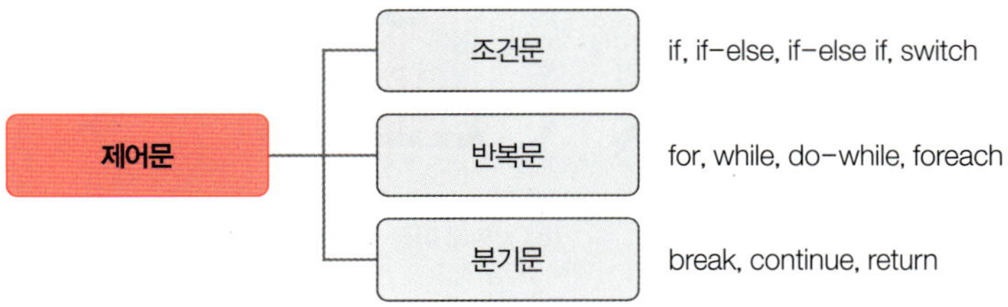


**그림 3-1** 제어문의 유형

# 02 조건문

**조건문**은 주어진 조건이 참인지 거짓인지 판별하고 그에 따라 특정 명령을 수행하는 제어문입니다. 상황(조건)에 따라 의사 결정을 내리고 특정 행동을 하는 사례는 실생활에서도 많이 찾아볼 수 있습니다. 신호등이 파란색이면 횡단보도를 건너고, 그렇지 않으면 멈추어 기다리는 것을 예로 들 수 있습니다. 비가 오면 우산을 가지고 외출하고, 그렇지 않으면 우산을 집에 두고 외출하는 것도 조건에 따른 의사 결정의 사례입니다.

(a) 신호등 색에 따른 의사 결정　　(b) 날씨에 따른 의사 결정

그림 3-2 조건문의 예

의사 결정은 불리언 조건의 결과를 기반으로 코드의 특정 부분을 실행하는 조건문에 해당합니다. PHP에서 의사 결정을 위한 조건문으로 if, if-else, if-else-if 및 switch 문을 주로 사용합니다. 이러한 조건문은 프로그램 실행 중 프로그램 제어의 흐름을 결정합니다.

## 1 if 문

**if 문**은 가장 단순화된 제어문입니다. if 문의 조건식은 특정 조건에 따라 불 값에서 작동하며 조건식이 참(true)인 경우에만 특정 코드 블록을 실행하는 데 사용합니다. if 문의 형식은 다음과 같습니다.

```
if(조건식) {
    //조건식이 참이면 실행되는 코드
}
```

조건식 결과가 참/거짓인 연산식 또는 불 변수

조건식에는 참 또는 거짓을 결과로 얻는 연산식이나 불 변수를 넣을 수 있습니다. 주어진 조건식이 참이면 if 문 내의 코드 블록이 실행되고, 거짓이면 if 문 내의 코드 블록이 실행되지 않습니다. 이때 실행할 코드 블록의 범위를 제한하는 중괄호({})가 없으면 첫 번째 행만 실행됩니다.

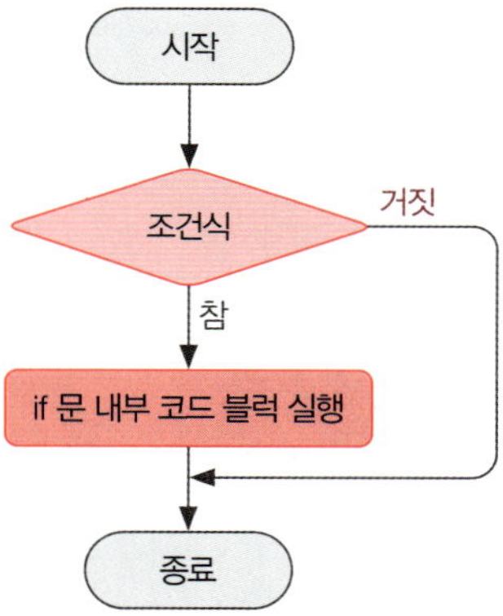


**그림 3-3** if 문의 순서도

다음은 변숫값이 100보다 큰지 작은지를 판별하는 if 문의 예입니다.

[if 문 사용 예]

```
<?php
$num = 12;

if($num < 100){
    echo "{$num}은[는] 100보다 작습니다.<br>";
}

echo "이 문장은 if 문 외부에 있습니다.";
?>
```

if 문의 조건식이 참이든 거짓이든 실행되는 문장

```
12은[는] 100보다 작습니다.
이 문장은 if문 외부에 있습니다.
```

## 예제 3-1 투표가 가능한 나이 판별하기

**1 [chap03] 폴더 생성하기:** 비주얼 스튜디오 코드 편집기에서 [File]–[New Window]를 선택하여 새 창을 열고, [File]–[Open Folder]를 선택하여 [C:\xampp\htdocs] 폴더 안에 [chap03] 폴더를 생성합니다.

**2 PHP 파일 생성하기:** [chap03] 폴더를 선택한 상태에서 [New File] 아이콘을 클릭하고 파일명으로 'if01.php'를 입력합니다. 다음과 같이 웹 페이지를 작성하고 웹 브라우저에 'http://localhost/chap03/if01.php'를 입력하여 실행 결과를 확인합니다.

chap03/if01.php

```
<html>
<head>
    <title>조건문</title>
</head>
<body>
<?php
$age = 20;

if($age >= 18){
   echo "당신의 나이는 18세 이상입니다.<br>";
   echo "당신은 투표할 자격이 있습니다.";
}
?>
</body>
</html>
```

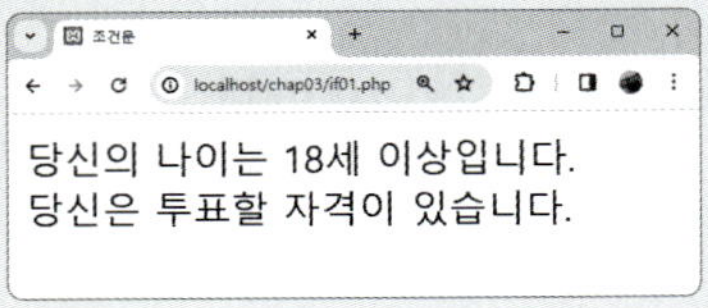


## 2 if–else 문

if–else 문은 if 문과 else 문을 함께 사용하여 조건식의 결과에 따라 특정 코드 또는 코드 블록의 실행을 선택하는 조건문입니다. if–else 문은 2개의 코드 블록을 정의하여 하나는 조건식이 참일 때 실행하고 다른 하나는 거짓일 때 실행됩니다. if–else 문의 형식은 다음과 같습니다.

```
if(조건식){
    //조건식이 참이면 실행되는 코드
} else{
    //조건식이 거짓이면 실행되는 코드
}
```

if 문에 주어진 조건식이 참이면 if 문 내의 코드 블록을 실행하고, 거짓이면 else 문 내의 코드 블록을 실행합니다. 이때 실행할 코드 블록의 범위를 제한하는 중괄호가 없으면 첫 번째 행만 실행됩니다.

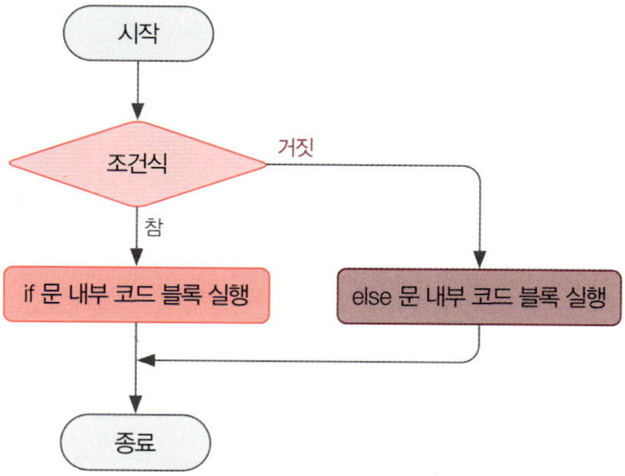


**그림 3-4** if-else 문의 순서도

다음은 변숫값이 100보다 큰지 작은지 판별하는 if-else 문의 예입니다.

[if-else 문 사용 예]

```
<?php
$num = 12;
if($num > 100){
    echo "{$num}은[는] 100보다 큽니다.";
}
else echo "{$num}은[는] 100보다 작습니다.";
?>
```

```
12은[는] 100보다 작습니다.
```

## 예제 3-2 짝수, 홀수 판별하기

주어진 숫자가 짝수인지 홀수인지를 판별하기 위해 if-else 문을 활용해봅시다. [chap03] 폴더에 'if02.php' 파일을 생성하여 다음과 같이 작성하고 웹 브라우저에 'http://localhost/chap03/if02.php'를 입력하여 실행 결과를 확인합니다.

chap03/if02.php

```
<html>
<head>
    <title>조건문</title>
</head>
<body>
<?php
$num = 20;

if($num % 2 == 0){
   echo "{$num}은[는] 짝수입니다.";
}
else echo "{$num}은[는] 홀수입니다.";
?>
</body>
</html>
```

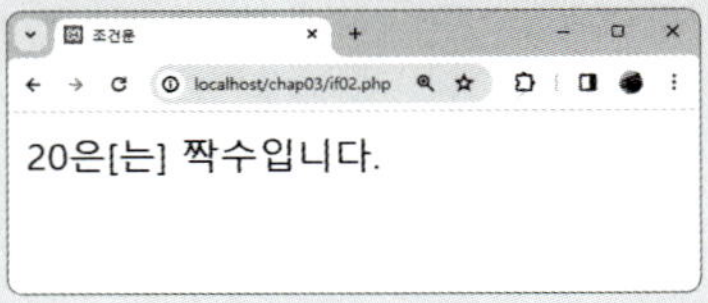


## 3 if-else if 문

여러 조건식 중 하나가 참일 때까지 작동하도록 여러 개의 if-else 문을 결합할 수 있는데, 이를 if-else if 문이라 합니다. if-else 문은 개수 제한이 없고 코드 블록의 마지막에 else 문의 코드 블록을 추가할 수 있습니다. if-else if 문의 형식은 다음과 같습니다.

```
if(조건식1){
   //조건식1이 참이면 실행되는 코드
} else if(조건식2){
   //조건식2가 참이면 실행되는 코드
...
} else{
```

```
    //조건식1~조건식n이 거짓이면 실행되는 코드
}
```

첫 번째 if 문의 조건식이 거짓이면 다른 조건식의 결과에 따라 해당 if 문 내의 코드 블록을 선택할 수 있습니다. 이처럼 if 문의 조건식 중 하나가 참이면 즉시 if 문 내의 코드 블록을 실행하고 나머지 else if 문을 무시합니다.

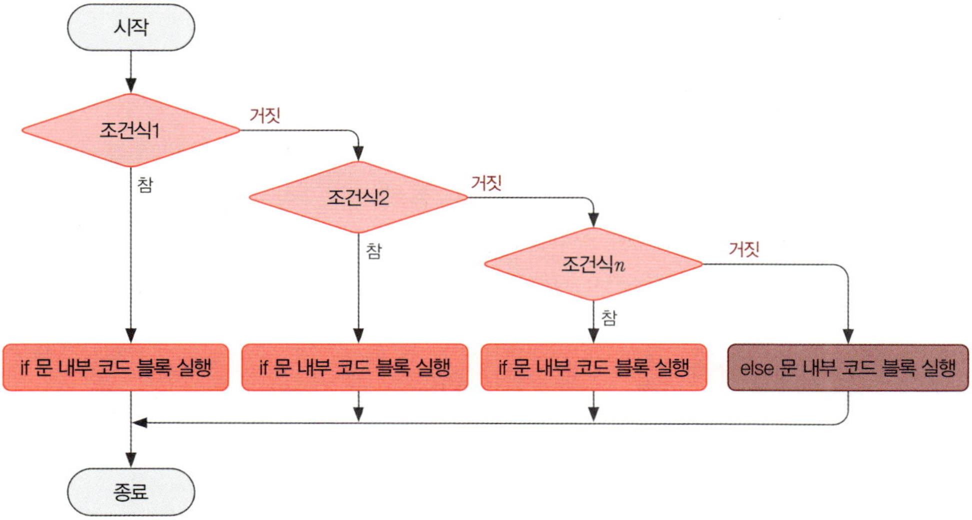


**그림 3-5** if-else if 문의 순서도

다음은 변숫값이 10, 15, 20 중 무엇에 해당하는지 판별하는 if-else if 문의 예입니다.

[if-else if 문 사용 예]

```
<?php
$num = 20;

if($num == 10){
    echo "{$num}은[는] 10입니다.";
}
else if($num == 15){
    echo "{$num}은[는] 15입니다.";
```

```
}
else if($num == 20){
    echo "{$num}은[는] 20입니다.";
}
else{
   echo "{$num}은[는] 10, 15, 20 중 어떤 것도 아닙니다.";
}
?>
```

20은[는] 20입니다.

### 예제 3-3 점수에 따라 학점 부여하기

키보드로 입력받은 점수가 90점 이상이면 A학점, 80점 이상 90점 미만이면 B학점, 70점 이상 80점 미만이면 C학점, 60점 이상 70점 미만이면 D학점, 60점 미만이면 F학점을 출력하기 위해 if-else if 문을 활용해보겠습니다. [chap03] 폴더에 'if03.php' 파일을 생성하여 다음과 같이 작성하고 웹 브라우저에 'http://localhost/chap03/if03.php'를 입력하여 실행 결과를 확인합니다.

chap03/if03.php

```
<html>
<head>
    <title>조건문</title>
</head>
<body>
<?php
$grade = 85;
echo "점수 : $grade <br>";

if($grade > 90){
    echo "A학점";
}
else if($grade > 80){
    echo "B학점";
}
else if($grade > 70){
    echo "C학점";
}
else if($grade > 60){
```

```
        echo "D학점";
    }
    else{
        echo "F학점";
    }
    ?>
    </body>
    </html>
```

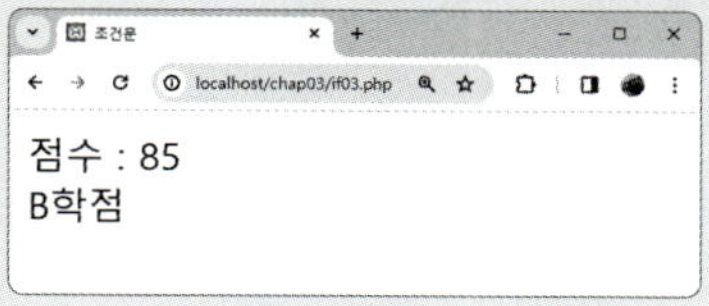


## 4 중첩 if 문

중첩된 if 문은 if 문 또는 else 문 코드 블록 내에 다른 if 문, if–else 문, if–else if 문 등이 포함된 조건문입니다. 외부 if 문의 조건식이 참이면 내부 if 문의 코드 블록을 실행합니다. 중첩 if 문의 형식은 다음과 같습니다.

```
if(조건식1){
    // 조건식1이 참이면 실행되는 코드
        if(조건식2){
            // 조건식2가 참이면 실행되는 코드
        }
}
```

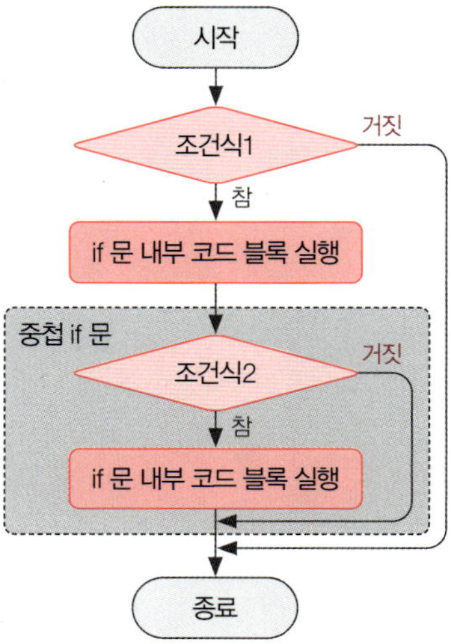


그림 3-6 중첩 if 문의 순서도

다음은 변숫값이 100보다 작은지 판별한 후 100보다 작으면 다시 50보다 큰지 작은지 판별하는 중첩 if-else 문의 예입니다.

[중첩 if 문 사용 예]

```
<?php
$num = 12;

if($num < 100){
    echo "{$num}은[는] 100보다 작습니다.<br>";
    if($num > 50){
        echo "{$num}은[는] 50보다 큽니다.<br>";
    }
    else  echo "{$num}은[는] 50보다 작습니다.";
}
?>
```

```
12은[는] 100보다 작습니다.
12은[는] 50보다 작습니다.
```

## 예제 3-4 최댓값 판별하기

세 숫자 가운데 첫 번째 숫자가 다른 숫자들보다 큰지 판별하기 위해 중첩 if-else 문을 활용해 보겠습니다. [chap03] 폴더에 'if04.php' 파일을 생성하여 다음과 같이 작성하고 웹 브라우저에 'http://localhost/chap03/if04.php'를 입력하여 실행 결과를 확인합니다.

chap03/if04.php

```
<html>
<head>
    <title>조건문</title>
</head>
<body>
<?php
$x = 50;
$y = 10;
$z = 60;
echo "3개 숫자 : $x , $y , $z<br>";

```

```
if($x > $y){
    if($x > $x){
        echo "{$x}은[는] 가장 큰 수입니다.";
    }

    else{
        echo "{$x}은[는] 가장 큰 수가 아닙니다.";
    }
}
else{
    echo "{$x}은[는] 가장 큰 수가 아닙니다.";
}
?>
</body>
</html>
```

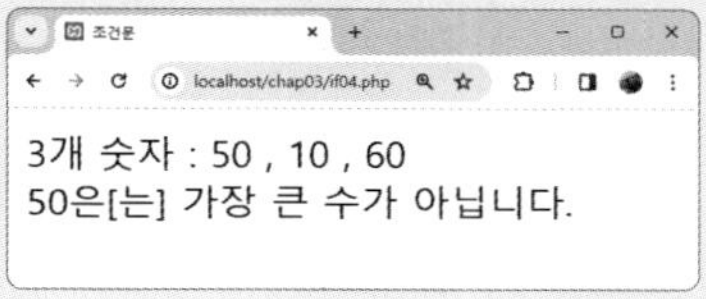


### NOTE 삼항연산자

삼항연산자는 조건식을 확인한 다음 조건이 참인지 거짓인지에 따라 값을 반환합니다.

삼항연산자는 if-else 문을 작성하는 속기 방법을 제공합니다. 삼항연산자는 물음표(?) 기호로 표시되며 세 가지 피연산자(조건식, 참에 대한 실행 결과, 거짓에 대한 실행 결과)를 사용합니다.

삼항연산자의 형식과 처리 과정은 다음과 같습니다.

```
조건식 ? 참에 대한 실행 결과 : 거짓에 대한 실행 결과
```

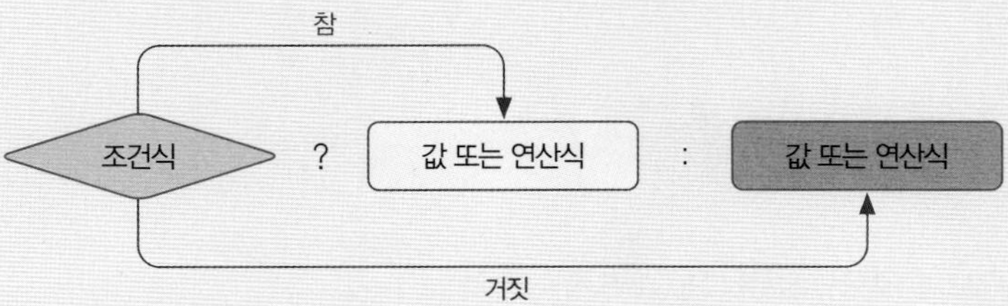


**그림 3-7 삼항연산자의 처리 과정**

삼항연산자를 활용한 간단한 예제를 살펴보겠습니다. 18세 이상이면 투표할 자격이 있고, 18세 미만이면 투표 자격이 없다는 내용을 조건문으로 작성하면 다음과 같습니다.

[조건문 사용]

```
<?php
$age = 20;
if($age > 18){
    echo "투표할 자격이 있습니다.";
} else{
    echo "투표할 자격이 없습니다.";
}
?>
```

삼항연산자를 사용하면 위의 코드를 더 간결하게 작성할 수 있습니다.

[삼항연산자 사용]

```
<?php
$age = 20;
echo ($age > 18) ? "투표할 자격이 있습니다." : "투표할 자격이 없습니다.";
?>
```

## 5 switch 문

switch 문은 여러 조건에서 하나의 특정 코드 또는 코드 블록을 실행하는 데 사용되는데, 여러 조건을 동시에 사용하는 매우 효율적인 방법입니다. switch 문의 형식은 다음과 같습니다.

```
switch(조건식){
    case 값1:
        //조건식 값이 값1과 같으면 실행되는 코드
        break;
    case 값2:
        //조건식 값이 값2과 같으면 실행되는 코드
        break;
    ...
    default:
       //조건식 값이 값1..n과 다르면 실행되는 코드
}
```

if 문과 달리 연산식 또는 변수의 값이 정수나 문자열일 때 사용할 수 있어 if-else if 문보다 한정적인 조건문이지만 코드가 더 깔끔하고 이해하기 쉽습니다.

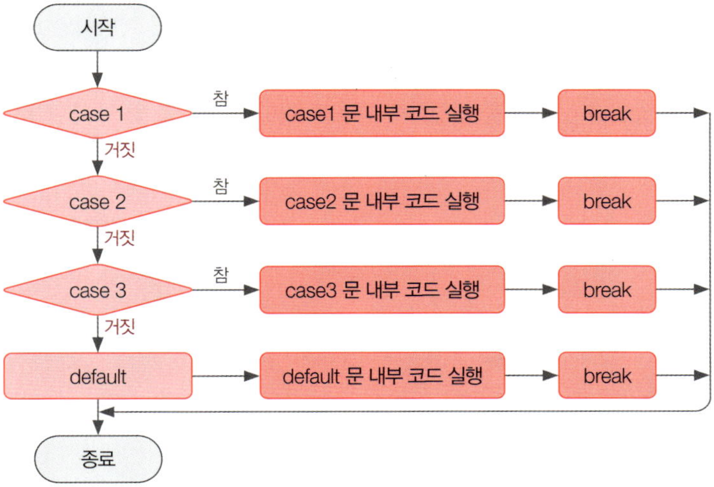


**그림 3-8** switch 문의 순서도

다음은 변수에 저장된 값과 동일한 값을 판별하는 switch 문의 예입니다.

[switch 문 사용 예]

```
<?php
$num = 20;
switch($num){
    case 10:
        echo "{$num}은[는] 10과 같습니다.";
        break;
    case 20:
        echo "{$num}은[는] 20과 같습니다.";
        break;
    case 30:
        echo "{$num}은[는] 30과 같습니다.";
        break;
   default:
        echo "{$num}은[는] 10, 20, 30과 같지 않습니다.";
}
?>
```

20은[는] 20과 같습니다.

## 예제 3-5 switch 문을 활용하여 점수에 따라 학점 부여하기

[예제 3-3]에서는 if-else if 문을 이용해 학점을 부여했습니다. 이번에는 이를 switch 문으로 작성해보겠습니다. 키보드로 입력받은 점수가 90점 이상이면 A학점, 80점 이상 90점 미만이면 B학점, 70점 이상 80점 미만이면 C학점, 60점 이상 70점 미만이면 D학점, 60점 미만이면 F학점을 출력합니다. [chap03] 폴더에 'switch.php' 파일을 생성하여 다음과 같이 작성하고 웹 브라우저에 'http://localhost/chap03/switch.php'를 입력하여 실행 결과를 확인합니다.

chap03/switch.php

```
<html>
<head>
    <title>조건문</title>
</head>
<body>
<?php
$num = 85;
echo "점수 : $num <br>" ;
switch($num / 10){
    case 10:
    case 9:
        echo "A학점";
        break;
    case 8:
        echo "B학점";
        break;
    case 7:
        echo "C학점";
        break;
    case 6:
        echo "D학점";
        break;
    default:
        echo "F학점";
}
?>
</body>
</html>
```

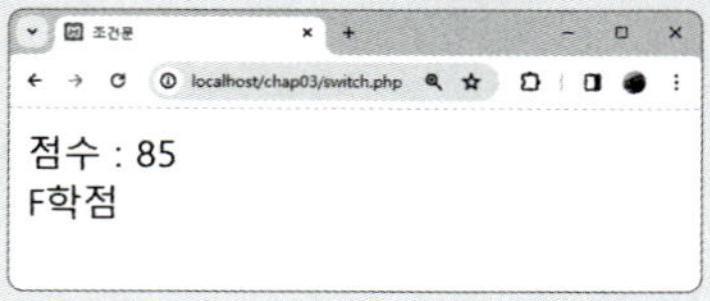

# 03 반복문

**반복문**은 일정 횟수만큼 어떤 코드를 반복하여 실행하는 제어문으로, 프로그램 내에서 반복되는 작업을 자동화하여 시간과 노력을 절약할 수 있습니다. 이때 반복적으로 실행되는 동작을 **루프(Loop)**라고 합니다. 예를 들어 echo 문을 사용하여 10개의 정수를 출력하는 경우라면 지금까지 배운 지식으로도 코드 작성에 어려움이 없을 것입니다. 그러나 100개의 정수를 출력해야 한다면 echo 문을 100번 작성하는 것보다 루프를 이용하여 100번 반복하도록 하는 것이 훨씬 간단하고 쉽습니다. PHP에서는 반복문으로 for 문, while 문, do-while 문, foreach 문을 사용하는데, 이 세 가지는 구문만 다를 뿐 동일한 작업을 수행합니다.

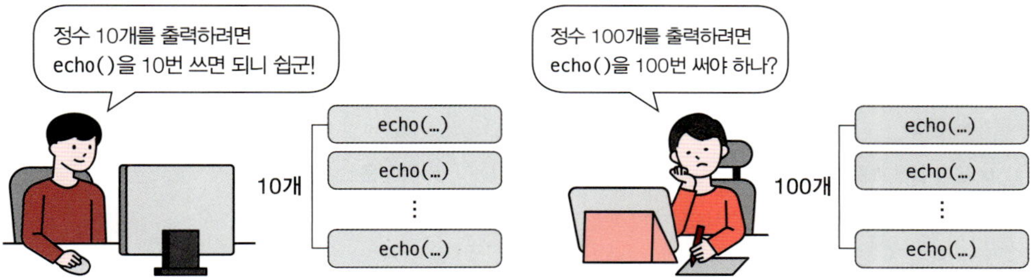


(a) 같은 코드를 10번 작성하는 경우

(b) 같은 코드를 100번 작성하는 경우

**그림 3-9** 반복문의 예

## 1 for 문

for 문은 특정 횟수만큼 코드 블록을 반복하여 실행하는 데 사용하며, 일반적으로 반복하는 횟수를 알고 있을 때 유용합니다. for 문의 형식은 다음과 같습니다.

```
for(초기화식; 조건식; 증감식){
    //실행되는 코드
}
```

주어진 조건식이 참이 되면 코드 블록을 여러 번 실행합니다.

- **초기화식**: 프로그램을 시작하기 위한 값/변숫값입니다. 카운터 변수를 초기화하는 데 사용되며 코드 블록이 처음 실행되기 전에 무조건 한 번 수행됩니다. 카운터 변수는 선택사항입니다.
- **조건식**: 조건식이 참이 되면 코드 블록이 계속 실행되고 그렇지 않으면 종료됩니다.
- **증감식**: 카운터 변수를 새로운 값으로 증가/감소시킵니다. 각 반복이 끝날 때마다 수행됩니다.

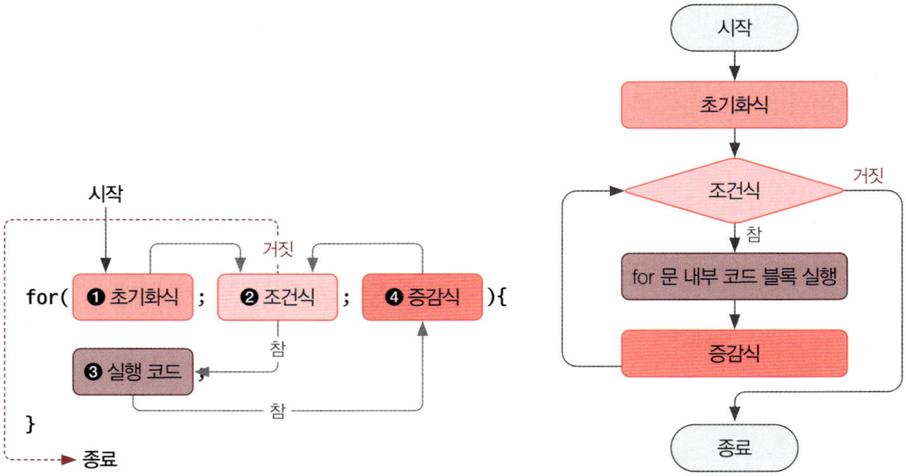


(a) for 문의 실행 흐름　　(b) for 문 순서도

**그림 3-10** for 문의 실행 흐름과 순서도

for 문의 실행 흐름을 살펴보면, ❶ 초기화식이 가장 먼저 실행됩니다. 그리고 ❷ 조건식을 확인하여 참이면 ❸ 실행 코드를 실행하고, 거짓이면 for 문을 종료합니다. 만약 실행 코드가 실행되었다면 블록 내부의 ❸ 실행 코드를 모두 실행하고 ❹ 증감식을 실행한 뒤 다시 ❷ 조건식을 확인합니다. 조건식이 거짓일 때까지 이를 반복합니다.

다음은 변숫값이 1부터 3이 될 때까지 반복하며 변숫값을 출력하는 for 문의 예입니다.

[for 문 사용 예]

```
<?php
for($i=1; $i<=3; $i++){
    echo "숫자 $i <br>";
}
?>
```

```
숫자 1
숫자 2
숫자 3
```

### 예제 3-6 1부터 10까지의 합 구하기

1부터 10까지 숫자의 합을 구하기 위해 for 문을 활용해봅시다. [chap03] 폴더에 'for.php' 파일을 생성하여 다음과 같이 작성하고 웹 브라우저에 'http://localhost/chap03/for.php'를 입력하여 실행 결과를 확인합니다.

chap03/for.php

```
<html>
<head>
    <title>반복문</title>
</head>
<body>
<?php
$sum = 0;
for($i=1;$i<=10;$i++)
    $sum +=$i;
echo "1부터 10까지의 합계 : ", $sum;
?>
</body>
</html>
```

## 2 while 문

while 문은 조건식이 참이면 루프를 계속 반복하는 반복문으로 특정 코드 블록으로 들어가기 전에 조건식을 확인하여 참이면 코드 블록이 실행됩니다. while 문은 반복 횟수가 정해져 있지 않을 때 사용하며, 반복 횟수가 정해진 경우에는 for 문을 사용합니다. while 문의 형식은 다음과 같습니다.

```
while(조건식){
    //실행 코드
}
```

주어진 조건식이 거짓(false)이 될 때까지 반복적으로 코드 블록을 실행합니다. 조건식이 거짓이 되면 코드 블록이 실행되지 않고 종료됩니다.

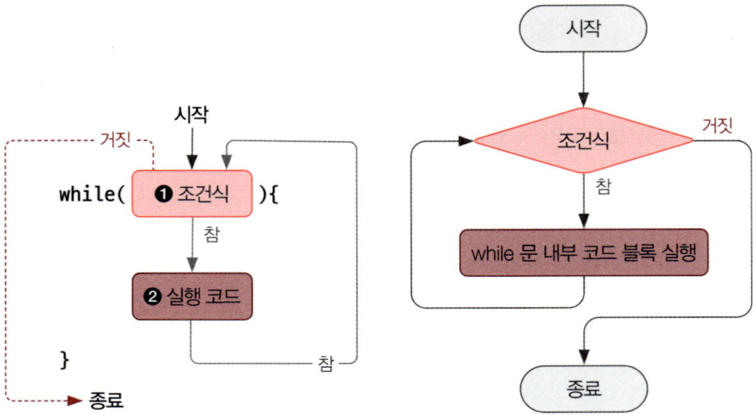


(a) while 문의 실행 흐름　　(b) while 문의 순서도

**그림 3-11** while 문의 실행 흐름과 순서도

while 문의 실행 흐름을 살펴보면, ❶ 조건식을 확인하여 참이면 ❷ 실행 코드를 실행합니다. ❸ 코드를 모두 실행하면 조건식으로 되돌아가 다시 확인하며, 조건식이 거짓일 때까지 이를 반복합니다.

다음은 변숫값이 1부터 3이 될 때까지 반복하며 변숫값을 출력하는 while 문의 예입니다.

[while 문 사용 예]

```
<?php
$i = 1;
while($i <= 3){
    $i++;
    echo "숫자 $i <br>";
}
?>
```

```
숫자 1
숫자 2
숫자 3
```

## 예제 3-7 짝수와 홀수 판별하기

1부터 10까지 숫자가 짝수인지 홀수인지 판별하기 위해 while 문을 활용해봅시다. [chap03] 폴더에 'while.php' 파일을 생성하여 다음과 같이 작성하고 웹 브라우저에 'http://localhost/chap03/while.php'를 입력하여 실행 결과를 확인합니다.

chap03/while.php

```
<html>
<head>
    <title>반복문</title>
</head>
<body>
<?php
$i=1;
while($i <= 10){
    if ($i % 2 == 0 ){
        echo $i,"는 짝수입니다.<br>";
    }
    else{
        echo $i,"는 홀수입니다.<br>";
    }
$i++;
}
?>
</body>
</html>
```

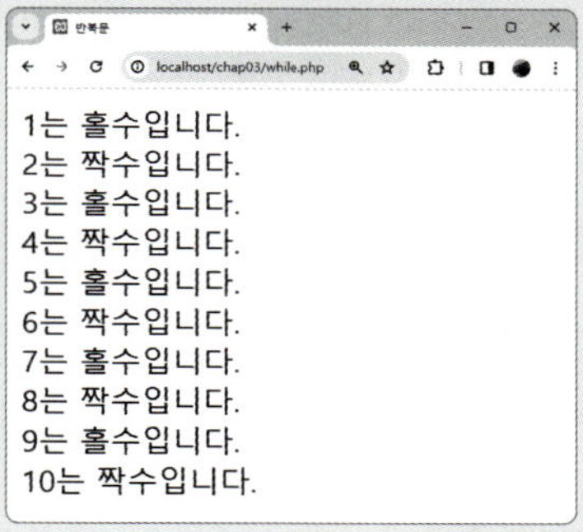


## 3 do-while 문

do-while 문은 while 문과 for 문처럼 조건식에 의해 반복 실행된다는 점은 비슷하지만, 조건식을 확인하기 전에 코드 블록의 코드가 한 번 실행된다는 점이 다릅니다. do-while 문은 한 번 이상 실행해야 하고 반복 횟수가 고정되어 있지 않을 때 유용합니다. do-while 문의 형식은 다음과 같습니다.

```
do{
    //실행되는 코드
}
while(조건식);
```

반드시 세미콜론(;)을 붙여야 함

do-while 문은 먼저 코드 블록 내의 코드를 실행한 다음 조건식을 확인하여 반복 실행 여부를 결정합니다.

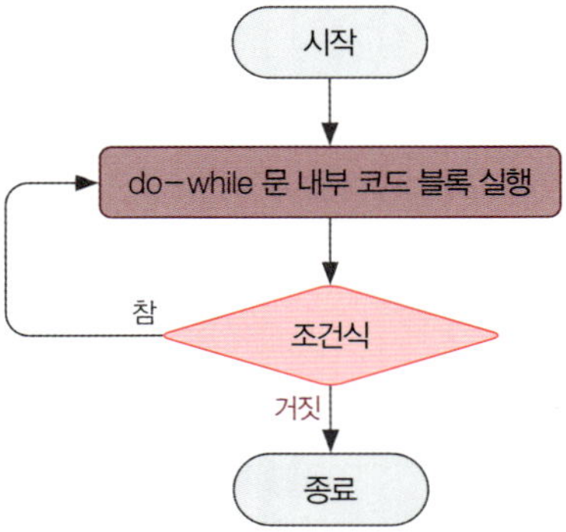


**그림 3-12** do-while 문의 순서도

다음은 변숫값이 1부터 3이 될 때까지 반복하며 변숫값을 출력하는 do-while 문의 예입니다.

[do-while 문 사용 예]

```
<?php
$i = 1;
do{
    echo "숫자 $i <br>";
    $i++;
}while($i <= 3);
?>
```

```
숫자 1
숫자 2
숫자 3
```

## 예제 3-8 1부터 10까지의 합 구하기

1부터 10까지의 합을 구하기 위해 for 문을 활용해보겠습니다. [chap03] 폴더에 'dowhile.php' 파일을 생성하여 다음과 같이 작성하고 웹 브라우저에 'http://localhost/chap03/dowhile.php'를 입력하여 실행 결과를 확인합니다.

chap03/dowhile.php

```
<html>
<head>
```

```
    <title>반복문</title>
</head>
<body>
<?php
$sum = 0;
$i = 0;
do{
    $sum += $i;
    $i++;
} while($i <= 10);
echo "1부터 10까지의 합계 : ", $sum;
?>
</body>
</html>
```

## 4 중첩 반복문

중첩 반복문은 반복문 안에 또 다른 반복문을 원하는 만큼 포함한 것입니다. 외부 루프의 첫 번째 반복이 시작된 후 내부 루프가 시작됩니다. 내부 루프가 반복되고 종료되면 외부 루프의 첫 번째 반복이 완료되고 다음으로 이동합니다. 가장 바깥쪽 루프의 반복을 마칠 때까지 이 과정이 반복됩니다.

다음은 구구단을 출력하는 중첩 반복문의 예입니다.

**[중첩 반복문 사용 예]**

```
<?php
for($i=2; $i<=4; $i++){
    echo "구구단 ", $i, "단 <br>";
    for($j=1; $j<10; $j++){
        echo $i," * " , $j, " = ", $i * $j, "<br>";
    }
}
?>
```

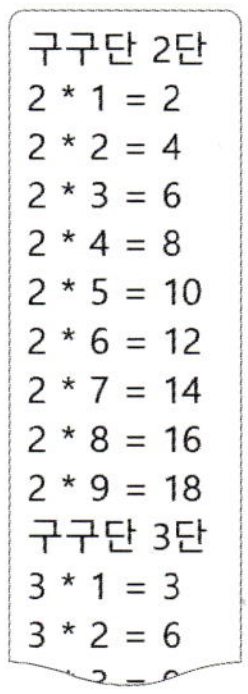

## 예제 3-9 별표로 역삼각형 만들기

숫자만큼 별표를 출력하여 역삼각형을 만들기 위해 중첩 반복문을 활용해보겠습니다. [chap03] 폴더에 'loop.php' 파일을 생성하여 다음과 같이 작성하고 웹 브라우저에 'http://localhost/chap03/loop.php'를 입력하여 실행 결과를 확인합니다.

chap03/loop.php

```
<html>
<head>
    <title>반복문</title>
</head>
<body>
<?php
$num=5;

for($i=0; $i<=$num; $i++){
    for($j=0; $j<$i; $j++)
        echo " ";
    for($j=0; $j<(2*$num)-1-($i*2); $j++){
        echo "*";
    }
    echo "<br>";
}
?>
</body>
</html>
```

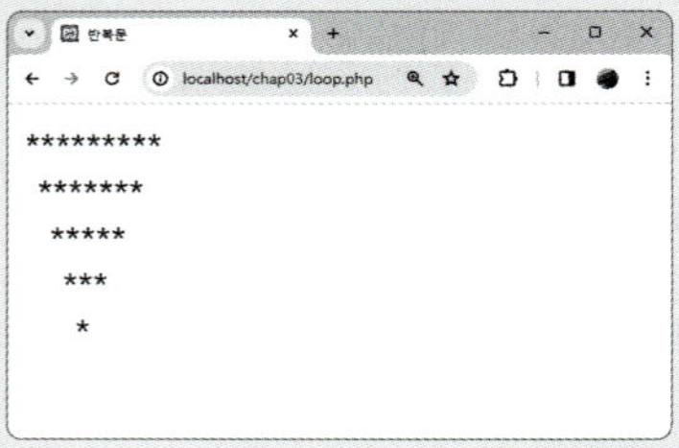


## 5 foreach 문

foreach 문은 배열 또는 컬렉션 요소를 순회하는 데 사용하며, 증가 또는 감소 연산자가 필요하지 않습니다. for 문의 경우 반복문 내부의 값을 변경할 수 있지만 foreach 문은 반복문 내부의 값을 볼 수만 있고 변경할 수는 없습니다. foreach 문의 형식은 다음과 같습니다.

```
foreach(배열명 as 변수명){
    //실행되는 코드
}
```

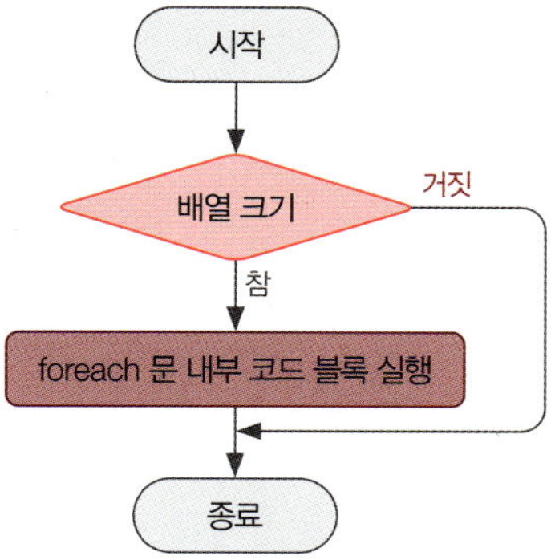


**그림 3-13** foreach 문의 순서도

다음은 배열 값을 출력하는 foreach 문의 예입니다.

**[foreach 문 사용 예]**

```
<?php
$num = [1, 2, 3];

foreach($num as $value){
    echo "숫자 $value <br>";
}
?>
```

```
숫자 1
숫자 2
숫자 3
```

**TIP** 배열에 대한 자세한 내용은 CHAPTER 04를 참고합니다.

## 예제 3-10 1부터 10까지의 합 구하기

1부터 10까지 숫자의 합을 구하기 위해 for 문을 활용해보겠습니다. [chap03] 폴더에 'foreach.php' 파일을 생성하여 다음과 같이 작성하고 웹 브라우저에 'http://localhost/chap03/foreach.php'를 입력하여 실행 결과를 확인합니다.

chap03/foreach.php

```
<html>
<head>
    <title>반복문</title>
</head>
```

```
<body>
<?php
$num = [1, 2, 3, 4, 5, 6, 7, 8, 9, 10];
$sum = 0;
echo "숫자 : " ;
foreach($num as $value){
    echo $value . "  ";
    $sum += $value;
}
echo "<br>";
echo "1부터 10까지의 합계 : ", $sum;
?>
</body>
</html>
```

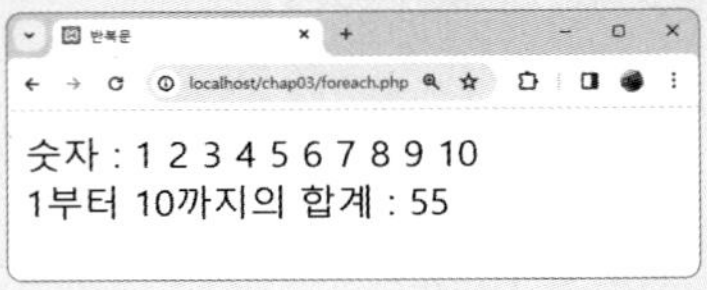

# 04 분기문

**분기문**은 원할 때마다 반복문에서 벗어나거나 반복문을 시작하도록 실행 흐름을 직접 제어할 수 있는 제어문으로, break 문, continue 문, return 문 등을 사용해 작업을 수행합니다.

TIP return 문에 대한 자세한 설명은 CHAPTER 05를 참고합니다.

## 1 break 문

break 문은 for 문, while 문, do-while 문, foreach 문, switch 문과 같은 제어문에서 원할 때 실행을 중지하거나 종료하는 데 사용합니다. 프로그램 실행 도중에 break 문이 있으면 현재 흐름을 중단하고 제어문 외부의 다음 명령문으로 이동하여 다시 시작됩니다. break 문의 형식은 다음과 같습니다.

```
break;
```

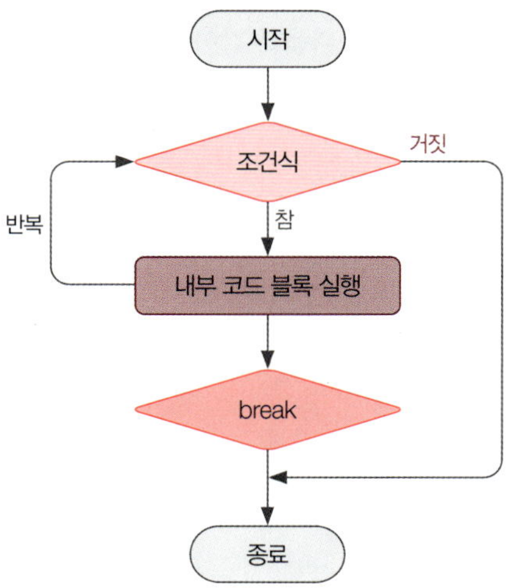


그림 3-14 break 문의 순서도

[그림 3-14]에서 볼 수 있는 것처럼 루프에 대한 조건이 만족되면 조건문 블록에 진입하고 조건이 만족될 때까지 루프의 명령문을 계속 실행합니다. 이때 break 문이 있으면 조건 충족 여부와 관계없이 현재 루프에서 종료됩니다.

다음은 변숫값이 1부터 5가 될 때까지 반복하다가 변숫값이 3일 때 반복문을 강제 종료하는 break 문의 예입니다.

[break 문 사용 예]

```
<?php
for($i=1; $i<=5; $i++){
   echo "숫자 $i <br>";
   if($i==3){
        break;
   }
}
?>
```

```
숫자 1
숫자 2
숫자 3
```

## 예제 3-11 현재 증가한 값이 5가 되면 반복문 탈출하기

0부터 9까지 1씩 증가하는 값을 출력하는 반복문에서 break 문을 활용해 5가 되면 반복문을 벗어나도록 해보겠습니다. [chap03] 폴더에 'break.php' 파일을 생성하여 다음과 같이 작성하고 웹 브라우저에 'http://localhost/chap03/break.php'를 입력하여 실행 결과를 확인합니다.

chap03/break.php

```
<html>
<head>
    <title>분기문</title>
</head>
<?php
for($i=1; $i<=10; $i++){
    echo "숫자 $i <br>";
    if($i==5){
        break;
}
}
```

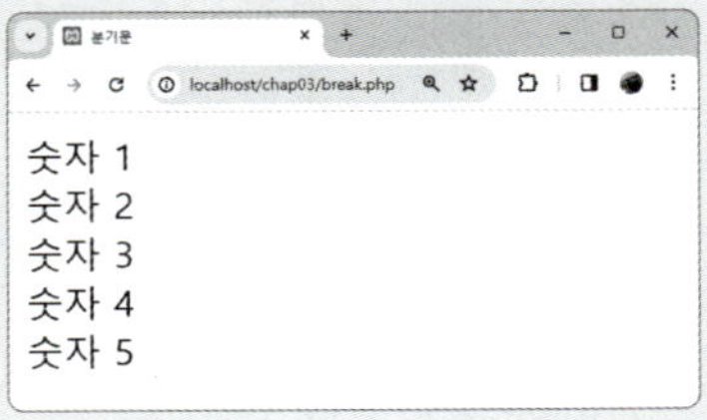

```
?>
</body>
</html>
```

## 2 continue 문

continue 문은 특정 조건을 건너뛰고 나머지를 계속 실행하려는 경우에 사용하며, for 문, while 문, do-while 문, foreach 문 등 모든 유형의 반복문과 함께 사용할 수 있습니다. continue 문은 반복문의 블록 내부에서 for 문의 증감식 또는 while 문의 조건식으로 이동하는 역할을 합니다. 형식은 다음과 같습니다.

```
continue;
```

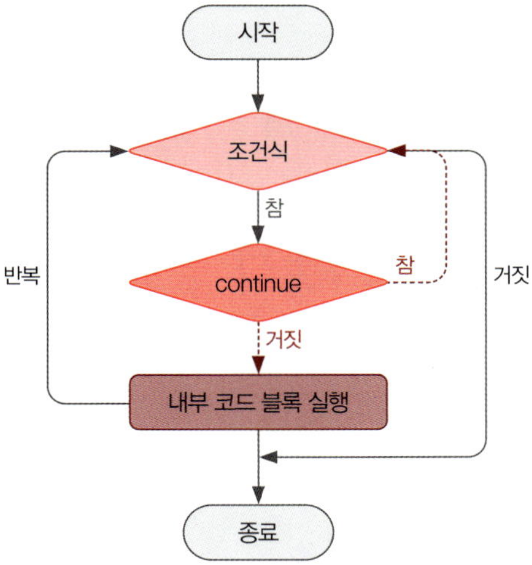


**그림 3-15** continue 문의 순서도

반복문 내에서 continue 문이 실행되면 현재의 반복 코드를 실행하는 대신 다음 반복을 위해 루프의 시작 부분으로 직접 이동합니다. continue 문은 반복문 내에서 특정 조건에 대한 예외 처리를 할 때 자주 사용됩니다.

다음은 변숫값이 1부터 5가 될 때까지 반복하다가 변숫값이 2이거나 4이면 반복문을 건너뛰게 하는 continue 문의 예입니다.

[continue 문 사용 예]

```
<?php
for($i=1; $i<=5; $i++){
    if($i==2 || $i==4){
        continue;
    }
    echo "숫자 $i <br>";
}
?>
```

```
숫자 1
숫자 3
숫자 5
```

## 예제 3-12 구구단에서 3×2이면 건너뛰기

1부터 4에 각각 1, 2, 3을 곱하는 반복문에 continue 문을 활용해 3*2=6은 건너뛰고 출력하도록 해보겠습니다. [chap03] 폴더에 'continue.php' 파일을 생성하여 다음과 같이 작성하고 웹 브라우저에 'http://localhost/chap03/continue.php'를 입력하여 실행 결과를 확인합니다.

chap03/continue.php

```
<html>
<head>
    <title>분기문</title>
</head>
<?php
for($i=1; $i<=4; $i++){
    for($j=1; $j<=3; $j++){
        if($i==3 && $j==2) continue;
        echo $i," * " , $j,"<br>";
    }
}
?>
</body>
</html>
```

# 05 북마켓 현재 접속 일시 표시하기

이번 장에서 배운 조건문을 적용하여 북마켓의 시작 페이지에 현재 접속 일시를 출력해보겠습니다.

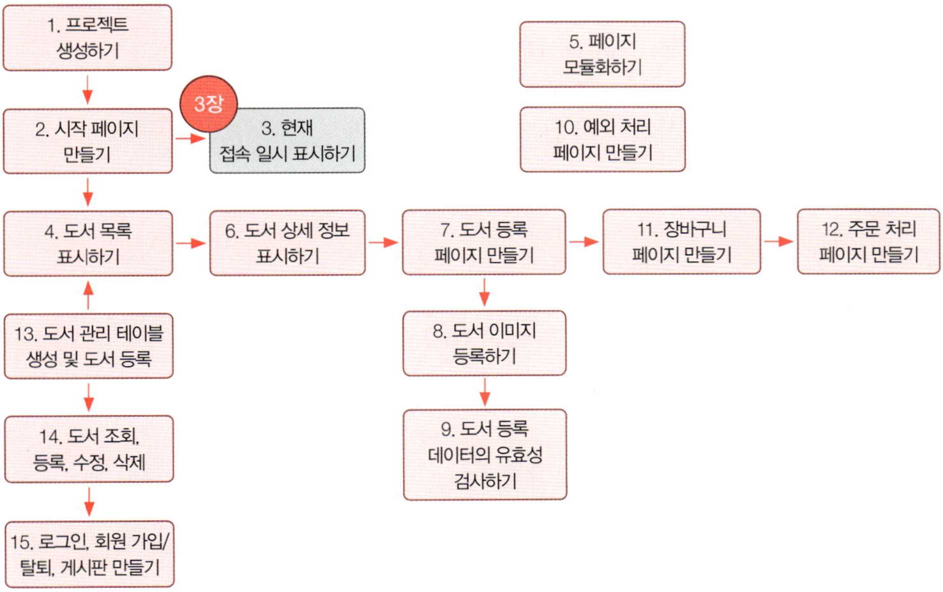


**그림 3-16** 작업 과정 확인: 현재 접속 일시 표시

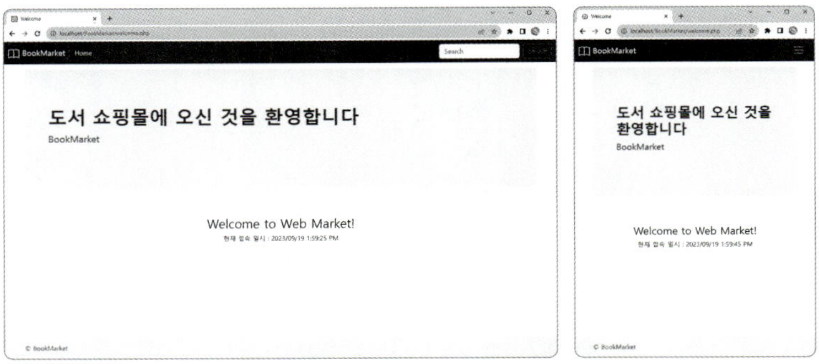


**그림 3-17** 완성된 북마켓 접속 일시 표시

## 예제 3-13 현재 접속 일시 출력하기

북마켓의 시작 페이지에 현재 접속 일시를 출력해보겠습니다.

**1 현재 접속 일시 출력하기:** 'welcome.php' 파일을 다음과 같이 수정한 후 웹 브라우저에 'http://localhost/BookMarket/welcome.php'를 입력해 실행 결과를 확인합니다.

BookMarket/welcome.php

```
01  ...
02          <div class="row align-items-md-stretch text-center">
03              <div class="col-md-12">
04                  <div class="h-100 p-5">
05                      <h2><?php echo $tagline ?></h2>
06                      <?php
07                      $date = date("Y/m/d");
08                      $hour = date("H");
09                      $minute = date("i");
10                      $second = date("s");
11                      if($hour<12||$hour==24){
12                          $am_pm = "AM";
13                      } else{
14                          $am_pm = "PM";
15                          $hour = $hour - 12;
16                      }
17                      $time = $hour . ":" . $minute . ":" . $second . " " . $am_pm;
18                      echo "현재 접속 일시 : ".$date . " " . $time;
19                      ?>
20                  </div>
21              </div>
22          </div>
23      </div>
24  </main>
25  ...
```

**07~10행** 서버의 날짜와 시간을 얻어오기 위해 PHP에서 제공하는 date() 함수를 작성합니다.

**07행** date() 함수를 통해 Y/m/d 형식으로 연/월/일을 얻어오도록 작성합니다.

**08~10행** date() 함수에 H, i, s 설정을 통해 현재 시, 분, 초를 얻어오도록 작성합니다.

**11~16행** 현재 시간이 12 이하이면 'AM'을 출력하고 12를 초과하면 'PM'을 출력하도록 설정합니다.

11행의 조건식을 다음과 같이 작성해도 됩니다.

```
if ((int)($hour / 12) == 0 || (int)($hour % 12) == 0 ) {...}
```

**15행** 현재 시간이 13~23시이면 1~11시로 표현하도록 작성합니다.

**17행** 현재 시간을 '시 : 분 : 초 AM/PM' 형식으로 출력하도록 작성합니다.

**18행** 현재 접속 일시를 출력하도록 작성합니다.

TIP PHP 내장 함수에 대한 자세한 내용은 CHAPTER 05를 참고합니다.

▼ 실행 결과

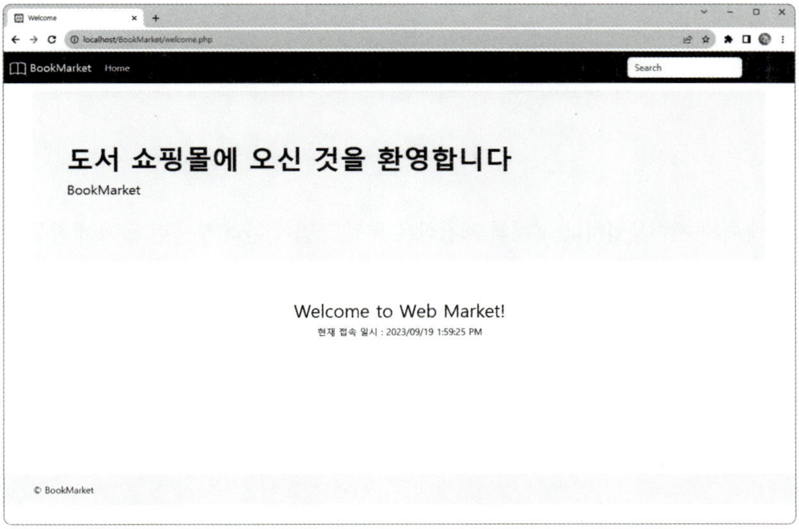

## 01 제어문의 개요

- **제어문**은 프로그램을 구성하는 코드가 실행될 때 코드의 처리 순서를 변경할 수 있는 문장을 말합니다.

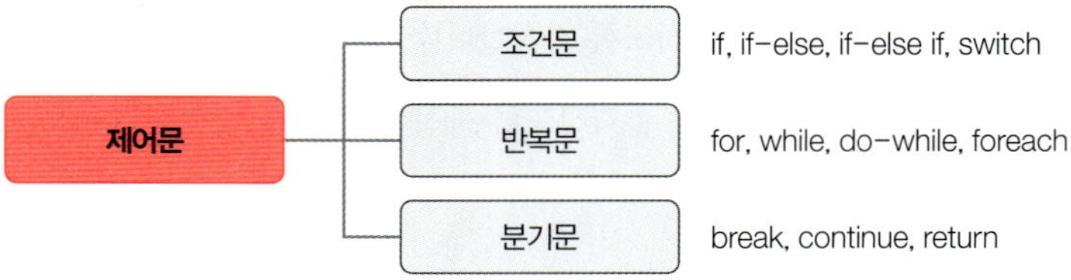


## 02 조건문

- **조건문**은 주어진 조건이 참인지 거짓인지 판별하고 그에 따라 특정 명령을 수행하는 제어문입니다.

- **if 문**

  if 문은 가장 단순화된 제어문입니다. if문의 조건식은 특정 조건에 따라 부울린 값에서 작동하며 조건식이 참(true)인 경우에만 특정 코드 블록을 실행하는 데 사용합니다.

```
if(조건식) {
    //조건식이 참이면 실행되는 코드
}
```

- **if-else 문**

  if-else 문은 if 문과 else 문을 함께 사용하여 조건식의 결과에 따라 특정 코드 또는 코드 블록의 실행을 선택하는 조건문입니다. if-else 문은 2개의 코드 블록을 정의하여 하나는 조건식이 참일 때 실행하고 다른 하나는 거짓일 때 실행됩니다.

```
if(조건식){
    //조건식이 참이면 실행되는 코드
} else{
    //조건식이 거짓이면 실행되는 코드
}
```

- **switch 문**

switch 문은 여러 조건에서 하나의 특정 코드 또는 코드 블록을 실행하는 데 사용되는데, 여러 조건을 동시에 사용하는 매우 효율적인 방법입니다.

```
switch(조건식){
    case 값1:
        //조건식 값이 값1과 같으면 실행되는 코드
        break;
    case 값2:
        //조건식 값이 값2과 같으면 실행되는 코드
        break;
    ...
    default:
        //조건식 값이 값1..n과 다르면 실행되는 코드
}
```

## 03 반복문

- **반복문**은 일정 횟수만큼 어떤 코드를 반복하여 실행하는 제어문이며, 여기서 반복적으로 실행되는 동작을 **루프(Loop)**라고 합니다. 반복문은 프로그램 내에서 반복적인 작업을 자동화하여 반복 작업에 들이는 시간과 노력을 절약할 수 있습니다.

- **for 문**

for 문은 특정 횟수만큼 코드 블록을 반복하여 실행하는 데 사용하며, 일반적으로 반복하는 횟수를 알고 있을 때 유용합니다.

```
for(초기화식; 조건식; 증감식){
    //실행되는 코드
}
```

- **while 문**

while 문은 조건식이 참이면 루프를 계속 반복하는 반복문으로 특정 코드 블록으로 들어가기 전에 조건식을 확인하여 참이면 코드 블록이 실행됩니다. while 문은 반복 횟수가 정해져 있지 않을 때 사용하며, 반복 횟수가 정해진 경우에는 for 문을 사용합니다.

```
while(조건식){
    //실행 코드
}
```

- **do-while 문**

do-while 문은 while 문과 for 문처럼 조건식에 의해 반복 실행된다는 점은 비슷하지만, 조건식을 확인하기 전에 코드 블록의 코드가 한 번 실행된다는 점이 다릅니다. do-while 문은 한 번 이상 실행해야 하고 반복 횟수가 고정되어 있지 않은 경우에 유용합니다.

```
do{
    //실행되는 코드
}
while(조건식);
```

- **foreach 문**

foreach 문은 배열 또는 컬렉션 요소를 순회하는 데 사용하며 증가 또는 감소 연산자가 필요하지 않습니다. for 문의 경우 반복문 내부의 값을 변경할 수 있지만 foreach 문의 경우 반복문 내부의 값을 볼 수만 있고 변경할 수는 없습니다.

```
foreach(배열명 as 변수명){
    //실행되는 코드
}
```

## 04 분기문

- **분기문**은 원할 때마다 반복문에서 벗어나거나 반복문을 시작하도록 실행 흐름을 직접 제어할 수 있는 제어문으로, break 문, continue 문, return 문 등을 사용해 작업을 수행합니다.

- **break 문**

break 문은 for 문, while 문, do-while 문, foreach 문, switch 문과 같은 제어문에서 원할 때 실행을 중지하거나 종료하는 데 사용합니다. 프로그램 실행 도중에 break 문이 있으면 현재 흐름을 중단하고 제어문 외부의 다음 명령문으로 제어가 이동하여 다시 시작됩니다.

- **continue 문**

continue 문은 특정 조건을 건너뛰고 나머지를 계속 실행하려는 경우에 사용하며 for 문, while 문, do-while 문, foreach 문과 같이 모든 유형의 반복문과 함께 사용할 수 있습니다. continue 문은 반복문의 블록 내부에서 for 문의 증감식 또는 while 문의 조건식으로 이동하는 역할을 합니다.

## 연습문제

**01** 다음 빈칸을 채우시오.

(1) (　　　　　)은 프로그램을 구성하는 코드가 실행될 때 코드의 처리 순서를 변경할 수 있는 문장입니다. (　　　　　)은 주어진 조건이 참인지 거짓인지 판별하고 그에 따라 특정 명령을 수행하는 제어문입니다. (　　　　　)은 일련의 명령문을 반복적으로 실행하는 데 사용됩니다.

(2) (　　　　　)은 필요할 때마다 반복문에서 벗어나거나 반복문을 시작하도록 실행 흐름을 직접 제어할 수 있는 제어문을 말합니다. (　　　　　)은 필요할 때마다 반복문의 실행을 중지하거나 종료하는 데 사용됩니다. (　　　　　)은 특정 조건을 건너뛰고 나머지를 계속 실행하려는 경우에 사용됩니다.

**02** 다음 프로그램의 실행 결과는?

```
<?php
$a = 4;
if($a<10){
    if($a<5){
    echo "숫자는 5보다 작습니다. ";
    } else{
        echo "숫자는 10 미만입니다.";
    }
}
?>
```

① 숫자는 10 미만이다.

② 숫자는 5보다 작다.

③ 컴파일 오류가 없다.

④ 컴파일되었지만 출력되지 않는다.

**03** 사용자가 입력한 값이 switch case의 어떤 case 문과도 일치하지 않으면 어떤 문장의 블록이 실행되는가?

① case 1이 실행된다. ② default 명령문이 실행된다.

③ 컴파일 오류가 발생한다. ④ 마지막 case 문이 실행된다.

**04** 다음 중 긴 다중 if else 문을 실행하는 것보다 더 효율적인 것은?

① do-while 문 ② 중첩 if 문

③ switch-case 문 ④ for 문

**05** 다음 중 switch-case 문의 입력이 될 수 있는 것은?

① 정수형 ② 문자형 ③ 불리언형 ④ 1, 2, 3 모두

**06** 다음 중 for 루프의 구문은?

① `for($x=0; $x<5; $x++)` ② `for($x; $x<10; $x-)`

③ `for($x=10; $x=$x+5)` ④ `for($x<4, $x++)`

**07** 다음 프로그램의 출력 결과는?

```
<?php
for($i=0; $i<10; $i++)
    echo $i, "<br>";
?>
```

① 0부터 10까지의 정수를 출력한다.

② 0부터 10까지의 실수를 출력한다.

③ 내림차순으로 10에서 1까지를 출력한다.

④ 컴파일 오류이다.

**08** 다음 프로그램의 출력 결과는?

```
<?php
for($i=1; $i<3; $i++)
    for($j=1; $j<3; $j++)
    echo $i, "", $j, "<br>";
?>
```

**09** 다음 프로그램의 출력 결과는?

```
<?php
$a = 5 ;
switch($a) {
    case 5:
        echo "숫자는 5입니다.<br>";
    case 6:
        echo "숫자는 5가 아닙니다.<br>";
    default:
        echo "숫자가 아닙니다.<br>";
}
?>
```

① 숫자는 5입니다.

② 숫자는 5가 아닙니다.

③ 숫자가 아닙니다.

④ 1, 2, 3번 모두 출력된다.

**10** 다음 프로그램의 출력 결과는?

```
<?php
$a = 10;
if($a == 10) {
    echo $a;
    return;
}
++$a;
echo $a;
?>
```

① 10

② 11

③ 오류 메시지가 표시된다.

④ 컴파일되었지만 출력이 없다.

# CHAPTER 04

# 배열과 문자열: 도서 목록 표시하기



**학습목표**

- 배열에 대해 알아봅니다.
- 배열의 유형에 대해 이해합니다.
- 문자열에 대해 알아봅니다.
- 북마켓의 도서 목록을 표시합니다.

# PREVIEW

PHP에서 동일한 자료형의 데이터를 연속된 공간에 저장하는 배열에 대해 살펴보고, 문자열을 나타내는 String에 대해 자세히 알아봅니다.

- **배열의 개요**
  - 배열의 개념
  - 배열의 필요성
- **배열의 유형**
  - 숫자 배열
  - 연관 배열
  - 다차원 배열
  - 배열 함수
- **문자열**
  - 문자열의 개념
  - 문자열 함수
- **[북마켓] 도서 목록 표시하기**

# 01 배열의 개요

## 1 배열의 개념

**배열(Array)**은 하나의 이름으로 같은 유형의 데이터를 모아둔 집합(모음)입니다. 다시 말해 하나의 변수에 두 개 이상의 관련 데이터(값)를 저장하는 변수입니다.

[그림 4-1](a)의 배열은 저장된 값의 자료형이 정수형인 수의 모음이고, (b)의 배열은 자료형이 실수형인 수의 모음입니다. PHP는 저장된 값이나 항목을 분석하여 자동으로 데이터 유형을 감지하기 때문에 데이터 유형을 선언할 필요가 없습니다.

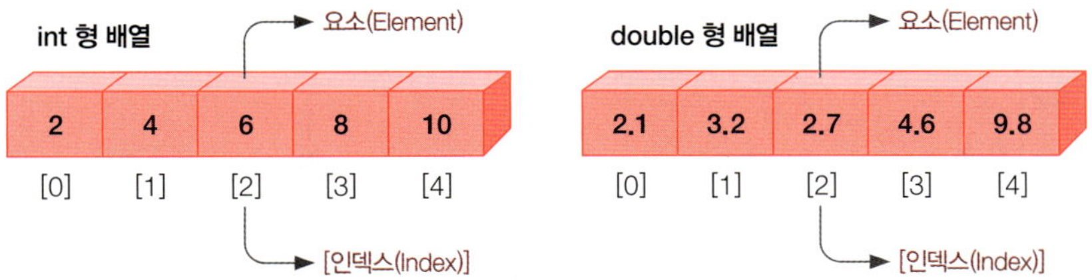


(a) 정숫값이 저장된 배열　(b) 실숫값이 저장된 배열

**그림 4-1** 배열의 개념

배열은 값에 접근할 때 인덱스 0에서 시작하여 n-1로 이동합니다. 이때 n은 배열의 길이를 나타냅니다. 예를 들어 [그림 4-1]에서 배열의 길이(n)는 5이고, 인덱스는 0~4로 이루어져 있습니다. C, C++ 등의 언어에서는 개발자가 처음에 배열의 크기를 할당해야 하지만 PHP에서는 원하는 만큼 항목을 자유롭게 추가할 수 있고 그에 따라 배열의 크기도 늘어나기 때문에 편리하게 이용할 수 있습니다.

PHP에는 다음 표와 같이 세 가지 유형의 배열이 있습니다. 각 배열에 관한 내용은 다음 절에서 자세히 살펴봅니다.

**표 4-1** 배열의 유형

| 유형 | 설명 |
| --- | --- |
| 숫자 배열(Numeric Array) | 숫자 인덱스가 있는 배열이다. 값은 선형 방식으로 저장되고 액세스된다. |
| 연관 배열(Associative Array) | 문자열을 인덱스로 사용하는 배열이다. 이는 엄격한 선형 인덱스 순서가 아닌 키값과 연관되어 요솟값을 저장한다. |
| 다차원 배열(Multidimensional Array) | 하나 이상의 배열과 값을 포함하는 배열은 여러 인덱스를 사용하여 액세스된다. |

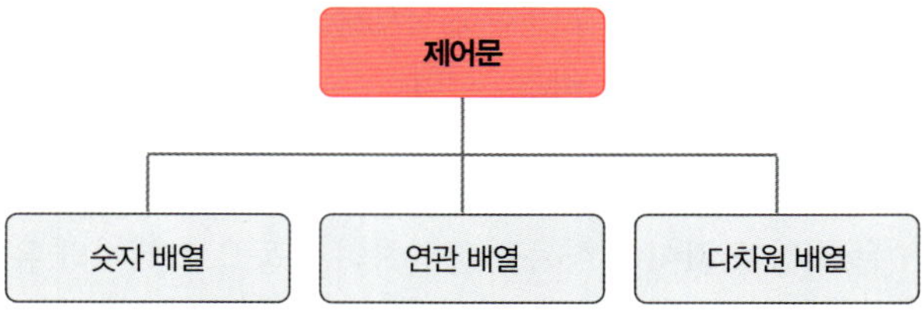


**그림 4-2** 배열의 유형

## 2 배열의 필요성

PHP 프로그램에서 학생의 시험 점수를 저장하는 경우를 생각해봅시다. 시험 점수를 변수에 저장할 수 있지만, 한 수업을 듣는 학생이 100명이라면 100개의 변수에 점수를 저장해야 합니다. 이 경우 변수의 관리와 사용이 어렵기 때문에 배열을 사용하는 것이 좋습니다. 즉, 하나의 배열명에 100개의 점수를 저장하는 것이 바람직합니다.

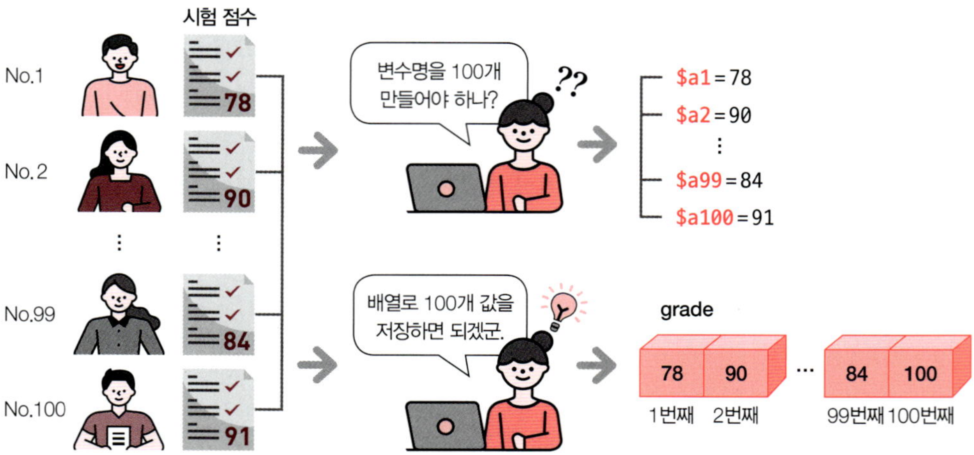


**그림 4-3** 배열이 필요한 경우의 예

이렇게 하면 모든 변수에 다른 이름을 할당할 필요 없이 배열의 **인덱스**(Index)를 통해 각각의 변수를 액세스할 수 있으므로 변수 할당에 사용되는 메모리를 절약하는 데 도움이 되어 프로그램을 효율적으로 만들 수 있습니다. [그림 4-3]에서 볼 수 있듯이 `grade`라는 배열을 만들어 놓으면 `grade[99]`로 99번째 정수를 간단히 얻을 수 있습니다.

PHP에는 다음과 같은 장점이 있어 배열을 사용하기 편리합니다.

- **하나의 이름으로 여러 값을 저장할 수 있습니다.**

배열을 사용하면 하나의 이름으로 유사한 유형의 여러 항목을 추가할 수 있으므로 값에 쉽게 액세스하고 편리하게 사용할 수 있습니다. 값의 데이터 유형은 동일해야 하지만 배열 유형을 정의할 필요는 없습니다.

- **복잡한 데이터 구조를 쉽게 구현할 수 있습니다.**

모든 고급 프로그래밍 언어에서는 연결된 리스트(Linked List), 트리(Tree)와 같은 데이터 구조를 배열로 구현합니다. 배열을 이용하면 복잡한 구조에서 원하는 데이터를 효율적으로 탐색하거나 가져올 수 있습니다.

- **행렬 방식으로 표현할 수 있습니다.**

다차원 배열을 사용하면 개발자는 배열에 저장된 것과 동일한 방식으로 값을 배열하여 행렬 작업을 수행할 수 있습니다. 행렬로 작업하는 동안 주의해야 할 점은 실행 결과가 1차원 배열이거나 2차원 배열이어야 한다는 것입니다.

- **기억하기 쉽습니다.**

특정 값을 찾기 위한 인덱스 번호만 기억하면 됩니다. 여러 변수명을 외울 필요 없이 배열 이름과 인덱스를 사용하여 호출하기 때문에 기억하기 쉽습니다.

- **메모리 활용을 줄일 수 있습니다.**

변수의 개수가 많아지면 모든 변수에 메모리를 할당해야 하므로 프로그램의 메모리 활용도 증가합니다. 하지만 단일 배열을 사용하면 하나의 변수에 여러 값을 저장할 수 있으며 불필요한 메모리를 소비하지 않고 동일한 자료형으로 저장할 수 있습니다.

# 02 배열의 유형

## 1 숫자 배열

**숫자 배열**(Numeric Array)은 동일한 데이터 유형의 값으로 구성된 배열 유형으로 숫자 인덱스를 사용하여 요소를 저장하는 1차원 배열입니다. 배열에는 숫자, 문자열 및 모든 객체를 저장할 수 있고 배열 요소에 접근하는 키인 인덱스는 숫자로 표시하기 때문에 **인덱스 배열**(Indexed Array)이라고도 합니다.

기본적으로 숫자 배열의 인덱스는 0부터 시작합니다. 형식은 다음과 같습니다.

```
//인덱스가 자동으로 할당되는 경우
$배열명 = [값1, 값2, ..., 값n];
$배열명 = array(값1, 값2, ..., 값n);

//인덱스가 수동으로 할당되는 경우
$배열명[0] = 값1,;
$배열명[2] = 값2;
...
$배열명[n] = 값n;
```

다음은 다양한 방법으로 숫자 배열에 값을 저장하는 예입니다.

[숫자 배열 사용 예]

```
<?php
//인덱스가 자동으로 할당되는 경우
$myArr = [10, 20, 30, 40, 50];
print_r($myArr);

$myArr = array(10, 20, 30, 40, 50);
print_r($myArr);
```

```
//인덱스가 수동으로 할당되는 경우
$myArr[0] = 10;
$myArr[1] = 20;
$myArr[2] = 30;
$myArr[3] = 40;
$myArr[4] = 50;
print_r($myArr);
?>
```

```
Array ( [0] => 10 [1] => 20 [2] => 30 [3] => 40 [4] => 50 )
Array ( [0] => 10 [1] => 20 [2] => 30 [3] => 40 [4] => 50 )
Array ( [0] => 10 [1] => 20 [2] => 30 [3] => 40 [4] => 50 )
```

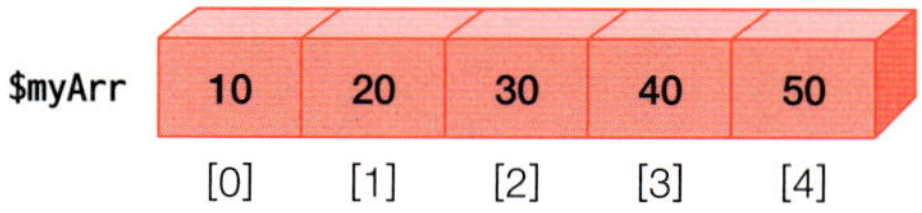


**그림 4-4** 숫자 배열 $myArr의 구조

> **NOTE 배열 구조 및 값 보기**
>
> var_dump() 문, print_r() 문 중 하나를 사용하여 배열의 구조와 값을 볼 수 있습니다. print_r() 문은 제공하는 정보가 다소 적습니다.

## 예제 4-1 숫자 배열을 이용하여 문자열 저장하고 출력하기

**1 [chap04] 폴더 생성하기:** 비주얼 스튜디오 코드 편집기에서 [File]−[New Window]를 선택하여 새 창을 열고 [File]−[Open Folder]를 선택합니다. [C:\xampp\htdocs] 폴더 안에 [chap04] 폴더를 생성합니다.

**2 PHP 파일 생성하기:** [chap04]를 선택한 상태에서 [New File] 아이콘을 클릭하고 파일명으로 'array01.php'를 입력합니다. 다음과 같이 웹 페이지를 작성하고 웹 브라우저에 'http://localhost/chap04/array01.php'를 입력하여 실행 결과를 확인합니다.

chap04/array01.php

```
<html>
<head>
    <title>배열</title>
</head>
```

```
<body>
<?php
$colors[0] = "red";
$colors[1] = "green";
$colors[2] = "blue";
for($i=0; $i<3; $i++){
    echo "colors[ $i ] : $colors[$i] <br>";
    echo "<font color='$colors[$i]'>Hello PHP!</font><br>";
}
?>
</body>
</html>
```

```
$colors = ["red", "green", "blue"];
$colors = array("red", "green", "blue");
```

## 2 연관 배열

**연관 배열(Associative Array)**은 1차원 배열인 숫자 배열과 기능적으로 매우 유사하지만 인덱스를 사용자 정의 문자열로 지정하기 때문에 배열 요소에 접근하는 키와 값 사이에 강력한 연관관계를 설정할 수 있습니다. 예를 들어 학생들의 성적을 배열에 저장할 경우 학생 이름을 연관 배열의 키로 사용할 수 있습니다. 이때 값은 각 학생의 성적이 됩니다.

연관 배열의 형식은 다음과 같습니다.

```
//인덱스(키)로 자동으로 할당되는 경우
$배열명 = ["키명1" => 값1, "키명2" => 값2, ..., "키명n" => 값n];
$배열명 = array("키명1" => 값1, "키명2" => 값2, ..., "키명n" => 값n);

//인덱스(키)로 수동으로 할당되는 경우
$배열명["키명1"] = 값1,;
$배열명["키명2"] = 값2;
...
$배열명["키명n"] = 값n;
```

다음은 다양한 방법으로 연관 배열에 값을 저장하는 예입니다.

[연관 배열 사용 예]

```
<?php
//인덱스(키)로 자동으로 할당되는 경우
$colors = ["red" => "#ff0000" , "green" =>"#00ff00" , "blue"=>"#0000ff"];
print_r($colors);

$colors = array("red" => "#ff0000" , "green" =>"#00ff00" , "blue"=>"#0000ff");
print_r($colors);

//인덱스(키)로 수동으로 할당되는 경우
$colors["red"] = "#ff0000";
$colors["green"] = "#00ff00";
$colors["blue"] = "#0000ff";
print_r($colors);
?>
```

```
Array ( [red] => #ff0000 [green] => #00ff00 [blue] => #0000ff )
Array ( [red] => #ff0000 [green] => #00ff00 [blue] => #0000ff )
Array ( [red] => #ff0000 [green] => #00ff00 [blue] => #0000ff )
```

그림 4-5 연관 배열 $colors의 구조

## 예제 4-2 연관 배열을 이용하여 합계와 평균 구하기

키를 학생 이름으로, 값을 점수로 저장한 후 이를 출력하고 전체 학생의 점수 합계와 평균도 출력해 보겠습니다. [chap04] 폴더에 'array02.php' 파일을 생성하여 다음과 같이 작성하고 웹 브라우저에 'http://localhost/chap04/array02.php'를 입력하여 실행 결과를 확인합니다.

chap04/array02.php

```
<html>
<head>
    <title>배열</title>
</head>
<body>

<?php
$gradeArr["홍길동"] = 79;
```

```
09  $gradeArr["홍길순"] = 90;
10  $gradeArr["수여인"] = 70;
11
12  $sum = 0;
13  foreach($gradeArr as $name => $grade) {
14      $sum += $grade;
15      echo "이름 : ", $name, ", 점수 : ", $grade;
16      echo "<br>";
17  }
18  echo "합계: ", $sum, "<br>";
19  echo "평균: ", $sum/3, "<br>";
20  ?>
21  </body>
22  </html>
```

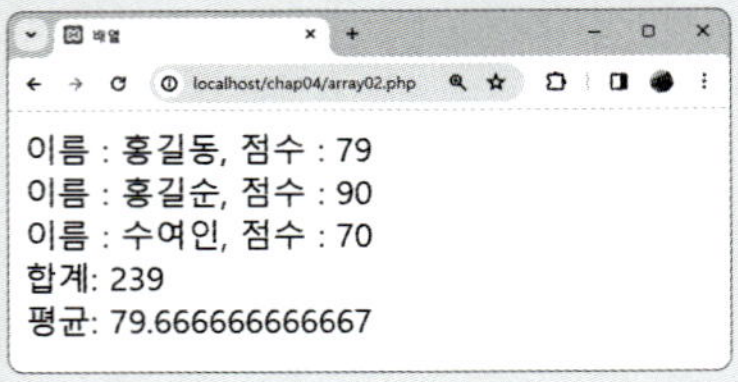


**8~10행** 연관 배열에 다음과 같이 저장해도 됩니다.

```
$gradeArr = array("홍길동" => 79, "홍길순" => 90, "수여인" => 70);
또는
$gradeArr = ["홍길동" => 79, "홍길순" => 90, "수여인" => 70];
```

## ❸ 다차원 배열

**다차원 배열**(Multidimensional Array)은 하나 이상의 배열을 포함하는 중첩 배열을 의미합니다. 동시에 여러 배열에 값을 할당할 수 있으며, 할당된 값의 데이터 유형이 달라도 됩니다. 다차원 배열의 장점은 관련 데이터를 함께 그룹화할 수 있다는 것입니다. 하지만 배열의 크기가 커질수록 복잡성도 증가한다는 단점이 있습니다.

### 2차원 숫자 배열

2차원 숫자 배열의 형식은 다음과 같습니다.

```
//인덱스가 자동으로 할당되는 경우
$배열명 = [[값11,..., 값1n], [값21,..., 값2n], ...[값n1,..., 값nn]];
$배열명 = array(array(값11,..., 값1n), array(값21,..., 값n), ...array(값n1,..., 값nn);;
```

```
//인덱스가 수동으로 할당되는 경우
$배열명[0][0] = 값11;
$배열명[0][1] = 값12;
..
$배열명[n][n] = 값nn;
```

다음은 다양한 방법으로 2차원 숫자 배열에 값을 저장하는 예입니다.

**[2차원 숫자 배열 사용 예]**

```
<?php
//인덱스가 자동으로 할당되는 경우
$myArr = [[1,2,3],[4,5,6]];
print_r($myArr);
echo "<br>";

$myArr = array(array(1,2,3), array(4,5,6));
print_r($myArr);
echo "<br>";

//인덱스가 수동으로 할당되는 경우
$myArr[0][0] = "1";
$myArr[0][1] = "2";
$myArr[0][2] = "3";

$myArr[1][0] = "4";
$myArr[1][1] = "5";
$myArr[1][2] = "6";
print_r($myArr);
?>
```

```
Array ( [0] => Array ( [0] => 1 [1] => 2 [2] => 3 ) [1] => Array ( [0] => 4 [1] => 5 [2] => 6 ) )
Array ( [0] => Array ( [0] => 1 [1] => 2 [2] => 3 ) [1] => Array ( [0] => 4 [1] => 5 [2] => 6 ) )
Array ( [0] => Array ( [0] => 1 [1] => 2 [2] => 3 ) [1] => Array ( [0] => 4 [1] => 5 [2] => 6 ) )
```

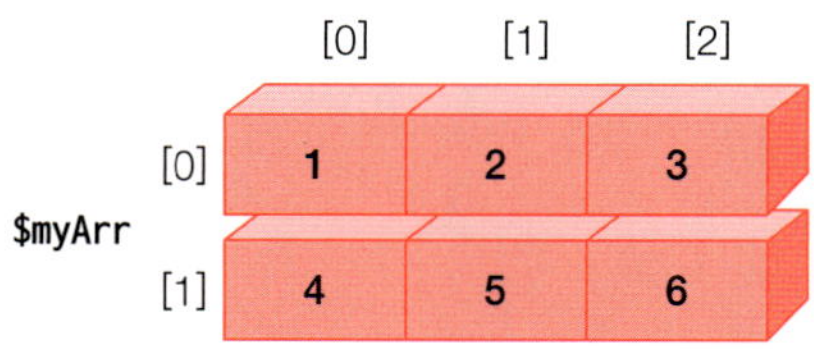


**그림 4-6** 2차원 배열 $myArr의 구조

## 예제 4-3 2차원 숫자 배열을 이용하여 합과 평균 구하기

학생 이름과 과목별 점수를 저장한 후 이를 출력하고 학생별 점수 합계와 평균도 출력해보겠습니다. [chap04] 폴더에 'array03.php' 파일을 생성하여 다음과 같이 작성하고 웹 브라우저에 'http://localhost/chap04/array03.php'를 입력하여 실행 결과를 확인합니다.

chap04/array03.php

```
<html>
<head>
    <title>배열</title>
</head>
<body>

<?php
$gradeArr = array(
    array("홍길순", 85, 80, 79),   ········ $gradeArr[0]
    array("홍길동", 75 , 80, 99),  ········ $gradeArr[1]
    array("수여인", 85, 80, 94)    ········ $gradeArr[2]
);

echo  $gradeArr[0][0]," ";
echo  $gradeArr[0][1]," ";
echo  $gradeArr[0][2]," ";
echo  $gradeArr[0][3]," ";
echo "<br>---------------------------<br>";

for($row=0; $row<3; $row++){
    $sum = 0;
    for($col=0; $col<4; $col++){
        echo $gradeArr[$row][$col]."  ";
        if($col!=0) $sum += $gradeArr[$row][$col];
    }
    echo " => ";
    echo " 합계: ", $sum ;
    echo " 평균: ", $sum/3;
    echo "<br>";
}
```

```
?>
</body>
</html>
```

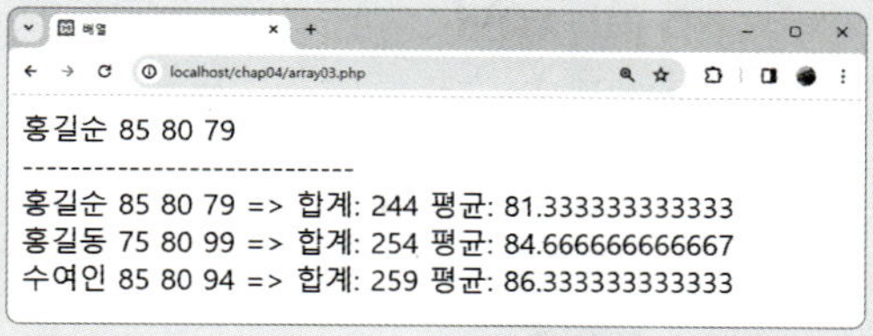


## 2차원 연관 배열

2차원 연관 배열의 형식은 다음과 같습니다.

```
//인덱스(키)로 자동으로 할당되는 경우
$배열명 = ["키명1" => 배열1,..."키명n" => 배열n];
$배열명 = array("키명1" => 배열1,..., 키명n => 배열n);
//인덱스(키)로 수동으로 할당되는 경우
$배열명["키명1"][배열1] = 값0n;
$배열명["키명2"][배열n] = 값1n;
...
$배열명["키명n"][배열n] = 값nn;
```

[2차원 연관 배열 사용 예]

```
<?php
//인덱스(키)로 자동으로 할당되는 경우
$myArr = array(
    "key1" => array(1, 2, 3),
    "key2" => array(4, 5, 6)
);
print_r($myArr);
echo "<br>";

$myArr = array(
    "key1" => [1, 2, 3],
    "key2" => [1, 2, 3]
);
print_r($myArr);
echo "<br>";
```

```
//인덱스(키)로 수동으로 할당되는 경우
$myArr["key1"][0] = 1;
$myArr["key1"][1] = 2;
$myArr["key1"][2] = 3;

$myArr["key2"][0] = 4;
$myArr["key2"][1] = 5;
$myArr["key2"][2] = 6;
print_r($myArr);
?>
```

```
Array ( [key1] => Array ( [0] => 1 [1] => 2 [2] => 3 ) [key2] => Array ( [0] => 4 [1] => 5 [2] => 6 ) )
Array ( [key1] => Array ( [0] => 1 [1] => 2 [2] => 3 ) [key2] => Array ( [0] => 1 [1] => 2 [2] => 3 ) )
Array ( [key1] => Array ( [0] => 1 [1] => 2 [2] => 3 ) [key2] => Array ( [0] => 4 [1] => 5 [2] => 6 ) )
```

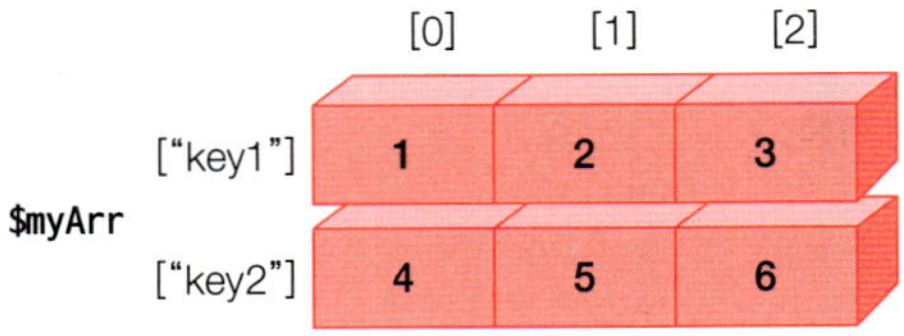


그림 4-7 2차원 연관 배열 $myArr의 구조

## 예제 4-4 2차원 연관 배열을 이용하여 합과 평균 구하기

키를 학생 이름으로, 값을 과목별 점수를 저장한 후 이를 출력하고 학생별 점수 합계와 평균도 출력해보겠습니다. [chap04] 폴더에 'array04.php' 파일을 생성하여 다음과 같이 작성하고 웹 브라우저에 'http://localhost/chap04/array04.php'를 입력하여 실행 결과를 확인합니다.

chap05/array04.php

```
<html>
<head>
    <title>배열</title>
</head>
<body>

<?php
$gradeArr = array(
    "홍길순" => array ("국어" => 85, "수학" => 80, "영어" => 79),
    "홍길동" => array ("국어" => 75, "수학" => 80, "영어" => 99),
```

```
    "수여인" => array ("국어" => 85, "수학" => 80, "영어" => 99)
);

echo "홍길순의 국어 점수 : ";
echo $gradeArr['홍길순']['국어'] , "<br>";

echo "홍길동의 수학 점수 : ";
echo $gradeArr['홍길동']['수학'] , "<br>";

echo "수여인의 영어 점수 : ";
echo $gradeArr['수여인']['영어'] , "<br>";

echo  "--------------------------------<br>";

foreach($gradeArr as $name => $jumsuArr) {
    echo "이름 : ", $name,"<br>";
    $sum = 0;
    foreach($jumsuArr as $subject => $jumsu) {
        $sum += $jumsu;
        echo $subject , " 점수 : ", $jumsu, "  ";
    }
    echo  "<br>";
    echo "합계: ", $sum, "<br>";
    echo "평균: ", $sum/3, "<br>";
    echo "---------------------------------<br>";
}
?>
</body>
</html>
```

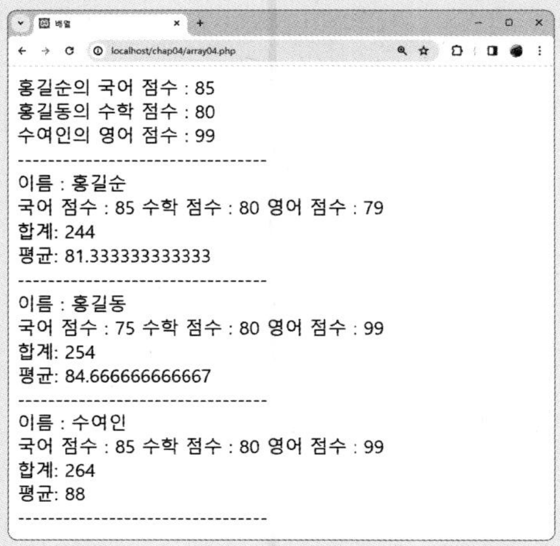

## 4 배열 함수

PHP는 배열 요소에 접근하고 조작하기 위한 다양한 배열 함수를 제공합니다. 유용하게 사용되는 PHP 배열 함수는 [표 4-2]와 같습니다.

TIP 함수에 대해서는 CHAPTER 05에서 자세히 설명합니다.

**표 4-2 배열 관련 함수**

| 함수명 | 설명 |
|---|---|
| array() | 배열을 생성하고 반환한다. 이를 통해 인덱스 배열, 연관 배열, 다차원 배열을 만들 수 있다. |
| count() | 배열의 모든 요소를 계산한다. |
| array_reverse() | 요소를 역순으로 포함하는 배열을 반환한다. |
| array_search() | 배열에서 지정된 값을 검색한다. 검색에 성공하면 키를 반환한다. |
| array_intersect() | 두 배열의 교집합을 반환한다. 즉, 두 배열의 일치하는 요소를 반환한다. |
| sort() | 인덱스 배열을 오름차순으로 정렬한다.(↔ rsort()) |
| asort() | 값에 따라 오름차순으로 연관 배열 정렬한다.(↔ arsort()) |
| ksort() | 키를 기준으로 오름차순으로 연관 배열 정렬한다.(↔ krsort()) |

[표 4-2]의 함수 사용법을 예시를 통해 하나씩 살펴보겠습니다.

### count() 함수

count 함수는 배열에 저장된 모든 요소의 개수를 계산할 때 사용됩니다.

```
int count(array $value[, int $mode = COUNT_NORMAL])
```

[count() 함수 사용 예]

```
<?php
$colors = array("Black", "White", "Red", "Green", "Blue");

echo count($colors);
?>
```

5

## array_reverse() 함수

array_reverse() 함수는 배열에 저장된 요소를 역순으로 하여 배열을 만들 때 사용됩니다. 즉, 저장된 요소 배열을 가져와 요소 순서가 반대인 새 배열을 반환합니다.

```
array array_reverse(array $array[, bool $preserve_keys = false])
```

[array_reverse() 함수 사용 예]

```
<?php
$colors = array("Black", "White", "Red", "Green", "Blue");
$reverse_colors = array_reverse($colors);

print_r($reverse_colors);
?>
```

```
Array ( [0] => Blue [1] => Green [2] => Red [3] => White [4] => Black )
```

## array_search() 함수

array_search() 함수는 배열에서 지정된 값을 검색할 때 사용됩니다. 검색에 성공하면 키를 반환합니다.

```
int¦string¦false array_search(mixed $needle, array $haystack [, bool $strict = false])
```

[array_search() 함수 사용 예]

```
<?php
$colors = array("Black", "White", "Red", "Green", "Blue");

$key = array_search("Blue",$colors);
echo $key;
?>
```

```
4
```

## array_intersect( ) 함수

array_intersect() 함수는 두 배열의 교집합으로 배열을 만드는 데 사용됩니다. 즉, 두 배열의 일치하는 요소를 반환합니다.

```
array array_intersect(array $array, array ...$arrays)
```

[array_intersect( ) 함수 사용 예]

```
<?php
$colors1 = array("Black", "White", "Red", "Green", "Blue");
$colors2 = array("Yellow", "Red");

$colors3 = array_intersect($colors1, $colors2);
print_r($colors3);
?>
```

Array ( [2] => Red )

## sort( ) 함수

sort() 함수는 인덱스 배열의 요소를 오름차순(문자의 경우 알파벳순, 숫자의 경우 숫자순)으로 정렬하는 데 사용됩니다. 즉, 값을 기준으로 오름차순으로 배열을 정렬합니다.

```
bool sort(array &$array[, int $flags = SORT_REGULAR])
```

[sort( ) 함수 사용 예]

```
<?php
$colors = array( "Red", "Black", "Magenta" );

sort($colors);
print_r($colors);
?>
```

Array ( [0] => Black [1] => Magenta [2] => Red )

## asort( ) 함수

asort() 함수는 연관 배열의 요소를 값 기준 오름차순으로 정렬합니다. sort()와 동일하지만 정렬하는 동안 키와 해당 값 간의 연관성을 유지하는 것에서 차이가 있습니다. 키가 연결된 값과의 상관관계를 유지하도록 배열을 오름차순으로 정렬합니다.

```
bool asort(array &$array[, int $flags = SORT_REGULAR])
```

[asort( ) 함수 사용 예]

```
<?php
$colors = array("Red"=>"#ff0000", "Black"=>"#00000", "Magenta" =>"#ff00ff");

asort($colors);
print_r($colors);
?>
```

```
Array ( [Black] => #00000 [Red] => #ff0000 [Magenta] => #ff00ff )
```

## ksort( )

ksort() 함수는 연관 배열의 요소를 키 기준 오름차순으로 정렬합니다. asort() 함수와 마찬가지로 정렬하는 동안 키와 해당 값 간의 연관성을 유지합니다. 두 멤버가 동일하다고 판단되면 원래 순서를 유지합니다. PHP 8.0.0 이전에는 정렬된 배열의 상대적 순서가 정의되지 않았습니다.

```
bool ksort(array &$array[, int $flags = SORT_REGULAR))
```

[ksort( ) 함수 사용 예]

```
<?php
$colors = array("Red"=>"#ff0000", "Black"=>"#00000", "Magenta" =>"#ff00ff");

ksort($colors);
print_r($colors);
?>
```

```
Array ( [Black] => #00000 [Magenta] => #ff00ff [Red] => #ff0000 )
```

이외에도 배열과 관련된 함수는 더 많습니다. [표 4-3]은 배열 관련 주요 함수의 종류와 사용법을 정리한 것입니다.

**표 4-3 배열 관련 주요 함수**

| 함수명 | 설명 |
|---|---|
| array_change_key_case() | 배열에 있는 모든 키의 대소문자를 소문자 또는 대문자로 변경한다. |
| array_fill() | 배열을 값으로 채운다. |
| array_fill_keys() | 키를 지정하여 배열을 값으로 채운다. |
| array_intersect() | 배열 값을 비교하고 일치 항목을 반환한다. |
| array_intersect_key() | 배열 키를 비교하고 일치 항목을 반환한다. |
| array_key_exists() | 지정된 키가 배열에 있는지 확인한다. |
| array_key_first() | 배열의 첫 번째 키를 가져온다. |
| array_key_last() | 배열의 마지막 키를 가져온다. |
| array_keys() | 배열의 모든 키 또는 키 하위 집합을 반환한다. |
| array_multisort() | 다차원 또는 다차원 배열을 정렬한다. |
| array_pad() | 지정된 값과 함께 지정된 수의 항목을 배열에 삽입한다. |
| array_pop() | 배열의 마지막 요소를 제거하고 제거된 요소의 값을 반환한다. |
| array_push() | 배열 끝에 하나 이상의 요소를 삽입한다. |
| array_rand() | 배열에서 하나 이상의 임의 키를 반환한다. |
| array_replace() | 첫 번째 배열의 값을 다음 배열의 값으로 바꾼다. |
| array_reverse() | 역순으로 요소가 있는 배열을 반환한다. |
| array_sum() | 배열의 값 합계 계산한다. |
| array_shift() | 배열에서 첫 번째 요소를 제거하고 제거된 요소의 값을 반환한다. |
| array_unique() | 배열에서 중복 값을 제거한다. |
| array_values() | 배열의 모든 값을 반환한다. |
| current() | 배열의 현재 요소를 반환한다. |
| end() | 배열의 내부 포인터를 마지막 요소로 설정한다. |
| in_array() | 배열에 값이 있는지 확인한다. |
| key() | 배열에서 키를 가져온다. |
| list() | 변수가 배열인 것처럼 할당한다. |
| next() | 배열의 내부 배열 포인터를 전진시킨다. |
| prev() | 내부 배열 포인터를 되감는다. |
| range() | 요소 범위를 포함하는 배열을 만든다. |
| reset() | 배열의 내부 포인터를 첫 번째 요소로 설정한다. |

| `shuffle()` | 배열의 요소 순서를 섞거나 무작위화한다. |
|---|---|
| `sizeof()` | 배열의 요소 수를 반환한다. (`count()` 함수의 별칭) |

**TIP** 배열 관련 함수에 관한 자세한 내용은 https://www.php.net/manual/en/ref.array.php 사이트를 참고합니다.

### 예제 4-5 배열 함수를 이용하여 합과 평균 구하기

학생 이름과 과목별 점수를 저장한 후 이를 출력하고 배열 함수를 이용하여 학생별 점수 합계와 평균을 출력해보겠습니다. [chap04] 폴더에 'array05.php' 파일을 생성하여 다음과 같이 작성하고 웹 브라우저에 'http://localhost/chap04/array05.php'를 입력하여 실행 결과를 확인합니다.

chap04/array05.php

```
<html>
<head>
    <title>배열</title>
</head>
<body>

<?php
$gradeArr = array(
    array("홍길순", 85, 80, 79),
    array("홍길동", 75, 80, 99),
    array("수여인", 85, 80, 94)
);

for($row=0; $row<3; $row++){
    for($col=0; $col<4; $col++){
        echo $gradeArr[$row][$col]."  ";
    }
    echo " => ";
    echo " 합계: ", array_sum($gradeArr[$row]);
    echo " 평균: ", array_sum($gradeArr[$row])/3;
    echo "<br>";
}
?>
</body>
</html>
```

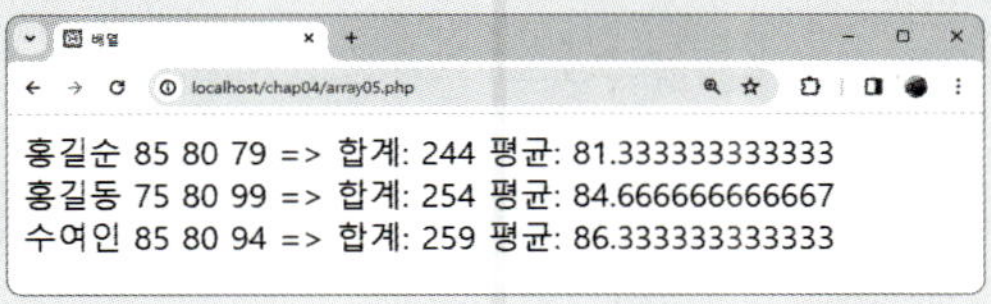

# 03 문자열

## 1 문자열의 개념

문자열은 일련의 문자, 숫자, 특수 문자 및 산술 값 또는 이들 모두의 조합입니다. 문자열을 생성하는 가장 간단한 방법은 다음과 같이 문자를 작은따옴표(')나 큰따옴표(")로 묶는 것입니다. 문자열 길이에는 제한이 없습니다.

```
$my_string01 = 'Hello World';
$my_string02 = "Hello World";
```

작은따옴표와 큰따옴표는 서로 다른 방식으로 작동합니다. 작은따옴표로 묶인 문자열은 거의 문자 그대로 처리되고, 큰따옴표로 구분된 문자열은 변수를 해당 값으로 대체합니다. 값뿐만 아니라 특정 이스케이프 시퀀스를 특별히 해석합니다.

**[문자열 표현 예]**

```
<?php
$myName= "홍길순";
$text = ' \"나의 이름은 $myName 입니다!\" ';
echo($text);
echo "<br>";

$text = " \"나의 이름은 $myName 입니다!\" ";
echo($text);
?>
```

```
₩"나의 이름은 $myName 입니다!₩"
"나의 이름은 홍길순 입니다!"
```

이처럼 큰따옴표로 구분된 문자열은 PHP에서 다음 두 가지 방법으로 전처리됩니다.

- 백슬래시(\)로 시작하는 특정 문자 시퀀스는 특수 문자로 대체됩니다.
- 변수명($로 시작)은 해당 값의 문자열 표현으로 대체됩니다.

큰따옴표로 구분된 문자열에서 특수 문자 시퀀스(이스케이프 시퀀스)는 다음 표와 같이 대체됩니다.

**표 4-4 특수 문자**

| 이스케이프 시퀀스 | 설명 |
|---|---|
| \n | 개행 문자로 대체된다. |
| \r | 캐리지 리턴 문자로 대체된다. |
| \t | 탭 문자로 대체된다. |
| \$ | 달러 기호 자체($)로 대체된다. |
| \" | 단일 큰따옴표(")로 대체된다. |
| \\ | 단일 백슬래시(\)로 대체된다. |

**[이스케이프 시퀀스 사용 예]**

```
<?php
$myVar = 'World';
echo "Hello, $myVar!<br>";
echo 'Hello, $myVar!<br>';

echo "<pre>Hello\tWorld!</pre>";
echo '<pre>Hello\tWorld!</pre>';

echo 'I\'ll be back';
?>
```

<pre> 태그는 HTML에 작성한 내용 그대로 표현함

```
Hello, World!
Hello, $myVar!
Hello    World!
Hello₩tWorld!
I'll be back
```

**NOTE 작은따옴표를 문자열 내에 출력하고자 할 경우**

- 문자열을 작은따옴표로 묶고 이스케이프 시퀀스 교체 \'를 포함합니다.

예

```
echo 'I\'ll be back';
```

I'll be back

- 문자열을 큰따옴표로 묶으면 이스케이프 시퀀스 교체 \'가 그대로 출력됩니다.

예

```
echo "I\'ll be back";
```

I'll be back

## 예제 4-6 문자열 자료형의 변수 선언하고 변숫값 출력하기

작은따옴표와 큰따옴표로 구분된 문자열 값을 변수에 할당하고 변수에 할당된 값과 같이 출력해보겠습니다. [chap04] 폴더에 'string01.php' 파일을 생성하여 다음과 같이 작성하고 웹 브라우저에 'http://localhost/chap04/string01.php'를 입력하여 실행 결과를 확인합니다.

chap04/string01.php

```
01  <html>
02  <head>
03      <title>문자열</title>
04  </head>
05  <body>
06
07  <?php
08  $name = "홍길순";
09  echo $name;
10  echo "<br>";
11
12  $age = '20세';
13  echo $age;
14  echo "<br>";
15
16  $c = "나의 이름은 \"$name\"입니다";
17  $d = '나의 나이는 \'20세\'입니다';
18  echo $c,"<br>";
19  echo $d,"<br>";
20  ?>
21  </body>
22  </html>
```

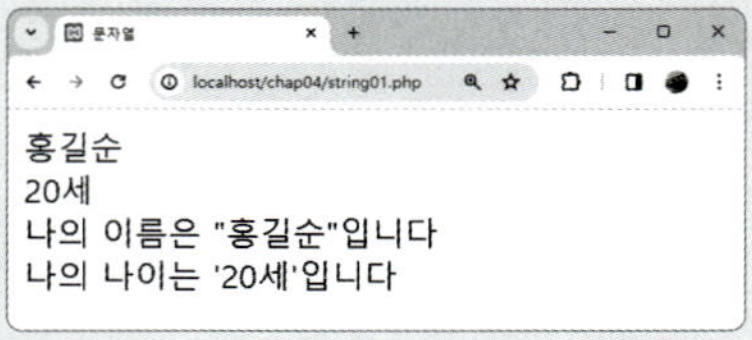


**16행** 출력할 문자열에 큰따옴표(“)를 출력하기 위해 \"을 작성하고 큰따옴표로 묶습니다.

**17행** 출력할 문자열에 작은따옴표(‘)를 출력하기 위해 \'을 작성하고 작은따옴표로 묶습니다.

문자열 연산자는 문자열에 사용하는 연산자로, 문자열을 비교하는 연산자 외에도 두 문자열의 값을 연결하여 새로운 문자열을 반환하는 문자열 연결(.) 연산자가 있습니다.

**표 4-5 문자열에서 주로 사용되는 연산**

| 연산자 | 설명 |
|---|---|
| . | 두 문자열을 연결한다. |
| == | 두 문자열이 같으면 true를 반환한다. |
| != | 두 문자열이 다르면 true를 반환한다. |

**[문자열 연산자 사용 예]**

```
<?php
$str1 = "Hello ";
$str2 = " World";

echo $str1 . " " . $str2;
echo "<br>";
echo $str1 == $str2;
echo "<br>";
echo $str1 != $str2;
echo "<br>";
echo $str1 <> $str2;
?>
```

```
Hello World

1
1
```

## 예제 4-7 문자열 연산자를 이용하여 출력하기

[예제 4-6]처럼 작은따옴표와 큰따옴표로 구분된 문자열 값을 변수에 할당하고 변수를 이용하여 변수에 할당된 값과 같이 출력해보겠습니다. [chap04] 폴더에 'string02.php' 파일을 생성하여 다음과 같이 작성하고 웹 브라우저에 'http://localhost/chap04/string02.php'를 입력하여 실행 결과를 확인합니다.

chap04/string02.php

```
<html>
<head>
    <title>문자열</title>
</head>
<body>

```

```
07  <?php
08  $name = "홍길순";
09  echo $name;
10  echo "<br>";
11
12  $age = '20세';
13  echo $age;
14  echo "<br>";
15
16  $c = "나의 이름은 \"$name\"입니다";
17  $d = '나의 나이는 '. '\'' . $age .'\'' .'입니다';
18  echo $c."<br>";
19  echo $d."<br>";
20  ?>
21  </body>
22  </html>
```

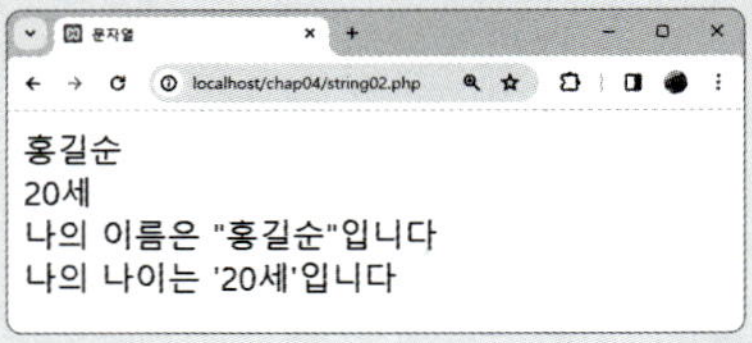


**17행** 출력할 문자열에 작은따옴표(')를 출력하기 위해 \', 작은따옴표, 점(.) 연산자를 이용해 작성합니다.

## 2 문자열 함수

PHP는 문자열 길이 계산, 하위 문자열이나 문자 찾기, 문자열 일부를 다른 문자로 바꾸기, 문자열 분리 등 문자열을 조작하기 위한 다양한 내장 함수를 제공합니다. 유용하게 사용되는 문자열과 관련된 함수는 [표 4-6]과 같습니다.

TIP 함수에 관한 자세한 내용은 CHAPTER 05에서 다룹니다.

**표 4-6 문자열 관련 함수**

| 함수명 | 설명 |
|---|---|
| strlen() | 문자열 길이를 계산한다. |
| str_word_count() | 문자열의 단어 수를 계산한다. |
| str_replace() | 문자열 내에서 텍스트를 변경한다. |
| strrev() | 문자열을 반전한다. |
| strpos() | 문자열이나 문자열 내의 문자를 검색한다. |

### strlen( ) 함수

strlen() 함수는 주어진 문자열 내부의 문자 개수를 계산할 때 사용됩니다. 문자 개수에는 문자열 내부의 공백도 포함됩니다.

```
int strlen(string $string)
```

[strlen( ) 함수 사용 예]

```
<?php
$my_str = "Welcome to PHP Programming";
echo strlen($my_str);
?>
```

```
26
```

### str_word_count( ) 함수

str_word_count() 함수는 문자열에 사용된 단어 수를 계산할 때 사용됩니다.

```
array|int str_word_count(string $string[, int $format = 0, ?string $characters = null])
```

[str_word_count( ) 함수 사용 예]

```
<?php
$my_str = "Welcome to PHP Programming";
echo str_word_count($my_str);
echo "<br>";
print_r( str_word_count($my_str, 1));
?>
```

```
4
Array ( [0] => Welcome [1] => to [2] => PHP [3] => Programming )
```

### str_replace( ) 함수

str_replace() 함수는 문자열 내에서 검색 대상 텍스트의 모든 항목을 대체합니다. 이 함수는 주어진 대체 값으로 대체된 검색 항목이 모두 포함된 문자열 또는 배열을 반환합니다.

```
string¦array str_replace(
    array¦string $search, array¦string $replace,
    string¦array $subject[, int &$count = null]
)
```

[str_replace( ) 함수 사용 예]

```
<?php
$my_str = "Welcome to PHP Programming";
echo str_replace("Welcome ", "Hello ", $my_str);
echo "<br>";

str_replace("Welcome", "Hello", $my_str, $count);
echo $count;
?>
```

```
Hello to PHP Programming
1
```

## strrev( ) 함수

strrev( ) 함수는 문자열을 반전시킬 때 사용됩니다.

```
string strrev(string $string)
```

[strrev( ) 함수 사용 예]

```
<?php
$my_str = "Welcome to PHP Programming";
echo strrev($my_str);
?>
```

```
gnimmargorP PHP ot emocleW
```

## strpos( ) 함수

strpos( ) 함수는 문자열이나 문자열 내의 문자를 검색할 때 사용됩니다. 문자열에서 일치하는 항목이 발견되면 이 함수는 첫 번째 일치 항목의 위치를 반환합니다. 일치하는 항목이 없으면 FALSE를 반환합니다.

```
int|false strpos(string $haystack, string $needle, int $offset = 0)
```

[strpos() 함수 사용 예]

```
<?php
echo strpos("Hello world!","world");
?>
```

6

이외에도 문자열과 관련된 함수는 더 다양합니다. [표 4-7]은 문자열과 관련된 주요 함수의 종류와 사용법을 정리한 것입니다.

**표 4-7 문자열 관련 주요 함수**

| 함수명 | 설명 |
|---|---|
| addclashes() | 지정된 문자 앞에 백슬래시가 있는 문자열을 반환한다. |
| chop() | 문자열 끝에서 공백(또는 다른 문자)을 제거한다. |
| count_chars() | 문자열에 사용된 문자에 대한 정보를 반환한다. |
| echo() | 하나 이상의 문자열을 출력한다. |
| explode() | 지정된 문자열을 기준으로 문자열을 배열로 분할한다. |
| fprintf() | 지정된 출력 스트림에 형식이 지정된 문자열을 쓴다. |
| html_entity_decode() | 모든 HTML 엔티티를 해당 문자로 변환한다. |
| htmlentities() | 적용 가능한 모든 문자를 HTML 엔터티로 변환한다. |
| htmlspecialchars_decode() | 특수 HTML 엔터티를 다시 문자로 변환한다. |
| htmlspecialchars() | 특수 문자를 HTML 엔터티로 변환한다. |
| implode() | 배열의 요소를 지정된 문자열과 결합하여 문자열을 반환한다. |
| levenshtein() | 현지화된 숫자 및 통화 형식 정보를 반환한다. |
| nl2br() | 문자열의 모든 새 줄 앞에 HTML 줄 바꿈을 삽입한다. |
| number_format() | 그룹화된 천 단위로 숫자 형식을 지정한다. |
| parse_str() | 문자열을 변수로 구문 분석한다. |
| print() | 문자열을 출력한다. |
| printf() | 형식화된 문자열을 출력한다. |
| setlocale() | 로케일 정보를 설정한다. |
| sprintf() | 형식이 지정된 문자열을 반환한다. |
| sscanf() | 형식에 따라 문자열의 입력을 구문 분석한다. |

| str_split() | 문자열을 배열로 분할한다. |
|---|---|
| str_word_count() | 문자열의 단어 수를 계산한다. |
| strchr() | 다른 문자열 내에서 문자열의 첫 번째 항목을 찾는다. |
| strip_tags() | 문자열에서 HTML 및 PHP 태그를 제거한다. |
| strstr() | 다른 문자열 내에서 문자열의 첫 번째 항목을 찾는다(대소문자 구분). |
| strtolower() | 문자열을 소문자로 변환한다. |
| strtoupper() | 문자열을 대문자로 변환한다. |
| substr() | 문자열의 일부를 반환한다. |
| mb_substr() | |
| substr_count() | 문자열에서 하위 문자열이 나타나는 횟수를 계산한다. |
| substr_replace() | 문자열의 일부를 다른 문자열로 바꾼다. |
| trim() | 문자열의 처음과 끝에서 공백(또는 다른 문자)을 제거한다. |
| ucwords() | 문자열에서 각 단어의 첫 번째 문자를 대문자로 변환한다. |

**TIP** string 관련 함수에 관한 자세한 내용은 https://www.php.net/manual/en/ref.strings.php 사이트를 참고합니다.

## 예제 4-8 문자열 함수를 이용하여 문자열 분리하기

문자열을 분리하는 함수를 이용하여 변수에 저장된 문자열을 분리하여 출력해보겠습니다. [chap04] 폴더에 'string03.php' 파일을 생성하여 다음과 같이 작성하고 웹 브라우저에 'http://localhost/chap04/string03.php'를 입력하여 실행 결과를 확인합니다.

chap04/string03.php

```
<html>
<head>
    <title>문자열</title>
</head>
<body>

<?php
$my_str = "Hello PHP!";
print_r(str_split($my_str));
?>
</body>
</html>
```

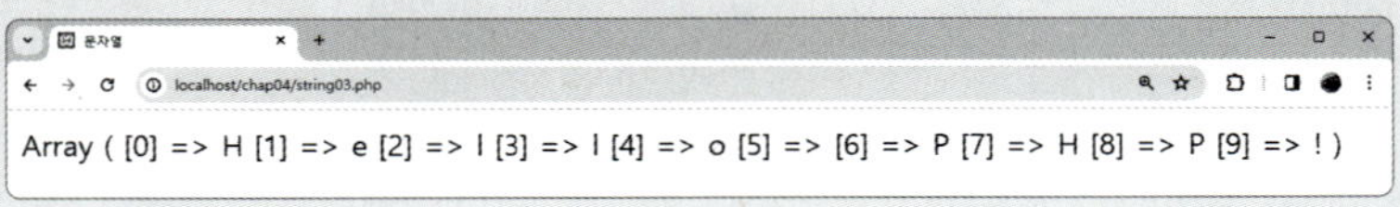

# 04 북마켓 도서 목록 표시하기

PHP 페이지에 데이터를 보여주기 위해서 연관 배열을 이용해보겠습니다. 도서 정보를 저장한 후 이를 출력하는 도서 목록 페이지를 만듭니다.

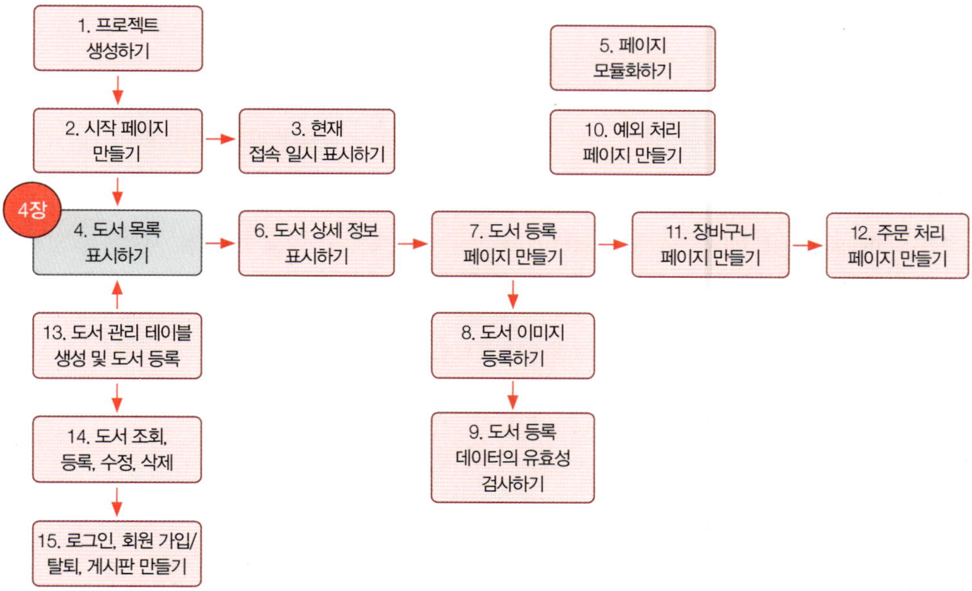


**그림 4-8** 작업 과정 확인: 도서 목록 표시하기

**그림 4-9** 완성된 북마켓 도서 목록

## 예제 4-9 도서 목록 페이지 만들기

북마켓의 도서 목록을 관리하고 저장하는 배열을 만들고, 이를 출력하는 페이지를 만들어보겠습니다.

**1 도서 목록 관리 저장하기:** [BookMarket] 폴더에 'books.php' 파일을 생성하고 다음과 같이 배열을 작성합니다.

BookMarket/books.php

```
<?php
$BookArray = [
    "ISBN1234" => ["name" => 'HTML5 웹 프로그래밍', "unitPrice" => 29000],
    "ISBN1235" => ["name" => 'JSP 웹 프로그래밍', "unitPrice" => 27000],
    "ISBN1236" => ["name" => '스프링 프레임워크', "unitPrice" => 30000]
];
$BookArray["ISBN1234"]["author"] = "윤인성";
$BookArray["ISBN1234"]["description"] = "이 책은 웹 프로그래밍을 시작하는 입문자를 위한 실습서입니다. 단계별 예제를 따라 하며 HTML5, CSS3, 자바스크립트의 기초를 익히고 jQuery와 실무에서 쓰이는 다양한 플러그인을 경험할 수 있습니다";
$BookArray["ISBN1234"]["category"] = "IT모바일";
$BookArray["ISBN1234"]["unitsInStock"] = 1000;
$BookArray["ISBN1234"]["releaseDate"] = "2023/08/05";
$BookArray["ISBN1234"]["condition"] = "N";

$BookArray["ISBN1235"]["author"] = "송미영";
$BookArray["ISBN1235"]["description"] = "JSP의 이론적 개념 → 기본 실습 → 응용 실습 순의 단계별 학습이 가능합니다. 응용 실습이 합쳐져 최종적으로 쇼핑몰 하나를 완성하는 구성이라 배운 내용이 어디에 어떻게 적용되는지 알 수 있습니다.";
$BookArray["ISBN1235"]["category"] = "IT모바일";
$BookArray["ISBN1235"]["unitsInStock"] = 1000;
$BookArray["ISBN1235"]["releaseDate"] =  "2018/10/08";
$BookArray["ISBN1235"]["condition"] = "N";

$BookArray["ISBN1236"]["author"] = "김명호";
$BookArray["ISBN1236"]["description"] = "스프링 프레임워크의 전체적인 구조와 핵심 이론을 다양한 예제 프로젝트를 통해 배울 수 있습니다. 전자 도서관 시스템의 여러 기능을 구현하며 스프링 MVC의 심화 개념과 실무 기술도 익힐 수 있습니다.";
$BookArray["ISBN1236"]["category"] = "IT모바일";
```

```
24  $BookArray["ISBN1236"]["unitsInStock"] = 1000;
25  $BookArray["ISBN1236"]["releaseDate"] = "2023/07/10";
26  $BookArray["ISBN1236"]["condition"] = "N";
27  ?>
```

**02행** 도서 목록을 저장하기 위해 다차원 배열 $BookArray를 작성합니다.

**03~05행** 도서 id인 ISBN1234, ISBN1235, ISBN1236를 키로 하는 연관 배열을 작성합니다. 여기에 열 요솟값으로 도서명(name), 가격(unitPrice)을 작성합니다.

**07~12행** 도서 id가 ISBN1234인 열 요솟값으로 저자(author), 상세정보(description), 분류(category), 재고수(unitsInStock), 출판일(releaseDate), 상태(condition)를 저장하도록 작성합니다.

**14~19행** 도서 id가 ISBN1235인 열 요솟값으로 저자, 상세정보, 분류, 재고수, 출판일, 상태를 저장하도록 작성합니다.

**21~26행** 도서 id가 ISBN1236인 열 요솟값으로 저자, 상세정보, 분류, 재고수, 출판일, 상태를 저장하도록 작성합니다.

**2 도서 목록 출력 페이지 만들기:** 'books.php' 파일에 다음과 같이 코드를 추가한 후 웹 브라우저에 'http://localhost/BookMarket/books.php'를 입력하여 실행 결과를 확인합니다.

BookMarket/books.php

```
...
<!doctype html>
<html class="h-100" >
<head>
  <title>도서 목록</title>
    <link href="https://getbootstrap.com/docs/5.3/dist/css/bootstrap.min.css"
rel="stylesheet">
</head>
<body class="d-flex flex-column h-100">
<header>
  <nav class="navbar navbar-expand-md navbar-dark fixed-top bg-dark">
    <div class="container-fluid">
      <a class="navbar-brand" href="./welcome.php">
```

```
      <svg xmlns="http://www.w3.org/2000/svg" width="28" height="28"
fill="currentColor" class="bi bi-book" viewBox="0 0 16 16">
        <path d="M1 2.828c.885-.37 2.154-.769 3.388-.893 1.33-.134 2.458.063
3.112.752v9.746c-.935-.53-2.12-.603-3.213-.493-1.18.12-2.37.461-
3.287.811V2.828zm7.5-.141c.654-.689 1.782-.886 3.112-.752 1.234.124 2.503.523
3.388.893v9.923c-.918-.35-2.107-.692-3.287-.81-1.094-.111-2.278-.039-
3.213.492V2.687zM8 1.783C7.015.936 5.587.81 4.287.94c-1.514.153-3.042.672-
3.994 1.105A.5.5 0 0 0 0 2.5v11a.5.5 0 0 0 .707.455c.882-.4 2.303-.881 3.68-
1.02 1.409-.142 2.59.087 3.223.877a.5.5 0 0 0 .78 0c.633-.79 1.814-1.019
3.222-.877 1.378.139 2.8.62 3.681 1.02A.5.5 0 0 0 16 13.5v-11a.5.5 0 0
0-.293-.455c-.952-.433-2.48-.952-3.994-1.105C10.413.809 8.985.936 8 1.783z"/>
      </svg>
       <span class="fs-5">BookMarket</span>
      </a>
      <button class="navbar-toggler" type="button" data-bs-toggle="collapse"
data-bs-target="#navbarCollapse" aria-controls="navbarCollapse" aria-
expanded="false" aria-label="Toggle navigation">
       <span class="navbar-toggler-icon"></span>
      </button>
      <div class="collapse navbar-collapse" id="navbarCollapse">
       <ul class="navbar-nav me-auto mb-2 mb-md-0">
         <li class="nav-item">
           <a class="nav-link active" aria-current="page" href="./welcome.
php">Home</a>
         </li>
       </ul>
       <form class="d-flex" role="search">
         <input class="form-control me-2" type="search" placeholder="Search"
aria-label="Search">
         <button class="btn btn-outline-success" type="submit">Search
</button>
       </form>
      </div>
    </div>
  </nav>
</header>
<br>
```

```
<main>
  <div class="container py-5">
    <div class="p-5 mb-4 bg-body-tertiary rounded-3">
      <div class="container-fluid py-5">
        <h1 class="display-5 fw-bold">도서 목록</h1>
        <p class="col-md-8 fs-4">BookList</p>
      </div>
    </div>
    <div class="row align-items-md-stretch text-center">
    <?php
    for ($i = 0; $i < 3; $i++) {
      $id = "ISBN". (1234+$i);
    ?>
    <div class="col-md-4">
      <div class="h-100 p-5">
        <h2><?php echo $BookArray[$id]["name"]; ?></h2>
        <p><?php echo $BookArray[$id]["author"]. " ¦ ".$BookArray[$id]["releaseDate"]; ?>
        <p><?php echo $book[$id]["description"]; ?>
        <p><?php 5echo $BookArray[$id]["unitPrice"]; ?>원
      </div>
    </div>
    <?php
    }
    ?>
  </div>
</main>
<footer class="footer mt-auto py-3 bg-body-tertiary">
  <div class="container">
    <span class="text-body-secondary"> &copy; BookMarket</span>
  </div>
</footer>
  <script src="https://getbootstrap.com/docs/5.3/dist/js/bootstrap.bundle.min.js" ></script>
</body>
</html>
```

**46~58행** 도서 목록 개수만큼 실행하도록 반복문을 작성합니다.

**47행** 다차원 배열에 저장된 도서 정보를 얻어오기 위한 배열의 키에 해당하는 도서 id인 `ISBN1234`, `ISBN1235`, `ISBN1236`을 자동 계산하도록 작성합니다.

**51~54행** 배열 `$BookArray`에 저장된 도서명, 저자, 출판일, 도서 상세 정보, 도서 가격을 출력하도록 echo 문을 작성합니다.

▼ 실행 결과

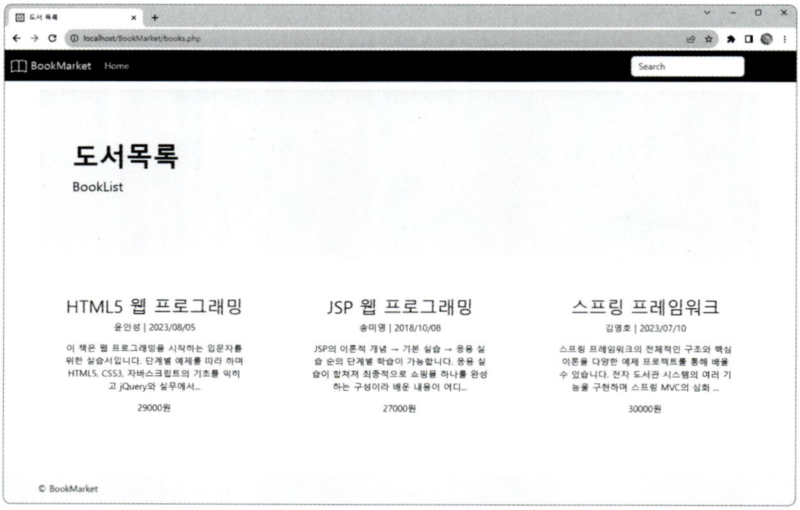


## 예제 4-10 도서 상세 설명을 줄여서 표시하기

도서 목록 페이지에서 도서 상세 설명의 문자열 개수를 동일하게 표시해보겠습니다.

**1 도서 상세 설명의 요약 표시 작성하기:** 'books.php' 파일을 다음과 같이 수정한 후 웹 브라우저에 'http://localhost/BookMarket/books.php'를 입력하여 실행 결과를 확인합니다.

BookMarket/books.php

```
...
<div class="col-md-4">
    <div class="h-100 p-5">
        <h2><?php echo $BookArray[$id]["name"]; ?></h2>
        <p><?php  echo $BookArray[$id]["author"]. " | ".$BookArray[$id]["releaseDate"]; ?>
```

```
06            <p><?php  echo mb_substr($BookArray[$id]["description"], 0, 90, 'utf-
    8')."..."; ?>
07            <p><?php  echo $BookArray[$id]["unitPrice"]; ?>원
08        </div>
09    </div>
10    ...
```

**06행** mb_substr() 함수를 활용해 0부터 90까지의 문자열을 가져올 때 한글 문자가 깨지지 않도록 작성합니다.

▼ 실행 결과

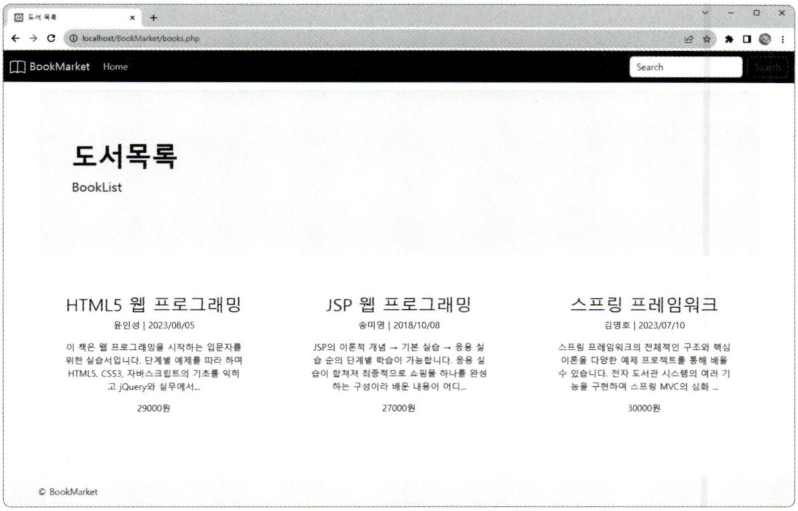

## 요약

### 01 배열

- **배열**은 하나의 이름으로 같은 유형의 데이터를 모아둔 집합(모음)입니다. 다시 말해 하나의 변수에 두 개 이상의 관련 데이터(=값)을 저장하는 변수입니다.

- **배열의 필요성**
  - 하나의 이름으로 여러 값을 저장할 수 있습니다.
  - 복잡한 데이터 구조를 용이하게 구현할 수 있습니다.
  - 행렬 방식으로 표현할 수 있습니다.
  - 기억하기 쉽습니다.
  - 메모리 활용을 감소할 수 있습니다.

### 02 배열의 유형

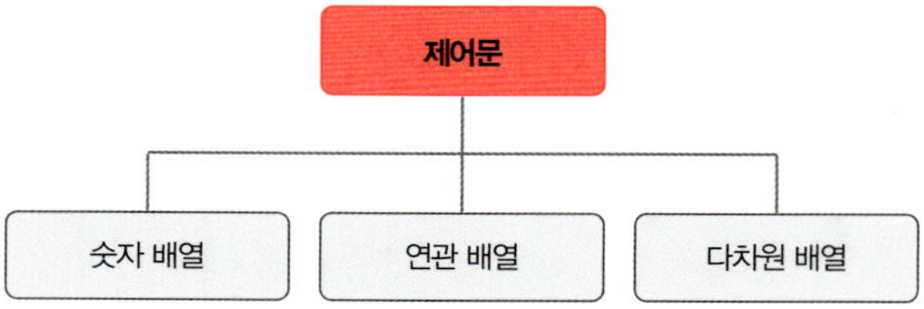


- **배열의 유형**

| 유형 | 설명 |
|---|---|
| 숫자 배열 (Numeric Array) | 숫자 인덱스가 있는 배열이다. 값은 선형 방식으로 저장되고 액세스된다. |
| 연관 배열 (Associative Array) | 문자열을 인덱스로 사용하는 배열이다. 이는 엄격한 선형 인덱스 순서가 아닌 키값과 연관되어 요소값을 저장한다. |
| 다차원 배열 (Multidimensional Array) | 하나 이상의 배열과 값을 포함하는 배열은 여러 인덱스를 사용하여 액세스된다. |

- **배열 관련 함수**

| 함수명 | 설명 |
|---|---|
| array() | 배열을 생성하고 반환한다. 이를 통해 인덱스 배열, 연관 배열, 다차원 배열을 만들 수 있다. |
| count() | 배열의 모든 요소를 계산한다. |
| array_reverse() | 요소를 역순으로 포함하는 배열을 반환한다. |
| array_search() | 배열에서 지정된 값을 검색한다. 검색에 성공하면 키를 반환한다. |
| array_intersect() | 두 배열의 교집합을 반환한다. 즉, 두 배열의 일치하는 요소를 반환한다. |
| sort() | 인덱스 배열을 오름차순으로 정렬한다.(↔ rsort()) |
| asort() | 값에 따라 오름차순으로 연관 배열 정렬한다.(↔ arsort()) |
| ksort() | 키를 기준으로 오름차순으로 연관 배열 정렬한다.(↔ krsort()) |

## 03 문자열

- **문자열**은 일련의 문자, 숫자, 특수 문자 및 산술 값 또는 이들 모두의 조합입니다. 문자열을 생성하는 가장 간단한 방법은 다음과 같이 문자를 작은따옴표(')로 묶는 것입니다. 또는 큰따옴표(")를 사용할 수도 있습니다. 문자열 길이에는 제한이 없습니다.

- **특수 문자**

| 이스케이프 시퀀스 | 설명 |
|---|---|
| \n | 개행 문자로 대체된다. |
| \r | 캐리지 리턴 문자로 대체된다. |
| \t | 탭 문자로 대체된다. |
| \$ | 달러 기호 자체($)로 대체된다. |
| \" | 단일 큰따옴표(")로 대체된다. |
| \\ | 단일 백슬래시(\)로 대체된다. |

• **문자열에서 주로 사용되는 연산**

| 연산자 | 설명 |
|---|---|
| . | 두 문자열을 연결한다. |
| == | 두 문자열이 같으면 true를 반환한다. |
| != | 두 문자열이 다르면 true를 반환한다. |

• **문자열 관련 함수**

| 함수명 | 설명 |
|---|---|
| strlen() | 문자열 길이를 계산한다. |
| str_word_count() | 문자열의 단어 수를 계산한다. |
| str_replace() | 문자열 내에서 텍스트를 변경한다. |
| strrev() | 문자열을 반전한다. |
| strpos() | 문자열이나 문자열 내의 문자를 검색한다. |

## 연습문제

**01** 다음 중 1차원 배열의 구문으로 옳은 것은?

① $arr[]　　② int[] $arr

③ int[] $arr　　④ int[] $arr[]

**02** 다음 프로그램의 출력 결과는?

```
<?php
    $marks[0] = 65;
    $marks[1] = 70;
    $marks[2] = 74;
    $marks[3] = 90;
    $marks[4] = 87;
    for($i=0; $i<4; $i++)
    {
        echo $marks[$i]."<br>";
    }
?>
```

① 모든 $marks 값이 하나씩 표시된다.

② 모든 $marks는 배열 형식으로 표시된다.

③ 요소의 초기화가 배열의 길이보다 크므로 컴파일 오류를 표시한다.

④ 컴파일되었지만 출력이 없다.

**03** 배열의 요소를 표시하는 데 사용되는 PHP의 루프/문은?

① switch-case 문　　② for 문

③ 중첩된 if 문　　④ if else 문

**04** 다음 프로그램의 출력 결과는?

```
<?php
    $arr = array("C" , "C++" , "PHP");
    $arr[0] = "Python";
    for($i=0; $i<count($arr); $i++)
    {
        echo $arr[$i]."  ";
    }
?>
```

① C C++ PHP
② Python C++ PHP
③ Python
④ C

**05** 다음 프로그램의 출력 결과는?

```
<?php
    $arr=[[100,200], [300,400]];
    for($i=0; $i<count($arr); $i++)
    {
        for($j=0; $j<count($arr); $j++)
        {
            echo $arr[$i][$j]." " ;
        }
    }
?>
```

① i j
② arr [ i ] [ j ]
③ 100 200 300 400
④ 400 300 200 100

**06** 다음 중 두 문자열을 비교하는 올바른 구문은?

① `S1 == S2.`

② `S1.isequals(S2).`

③ `S1 = S2.`

④ `S1 equal to S2.`

**07** 다음 중 PHP에서 문자열을 선언하는 방법으로 옳은 것은?

① `String = "data";`

② `$var = "value";`

③ `$var = new String("Value");`

④ `$var = {'V' , 'a' , 'l' , 'u' , 'e' };`

**08** 다음 프로그램의 출력 결과는?

```
<?php
    $arr = "processor hypertext processor";
    $arr = ucwords($arr);
    echo($arr);
?>
```

① PROCESSOR HYPERTEXT PROCESSOR

② Processor Hypertext Processor

③ processor hypertext processor

④ 컴파일 오류

**09** 다음 프로그램의 출력 결과는?

```
<?php
    $arr = "PHP Book";
    $arr = str_split($arr);

    for($i=0; $i<count($arr); $i++)
        echo ($arr[$i]);
?>
```

① PHP Book ② PHP

③ PHPBook ④ Book

**10** 다음은 주어진 점수에서 A, B, C, D, F 학점별 인원수를 계산하는 프로그램을 완성하시오.

점수 : 85, 80, 79, 75, 80, 99, 85, 80, 99, 78, 42, 97, 88, 74, 39, 68, 89, 70, 58, 93

# CHAPTER 05

# 함수: 페이지 모듈화하기



**학습목표**

- 함수의 개념에 대해 이해합니다.
- 사용자 정의 함수의 개념과 특징을 이해합니다.
- 사용자 정의 함수의 유형에 대해 알아봅니다.
- 내장 함수의 유형에 대해 알아봅니다.
- 북마켓의 웹 페이지를 모듈화합니다.

# PREVIEW

PHP에서 반복되는 특정 작업을 수행하기 위한 코드의 집합인 함수를 이해하고, 함수의 종류인 내장 함수와 사용자 정의 함수에 대해 알아봅니다. 그리고 사용자 정의 함수를 작성하는 방법을 자세히 살펴봅니다.

# 01 함수의 개요

**함수(Function)**는 특정 작업을 수행하는 재사용 가능한 코드 조각 또는 코드 블록을 의미합니다. 예를 들어 PHP에서 echo(), print() 함수를 호출하면 문자열을 출력할 수 있습니다. 이 외에도 미리 정의된 내장 함수와 사용자가 생성하는 사용자 정의 함수 등의 다양한 함수가 사용됩니다.

## 1 함수의 필요성

임의의 숫자가 짝수인지 홀수인지 판별하는 작업을 세 번 반복하는 프로그램을 만든다고 가정합시다. 이 프로그램을 만들려면 숫자를 입력받아 짝수인지 홀수인지 판별하는 코드를 세 번 작성해야 합니다. 그런데 이 작업을 함수로 만들면 프로그램의 어느 위치에서든 숫자가 짝수인지 홀수인지 확인해야 할 때마다 함수를 호출해 기능을 수행할 수 있습니다. [그림 5-1]은 숫자가 짝수인지 홀수인지 판별하는 작업을 세 번 해야 할 때 같은 코드를 반복해서 작성한 경우와 함수를 만들어 작성한 경우를 비교한 것입니다.

```
<?php
$num = 2;
 if($num %2 == 0)  echo "짝수입니다.<br>";
 else echo "홀수입니다.<br>";

$num = 5;
 if($num %2 == 0)  echo "짝수입니다.<br>";
 else echo "홀수입니다.<br>";

$num = 9;
 if($num %2 == 0)  echo "짝수입니다.<br>";
 else echo "홀수입니다.<br>";
?>
```

(a) 같은 코드를 반복하는 경우

중복 코드를 함수로 작성

```
<?php
 function Method($val){
     if($val %2 == 0) echo "짝수입니다.<br>";
     else echo "홀수입니다.<br>";
 }
$num = 2;
 Method($num);
$num = 5;
 Method($num);
$num = 9;
 Method($num);
?>
```

함수 호출

(b) 함수를 만드는 경우

그림 5-1 짝수, 홀수를 판별하는 코드의 구현 방법

## 함수의 장점

PHP에서 함수를 사용하면 재사용성, 오류 감지, 가독성 향상, 유지 관리 용이성 등의 장점이 있습니다.

### ■ 코드의 재사용성

함수는 반복해서 작성해야 하는 코드를 줄여 개발자의 수고를 덜기 위해 사용합니다. 공통 코드를 여러 영역에서 사용해야 하는 경우, 이를 함수로 만들어 필요할 때마다 간단히 호출할 수 있습니다. 스크립트 내 원하는 곳 어디에서나 함수를 호출하여 동일한 작업을 수행할 수 있으므로 중복 코드를 작성하는 수고를 하지 않아도 됩니다.

### ■ 코드의 가독성 향상

비슷한 성격의 관련 작업을 모아 함수 형태로 나누어 작성하면 코드를 읽기 쉽고 프로그램의 흐름을 이해하기 좋습니다.

### ■ 유지 관리 용이성

함수 내부의 코드를 변경해야 하는 경우 여러 파일을 건드리지 않고 함수 내에서 수정하여 반영할 수 있습니다. 이를 통해 코드를 쉽게 유지 관리할 수 있습니다.

그림 5-2 함수의 장점

■ **쉬운 오류 감지**

코드를 대량으로 작성하지 않고 함수로 분할하거나 기능별로 나누어 작성하면 오류가 발생했을 때 쉽게 감지할 수 있습니다. 오류를 일으키는 함수와 오류가 발생한 위치를 정확히 알 수 있으므로 빠르고 쉽게 수정할 수 있습니다.

## 2 함수의 유형

PHP에서 사용되는 함수의 유형에는 PHP 엔진에 미리 정의된 내장 함수와 프로그래머가 직접 만드는 사용자 정의 함수가 있습니다.

**표 5-1 함수의 유형**

| 유형 | 설명 |
| --- | --- |
| 사용자 정의 함수 | 사용자 또는 프로그래머가 작성한 함수이다. |
| 내장 함수 | PHP 엔진에 이미 정의되어 있는 함수로, 내부 함수라고도 한다. 언제든 프로그램에서 호출하여 사용할 수 있다. |

# 02 사용자 정의 함수

사용자 정의 함수는 개발자나 프로그래머가 자신의 코드 논리를 실행해야 할 때 사용됩니다. 사용자 정의 함수를 정의할 때는 키워드 function을 사용하며, 함수 내부(본문)에는 함수 호출이 발생할 때 실행될 일련의 명령문을 작성합니다. 함수를 실행할 때는 function 다음의 함수명을 호출합니다.

## 1 함수의 기본 구조

함수는 크게 선언부와 중괄호({}) 안의 구현부로 구성됩니다. 사용자 정의 함수의 형식은 다음과 같습니다.

```
❶function ❷함수명()        ········· 선언부
{
   ❸//함수 본문            ········· 구현부
}
```

❶ function: 함수를 정의하는 키워드입니다.

❷ **함수명:** 함수를 호출할 때 사용할 이름입니다. 함수명을 작성할 때는 다음 규칙을 따라야 합니다.

- 함수 이름은 문자나 밑줄로 시작해야 하며, 숫자는 사용할 수 없습니다.
- 함수 이름은 고유해야 합니다.
- 함수 이름에 공백을 넣으면 안 됩니다.
- 설명이 포함된 함수 이름을 사용하는 것이 좋습니다.

❸ **함수 본문(Method Body):** 수행하는 작업을 정의하며, 중괄호로 본문을 묶어 시작과 끝을 나타냅니다. 함수를 호출하면 이 중괄호 안의 코드가 실행됩니다. 값을 반환하는 경우 반드시 return 문으로 끝나야 합니다.

## 2 함수 호출

함수는 PHP 페이지가 로드되는 동안에는 실행되지 않기 때문에 함수 내의 코드를 실행하려면 함수명을 호출해야 합니다. 즉, 함수는 호출했을 때만 사용할 수 있습니다. 함수 호출 형식은 다음과 같습니다.

```
함수명();
```

다음은 문자열을 출력하는 사용자 정의 함수 myMethod()를 만들고 호출하는 간단한 예입니다.

**[함수 정의 및 호출의 사용 예]**

```
<?php
function myMethod(){
    echo "Hello! PHP 함수<br>";      // 함수 정의
    echo "3 + 4 = ", 3+4;
}
myMethod();                          // 함수 호출
?>
```

```
Hello! PHP 함수
3 + 4 = 7
```

[그림 5-3]은 함수를 사용하지 않고 일반적으로 구현한 부분(a)을 myMethod() 함수로 정의하고 호출하여 사용(b)하도록 변환한 과정을 나타낸 것입니다. (a)와 (b)의 실행 결과는 동일합니다.

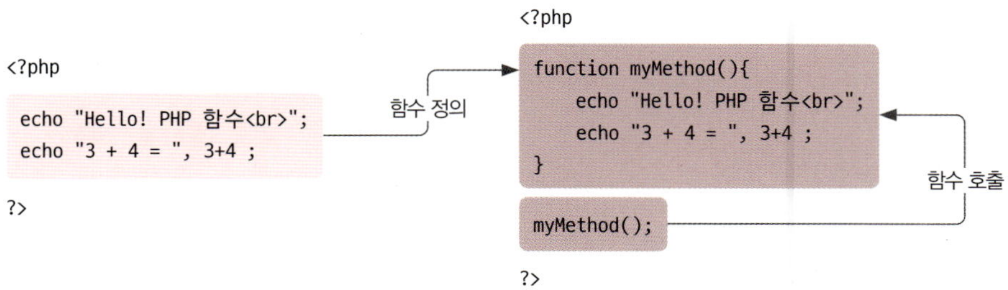


(a) 일반적으로 작성한 코드 (b) myMehod( ) 함수를 정의해 호출한 코드

**그림 5-3** 함수 정의 및 호출

**NOTE 동적 함수 호출**

동적 함수 호출은 함수명을 문자열로 변수에 할당한 후 해당 변수를 함수명으로 하여 호출합니다.

**[동적 함수 호출 예]**

```
<?php
function myMethod(){
    echo "Hello! PHP 함수<br>";
    echo "3 + 4 = ", 3 + 4;
}
$method = "myMethod";
$method();
?>
```

```
Hello! PHP 함수
3 + 4 = 7
```

## 예제 5-1 함수 정의하고 호출하기

1부터 10까지의 정수 합을 구하여 출력하는 sumMethod() 함수를 만들고 이를 호출해보겠습니다. [C:\xampp\htdocs] 폴더 안에 [chap05] 폴더를 생성한 후 'function01.php' 파일을 생성하여 다음과 같이 작성합니다. 웹 브라우저에 'http://localhost/chap05/function01.php'를 입력하여 실행 결과를 확인합니다.

chap05/function01.php

```
<html>
<head>
    <title>사용자 정의 함수</title>
</head>
<body>

<?php
function sumMethod(){
    $sum = 0;
    for($i=0; $i<=10; $i++)
        $sum += $i;

    echo $sum;
```

```
14    }
15    echo "1부터 10까지의 합계 : ";
16    sumMethod();
17    ?>
18    </body>
19    </html>
```

**08~14행** 사용자 정의 함수 sumMethod()를 정의합니다.

**16행** 사용자 정의 함수 sumMethod()를 호출합니다.

# 03 사용자 정의 함수의 유형

## 1 값 전달 방식과 참조 전달 방식

PHP에서 정의한 사용자 정의 함수에는 매개변수가 하나 이상일 수도 있고 없을 수도 있습니다. 함수로 전달된 인수에 저장된 값을 매개변수에 전달할 때는 다음 방식 중 하나를 선택할 수 있습니다.

- **값 전달(Call by Value) 방식**

  함수 내부에서 매개변수의 값을 수정하여도 함수를 호출할 때 전달된 인수의 실제 값은 수정되지 않는 방식입니다.

- **참조 전달(Call by Reference) 방식**

  함수 내부에서 매개변수를 수정하면 함수를 호출할 때 전달된 인수의 실제 값이 수정되는 방식입니다. 함수가 매개변수를 수정할 수 있도록 하려면 매개변수명 앞에 앰퍼샌드(&) 기호를 사용하여 값을 참조로 전달해야 합니다.

함수명 뒤의 괄호 안에 인수(매개변수 목록)가 있는 경우 인수를 통해서 함수에 값을 전달하여 호출할 수 있습니다.

> **NOTE 함수의 매개변수와 인수**
>
> - **함수의 매개변수(Parameter):** 함수를 호출할 때 인수로 전달된 값을 함수 내부에서 사용할 수 있게 해주는 변수입니다.
> - **함수의 인수(Argument):** 함수가 호출될 때 함수로 값을 전달해주는 변수를 가리킵니다.

## 2 매개변수가 있는 함수

매개변수는 함수 내부에서 변수처럼 작동하며, 함수를 정의할 때 원하는 만큼 지정할 수 있습니다. 함수에 매개변수가 없을 수도 있으므로 이는 선택사항입니다. 해당 함수를 호출하려면 정의된 매개변수 개수와 동일하게 인수를 지정해야 합니다.

```
//함수 정의
function 함수명($매개변수1[, $매개변수2,..., $매개변수n]){
    // 함수 본문
}

//함수 호출
함수명(인수1[,인수2...인수n]);
```

이처럼 정의된 함수는 함수 내부에서 매개변수의 값을 수정하여도 인수의 실제 값은 수정되지 않습니다(Call by Value).

다음은 두 개의 정수를 매개변수로 사용하여 더한 다음 출력하는 addMethod() 함수의 예입니다.

**[매개변수가 있는 함수의 예]**

```
<?php
function addMethod($x, $y){
    $sum = $x + $y;
    echo $x ."와[과] ". $y ."의 합은 ". $sum ."입니다.<br>";
}
$num1 = 3;
$num2 = 4;
echo "함수 호출 전의 숫자 값 : ";
echo $num1 ." , ".  $num2."<br>";

addMethod($num1, $num2);

echo "함수 호출 후의 숫자 값 : ";
echo $num1 ." , ".  $num2."<br>";
?>
```

```
함수 호출 전의 숫자 값 : 3, 4
3와[과] 4의 합은 7입니다.
함수 호출 후의 숫자 값 : 3, 4
```

## 예제 5-2 매개변수가 있는 함수를 정의하고 호출하기

두 개의 매개변수를 가지고 원의 둘레를 구하여 출력하는 calculateMethod() 함수를 만들고 이를 호출해보겠습니다. [chap05] 폴더에 'function02.php' 파일을 생성하여 다음과 같이 작성하고 웹 브라우저에 'http://localhost/chap05/function02.php'를 입력하여 실행 결과를 확인합니다.

chap05/function02.php

```
01  <html>
02  <head>
03      <title>사용자 정의 함수</title>
04  </head>
05  <body>
06
07  <?php
08  function calculateMethod($x, $y){
09      echo 2 * $x * $y;
10  }
11  $radius = 4;
12  $pi = 3.14;
13  echo "원의 둘레 구하는 공식 : 2 x 반지름 x 원주율 <br>";
14  echo "2 x ". $radius . " x " . $pi ." = ";
15  calculateMethod($radius, $pi);
16  ?>
17  </body>
18  </html>
```

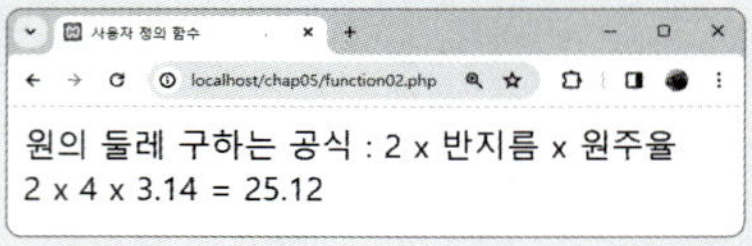


**08~10행** 사용자 정의 함수 calculateMethod()를 정의합니다. 매개변수로 반지름 값과 원주율 값을 전달받습니다.

**15행** 사용자 정의 함수 calculateMethod()를 호출합니다.

## 3 기본값이 있는 함수

함수를 호출할 때 함수에 정의된 매개변수의 수만큼 인수가 전달되지 않으면 오류가 발생합니다. 하지만 매개변수에 기본값을 지정하면 함수에 명시된 매개변수로 값이 전달되지 않는 경우 그 기본값이 사용되므로 오류가 발생하지 않습니다. 함수를 정의할 때 매개변수에 기본

값을 지정하는 것은 선택사항이며, 기본값이 있는 매개변수를 포함하면 함수 호출 시 전달할 인수의 수를 유연하게 설정할 수 있습니다.

```
//함수 정의
function 함수명(매개변수1,...,$매개변수n="값"){
    // 함수 본문
}

//함수 호출
함수명(인수1,...);
```

**TIP** 매개변수가 여러 개이고 그중에 기본값이 있는 매개변수가 포함된 경우에는 기본값이 있는 매개변수가 기본값이 없는 매개변수의 뒤에 오도록 선언해야 합니다. 그렇지 않으면 원하는 결괏값이 출력되지 않거나 오류가 발생할 수 있습니다.

**[매개변수의 기본값이 있는 함수의 예]**

```
<?php
function setColor($color="Black"){
    echo "색상 : $color<br/>";
}
setColor("Red");
setColor(); ········· 매개변수의 기본값 출력
setColor("Blue");
?>
```

```
색상 : Red
색상 : Black
색상 : Blue
```

## 예제 5-3 매개변수에 기본값이 있는 함수를 정의하고 호출하기

서체, 색상, 글자 크기의 매개변수를 가지고 문자열을 출력하는 printFont() 함수를 만들고 이를 호출해보겠습니다. [chap05] 폴더에 'function03.php' 파일을 생성하여 다음과 같이 작성하고 웹 브라우저에 'http://localhost/chap05/function03.php'를 입력하여 실행 결과를 확인합니다.

chap05/function03.php

```
<html>
<head>
    <title>사용자 정의 함수</title>
```

```
04    </head>
05    <body>
06
07    <?php
08    function printFont($font, $color, $size=10){
09        echo "<font face='$font' color = '$color' size = '$size'>Hello, PHP!
      </font><br>";
10    }
11
12    printFont("Arial", "Red", 12);
13    printFont("Times", "Green", 13);
14    printFont("Courier", "Blue");
15    ?>
16    </body>
17    </html>
```

**08~10행** 사용자 정의 함수 printFont()를 정의합니다. 매개변수로 서체, 색상, 크기 값을 전달받습니다.

**12~14행** 사용자 정의 함수 printFont()를 호출합니다. 14행의 함수 호출에서는 글자 크기 인수를 전달하지 않지만, 함수에 정의된 기본값 매개변수로 처리됩니다.

## 4 참조(&) 기호가 있는 함수

함수의 매개변수를 함수 내부에서 변경하는 경우 함수 외부에도 영향을 주어 함수 호출 시 전달된 인수 값도 수정되게 하려면 참조로 전달해야 합니다(Call by Reference). 이처럼 값을 참조로 전달하려면 매개변수명 앞에 앰퍼샌드(&) 기호를 사용합니다.

```
//함수 정의
function 함수명(&$매개변수1,...){
    // 함수 본문
}
//함수 호출
함수명(인수1,...);
```

**TIP** 함수 호출 시 전달되는 인수 값은 변수로 선언해야 합니다. 값으로 전달하는 경우 오류가 발생합니다.

다음은 함수 내부에서 문자열을 수정한 후 함수 외부에 전달하는 예입니다.

**[참조 기호가 있는 함수의 예]**

```
<?php
function setString(&$param){
    $param .= 'PHP!';
}
$str = 'Hello ';
echo "함수 호출 전의 문자열 값 : " . $str. "<br>";
setString($str); ● $str 값이 변경됨
echo "함수 호출 후의 문자열 값 : " . $str. "<br>";
?>
```

```
함수 호출 전의 문자열 값 : Hello
함수 호출 후의 문자열 값 : Hello PHP!
```

이처럼 정의된 함수의 내부에서 매개변수의 값을 수정하면 인수의 실제 값도 동일하게 수정됩니다(Call by Value).

## 예제 5-4 매개변수에 기본값이 있는 함수를 정의하고 호출하기

함수에 전달된 두 매개변수의 값을 서로 바꾸어 함수 외부에 전달하는 swap() 함수를 만들고 이를 호출해보겠습니다. [chap05] 폴더에 'function04.php' 파일을 생성하여 다음과 같이 작성하고 웹 브라우저에 'http://localhost/chap05/function04.php'를 입력하여 실행 결과를 확인합니다.

chap05/function04.php

```
<html>
<head>
    <title>사용자 정의 함수</title>
</head>
<body>

<?php
function swap(&$param1, &$param2){
    $temp = $param1;
    $param1 = $param2;
    $param2 = $temp;
}
```

```
13
14    $num1 = 3;
15    $num2 = 4;
16    echo "swap() 함수 호출 전 숫자 : ". $num1. " , " . $num2;
17    echo "<br>";
18
19    swap($num1, $num2);
20    echo "swap() 함수 호출 후 숫자 : ". $num1. " , " . $num2;
21    ?>
22    </body>
23    </html>
```

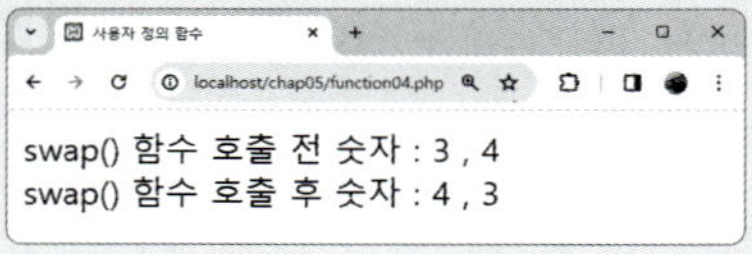


**08~12행** 사용자 정의 함수 swap()을 정의합니다.

**19행** 사용자 정의 함수 swap()을 호출합니다.

## 5 반환문이 있는 함수

함수는 **반환문**을 포함할 수도 있고, 포함하지 않을 수도 있습니다. 함수 본문에 반환문으로 return 키워드를 사용하면 함수 내부에서 실행된 결괏값이 반환됩니다. 반환문의 값은 정수 및 배열을 포함하여 모든 자료형이 될 수 있습니다. 반환문이 있는 함수는 그 자체가 값이기 때문에 호출하려면 값을 저장(할당)하는 변수가 있어야 합니다.

```
//함수 정의
function 함수명(){
    // 함수 본문
    return 반환값(식);
}

//함수 호출
$변수명 = 함수명();
```

정의된 함수는 여러 값을 반환할 수 없지만 배열을 이용하여 반환하면 여러 값을 반환하는 유사한 결과를 얻을 수 있습니다.

다음은 두 개의 매개변수를 더한 후 그 합계를 반환하는 예입니다.

**[반환문이 있는 함수 정의 및 호출의 예]**

```
<?php
function sumMethod($num1, $num2){
    $total = $num1 + $num2;
    return $total; ·························· 반환문
}
$result = sumMethod(3, 4);
echo $result;
?>
```

7

## 예제 5-5 반환문이 있는 함수를 정의하고 호출하기

함수에 전달되는 두 개의 매개변수 값을 비교하여 큰 수를 반환하는 maxMethod() 함수를 만들고 이를 호출해보겠습니다. [chap05] 폴더에 'function05.php' 파일을 생성하여 다음과 같이 작성하고 웹 브라우저에 'http://localhost/chap05/function05.php'를 입력하여 실행 결과를 확인합니다.

chap05/function05.php

```
<html>
<head>
    <title>사용자 정의 함수</title>
</head>
<body>

<?php
function maxMethod($x, $y){
    if ($x > $y) $max1 = $x;
    else $max1 = $y;
    return $max1;
}

$num1 = 3;
$num2 = 4;
$result = maxMethod($num1, $num2);
```

```
17  echo $num1 . "와[과] ". $num2."의 수 중 ". $result ."이[가] 큽니다.";
18  ?>
19  </body>
20  </html>
```

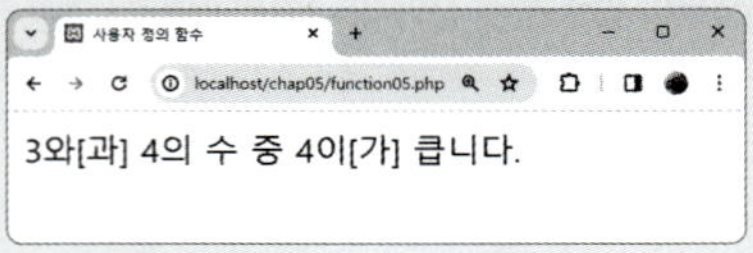


**08~12행** 사용자 정의 함수 `maxMethod()`를 정의합니다.

**16행** 사용자 정의 함수 `maxMethod()`를 호출합니다. 반환문이 있어 `maxMethod()` 함수 자체가 값이므로 값을 저장할 수 있는 변수 `$result`를 작성합니다.

**NOTE 변수 범위**

PHP 파일의 어느 위치에서든 변수를 선언할 수 있습니다. 그러나 변수의 선언 위치에 따라 PHP 프로그램 내에서 변수가 표시되는 정도, 즉 변수를 사용하거나 접근할 수 있는 위치가 결정됩니다. 이러한 접근성을 변수 범위(Variable Scope)라고 합니다.

- **지역변수:** 기본적으로 함수 내부에서 선언된 변수로, 해당 함수 외부에서는 사용할 수 없습니다.
- **전역변수:** global 키워드를 사용하며 함수 외부에 선언된 변수를 함수 내부에서 사용할 수 있습니다.
- **정적변수:** static 키워드를 사용하며 함수 내부에 선언된 변수를 그대로 두고 전역변수처럼 변수를 사용하는 경우를 위해 지역변수의 메모리 해제를 보완한 것입니다.

# 04 내장 함수

**내장 함수**는 PHP 엔진에 미리 정의된 라이브러리 함수로, 날짜, 숫자, 문자열과 같은 다양한 함수를 제공합니다. 내장 함수는 함수명만 호출하면 사용할 수 있습니다.

## 1 날짜/시간 함수

날짜/시간 함수를 사용하면 PHP 스크립트가 실행되는 서버의 날짜와 시간을 가져올 수 있습니다. 날짜/시간의 형식도 지정할 수 있습니다.

### date( ) 함수

date( ) 함수는 현재 로컬 시간을 사용하여 주어진 형식에 따라 문자열을 반환합니다.

```
string date(string $format[, ?int $timestamp = null])
```

**표 5-2** date( ) 함수의 매개변수와 역할

| 매개변수 | 역할 |
|---|---|
| format | 날짜를 출력하는 형식 |
| timestamp | 선택적 매개변수로, 생략하거나 null인 경우 기본값이 현재 현지 시간으로 설정된다. 즉, 기본값은 time( ) 값이다. |

TIP 날짜를 출력하는 형식은 [표 5-2] 날짜 관련 형식의 지정 문자를 참고합니다.

다음은 오늘 날짜를 일/월/연도 형식으로 표시하는 예입니다.

[date( ) 함수의 사용 예]

```
<?php
$today = date("d/m/Y");
echo $today;
```

```
echo "<br>";
$today = date("d/m/Y", time());
echo $today;
?>
```

```
26/02/2024
26/02/2024
```

TIP date( ) 함수는 스크립트가 실행된 PHP 웹 서버의 내장 시계에 따라 현재 날짜와 시간을 반환합니다.

**표 5-3** 날짜 관련 형식의 지정 문자

| 형식 문자 | 설명 | 예 |
|---|---|---|
| d | 날짜를 두 자리 숫자로 표시한다. | 00~31 |
| D | 요일을 세 개의 문자로 표시한다. | Mon~Sun |
| j | 날짜를 숫자로 표시한다. | 1~31 |
| F | 월을 완전한 문자열로 표시한다. | January~December |
| m | 월을 두 자리 숫자로 표시한다. | 01~12 |
| M | 월의 축약형을 세 개의 문자로 표시한다. | Jan~Dec |
| n | 월을 숫자로 표시한다. | 1~12 |
| Y | 연도를 네 자리 숫자로 표시한다. | 1999, 2003 등 |
| y | 연도를 두 자리 숫자로 표시한다. | 99, 03 등 |

날짜의 경우 하이픈(−), 점(.), 슬래시(/), 공백과 같은 다른 문자를 삽입하여 구분할 수 있습니다.

다음은 다양한 형식으로 현재 날짜를 표시하는 예입니다.

[date( ) 함수의 날짜 형식 사용 예]

```
<?php
echo date("d/m/Y") . "<br>";
echo date("d-m-Y") . "<br>";
echo date("Y년d일m월");
?>
```

```
26/02/2024
26-02-2024
2024년26일02월
```

**NOTE date() 함수**

date() 함수를 사용하여 다음과 같이 웹사이트의 저작권 기간을 자동으로 업데이트할 수 있습니다.

```
Copyright &copy; 2010-<?php echo date("Y") ?>.
```

Copyright © 2010-2024.

**표 5-4** 시간 관련 형식의 지정 문자

| 형식 문자 | 설명 | 예 |
|---|---|---|
| h | 12시간 형식 시간을 두 자리 숫자로 표시한다. | 01~12 |
| H | 24시간 형식 시간을 두 자리 숫자로 표시한다. | 00~23 |
| i | 분을 두 자리 숫자로 표시한다. | 00~59 |
| s | 초를 두 자리 숫자로 표시한다. | 00~59 |
| a | 오전과 오후를 소문자로 표시한다. | am 또는 pm |
| A | 오전과 오후를 대문자로 표시한다. | AM 또는 PM |
| g | 12시간 형식으로 시간을 표시한다. | 1~12 |
| G | 24시간 형식으로 시간을 표시한다. | 0~23 |

다음은 다양한 형식으로 현재 시간을 표시하는 예입니다.

[date() 함수의 시간 형식 사용 예]

```
<?php
echo date("h:i:s") . "<br>";
echo date("F d, Y h:i:s A") . "<br>";
echo date("h:i a");
?>
```

```
02:51:22
February 26, 2024 02:51:22 AM
02:51 am
```

## time() 함수

time() 함수는 1970년 1월 1일 0시 0분 0초부터 지금까지 지나온 초를 정수로 반환하는 함수입니다.

```
int time()
```

[time( ) 함수의 사용 예]

```
<?php
$timestamp = time();
echo($timestamp);
echo "<br>";
echo(date("F d, Y h:i:s", $timestamp)); // 사람이 읽을 수 있는 날짜로 변환
?>
```

```
1708912318
February 26, 2024 02:51:58
```

## date_default_timezone_set( ) 함수

서버가 다른 국가에 있거나 다른 시간대에 설정되어 있는 등 특정 위치에 따른 정확한 시간이 필요한 경우에 사용합니다.

```
bool date_default_timezone_set(string $timezoneId)
```

**표 5-5** date_default_timezone_set( ) 함수의 매개변수와 역할

| 매개변수 | 역할 |
|---|---|
| timezoneId | UTC, 아프리카/라고스, 아시아/홍콩, 유럽/리스본과 같은 시간대 식별자이다. |

TIP [표 5-6]의 타임존 주요 유형을 참고합니다.

**표 5-6** 타임존 주요 유형

| 종류 | 설명 | 종류 | 설명 | 종류 | 설명 |
|---|---|---|---|---|---|
| Asia/Seoul | 서울 | America/New_York | 뉴욕 | Europe/London | 런던 |
| Asia/Hong_Kong | 홍콩 | America/Los_Angeles | 로스앤젤레스 | Europe/Paris | 파리 |
| Asia/Tokyo | 도쿄 | Australia/Sydney | 시드니 | Europe/Berlin | 베를린 |

다음은 시간대를 "America/New_York"으로 설정한 후 지정된 형식으로 현재 시간을 출력하는 예입니다.

[date_default_timezone_set( ) 함수의 사용 예]

```
<?php
date_default_timezone_set("America/New_York");
echo "현재 시간은 " . date("h:i:sa");
?>
```

현재 시간은 08:52:43pm

TIP timezone 관련 함수에 관한 자세한 내용은 https://www.php.net/manual/en/timezones.php 사이트를 참고합니다.

## mktime( ) 함수

mktime( ) 함수는 특정 날짜와 시간을 기준으로 타임스탬프를 만드는 데 사용됩니다. 날짜와 시간이 제공되지 않으면 현재 날짜와 시간의 타임스탬프가 반환됩니다. mktime( ) 함수의 형식은 다음과 같습니다.

```
int|false mktime($hour, $minute, $second, $month, $day, $year)
```

**표 5-7** mktime( ) 함수의 매개변수와 역할

| 매개변수 | 역할 |
|---|---|
| hour | • 월, 일, 연도별로 결정되는 하루의 시작을 기준으로 하는 시간이다.<br>• 음수 값은 해당 날짜의 자정 이전 시간을 나타낸다. 23보다 큰 값은 다음 날의 적절한 시간을 참조한다. |
| minute | • 시간의 시작을 기준으로 하는 '분'이다.<br>• 음수 값은 이전 시간의 분을 참조한다. 59보다 큰 값은 다음 시간의 적절한 분을 참조한다. |
| second | • 분의 시작을 기준으로 하는 '초'이다.<br>• 음수 값은 이전 분의 초를 참조한다. 59보다 큰 값은 다음 분의 적절한 초를 참조한다. |
| month | • 전년도 말을 기준으로 하는 '월'이다. 1부터 12까지의 값은 해당 연도의 정상적인 월을 나타낸다.<br>• 1보다 작은 값(음수 값 포함)은 전년도의 월을 역순으로 참조하므로 0은 12월, -1은 11월이다.<br>• 12보다 큰 값은 다음 연도의 해당 월을 참조한다. |
| day | • 전월 말을 기준으로 하는 '일'이다.<br>• 1~28, 29, 30 또는 31(월에 따라) 값은 해당 월의 정상 일을 나타낸다.<br>• 1보다 작은 값(음수 포함)은 전월의 일수를 참조하므로 0은 전월의 마지막 날, -1은 그 전일이다.<br>• 해당 월의 일수보다 큰 값 중 다음 달의 적절한 날을 의미한다. |
| year | • 연도 숫자는 2자리 또는 4자리 값일 수 있는 연도이다.<br>• 0~69 사이의 값은 2000~2069년에 매핑되고 70~100 사이의 값은 1970~2000년에 매핑된다. |

다음은 2023년 3월 28일 오후 5시 20분 12초에 해당하는 타임스탬프를 표시하는 예입니다.

[mktime() 함수의 사용 예]

```
<?php
$timestamp = mktime(17, 20, 12, 3, 28, 2023);
echo date("F d, Y h:i:s", $timestamp ); //지정한 날까 표시
echo "<br>";
$timestamp = mktime(0, 0, 0, 3, 28, 2023);
echo date('l', $timestamp );            // 요일 표시
echo "<br>";
$timestamp = mktime(0, 0, 0, date("m")+30, date("d"), date("Y"));
echo date("d/m/Y", $timestamp );        //현재 날짜로부터 30개월 후의 날짜 표시
?>
```

```
March 28, 2023 05:20:12
Tuesday
26/08/2026
```

**표 5-8** 날짜/시간 관련 주요 함수

| 종류 | 설명 |
|---|---|
| checkdate() | 양력 날짜의 유효성을 검사한다. |
| date_add() | 날짜에 일, 월, 연, 시, 분, 초를 추가한다. |
| date_create_from_format() | 지정된 형식에 따라 형식이 지정된 새 DateTime 객체를 반환한다. |
| date_default_timezone_get() | 스크립트의 모든 날짜/시간 함수에서 사용하는 기본 시간대를 반환한다. |
| date_diff() | 두 날짜의 차이를 반환한다. |
| date_format() | 지정된 형식에 따라 형식이 지정된 날짜를 반환한다. |
| date_parse_from_format() | 지정된 형식에 따라 지정된 날짜에 대한 자세한 정보가 있는 연관 배열을 반환한다. |
| date_parse() | 지정된 날짜에 대한 자세한 정보가 있는 연관 배열을 반환한다. |
| date_sub() | 날짜에서 일, 월, 연, 시, 분, 초를 뺀다. |
| date_time_set() | 시간을 설정한다. |
| date_timezone_get() | 지정된 DateTime을 기준으로 시간대를 반환한다. |
| date_timezone_set() | DateTime 개체의 표준 시간대를 설정한다. |
| getdate() | 타임스탬프 또는 현재 현지 날짜/시간의 정보를 반환한다. |
| gettimeofday() | 현재 시간을 반환한다. |
| gmdate() | GMT/UTC 날짜 및 시간 형식을 지정한다. |
| gmmktime() | GMT 날짜에 대한 타임스탬프를 가져온다. |
| localtime() | 현지 시간을 반환한다. |

| timezone_location_get() | 지정된 시간대의 위치 정보를 반환한다. |
|---|---|
| timezone_name_from_abbr() | 약어에서 시간대 이름을 반환한다. |
| timezone_name_get() | 시간대의 이름을 반환한다. |

TIP date 관련 함수에 관한 자세한 내용은 https://www.php.net/manual/en/ref.datetime.php 사이트를 참고합니다.

## 예제 5-6 함수 정의하고 호출하기

특정 날짜를 지정하여 해당 날짜에서 100일째 되는 날짜를 출력해보겠습니다. [chap05] 폴더에 'datetime.php' 파일을 생성하여 다음과 같이 작성하고 웹 브라우저에 'http://localhost/chap05/datetime.php'를 입력하여 실행 결과를 확인합니다.

chap05/datetime.php

```
01  <html>
02  <head>
03      <title>내장 함수</title>
04  </head>
05  <body>
06
07  <?php
08  $year = 2024;
09  $month = 3;
10  $day = 28;
11
12  $timestamp = mktime(0, 0, 0, $month, $day, $year);
13  echo "처음 만난 날짜 : ".date("d/m/Y", $timestamp );
14  echo "<br>";
15  $timestamp = mktime(0, 0, 0, $month, $day+100, $year);
16  echo "100일째 되는 날짜 : ".date("d/m/Y", $timestamp );
17  ?>
18  </body>
19  </html>
```

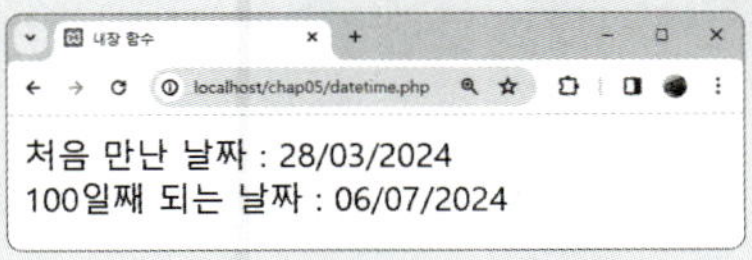


**12행** mktime() 함수를 이용하여 특정 날짜(2024년 3월 28일)를 기준으로 타임스탬프를 만듭니다.

**15행** mktime() 함수를 이용하여 특정 날짜(2024년 3월 28일)를 기준으로 100일째 되는 날짜를 반환합니다.

## 2 수학 관련 함수

수학 함수는 숫자 계산을 처리할 수 있는 함수로, int 및 float 유형 범위 내의 값만 처리합니다.

### abs() 함수

정수 또는 실수의 절댓값을 구하는 데 사용합니다.

```
int¦float abs(int¦float $num)
```

**표 5-9** abs() 함수의 매개변수와 역할

| 매개변수 | 역할 |
|---|---|
| num | 처리할 숫자 값을 의미한다. |

[abs() 함수의 사용 예]

```
<?php
echo abs(5)."<br>";
echo abs(-5)."<br>";
echo abs(4.2)."<br>";
echo abs(-4.2)."<br>";
?>
```

```
5
5
4.2
4.2
```

### ceil() 함수

ceil() 함수는 분수 값을 다음으로 큰 정숫값으로 반올림할 때 사용합니다. 반면, floor() 함수는 다음 예제와 같이 분수 값을 다음으로 작은 정숫값으로 내림하는 데 사용합니다.

```
float ceil(int¦float $num)
```

**표 5-10** num() 함수의 매개변수와 역할

| 매개변수 | 역할 |
|---|---|
| num | 반올림할 숫자 값을 의미한다. |

[ceil( ) 함수의 사용 예]

```
<?php
echo ceil(4.2)."<br>";
echo ceil(9.99)."<br>";
echo ceil(-5.18)."<br>";

echo floor(4.2)."<br>";
echo floor(9.99)."<br>";
echo floor(-5.18)."<br>";
?>
```

```
5
10
-5
4
9
-6
```

## sqrt( ) 함수

양수의 제곱근을 찾는 데 사용합니다. 음수에는 특수 값 NAN을 반환합니다.

```
float sqrt(float $num)
```

**표 5-11** sqrt( ) 함수의 매개변수와 역할

| 매개변수 | 역할 |
|---|---|
| num | 처리할 숫자 값을 의미한다. |

[sqrt( ) 함수 사용 예]

```
<?php
echo sqrt(9)."<br>";
echo sqrt(25)."<br>";
echo sqrt(10)."<br>";
echo sqrt(-16)."<br>";
?>
```

```
3
5
3.1622776601684
NAN
```

## rand( ) 함수

난수를 생성하는 데 사용하며, 선택적으로 min, max 범위를 지정할 수 있습니다.

```
int rand()
int rand(int $min, int $max)
```

**표 5-12** rand() 함수의 매개변수와 역할

| 매개변수 | 역할 |
|---|---|
| min | 반환할 가장 낮은 값을 의미한다. |
| max | 반환할 가장 높은 값을 의미한다. |

```
<?php
echo rand() . "<br>";
echo rand() . "<br>";

echo rand(1, 10) . "<br>";
echo rand(50, 100) . "<br>";
?>
```

```
731674471
148277566
9
92
```

**표 5-13** 수학 관련 주요 함수

| 함수명 | 설명 |
|---|---|
| ceil() | 숫자를 가장 가까운 정수로 반올림한다. |
| cos() | 숫자의 코사인을 반환한다. |
| fmod() | x/y의 나머지를 반환한다. |
| intdiv() | 정수 나누기를 수행한다. |
| is_infinite() | 값이 무한한지 여부를 확인한다. |
| is_nan() | 값이 'not-a-number'인지 확인한다. |
| log() | 숫자의 자연 로그를 반환한다. |
| max() | 배열에서 가장 높은 값 또는 지정된 여러 값 중 가장 높은 값을 반환한다. |
| min() | 배열에서 가장 낮은 값 또는 지정된 여러 값 중 가장 낮은 값을 반환한다. |
| pi() | PI의 값을 반환한다. M_PI를 사용해도 된다. |
| pow() | x의 y승을 반환한다. |
| round() | 부동 소수점 숫자를 반올림한다. |

| sin() | 숫자의 사인을 반환한다. |
|---|---|
| tan() | 숫자의 탄젠트를 반환한다. |

**TIP** 수학 관련 함수에 관한 자세한 내용은 https://www.php.net/manual/en/ref.math.php 사이트를 참고합니다.

### 예제 5-7 수학 함수 정의하고 호출하기

임의의 각도에 대한 sin(), cos(), tan() 함수를 호출하여 출력해보겠습니다. [chap05] 폴더에 'math.php' 파일을 생성하여 다음과 같이 작성하고 웹 브라우저에 'http://localhost/chap05/math.php'를 입력하여 실행 결과를 확인합니다.

chap05/math.php

```
01  <html>
02  <head>
03      <title>내장 함수</title>
04  </head>
05  <body>
06
07  <?php
08  $num = pi();
09
10  echo sin($num/2);
11  echo "<br>";
12  echo cos($num);
13  echo "<br>";
14  echo tan($num/4);
15  ?>
16  </body>
17  </html>
```

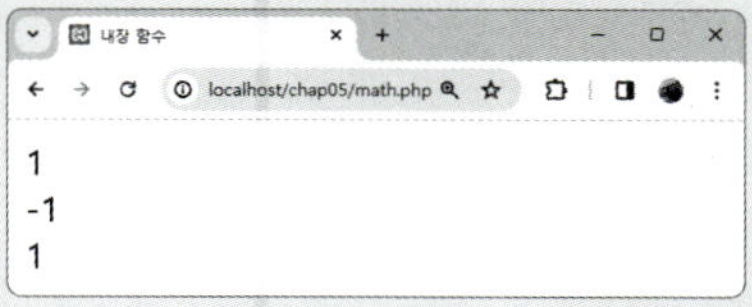


**8행** pi() 함수를 사용하여 PI의 값을 반환합니다. pi() 함수 대신 M_PI로 작성해도 됩니다.

**10, 12, 14행** sin(), cos(), tan() 함수를 이용하여 주어진 값에 따라 각각 결괏값을 출력합니다.

## 3 외부 파일을 포함하는 함수

PHP 서버가 실행되기 전에 하나의 PHP 파일을 다른 PHP 파일에 포함하기 위해 외부 파일을 포함하는 함수를 제공합니다. 이는 웹사이트 제작에서 모든 웹 페이지에 동일한 머리글/바닥글을 적용하거나 메뉴 페이지 등을 재사용할 수 있도록 합니다. 이렇게 하면 나중에 변경이 필요한 경우 모든 페이지를 수정하는 대신 파일 하나만 수정하여 웹사이트를 한 번에 업데이트할 수 있으므로 작업 시간을 대폭 절약하고 작업의 부하를 줄일 수 있습니다.

### include( ) 함수와 require( ) 함수

include() 함수와 require() 함수는 PHP 파일에 포함된 코드를 다른 PHP 파일에 포함할 때 사용합니다. 웹사이트의 여러 페이지에서 동일한 메뉴나 헤더를 사용할 때 유용합니다.

기본 형식은 다음과 같습니다.

```
include("경로명/파일명");
require("경로명/파일명");
```

괄호는 생략 가능

TIP print 문, echo 문과 마찬가지로 include 문, require 문을 사용하는 동안 괄호를 생략할 수 있습니다.

include() 함수와 require() 함수는 지정된 파일의 모든 텍스트를 가져와 해당 함수를 사용하는 파일에 복사한다는 점은 같습니다. 그런데 파일을 가져오는 데 문제가 발생하면 include() 함수는 경고를 생성하고 계속 실행되는 반면, require() 함수는 치명적인 오류를 생성하고 실행을 중단한다는 점이 다릅니다. 파일이 없거나 파일명이 잘못된 경우에는 프로그램이 실행되지 않아야 하므로 require() 함수를 사용하는 것이 좋습니다.

TIP 라이브러리 파일이나 데이터베이스 구성 파일과 같이 응용 프로그램을 실행하는 데 필수적인 기능 및 구성 변수가 포함된 파일을 포함하는 경우에는 require() 함수를 사용하는 것이 좋습니다.

다음은 PHP 파일 내에서 외부 PHP 파일을 불러와 내용을 그대로 출력하는 예입니다.

**[include( ) 함수와 require( ) 함수의 사용 예]**

```
<?php
include "second.php";
echo " --------현재 페이지 영역-------<br>";
include "second.php";
?>
```

```
외부 페이지 영역입니다.
--------현재 페이지 영역-------
외부 페이지 영역입니다.
```

chap05/second.php

```
<?php
echo "외부 페이지 영역입니다.<br>";
?>
```

### include_once( ) 함수와 require_once( ) 함수

include_once() 함수와 require_once() 함수는 include() 함수, require() 함수와 동일한 방식으로 작동합니다. 다만, include() 함수나 require() 함수를 사용하여 실수로 같은 파일(일반적으로 함수 또는 클래스 파일)을 코드에 두 번 이상 포함했을 때 충돌이 발생하는 상황을 방지하기 위해 사용합니다. 다시 말해 include_once() 함수와 require_once() 함수는 외부 파일을 두 번 이상 포함해도 한 번만 포함한 것으로 간주하기 때문에 지정된 파일이 이전에 이미 포함된 경우라면 해당 파일은 다시 포함되지 않습니다.

다음은 PHP 파일 내에서 외부 PHP 파일을 두 번 불러와도 충돌이 발생하지 않고 내용을 그대로 출력하는 예입니다.

[include_once( ) 함수와 require_once( ) 함수의 사용 예]

```
<?php
require_once "my_function.php";
multiplyMethod(3);
echo "<br>";

require_once "my_function.php";
multiplyMethod(4);
?>
```

```
9
16
```

chap05/my_function.php

```
<?php
function multiplyMethod($var){
$var *= $var;
echo $var;
}
?>
```

## 예제 5-8 외부 파일을 포함하는 함수 정의하고 호출하기

머리글과 바닥글 내용으로 외부 파일을 포함하여 출력해보겠습니다. [chap05] 폴더에 'include.php' 파일, 'include_header.php' 파일, 'include_footer.php' 파일을 생성하여 각각 다음과 같이 작성하고 웹 브라우저에 'http://localhost/chap05/include.php'를 입력하여 실행 결과를 확인합니다.

chap05/include.php

```
01 <html>
02 <head>
03     <title>내장 함수</title>
04 </head>
05 <body>
06
07 <?php
08 include "include_header.php";
09 echo "<p> 방문해주셔서 감사합니다.</p>";
10 include "include_footer.php";
11 ?>
12 </body>
13 </html>
```

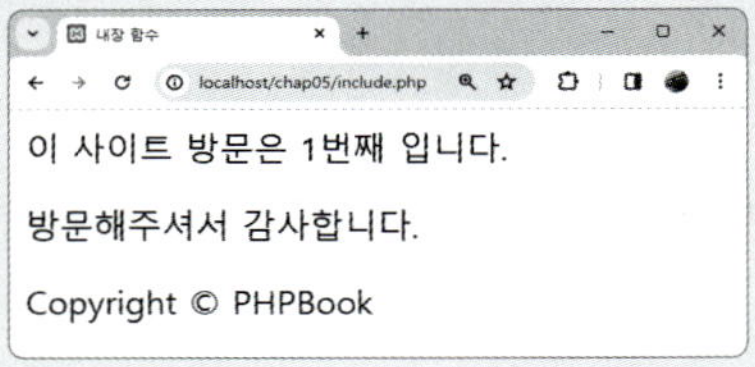


**08행** include() 함수를 이용해 외부 파일 include_header.php의 내용을 포함하도록 합니다.

**10행** include() 함수를 이용해 외부 파일 include_footer.php의 내용을 포함하도록 합니다.

chap05/include_header.php

```
<?php
$pageCount = 0;

function addCount(&$count){
    $count++;
}

addCount($pageCount);
?>
<p>이 사이트 방문은 <?= $pageCount?>번째 입니다.</p>
```

**04~06행** 변수 pageCount에 저장된 값을 1씩 증가시키는 addCount() 함수를 정의합니다.

**08행** addCount() 함수를 호출합니다.

**10행** 변수 pageCount의 값을 출력합니다.

chap05/include_footer.php

```
Copyright © PHPBook
```

## 4 변수 관련 함수

PHP에는 변수가 어떠한 자료형인지를 검사하거나 특정 자료형으로 변환, 변수의 상태를 변경할 수 있는 변수 처리 함수가 제공됩니다.

### isset( ) 함수

변수가 설정되었는지 확인하는 데 사용합니다. true 또는 false 값을 반환하며, 변수가 설정되고 null이 아닌 경우 true를 반환합니다.

```
isset("variable");
bool isset(mixed $var, mixed ...$vars)
```

**표 5-14** isset( ) 함수의 매개변수와 역할

| 매개변수 | 역할 |
|---|---|
| var | 확인할 변수를 의미한다. |
| vars | 추가할 변수를 의미한다. |

[isset( ) 함수의 사용 예]

```
<?php
    if(isset($var)){
        echo "존재하는 변수<br>";
    } else{
        echo "존재하지 않는 변수<br>";
    }
```

```
    $str = 'php';
    var_dump(isset($str));
?>
```

존재하지 않는 변수
bool(true)

## empty( ) 함수

변수가 비어있는지 여부를 확인하는 데 사용합니다. 변수가 없거나 해당 값이 false인 경우 비어있는 것으로 간주됩니다. 변수가 없는 경우 경고를 생성하지 않으며, `!isset($var)` 또는 `$var == false`와 같은 의미로 사용됩니다.

```
bool empty(mixed $var)
```

**표 5-15** empty( ) 함수의 매개변수와 역할

| 매개변수 | 역할 |
|---|---|
| var | 확인할 변수를 의미한다. |

[empty( ) 함수의 사용 예]

```
<?php
$str1 = 0;
$str2 = 'PHP';

if(empty($str1))
    echo "str1 변수는 비어있거나 0입니다. <br>";
else
    echo "str1 변수는 비어있지 않습니다. <br>";

if(empty($str2))
    echo "str2 변수는 비어있거나 0입니다. <br>";
else
    echo "str2 변수는 비어있지 않습니다. <br>";
?>
```

str1 변수는 비어있거나 0입니다.
str2 변수는 비어있지 않습니다.

**NOTE PHP에서 비어있는 변수**

PHP에서는 다음과 같은 값을 가지는 변수를 비어있다고 인식합니다.

- 정수 0
- 실수 0.0
- 문자열 "0"
- 빈 문자열 ""
- null
- false
- 빈 배열 array()
- 초기화되지 않은 변수

## is_int( ) 함수

주어진 변수의 유형이 정수인지 아닌지 확인하는 데 사용됩니다. 정수형이면 참을 반환하고 아니면 거짓을 반환합니다.

```
bool is_int(mixed $value)
```

**표 5-16** is_int( ) 함수의 매개변수와 역할

| 매개변수 | 역할 |
|---|---|
| var | 확인할 변수를 의미합니다. |

[is_int( ) 함수의 사용 예]

```
<?php
$var = 1212;
if(is_int($var)){
    echo 'Integer 형입니다.';
}
?>
```

Integer 형입니다.

TIP 변수가 숫자인지 숫자 문자열(예 항상 문자열인 양식 입력)인지 테스트하려면 is_numeric( )을 사용해야 합니다.

## is_null( ) 함수

변수가 비어있는지 여부를 확인하는 데 사용합니다.

```
bool is_null(mixed $value)
```

**표 5-17** is_null() 함수의 매개변수와 역할

| 매개변수 | 역할 |
|---|---|
| var | 확인할 변수를 의미합니다. |

[is_null() 함수의 사용 예]

```
<?php
$var = null;
if(is_null($var)){
    echo '변수에 값이 없습니다.';
}
?>
```

```
변수에 값이 없습니다.
```

**표 5-18** 변수 관련 함수

| 함수명 | 설명 |
|---|---|
| isset() | 변수가 설정되었는지 확인한다(NULL이 아니라 선언됨). |
| unset() | 변수 설정을 해제한다. |
| empty() | 변수가 비어있는지 확인한다. |
| gettype() | 변수의 유형을 반환한다. |
| settype() | 변수를 특정 유형으로 변환한다. |
| is_int()<br>is_integer() | 변수가 정수 유형인지 확인한다. |
| is_null() | 변수가 NULL인지 확인한다. |
| is_array() | 변수가 배열인지 확인한다. |
| is_float()<br>is_double() | 변수가 실수인지 확인한다. |
| is_string() | 변수가 문자열인지 확인한다. |
| intval() | 변수의 정숫값을 반환한다. |
| floatval() | 변수의 실숫값을 반환한다. |
| strval() | 변수의 문자열 값을 반환한다. |

TIP 변수 관련 함수에 관한 자세한 내용은 https://www.php.net/manual/en/ref.var.php 사이트를 참고합니다.

## 예제 5-9 변수 관련 함수 정의하고 호출하기

주어진 값에 대한 자료형을 변경하고 연산 결과를 출력해보겠습니다. [chap05] 폴더에 'variable.php' 파일을 생성하여 다음과 같이 작성하고 웹 브라우저에 'http://localhost/chap05/variable.php'를 입력하여 실행 결과를 확인합니다.

chap05/variable.php

```
01 <html>
02 <head>
03     <title>내장 함수</title>
04 </head>
05 <body>
06
07 <?php
08 $num = pi();
09
10 $x = "123.456789abc";
11
12 echo $x."<br>";
13 echo "정수형 : ".intval($x)."<br>";
14 echo "실수형 : ".floatval($x)."<br>";
15 echo "문자열형 : ". strval($x)."<br>";
16
17 echo "정수형 연산 : ".intval($x)+ intval($x)."<br>";
18 echo "실수형 연산 : ".floatval($x)+ floatval($x)."<br>";
19 echo "문자열형 연산 : ".strval($x). strval($x)."<br>";
20 ?>
21 </body>
22 </html>
```

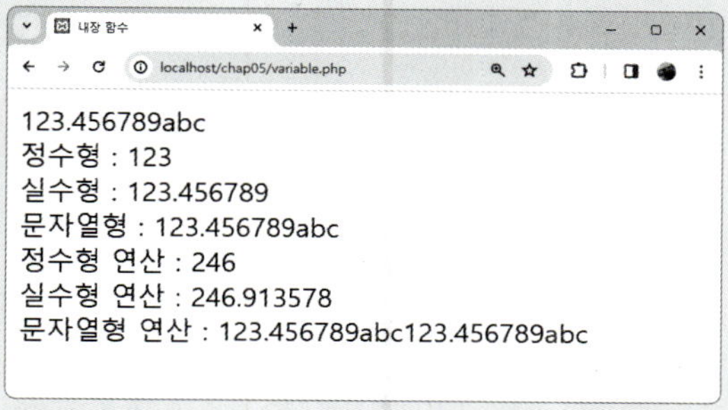


**13~15행** 주어진 값을 정수형, 실수형, 문자열형으로 변경하도록 intval(), floatval(), strval() 함수를 작성합니다.

**17~19행** 주어진 값을 정수형, 실수형, 문자열형으로 변경하여 정수형과 실수형에는 덧셈연산을, 문자열형에는 문자열 연결연산을 수행합니다.

# 04 북마켓 페이지 모듈화하기

이번 장에서 배운 PHP 함수를 적용하여 머리글인 메뉴바, 본문, 바닥글 등으로 북마켓 페이지를 모듈화하겠습니다.

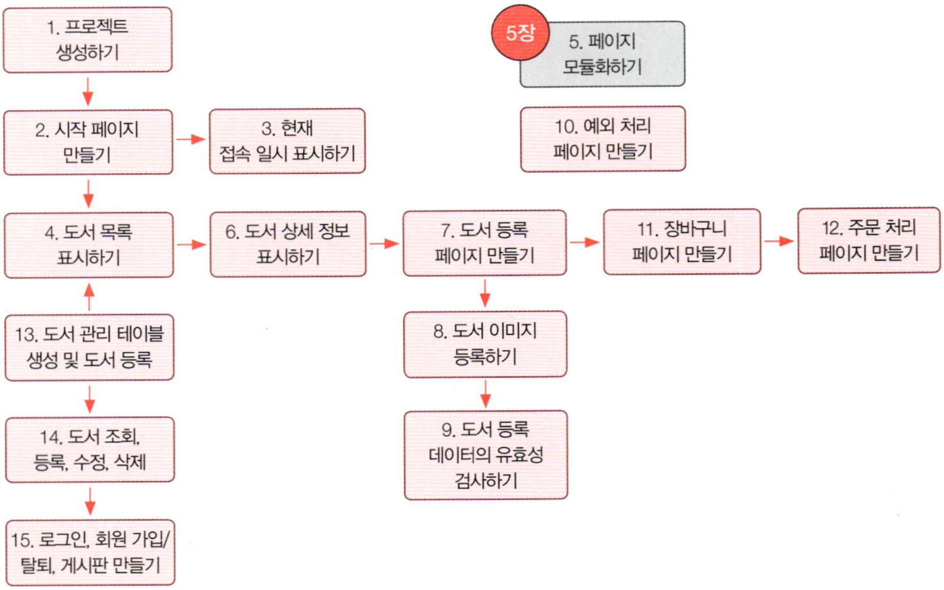


**그림 5-4** 작업 과정 확인: 도서 목록 표시하기

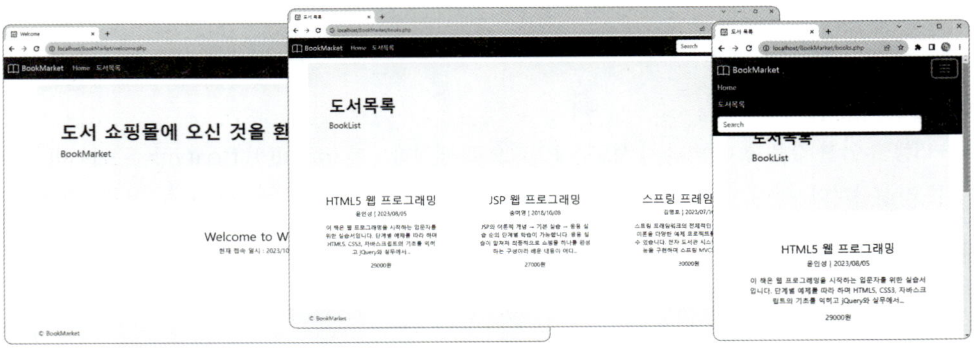


**그림 5-5** 완성된 북마켓 페이지 모듈화

## 예제 5-10 북마켓 모듈화하기

다음과 같이 북마켓 페이지를 머리글, 본문, 바닥글로 구분하여 모듈화하겠습니다.

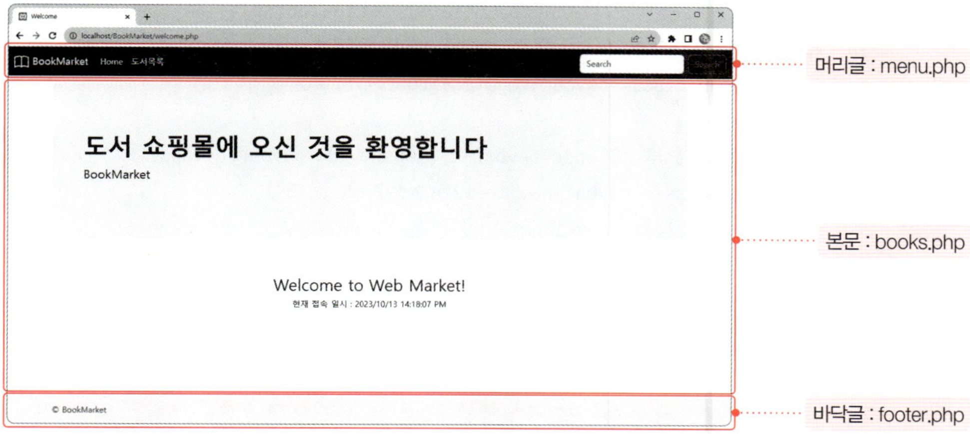


**1 머리글 페이지 작성하기:** 머리글에 해당하는 'menu.php' 파일을 생성하여 다음과 같이 작성합니다.

BookMarket/menu.php

```
<header>

  <nav class="navbar navbar-expand-md navbar-dark fixed-top bg-dark">
    <div class="container-fluid">
      <a class="navbar-brand" href="./welcome.php">
        <svg xmlns="http://www.w3.org/2000/svg" width="28" height="28"
fill="currentColor" class="bi bi-book" viewBox="0 0 16 16">
          <path d="M1 2.828c.885-.37 2.154-.769 3.388-.893 1.33-.134 2.458.
063 3.112.752v9.746c-.935-.53-2.12-.603-3.213-.493-1.18.12-2.37.461-
3.287.811V2.828zm7.5-.141c.654-.689 1.782-.886 3.112-.752 1.234.124 2.503.523
3.388.893v9.923c-.918-.35-2.107-.692-3.287-.81-1.094-.111-2.278-.039-
3.213.492V2.687zM8 1.783C7.015.936 5.587.81 4.287.94c-1.514.153-3.042.672-
3.994 1.105A.5.5 0 0 0 0 2.5v11a.5.5 0 0 0 .707.455c.882-.4 2.303-.881 3.68-
1.02 1.409-.142 2.59.087 3.223.877a.5.5 0 0 0 .78 0c.633-.79 1.814-1.019
3.222-.877 1.378.139 2.8.62 3.681 1.02A.5.5 0 0 0 16 13.5v-11a.5.5 0 0
0-.293-.455c-.952-.433-2.48-.952-3.994-1.105C10.413.809 8.985.936 8 1.783z"/>
        </svg>
```

```
09            <span class="fs-5">BookMarket</span>
10        </a>
11           <button class="navbar-toggler" type="button" data-bs-toggle="collapse" data-bs-target="#navbarCollapse" aria-controls="navbarCollapse" aria-expanded="false" aria-label="Toggle navigation">
12             <span class="navbar-toggler-icon"></span>
13           </button>
14           <div class="collapse navbar-collapse" id="navbarCollapse">
15             <ul class="navbar-nav me-auto mb-2 mb-md-0">
16               <li class="nav-item">
17                 <a class="nav-link active" aria-current="page" href="./welcome.php">Home</a>
18               </li>
19               <li class="nav-item">
20                 <a class="nav-link active" aria-current="page" href="./books.php">Books</a>
21               </li>
22             </ul>
23             <form class="d-flex" role="search">
24               <input class="form-control me-2" type="search" placeholder="Search" aria-label="Search">
25               <button class="btn btn-outline-success" type="submit">Search</button>
26             </form>
27           </div>
28     </div>
29   </nav>
30 </header>
```

**01~30행** 부트스트랩 CSS로 웹 페이지의 메뉴바인 머리글을 작성합니다.

**19~21행** 도서 목록 페이지를 표시하도록 도서 목록 메뉴를 추가로 작성합니다.

**2 바닥글 PHP 페이지 작성하기:** 바닥글에 해당하는 'footer.php' 파일을 생성하여 다음과 같이 작성합니다.

BookMarket/footer.php

```
01 <footer class="footer mt-auto py-3 bg-body-tertiary">
02     <div class="container">
03       <span class="text-body-secondary"> &copy; BookMarket</span>
04     </div>
05 </footer>
06 <script src="https://getbootstrap.com/docs/5.3/dist/js/bootstrap.bundle.min.js"></script>
```

**01~06행** 부트스트랩 CSS로 바닥글을 작성합니다.

**3 시작 페이지 모듈화하기:** 'welcome.php' 파일을 다음과 같이 수정한 후 웹 브라우저에 'http://localhost/BookMarket/welcome.php'를 입력하여 실행 결과를 확인합니다.

BookMarket/welcome.php

```
<!doctype html>
<html class="h-100" >
    <head>
        <title>Welcome</title>
        <link href="https://getbootstrap.com/docs/5.3/dist/css/bootstrap.min.css" rel="stylesheet">
    </head>
<body class="d-flex flex-column h-100">
<?php
require "./menu.php";
?>
<?php
$greeting = "도서 쇼핑몰에 오신 것을 환영합니다";
$tagline = "Welcome to Web Market!";
?>
<br>
<main>
    ...
</main>
<?php
require "./footer.php";
```

```
21 ?>
22 </body>
23 </html>
```

09행 require() 함수를 이용해 머리글에 해당하는 menu.php 파일의 내용을 포함합니다.

20행 require() 함수를 이용해 바닥글에 해당하는 footer.php 파일의 내용을 포함합니다.

**4 도서 데이터를 저장 관리하는 PHP 페이지 작성하기:** 도서 데이터를 저장 관리하는 내용이 담긴 'model.php' 파일을 생성하고 다음과 같이 작성합니다.

BookMarket/model.php

```
<?php
$BookArray = [
    "ISBN1234" => ["name" => 'HTML5 웹 프로그래밍', "unitPrice" => 29000],
    "ISBN1235" => ["name" => 'JSP 웹 프로그래밍', "unitPrice" => 27000],
    "ISBN1236" => ["name" => '스프링 프레임워크', "unitPrice" => 30000]
];
$BookArray["ISBN1234"]["author"] = "윤인성";
$BookArray["ISBN1234"]["description"] = "이 책은 웹 프로그래밍을 시작하는 입문자를 위한 실습서입니다. 단계별 예제를 따라 하며 HTML5, CSS3, 자바스크립트의 기초를 익히고 jQuery와 실무에서 쓰이는 다양한 플러그인을 경험할 수 있습니다.";
$BookArray["ISBN1234"]["category"] = "IT모바일";
$BookArray["ISBN1234"]["unitsInStock"] = 1000;
$BookArray["ISBN1234"]["releaseDate"] = "2023/08/05";
$BookArray["ISBN1234"]["condition"] = "N";

$BookArray["ISBN1235"]["author"] = "송미영";
$BookArray["ISBN1235"]["description"] = "JSP의 이론적 개념 → 기본 실습 → 응용 실습 순의 단계별 학습이 가능합니다. 응용 실습이 합쳐져 최종적으로 쇼핑몰 하나를 완성하는 구성이라 배운 내용이 어디에 어떻게 적용되는지 알 수 있습니다.";
$BookArray["ISBN1235"]["category"] = "IT모바일";
$BookArray["ISBN1235"]["unitsInStock"] = 1000;
$BookArray["ISBN1235"]["releaseDate"] =  "2018/10/08";
$BookArray["ISBN1235"]["condition"] = "N";

```

```
21  $BookArray["ISBN1236"]["author"] = "김명호";
22  $BookArray["ISBN1236"]["description"] = "스프링 프레임워크의 전체적인 구조와 핵심 이론을 다양한 예제 프로젝트를 통해 배울 수 있습니다. 전자 도서관 시스템의 여러 기능을 구현하며 스프링 MVC의 심화 개념과 실무 기술도 익힐 수 있습니다.";
23  $BookArray["ISBN1236"]["category"] = "IT모바일";
24  $BookArray["ISBN1236"]["unitsInStock"] = 1000;
25  $BookArray["ISBN1236"]["releaseDate"] = "2023/07/10";
26  $BookArray["ISBN1236"]["condition"] = "N";
27  ?>
```

**02~06행** 도서 목록을 저장하기 위해 도서 ID를 키(인덱스)로 하는 다차원 배열 변수 **$BookArray**를 작성합니다.

**07~26행** 3개의 도서 정보에 대해 도서 ID를 키(인덱스)로 각각 저장합니다

**5 도서 목록 페이지 모듈화하기:** 'books.php' 파일을 다음과 같이 수정한 후 웹 브라우저에 'http://localhost/BookMarket/books.php'를 입력하여 실행 결과를 확인합니다.

BookMarket/books.php

```
...
<!doctype html>
<html class="h-100" >
<head>
    <title>도서 목록</title>
        <link href="https://getbootstrap.com/docs/5.3/dist/css/bootstrap.min.css" rel="stylesheet">

</head>
<body class="d-flex flex-column h-100">
<?php
require "./model.php";
require "./menu.php";
?>

<br>
<main>
```

```
17    ...
18    </main>
19    <?php
20    require "./footer.php";
21    ?>
22    </body>
23    </html>
```

**11행** require() 함수를 이용해 도서 데이터를 저장 및 관리하는 내용이 담긴 'model.php' 파일의 내용을 포함합니다.

**12행** require() 함수를 이용해 머리글에 해당하는 'menu.php' 파일의 내용을 포함합니다.

**20행** require() 함수를 이용해 바닥글에 해당하는 'footer.php' 파일의 내용을 포함합니다.

## 예제 5-11 도서 목록 가져오는 함수 정의 및 호출하기

도서 목록의 상세 정보를 가져오는 함수를 정의하고 호출해보겠습니다.

**1 도서 목록 가져오는 함수 정의하기:** 'model.php' 파일에 도서 목록을 가져오는 getAllBooks() 함수를 다음과 같이 추가 작성합니다.

BookMarket/model.php

```
...
$BookArray["ISBN1236"]["releaseDate"] = "2023/07/10";
$BookArray["ISBN1236"]["condition"] = "N"

function getAllBooks(){
    global $BookArray;
    return $BookArray;
}
?>
```

**2 도서 목록 가져오는 함수 호출하기:** 'books.php' 파일을 다음과 같이 수정한 후 웹 브라우저에 'http://localhost/BookMarket/books.php'를 입력하여 실행 결과를 확인합니다.

BookMarket/books.php

```
...
    <div class="row align-items-md-stretch text-center">
    <?php
    $listOfBooks = getAllBooks();
    for ($i=0; $i<count($listOfBooks); $i++){
        $id = key($listOfBooks);
        $book = $listOfBooks[$id];
        next($listOfBooks);
    ?>
        <div class="col-md-4">
            <div class="h-100 p-5">
                <h2><?php echo $book["name"]; ?></h2>
                <p><?php  echo $book["author"]. " | ".$book["releaseDate"]; ?>
                <p><?php  echo mb_substr($book["description"], 0, 90, 'utf-8')
."..."; ?>
                <p><?php  echo $book["unitPrice"]; ?>원
            </div>
        </div>
        <?php
        }
        ?>
    </div>
</main>
...
```

▼ 실행 결과

## 예제 5-12 한국 표준 일시로 현재 접속 시간 자동 갱신하기

북마켓의 시작 페이지의 현재 접속 일시를 한국 표준 일시로 수정하여 출력해보겠습니다.

**1 현재 접속 일시 수정하기:** 'welcome.php' 파일을 다음과 같이 수정한 후 웹 브라우저에 'http://localhost/BookMarket/welcome.php'를 입력하여 실행 결과를 확인합니다.

BookMarket/welcome.php

```
01  ...
02      <div class="row align-items-md-stretch text-center">
03          <div class="col-md-12">
04              <div class="h-100 p-5">
05                  <h2><?php echo $tagline ?></h2>
06                      <?php
07                      header("Refresh:5");
08                      date_default_timezone_set("Asia/Seoul");
09                      echo "현재 접속 일시 : ".date("Y/m/d H:i:s A");
10                      ?>
11              </div>
12          </div>
13      </div>
14  </div>
15  </main>
16  ...
```

**7행** header() 함수를 이용해 5초마다 PHP 페이지가 갱신되도록 합니다.

**8행** 서버의 기본 시간대(Timezone)를 사용하는 date_default_timezone_set() 함수에 한국 시간을 기본으로 사용하도록 "Asia/Seoul"을 추가합니다.

**9행** '연/월/일 시:분:초 AM/PM'이 반환되도록 date() 함수를 "Y/m/d H:i:s A" 형식으로 작성합니다.

요약

## 01 함수의 개요

- **함수(Function)**는 특정 작업을 수행하는 재사용 가능한 코드 조각 또는 코드 블록을 의미합니다. 예를 들어 PHP에는 echo(), print() 함수를 호출하면 문자열을 출력할 수 있습니다. 이 외에도 미리 정의된 내장 함수와 사용자가 생성하는 사용자 정의 함수 등의 다양한 함수가 사용됩니다.

- **함수의 장점**

## 02 사용자 정의 함수

- **사용자 정의 함수**는 개발자나 프로그래머가 자신의 코드 논리를 실행해야 할 때 사용됩니다. 사용자 정의 함수를 정의할 때는 키워드 function을 사용하며, 함수 내부(본문)에는 함수 호출이 발생할 때 실행될 일련의 명령문을 작성합니다.

- **함수의 기본 구조**

  함수는 크게 선언부와 중괄호({ })안의 구현부로 구성됩니다.

```
function 함수명()            ········ 선언부
{
    //함수 본문              ········ 구현부
}
```

- **함수 호출**

  함수는 PHP 페이지가 로드되는 동안 실행되지 않기 때문에 함수 본문 내의 코드를 실행하려면 함수명을 호출해야 합니다. 즉, 함수는 호출했을 때만 사용할 수 있습니다.

```
함수명();
```

## 03 사용자 정의 함수 유형

- **매개변수가 있는 함수**

  함수를 정의할 때 원하는 만큼 매개변수를 지정할 수 있습니다. 함수에 매개변수가 없을 수도 있으므로 이는 선택 사항입니다.

```
//함수 정의
function 함수명($매개변수1[, $매개변수2,..., $매개변수n]){
    // 함수 본문
}

//함수 호출
함수명(인수1[,인수2...인수n]);
```

- **기본값이 있는 함수**

  함수를 정의할 때 선택적으로 매개변수에 기본값을 지정할 수 있습니다. 함수를 호출할 때 함수의 정의에서 명시된 매개변수의 수만큼 인수가 전달되지 않으면 오류가 발생합니다.

```
//함수 정의
function 함수명(매개변수1,...,$매개변수n="값"){
    // 함수 본문
}

//함수 호출
함수명(인수1,...);
```

- **참조(&) 기호가 있는 함수**

  함수의 매개변수를 함수 내부에서 변경하는 경우 함수 외부에도 영향을 주어 함수 호출 시 전달된 인수 값도 수정되게 하려면 참조로 전달해야 합니다(Call by Reference). 이처럼 값을 참조로 전달하려면 매개변수명 앞에 앰퍼샌드(&) 기호를 사용합니다.

```
//함수 정의
function 함수명(&$매개변수1,...){
    // 함수 본문
}
//함수 호출
함수명(인수1,...);
```

- **반환문이 있는 함수**

  함수는 반환문을 포함할 수도 있고, 포함하지 않을 수도 있습니다. 함수 본문에 반환문으로 return 키워드를 사용하여 함수 내부에서 실행된 결괏값이 반환됩니다.

```
//함수 정의
function 함수명(){
    // 함수 본문
    return 반환값(식);
}
//함수 호출
$변수명 = 함수명();
```

## 04 내장 함수

- **내장 함수**는 PHP 엔진에 미리 정의된 라이브러리 함수로 날짜, 숫자, 문자열 등과 같은 다양한 함수를 제공합니다. 내장 함수는 함수명만 호출하면 사용할 수 있습니다.

- **날짜/시간 함수**

  날짜/시간 함수를 사용하면 PHP 스크립트가 실행되는 서버의 날짜와 시간을 가져올 수 있습니다. 날짜 및 시간 형식도 지정할 수 있습니다.

| 종류 | 설명 |
|---|---|
| checkdate() | 양력 날짜의 유효성을 검사한다. |
| date() | 현재 로컬 시간을 사용하여 주어진 형식 문자열에 따라 형식화된 문자열을 반환한다. |
| date_add() | 날짜에 일, 월, 연, 시, 분, 초를 추가한다. |
| date_create_from_format() | 지정된 형식에 따라 형식이 지정된 새 DateTime 객체를 반환한다. |
| date_default_timezone_get() | 스크립트의 모든 날짜/시간 함수에서 사용하는 기본 시간대를 반환한다. |
| date_diff() | 두 날짜의 차이를 반환한다. |
| date_format() | 지정된 형식에 따라 형식이 지정된 날짜를 반환한다. |
| date_parse_from_format() | 지정된 형식에 따라 지정된 날짜에 대한 자세한 정보가 있는 연관 배열을 반환한다. |
| date_parse() | 지정된 날짜에 대한 자세한 정보가 있는 연관 배열을 반환한다. |
| date_sub() | 날짜에서 일, 월, 연, 시, 분, 초를 뺀다. |
| date_time_set() | 시간을 설정한다. |
| date_timezone_get() | 지정된 DateTime을 기준으로 시간대를 반환한다. |
| date_timezone_set() | DateTime 개체의 표준 시간대를 설정한다. |
| getdate() | 타임스탬프 또는 현재 현지 날짜/시간의 정보를 반환한다. |
| gettimeofday() | 현재 시간을 반환한다. |
| gmdate() | GMT/UTC 날짜 및 시간 형식을 지정한다. |
| gmmktime() | GMT 날짜에 대한 타임스탬프를 가져온다. |
| localtime() | 현지 시간을 반환한다. |

| | |
|---|---|
| mktime() | 특정 날짜 및 시간을 기준으로 타임스탬프를 만드는 데 사용된다. |
| time() | 1970년 1월 1일 0시 0분 0초부터 지금까지 지나온 초를 정수로 반환한다. |
| timezone_location_get() | 지정된 시간대의 위치 정보를 반환한다. |
| timezone_name_from_abbr() | 약어에서 시간대 이름을 반환한다. |
| timezone_name_get() | 시간대의 이름을 반환한다. |

- **수학 관련 함수**

수학 함수는 숫자 계산을 처리할 수 있는 함수로, int 및 float 유형 범위 내의 값만 처리합니다.

| 함수명 | 설명 |
|---|---|
| ceil() | 숫자를 가장 가까운 정수로 반올림한다. |
| abs() | 정수 또는 실수의 절대값을 구한다. |
| cos() | 숫자의 코사인을 반환한다. |
| fmod() | x/y의 나머지를 반환한다. |
| intdiv() | 정수 나누기를 수행한다. |
| is_infinite() | 값이 무한한지 여부를 확인한다. |
| is_nan() | 값이 'not-a-number'인지 확인한다. |
| log() | 숫자의 자연 로그를 반환한다. |
| max() | 배열에서 가장 높은 값 또는 지정된 여러 값 중 가장 높은 값을 반환한다. |
| min() | 배열에서 가장 낮은 값 또는 지정된 여러 값 중 가장 낮은 값을 반환한다. |
| pi() | PI의 값을 반환한다. M_PI를 사용해도 된다. |
| pow() | x의 y승을 반환한다. |
| round() | 부동 소수점 숫자를 반올림한다. |
| rand() | 난수를 생성할 수 있다. |
| sin() | 숫자의 사인을 반환한다. |
| sqrt() | 양수의 제곱근을 찾을 수 있다. |
| tan() | 숫자의 탄젠트를 반환한다. |

- **외부 파일을 포함하는 함수**

| 함수명 | 설명 |
|---|---|
| include()와 require() | PHP 파일에 포함된 코드를 다른 PHP 파일에 포함할 때 사용한다. |
| include_once()와<br>require_once() | include() 및 require() 함수와 동일한 방식으로 작동한다. 두 번 이상 외부 파일을 포함해도 파일을 한 번만 포함한 것으로 간주하기 때문에 지정된 파일이 이전에 이미 포함된 경우라면 해당 파일은 다시 포함되지 않습니다. |

- **변수 관련 함수**

PHP에는 변수가 어떠한 자료형인지를 검사하거나 특정 자료형으로 변환, 변수의 상태를 변경할 수 있는 변수 처리 함수가 제공됩니다.

| 함수명 | 설명 |
|---|---|
| isset() | 변수가 설정되었는지 확인한다(NULL이 아니라 선언됨). |
| unset() | 변수 설정을 해제한다. |
| empty() | 변수가 비어있는지 확인한다. |
| gettype() | 변수의 유형을 반환한다. |
| settype() | 변수를 특정 유형으로 변환한다. |
| is_int()<br>is_integer() | 변수가 정수 유형인지 확인한다. |
| is_null() | 변수가 NULL인지 확인한다. |
| is_array() | 변수가 배열인지 확인한다. |
| is_float()<br>is_double() | 변수가 실수인지 확인한다. |
| is_string() | 변수가 문자열인지 확인한다. |
| intval() | 변수의 정숫값을 반환한다. |
| floatval() | 변수의 실숫값을 반환한다. |
| strval() | 변수의 문자열 값을 반환한다. |

## 연습문제

**01** 다음 빈칸을 채우시오.

(1) (            )는 프로그램에서 특정 작업을 수행하기 위한 코드들의 집합입니다.

(2) 반환 유형이 있는 함수는 이름 앞에 (            ) 키워드를 사용하고 함수 내 마지막 행에 (            ) 키워드를 사용합니다. 반환 유형이 없는 함수는 이름 앞에 (            ) 키워드를 사용하고 함수 내 마지막 행에 (            ) 키워드를 사용하지 않습니다.

**02** 다음 프로그램의 출력 결과는?

```
<?php
function myMethod()
{
    function innerMethod()
    {
        echo 'I Like Cat';
    }
    echo 'I Like Dog';
}
myMethod();
myMethod();
?>
```

① 오류

② I Like Cat

③ I Like DogI Like Dog

④ I Like Dog 오류

**03** 다음 프로그램의 출력 결과는?

```
<?php
function myAnimal($msg)
{
    echo "$msg";

}
$var1 = "myAnimal";
$var1("I Like Cat");
?>
```

① 오류 ② $msg ③ I Like Cat ④ 0

**04** 다음 프로그램의 출력 결과는?

```
<?php
function addition($a , $b) {
    echo( $a + $b );
}

function subtraction($a , $b) {
    echo( $a - $b );
}

function multiplication($a , $b){
    echo( $a * $b);
}

addition(3,4);
subtraction(5,2);
?>
```

① 73 ② 72 ③ 1210 ④ 00

**05** 다음 프로그램의 출력 결과는?

```
<?php
function text($a, $b){
    echo($a+$b);
}

text(1, "PHPBook");
?>
```

① 1 PHPBook　② PHPBook 1

③ 컴파일 오류　④ a+b

**06** 다음 프로그램에서 PHPBook이 몇 번 출력되는가?

```
<?php
function myMethod($text){
    echo $text;
}

myMethod("PHPBook");
myMethod("PHPBook");
myMethod("PHPBook");
?>
```

① 1번　② break 문이 없기 때문에 n번 실행된다.

③ 1회 이상 3회 이하　④ 정확히 3번

**07** 다음 프로그램의 출력 결과는?

```
<?php
function addition($x, $y){
    return(int)($x+$y);
}
echo(addition(32.8, 7.2));
?>
```

① 컴파일 오류
② 40
③ 40.0
④ 32.8, 7.2

**08** 다음 프로그램의 출력 결과는?

```
<?php
function sum($x, $y){
    $total = $x + $y;
    echo cos($total);
}
sum(5, -5);
?>
```

① 0
② 1
③ 0.5
④ −0.5

**09** 다음 프로그램에 대한 설명으로 옳은 것은?

```
<?php
function addition($a, $b){
    return $a + $b;
}

function addition($a, $b, $c){
    return $a + $b + $c;
}

echo(addition(1,2,3));
?>
```

① addition($a , $b) 함수가 실행된다.

② addition($a , $b , $c) 함수가 실행된다.

③ 함수가 모두 실행된다.

④ 컴파일 오류가 발생한다.

**10** 다음 출력 결과를 보고 프로그램을 완성하시오.

```
숫자 : 100
```

```
<?php
function inputMethod(){
    $num = 100;
    ______________;
}
function display($a){
    echo("숫자 : " . $a);
}

$a = ______________;
______________
?>
```

# CHAPTER 06

# GET & POST 방식: 도서 상세 정보 표시하기



**학습목표**

- HTTP의 개념에 대해 이해합니다.
- HTTP의 요청 방식에 대해 알아봅니다.
- GET/POST 방식과 $_GET/$_POST 변수를 이해합니다.
- $_REQUEST 변수를 이해합니다.
- 북마켓의 도서 상세 정보를 표시합니다.

# PREVIEW

PHP에서 클라이언트가 웹 서버로 데이터를 전달하는 GET 방식과 POST 방식을 이해하고, 각각의 방식으로 전송된 데이터를 받는 전역변수 $_GET와 $_POST에 대해 살펴봅니다. 또한 GET 방식 및 POST 방식으로 전송된 데이터를 받는 $_REQUEST에 대해 자세히 알아봅니다.

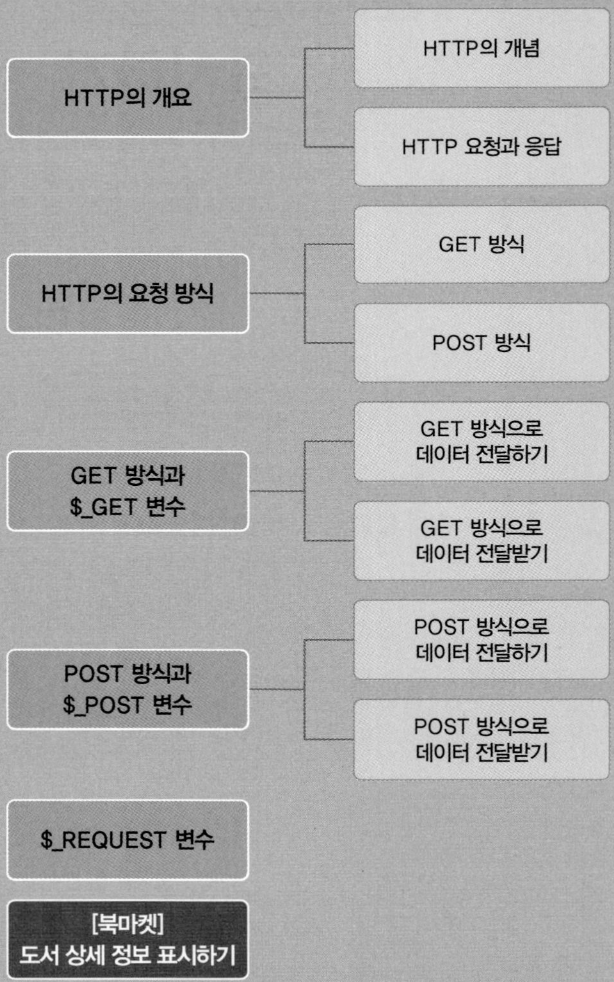

# 01 HTTP의 개요

## 1 HTTP의 개념

**HTTP(Hypertext Transfer Protocol)**는 인터넷(WWW, World Wide Web)에서 오디오, 비디오, 그래픽 이미지, 텍스트, 멀티미디어 등의 파일을 전송하는 데 사용되는 일련의 규칙을 의미합니다. 예를 들어 웹 브라우저에 URL을 입력하고 Enter 를 누르면 원하는 웹 페이지가 화면에 나타나는 동작은 어떤 과정을 거쳐 이루어지는 일인지 살펴보겠습니다.

https://www.hanbit.co.kr라는 사이트가 보고 싶다면 사용자는 웹 브라우저를 열어 주소 입력란에 URL(예 https://www.hanbit.co.kr)을 입력하고 Enter 를 누릅니다. 이때 사용자의 컴퓨터와 웹 서버는 인터넷으로 연결되어 있어야 합니다. 이 두 컴퓨터의 통신 통로는 TCP/IP 프로토콜을 통해 설정되며, 케이블 미디어 또는 무선 미디어의 조합을 사용할 수 있습니다. 연결이 설정되면 클라이언트는 HTTP 메시지 형식의 요청을 서버에 전송한 후 연결을 끊고 응답을 기다립니다. 이 요청에는 사용자가 요청한 사이트의 정보가 포함됩니다. 서버는 해당 요청을 받아 처리하여 응답을 준비하고, 연결을 다시 설정하여 HTTP 메시지 형식으로 클라이언트에 보냅니다. 클라이언트가 응답을 받으면 서버와 클라이언트의 연결이 완전히 끊어집니다. 이제 클라이언트는 서버로부터 받은 응답을 사용자가 볼 수 있도록 표시합니다.

**NOTE HTTP와 HTTPS의 차이점**

HTTP와 HTTPS(Hypertext Transfer Protocol Secure)는 모두 인터넷에서 정보를 전송하는 데 사용되는 프로토콜입니다. 그러나 이 둘은 중요한 차이가 있습니다. HTTP는 데이터를 암호화하지 않고 전송하므로 보안에 취약하지만, HTTPS는 데이터를 암호화된 형식으로 전송하므로 HTTP에 비해 안전합니다. 또한 HTTPS는 해당 웹사이트의 신뢰성을 보장하고 안전한 연결을 보장하는 TLS/SSL 인증서를 사용합니다. 따라서 민감한 정보, 기밀 데이터 등을 주고받아야 하는 웹사이트에서는 HTTPS 프로토콜을 사용할 것을 적극 권장합니다.

### HTTP의 동작 과정

이번에는 HTTP의 동작 과정을 그림을 통해 살펴보겠습니다.

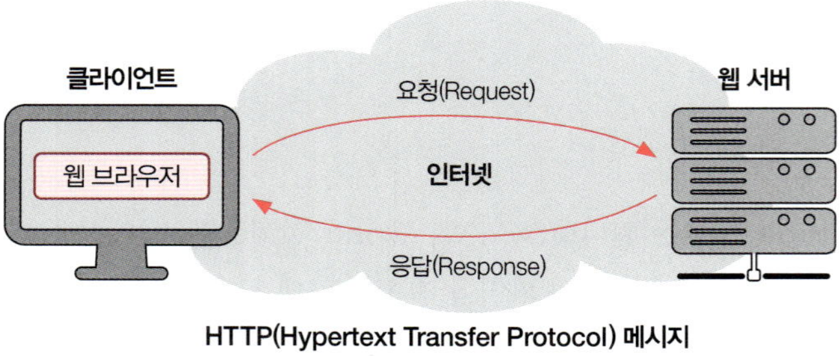


그림 6-1 클라이언트와 웹 서버 간의 동작

❶ 사용자는 웹 브라우저 주소 입력란에 URL을 입력하거나 웹 페이지의 링크를 클릭합니다.

❷ 클라이언트는 HTTP를 통해서 웹 서버로 데이터를 전달합니다(요청(Request)).

❸ 웹 서버는 사용자 요청을 분석하고 처리합니다. 요청된 리소스에 동적 스크립트가 포함되어 있으면 웹 서버는 먼저 PHP 엔진을 호출합니다.

❹ 웹 서버는 HTTP를 통해서 요청 처리 결과를 클라이언트로 전송합니다(응답(Response)).

❺ 클라이언트는 웹 서버가 보낸 응답을 HTML 문서로 웹 브라우저에 출력합니다.

## 2 HTTP 요청과 응답

HTTP는 클라이언트와 서버 간의 효과적인 통신을 위해 요청과 응답을 구성하는 데 사용되는 기본 형식입니다.

### HTTP 요청

**HTTP 요청(Request)**은 클라이언트가 서버로 보내는 메시지를 의미합니다. 가장 일반적인 HTTP 요청 방법인 GET 방식과 POST 방식에 대해 알아보겠습니다.

- **GET 방식**

  GET은 HTTP 요청 방식 중 하나로, 웹 서버에서 지정된 리소스에서 데이터를 검색하고 요청하는 데 사용됩니다. 이 방식은 요청 URL에 의해 식별되는 모든 정보를 검색하는 데 사용되며, HTTP 요청 기술 중 가장 널리 사용됩니다.

- POST 방식

  POST는 데이터를 서버로 전송하여 리소스를 생성 또는 업데이트하는데 사용되는 HTTP 요청 방식으로, **요청 본문(Request Body)**에 데이터가 포함됩니다.

## HTTP 응답

**HTTP 응답(Response)**은 웹 서버에서 클라이언트로 전송됩니다. 응답의 목적은 클라이언트가 요청한 리소스를 제공하거나 요청한 작업이 수행되었음을 알리는 것입니다. 또는 요청을 처리하는 동안 오류가 발생했음을 알립니다. HTTP 응답에는 다음 사항이 포함됩니다.

- **상태 줄(Status Line)**: 상태 줄은 HTTP 응답 헤더의 일부로, HTTP 프로토콜 버전, 상태 코드 및 상태 텍스트를 포함하며 클라이언트에게 요청 작업의 결과를 전달합니다.
- **응답 헤더(Response Header)**: 서버에서 클라이언트로 추가 정보를 전달하는 데 사용되며, 하나 이상의 응답 헤더 행이 있을 수 있습니다.
- **응답 본문(Response Body)**: 응답 본문에는 클라이언트가 요구하는 리소스가 포함되어 있습니다. 요청이 실패한 경우에는 오류 이유가 포함되며, 요청을 성공적으로 완료하기 위해 클라이언트가 수행해야 하는 단계가 포함될 수도 있습니다.

# 02 HTTP의 요청 방식

**HTTP 요청**은 클라이언트가 웹 서버로 웹 페이지나 그림 정보 등과 같은 데이터를 보내는 것을 의미합니다. 이때 가장 일반적인 방식인 GET 또는 POST 방식을 이용하여 데이터를 검색하거나 서버로 정보를 보냅니다. GET/POST는 데이터를 서버로 보낼 수 있는 효율적인 기술이며, 웹 브라우저는 서버와 통신하기 위해 꼭 필요한 기술입니다.

## 1 GET 방식

GET 방식은 HTML 문서를 가져오기 위해 웹 서버에 URL을 요청하는 데 사용됩니다. 즉, 클라이언트(웹 브라우저) 측에서 특정 데이터나 리소스를 가져오기 위해 지정된 웹 서버에 요청을 보내는 데 사용됩니다. GET 방식은 URL 형태로 표시되어 북마크가 가능하고 HTML 문서, 이미지 및 비디오와 같이 클라이언트에 보이는 모든 데이터를 검색할 수 있어서 검색 엔진에서 널리 사용됩니다. GET 방식을 사용하면 이름 또는 값 쌍으로 URL에 전송 데이터(또는 요청 파라미터라 함)를 추가할 수 있습니다.

TIP URL에 전송하는 데이터는 요청 파라미터라고도 합니다.

다시 말해 GET 방식을 사용하면 이름 및 값 쌍의 문자열로 URL에 포함하여 전송됩니다. 또한 구분 기호로 앰퍼샌드(&)를 사용하여 URL에 이름 및 값 쌍의 문자열을 추가할 수 있습니다. 다음은 데이터가 있는 GET 방식 URL의 예시입니다.

```
https://www.hanbit.co.kr/login.php?id=admin&pw=1234
```

그림 6-2 HTTP 요청의 GET 방식

GET 방식의 주요 특징은 다음과 같습니다.

- 전송된 데이터가 URL에 표시되므로 특정 쿼리 문자열 값으로 페이지를 북마크하는 것이 매우 쉽습니다.
- 서버 환경 변수에 데이터를 할당하기 때문에 URL 길이가 제한됩니다. 따라서 전송되는 전체 데이터에 제한이 있습니다.
- 웹 브라우저의 주소 입력란에서 데이터를 검색하는 데에만 사용할 수 있습니다.
- 데이터를 쉽게 저장할 수 있습니다.
- 사용자 이름 및 비밀번호와 같은 민감한 정보를 전달하는 데는 적합하지 않습니다. 정보가 URL 쿼리 문자열에 그대로 표시될 뿐만 아니라 잠재적으로 방문한 페이지로 클라이언트 브라우저의 메모리에 저장되기 때문입니다.

## ❷ POST 방식

**POST** 방식은 리소스를 생성하거나 업데이트하기 위해 데이터를 서버로 보내는 데 사용됩니다. 주로 클라이언트 측에서 특정 리소스/데이터를 생성하거나 다시 쓰기 위해 지정된 서버로 데이터를 보내는 데 사용됩니다. 또한 HTML 폼 양식의 데이터를 서버에 전송하는 데에도 자주 사용되는데, 서버로 전송된 이 데이터는 HTTP 요청의 요청 본문에 저장됩니다. POST 방식을 통해 전송된 데이터는 URL에 표시되지 않습니다.

다음은 일반적인 POST 방식 URL의 예시입니다.

```
https://www.hanbit.co.kr/login.php
```

그림 6-3 HTTP 요청의 POST 방식

POST 방식의 주요 특징은 다음과 같습니다.

- 전송된 데이터가 URL에 표시되지 않으므로 특정 쿼리로 해당 페이지를 북마크하는 것은 불가능합니다.
- POST 방식의 요청은 요청 본문과 쿼리 문자열에서 입력을 가져옵니다.
- 전달된 데이터는 브라우저 URL의 쿼리 문자열에 표시되지 않습니다.
- 사용자가 입력한 데이터가 브라우저 기록에 저장되지 않아 로그인 세부 정보와 같은 민감한 기밀 정보를 서버에 안전하게 전달하는 데 도움이 됩니다.
- 전달할 수 있는 데이터 양에 제한이 없어 전송하는 데이터 길이에도 제한이 없습니다. 또한 텍스트 데이터는 물론 바이너리 데이터(파일 업로드)도 보낼 수 있습니다.

**표 6-1** GET 방식과 POST 방식의 차이점

| 구분 | GET 방식 | POST 방식 |
|---|---|---|
| 가시성 | 전송 데이터가 URL에 포함되어 모든 사람에게 표시된다. | 전송 데이터가 URL에 표시되지 않고 HTTP 메시지 본문에 표시된다. |
| 보안 | URL에 전송된 데이터의 일부가 포함되어 있어 덜 안전하다. | URL에 전송된 데이터가 웹 서버 로그나 브라우저 기록에 저장되지 않기 때문에 더 안전하다. |
| 캐시 | 요청이 캐시에 저장되고 브라우저 기록에 남을 수 있어 북마크를 하거나, 공유 및 재방문을 할 수 있다. | 요청이 캐시에 저장되지 않아 북마크, 공유 및 재방문을 할 수 없다. |
| 서버 상태 | 서버에서 데이터를 검색하기 위한 것이며 서버의 상태를 수정하지 않는다. | 처리를 위해 데이터를 서버로 보내는 데 사용되며 서버의 상태를 수정할 수 있다. |
| 전송 데이터량 | URL을 통해 데이터를 전송하기 때문에 최대 문자 수(2,048자)로 길이가 제한되어 있다. | HTTP 메시지 본문을 통해 데이터를 전송하기 때문에 길이에 제한이 없다. |
| 데이터 유형 | 문자열 데이터 유형만 지원한다. | 문자열, 숫자, 이진 등과 같은 다양한 데이터 유형을 지원한다. |

# 03 GET 방식과 $_GET 변수

## 1 GET 방식으로 데이터 전달하기

GET 방식은 웹 페이지의 form 태그를 사용하여 사용자가 입력한 데이터를 웹 브라우저 URL에 포함해 웹 서버로 모든 데이터를 전송합니다. 다시 말해 URL에서 물음표(?) 뒤에 전송할 데이터를 추가하여 웹 서버로 보냅니다.

GET 방식은 form 태그에서 method 속성을 통해서 폼 페이지에 입력된 데이터가 흐르는 방식으로 GET을 지정합니다. 사용 형식은 다음과 같습니다.

```
<form method="GET">
      ...
</form>
```

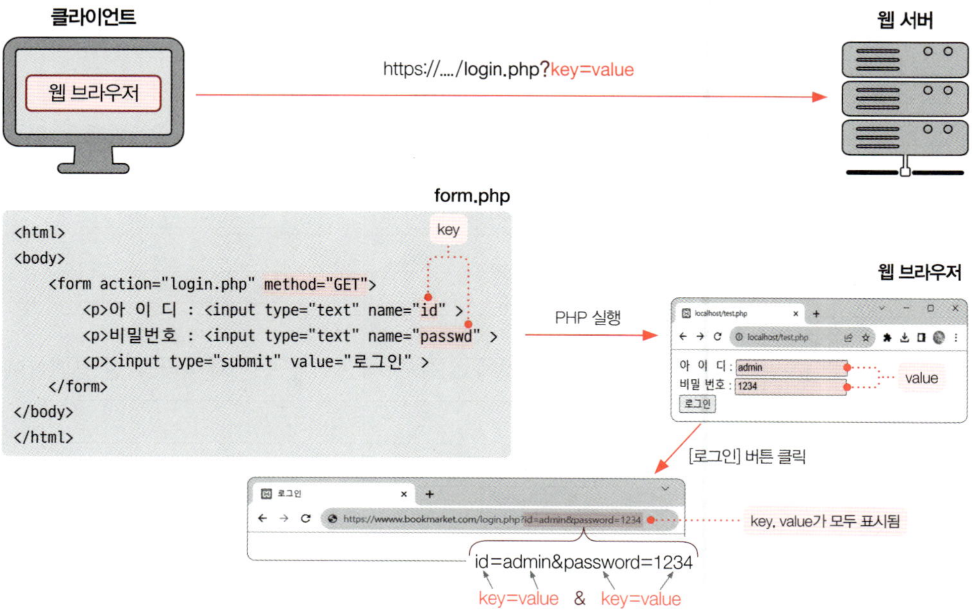


**그림 6-4** 폼 페이지와 GET 방식의 동작

다음은 form 태그에서 method 속성에 GET 방식을 사용하는 예입니다.

[form 태그를 이용한 GET 방식의 사용 예]

```
<html>
<head>
    <title>GET 방식</title>
</head>
<body>
    <form method="GET">
        <p>아 이 디 : <input type="text" name="id" >
        <p>비밀번호 : <input type="text" name="passwd" >
        <p><input type="submit" value="로그인">
    </form>
</body>
</html>
```

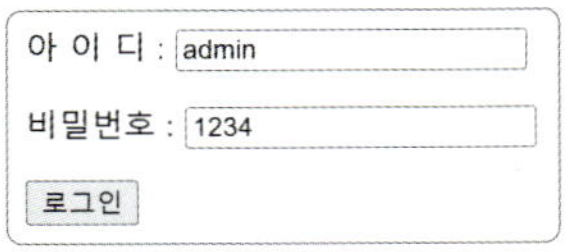


**TIP** form 태그에 대한 더 자세한 내용은 CHAPTER 07을 참고합니다.

## 2 GET 방식으로 데이터 전달받기

웹 브라우저를 통해 GET 방식으로 전송되는 데이터는 URL에 포함됩니다. 이때 웹 서버에 전송된 모든 데이터에 접근할 수 있는 전역변수 $_GET를 사용합니다. $_GET 변수는 웹 브라우저의 주소 입력란에서 웹 페이지의 정보를 검색할 수 있습니다. 사용 형식은 다음과 같습니다.

```
$_GET["요청 파라미터명"]
```

앞에서 작성한 form 태그에서 method 속성에 GET 방식으로 전송한 데이터를 전달받는 예시를 살펴보겠습니다.

[$_GET 변수의 사용 예]

```
<html>
<head>
    <title>GET 방식</title>
</head>
<body>
    <?php
    if(isset($_GET["id"]) && isset($_GET["passwd"])){
        echo "<p> 아이디 : ". $_GET["id"]."<br>";
        echo "<p> 비밀번호 : ". $_GET["passwd"]."<br>";
    }
    ?>
    <form method="GET">
        <p>아 이 디 : <input type="text" name="id" >
        <p>비밀번호 : <input type="text" name="passwd" >
        <p><input type="submit" value="로그인">
    </form>
</body>
</html>
```

이 예제 코드를 실행하고 아이디(admin), 비밀번호(1234)를 입력한 뒤 로그인을 클릭합니다. 그러면 웹 브라우저의 주소 표시줄에 폼 페이지에서 입력한 아이디와 비밀번호가 요청한 특정 페이지의 물음표(?) 뒤에 다음과 같이 출력됨을 확인할 수 있습니다.

```
http://localhost/chap06/get_ex01.php?id=admin&passwd=1234
```

▼ 실행 결과

## 예제 6-1 GET 방식과 $_GET 변수를 이용한 데이터 처리하기

GET 방식으로 전송된 특정 숫자를 $_GET 변수로 전달받아 1부터 해당 숫자까지의 합을 구하여 출력하는 sumMethod() 함수를 만들고 이를 호출해봅니다. [chap06] 폴더를 생성한 후 'get.php' 파일을 생성하여 다음과 같이 작성하고 웹 브라우저에 'http://localhost/chap06/get.php'를 입력하여 실행 결과를 확인합니다.

chap06/get.php

```
<html>
<head>
    <title>GET 방식</title>
</head>
<body>
<?php

function sumMethod($num){
    $sum = 0;
    for($i=0; $i<=$num; $i++)
        $sum += $i;

    echo $sum;
}

if(isset($_GET["number"])){
    $num = $_GET["number"];
    echo "1부터 {$num}까지의 합계 : ";
    sumMethod($num);
}

?>
<form method="GET">
    <p>입력 숫자 : <input type="text" name="number" >
    <p><input type="submit" value="합계구하기">
</form>
</body>
</html>
```

**08~14행** 1부터 입력된 숫자까지 합계를 구하는 사용자 정의 함수 sumMethod()를 정의합니다.

**17행** GET 방식으로 전송된 데이터를 검색할 수 있도록 작성합니다.

**19행** 사용자 정의 함수 sumMethod()를 호출합니다.

**23행** GET 방식으로 데이터를 처리하도록 작성합니다.

**24행** 숫자를 입력할 수 있도록 작성합니다.

▼ 실행 결과

# 04 POST 방식과 $_POST 변수

## 1 POST 방식으로 데이터 전달하기

POST 방식은 웹 브라우저에서 웹 서버로 필요한 정보를 보내는 방법 중 하나입니다. 웹 페이지의 form 태그를 사용하여 사용자가 입력한 모든 데이터를 웹 서버로 전송하는 기능은 GET 방식과 동일하지만, GET 방식과 달리 사용자가 입력한 데이터를 웹 브라우저 주소 표시줄의 URL에 표시하지 않고 HTTP 요청 본문에 추가하여 전송합니다.

POST 방식은 form 태그에서 method 속성을 통해서 폼 페이지에 입력된 데이터가 흐르는 방식으로 POST를 지정합니다.

```
<form method="POST">
...
</form>
```

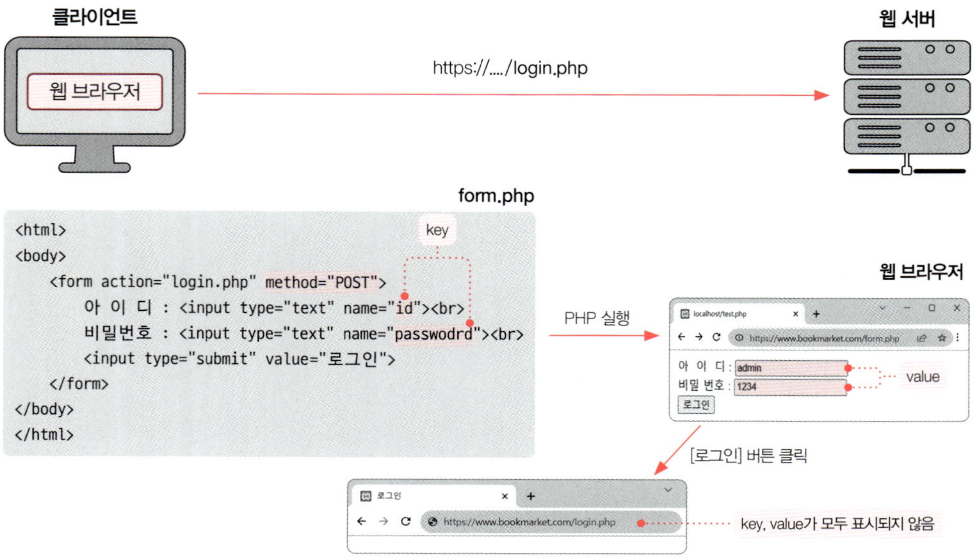


그림 6-5 폼 페이지와 POST 방식의 동작

다음은 form 태그에서 method 속성에 POST 방식을 사용한 예입니다.

[form 태그를 이용한 POST 방식의 사용 예]

```
<html>
<head>
    <title>GET 방식</title>
</head>
<body>
    <form method="POST">
        <p>아 이 디 : <input type="text" name="id" >
        <p>비밀번호 : <input type="text" name="passwd" >
        <p><input type="submit" value="로그인">
    </form>
</body>
</html>
```

## 2 POST 방식으로 데이터 전달받기

웹 브라우저를 통해 POST 방식으로 전송되는 데이터는 HTTP 요청 본문에 포함되어 전송됩니다. 이때 웹 서버에 전송된 모든 데이터에 접근할 수 있는 전역변수 $_POST를 사용합니다. 사용 형식은 다음과 같습니다.

```
$_POST["요청 파라미터명"]
```

앞에서 작성한 form 태그에서 method 속성에 POST 방식으로 전송한 데이터를 전달받는 예시를 살펴보겠습니다.

[$_POST 변수의 사용 예]

```
<html>
<head>
    <title>POST 방식</title>
</head>
<body>
```

```
    <?php

    if(isset($_POST["id"]) && isset($_POST["passwd"])){
        echo "<p> 아이디 : ". $_POST["id"]."<br>";
        echo "<p> 비밀번호 : ". $_POST["passwd"]."<br>";
    }

    ?>

    <form method="POST">
        <p>아 이 디 : <input type="text" name="id" >
        <p>비밀번호 : <input type="text" name="passwd" >
        <p><input type="submit" value="로그인">
    </form>
</body>
</html>
```

위 코드를 실행하면 폼 페이지에서 입력한 아이디와 비밀번호가 웹 브라우저의 주소 표시줄에 표시되지 않고 요청한 특정 페이지만 다음과 같이 출력됩니다.

```
http://localhost/chap06/post_ex01.php
```

▼ 실행 결과

## 예제 6-2 POST 방식과 $_POST 변수를 이용한 데이터 처리하기

POST 방식으로 전송된 특정 숫자를 $_POST 변수로 전달받아서 해당 숫자가 짝수인지 홀수인지를 구하여 출력하는 myMethod() 함수를 만들고 이를 호출해보겠습니다. [chap06] 폴더에 'post.

php' 파일을 생성하여 다음과 같이 작성하고 웹 브라우저에 'http://localhost/chap06/post.php'를 입력하여 실행 결과를 확인합니다.

**chap06/post.php**

```
01 <html>
02 <head>
03     <title>POST 방식</title>
04 </head>
05 <body>
06 
07 <?php
08 
09 function myMethod($num){
10     if($num%2 == 0)
11         echo "짝수";
12     else echo "홀수";
13 }
14 
15 if(isset($_POST["number"])){
16     $num = $_POST["number"];
17     echo $num."은[는] ";
18     echo myMethod($num). "입니다.";
19 }
20 
21 ?>
22 
23     <form method="POST">
24         <p>입력 숫자 : <input type="text" name="number" >
25         <p><input type="submit" value="짝수/홀수 구하기">
26     </form>
27 </body>
28 </html>
```

**9~13행** 입력된 숫자가 짝수인지 홀수인지 구하는 사용자 정의 함수 myMethod()를 정의합니다.

**16행** POST 방식으로 전송된 데이터를 전달받습니다.

**18행** 사용자 정의 함수 myMethod()를 호출합니다.

**23행** POST 방식으로 데이터를 처리하도록 합니다.

**24행** 숫자를 입력할 수 있게 합니다.

▼ 실행 결과

# 05 $_REQUEST 변수

**$_REQUEST 변수**는 GET/POST 방식으로 전송된 데이터를 가져오는 데 사용합니다. $_GET을 쓰면 GET 방식을 사용하고, $_POST를 쓰면 POST 방식을 사용해야 하지만 $_REQUEST 변수는 $_GET, $_POST 변수를 대신하여 사용할 수 있습니다. 형식은 다음과 같습니다.

```
$_REQUEST["요청 파라미터명"];
```

$_REQUEST는 웹 브라우저 클라이언트의 요청이 이루어지고 $_REQUEST 변수가 호출되면 필요한 데이터 또는 원하는 데이터를 모두 수집합니다.

**NOTE $_REQUEST 변수에 대해서**

$_REQUEST 변수는 $_GET, $_POST 변수 외에 $_COOKIE 변수를 대신하여 사용할 수 있습니다. $_REQUEST 변수는 PHP 프로그램의 전체 범위에서 사용할 수 있는 전역변수입니다. PHP 버전 4 이상부터 사용할 수 있습니다. PHP 버전 7.0에는 $_REQUEST 배열에 쿠키가 포함되지 않는 기본 설정이 있습니다. PHP의 .ini 기본 파일에 $_REQUEST에서 쿠키를 제외할 수도 있습니다.

TIP $_COOKIE 변수에 대한 자세한 내용은 CHAPTER 12를 참고합니다.

앞에서 작성한 form 태그에서 method 속성에 GET 방식으로 전송한 데이터를 $_REQUEST 변수로 전달받는 예시를 살펴보겠습니다.

**[$_REQUEST 변수의 사용 예]**

```
<html>
<head>
    <title>POST 방식</title>
</head>
<body>
```

```
<?php

if(isset($_REQUEST["id"]) && isset($_REQUEST["passwd"])){
    echo "<p> 아이디 : ". $_REQUEST["id"]."<br>";
    echo "<p> 비밀번호 : ". $_REQUEST["passwd"]."<br>";
}
?>

    <form method="POST">
        <p>아 이 디 : <input type="text" name="id" >
        <p>비밀번호 : <input type="text" name="passwd" >
        <p><input type="submit" value="로그인">
    </form>
</body>
</html>
```

▼ 실행 결과

## 예제 6-3 $_REQUEST 변수를 이용한 데이터 처리하기

GET 방식으로 전송된 특정 숫자를 $_REQUEST 변수로 전달받아 해당 숫자 행만큼 역삼각형 별표(*)를 출력하는 starMethod() 함수를 만들고 이를 호출해보겠습니다. [chap06] 폴더에 'request.php' 파일을 생성하여 다음과 같이 작성하고 웹 브라우저에 'http://localhost/chap06/request.php'를 입력하여 실행 결과를 확인합니다.

chap06/request.php

```
<html>
<head>
    <title>GET & POST 방식</title>
```

```
04  </head>
05  <body>
06  <?php
07
08  function starMethod($len){
09      for($i=0; $i<$len; $i++){
10          for ($j=0; $j<$i; $j++){
11              echo " ";
12          }
13          for($j=0; $j<(2*$len)-1-($i*2); $j++){
14              echo "*";
15          }
16          echo "<br>";
17      }
18  }
19
20  if(isset($_REQUEST["number"])){
21      $num = $_REQUEST["number"];
22      echo "길이 : ".$num. "<br>";
23      starMethod($num);
24  }
25
26  ?>
27      <form method="GET">
28          <p>입력 숫자 : <input type="text" name="number" >
29          <p><input type="submit" value="역삼각형 만들기">
30      </form>
31  </body>
32  </html>
```

**08~18행** 입력된 숫자 행만큼 역삼각형 모양의 별표(*)를 출력하는 사용자 정의 함수 starMethod()를 정의합니다.

**21행** GET 방식으로 전송된 데이터를 전달받도록 합니다.

**23행** 사용자 정의 함수 starMethod()를 호출합니다.

**27행** GET 방식으로 데이터를 처리하도록 합니다.

**28행** 숫자를 입력할 수 있도록 합니다.

▼ 실행 결과

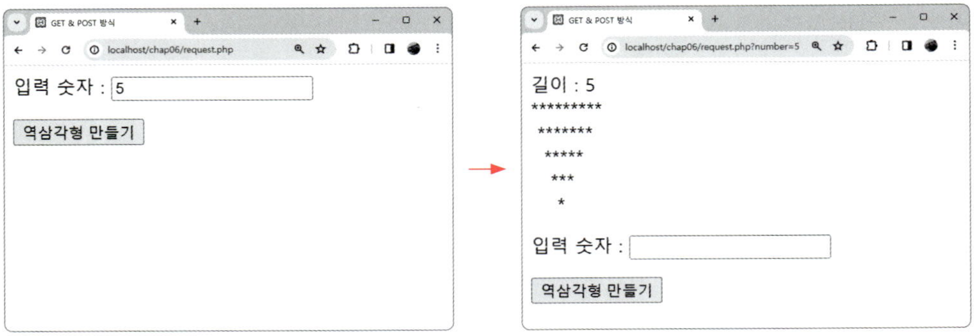

# 06 북마켓 도서 상세 정보 표시하기

이번 장에서 살펴본 HTTP 방식을 적용하여 북마켓의 도서 목록에서 선택한 도서의 상세 정보를 출력하겠습니다.

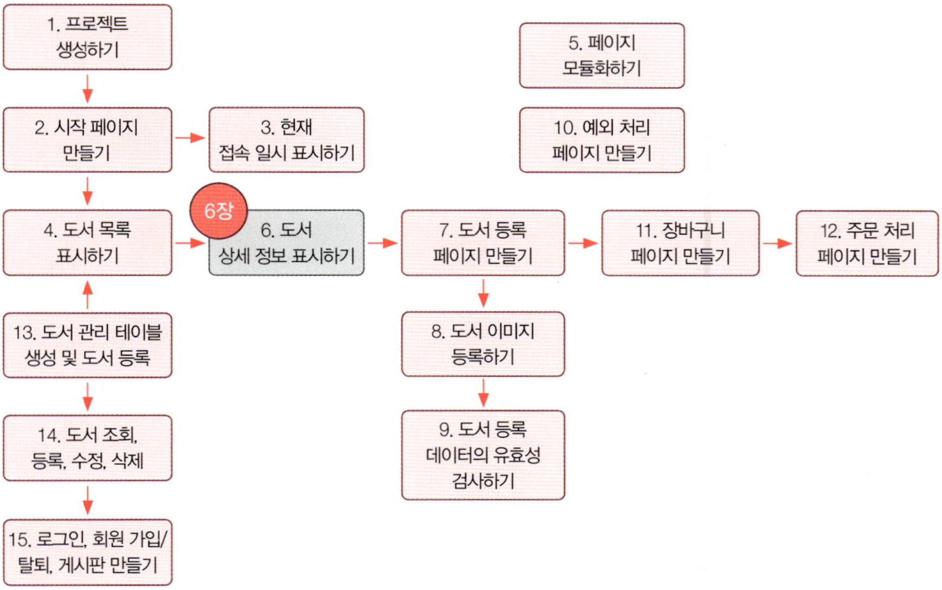


**그림 6-6** 작업 과정 확인: 도서 상세 정보 표시하기

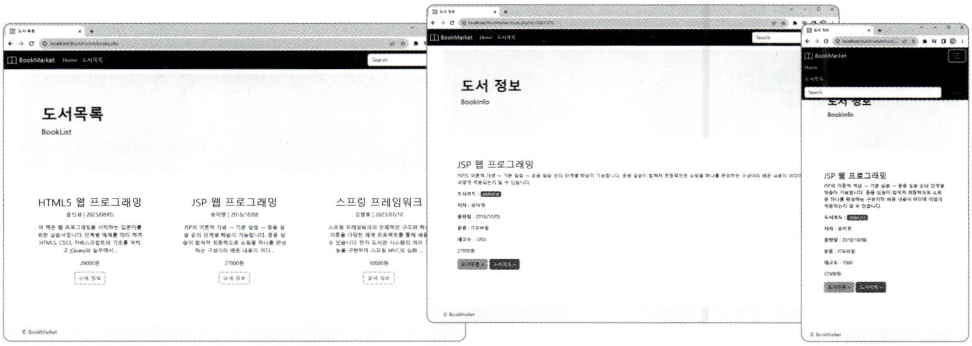


**그림 6-7** 완성된 북마켓 도서 상세 정보 표시하기

## 예제 6-4 도서 상세 정보 표시하기

북마켓의 도서 목록 중에 선택한 도서의 상세 정보를 출력하는 페이지를 만들어보겠습니다.

**1 도서 상세 정보를 가져오는 함수 만들기:** 'model.php' 파일에 getBookById() 함수를 작성합니다.

BookMarket/model.php

```
01  <?php
02  ...
03  function getAllBooks(){
04      global $BookArray;
05      return $BookArray;
06  }
07  function getBookById($id){
08      global $BookArray, $bookById;
09      for($i=0; $i<count($BookArray); $i++){
10          if(array_key_exists($id, $BookArray)){
11              $bookById = $BookArray[$id];
12              break;
13          }
14      }
15      return $bookById;
16  }
17  ?>
```

**07~16행** 전역변수 $BookArray에 저장된 모든 도서 목록에서 도서 아이디와 일치하는 도서를 가져오는 사용자 함수 getBookById()를 작성합니다.

**2 상세 정보 버튼 만들기:** 'books.php' 파일에 다음과 같이 〈상세 정보〉 버튼을 추가합니다.

BookMarket/books.php

```
<!doctype html>
<html class="h-100" >
...
        <p><?php echo $book["unitPrice"]; ?>원
        <p><a href="./book.php?id=<?php echo $id; ?>"><button class="btn btn-
```

```
    outline-secondary" type="button">상세 정보</button></a>
06          </div>
07      </div>
08  ...
```

05행 도서 아이디에 대한 상세 정보 페이지가 연결되도록 〈상세 정보〉 버튼을 작성합니다.

**3 도서 상세 정보 페이지 만들기:** 'book.php' 파일을 생성하고 다음과 같이 작성합니다.

BookMarket/book.php

```
<!doctype html>
<html class="h-100" >
<head>
  <title>도서 정보</title>
    <link href="https://getbootstrap.com/docs/5.3/dist/css/bootstrap.min.css"
rel="stylesheet">
</head>
<body class="d-flex flex-column h-100">
  <?php
  require "./model.php";
  require "./menu.php";
  ?>
<br>
<main>
  <div class="container py-5">
    <div class="p-5 mb-4 bg-body-tertiary rounded-3">
      <div class="container-fluid py-5">
        <h1 class="display-5 fw-bold">도서 정보</h1>
        <p class="col-md-8 fs-4">BookInfo</p>
      </div>
    </div>
    <?php
    $id = $_GET["id"];
    $book = getBookById($id);
    ?>
    <div class="row align-items-md-stretch">
```

```
26        <div class="col-md-12">
27          <div class="h-100 p-5">
28            <h2><?php echo $book["name"]; ?></h2>
29            <p><?php echo $book["description"]; ?>
30            <p><b>도서코드 : </b> <span class="badge text-bg-danger"> <?php echo $id; ?></span>
31            <p><b>저자</b> : <?php echo $book["author"]; ?>
32            <p><b>출판일</b> : <?php echo $book["releaseDate"]; ?>
33            <p><b>분류</b> : <?php echo $book["category"]; ?>
34            <p><b>재고</b> : <?php echo $book["unitsInStock"]; ?>
35            <p><?php echo $book["unitPrice"]; ?>원
36            <p><a href="#" class="btn btn-info"> 도서주문 &raquo;</a><a href="./books.php" class="btn btn-secondary"> 도서목록 &raquo;</a>
37          </div>
38        </div>
39      </div>
40    </div>
41  </main>
42  <?php
43  require "./footer.php";
44  ?>
45  </body>
46  </html>
```

**09행** 도서 데이터를 저장 및 관리하는 'model.php' 파일의 내용을 포함하도록 require() 함수를 작성합니다.

**10행** 머리글에 해당하는 'menu.php' 파일의 내용을 포함하도록 require() 함수를 작성합니다.

**22행** 도서 목록 페이지로부터 전달되는 도서 아이디를 전송받도록 $_GET 변수를 작성합니다.

**23행** 도서 아이디를 통해 getBookById() 함수를 호출하여 반환된 결괏값을 도서 정보를 변수 $book에 저장합니다.

**28~35행** 변수 $book에 저장된 도서명, 도서 상세 정보, 도서 코드, 저자, 출판사, 출판일, 분류, 재고, 가격 등을 출력합니다. 각 출력문을 echo 문으로 작성한 것을 다음과 같이 변경할 수 있습니다.

```
<h2><?= $book["name"]; ?></h2>
<p><?= $book["description"]; ?>
<p><b>도서코드 : </b> <span class="badge text-bg-danger"> <?= $id; ?></span>
<p><b>저자</b> : <?= $book["author"]; ?>
<p><b>출판일</b> : <?= $book["releaseDate"]; ?>
<p><b>분류</b> : <?= $book["category"]; ?>
<p><b>재고수</b> : <?= $book["unitsInStock"]; ?>
<p><?= $book["unitPrice"]; ?>원
```

**36행** 〈도서주문〉, 〈도서목록〉 버튼을 작성합니다.

**43행** require() 함수를 이용해 바닥글에 해당하는 'footer.php' 파일의 내용을 포함합니다.

**4 프로젝트 실행하기:** 웹 브라우저에 'http://localhost/BookMarket/books.jsp'를 입력하여 실행하고 해당 페이지에서 〈상세 정보〉 버튼을 클릭해 실행 결과를 확인합니다.

요약

## 01 HTTP의 개요

- **HTTP(Hypertext Transfer Protocol)**는 인터넷에서 오디오, 비디오, 그래픽 이미지, 텍스트, 기타 멀티미디어 파일과 같은 파일을 전송하는 데 사용되는 일련의 규칙을 의미합니다.

- **HTTP의 동작 과정**

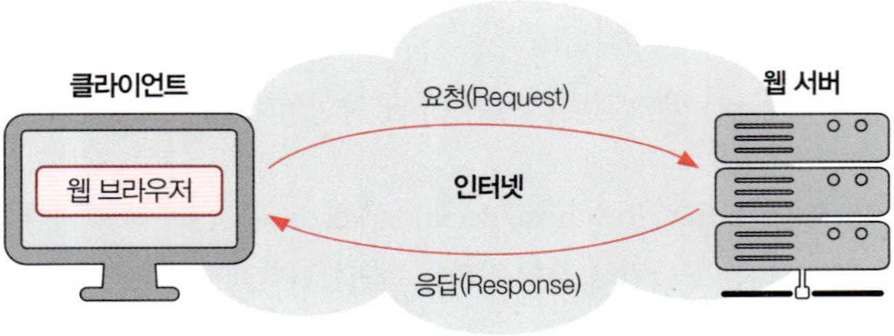


HTTP(Hypertext Transfer Protocol) 메시지

## 02 HTTP의 요청 방식

- **HTTP 요청**은 클라이언트가 웹 서버로 웹 페이지나 그림 정보 등과 같은 데이터를 보내는 것을 의미합니다.

- **GET 방식**은 HTML 문서를 가져오기 위해 웹 서버에 URL을 요청하는 데 사용됩니다. 즉, 클라이언트(웹 브라우저) 측에서 특정 데이터나 리소스를 가져오기 위해 지정된 웹 서버에 요청을 보내는 데 사용됩니다.

- **POST 방식**은 리소스를 생성하거나 업데이트하기 위해 데이터를 서버로 보내는 데 사용됩니다.

[GET 방식과 POST 방식의 차이점]

| 구분 | GET 방식 | POST 방식 |
|---|---|---|
| 가시성 | 전송 데이터가 URL에 포함되어 모든 사람에게 표시된다. | 전송 데이터가 URL에 표시되지 않고 HTTP 메시지 본문에 표시된다. |
| 보안 | URL에 전송된 데이터의 일부가 포함되어 있어 덜 안전하다. | URL에 전송된 데이터가 웹 서버 로그나 브라우저 기록에 저장되지 않기 때문에 더 안전하다. |

| | | |
|---|---|---|
| 캐시 | 요청이 캐시에 저장되고 브라우저 기록에 남을 수 있어 북마크를 하거나, 공유 및 재방문을 할 수 있다. | 요청이 캐시에 저장되지 않아 북마크, 공유 및 재방문을 할 수 없다. |
| 서버 상태 | 서버에서 데이터를 검색하기 위한 것이며 서버의 상태를 수정하지 않는다. | 처리를 위해 데이터를 서버로 보내는 데 사용되며 서버의 상태를 수정할 수 있다. |
| 전송 데이터량 | URL을 통해 데이터를 전송하기 때문에 최대 문자 수(2,048자)로 길이가 제한되어 있다. | HTTP 메시지 본문을 통해 데이터를 전송하기 때문에 길이에 제한이 없다. |
| 데이터 유형 | 문자열 데이터 유형만 지원한다. | 문자열, 숫자, 이진 등과 같은 다양한 데이터 유형을 지원한다. |

## 03 GET 방식과 $_GET 변수

- **GET 방식으로 데이터 전달하기**

GET 방식은 웹 페이지의 form 태그를 사용하여 사용자가 입력한 데이터를 웹 브라우저 URL에 포함해 웹 서버로 모든 데이터를 전송합니다. 다시 말해 GET 방식은 URL에서 물음표(?) 뒤에 전송할 데이터를 추가하여 웹 서버로 보냅니다.

```
<form method="GET">
      ...
</form>
```

- **GET 방식으로 데이터 전달받기**

웹 브라우저를 통해 GET 방식으로 전송되는 데이터는 URL에 포함됩니다. 이때 웹 서버에 전송된 모든 데이터에 접근할 수 있는 전역변수 $_GET를 사용합니다. $_GET 변수는 웹 브라우저의 주소 표시줄에서 웹 페이지의 정보를 검색할 수 있습니다.

```
$_GET["요청 파라미터명"]
```

## 04 POST 방식과 $_POST 변수

- **POST 방식으로 데이터 전달하기**

POST 방식은 웹 브라우저에서 웹 서버로 필요한 정보를 보낼 수 있는 방법 중 하나입니다. 웹 페이지의 form 태그를 사용하여 사용자가 입력한 모든 데이터를 웹 서버로 전송하는 기능은 GET 방식과 동일하지만, GET 방식과 달리 사용자가 입력한 데이터를 웹 브라우저 주소 표시줄의 URL에 표시하지 않고 HTTP 요청 본문에 추가하여 전송합니다.

```
<form method="POST">
      ...
</form>
```

- **POST 방식으로 데이터 전달받기**

웹 브라우저를 통해 POST 방식으로 전송되는 데이터는 HTTP 요청 본문에 포함되어 전송됩니다. 이때 웹 서버에 전송된 모든 데이터에 접근할 수 있는 전역변수 $_POST를 사용합니다.

```
$_POST["요청 파라미터명"]
```

## 05 $_REQUEST 변수

- **$_REQUEST** 변수는 GET 및 POST 방식으로 전송된 데이터를 가져오는 데 사용합니다. $_GET을 쓰면 GET 방식을 사용하고, $_POST를 쓰면 POST 방식을 사용해야 하지만 $_REQUEST 변수는 $_GET, $_POST 변수를 대신하여 사용할 수 있습니다.

```
$_REQUEST["요청 파라미터명"];
```

## 연습문제

**01** 다음 빈칸을 채우시오.

(1) (　　　　　)는 인터넷(WWW, World Wide Web)에서 오디오, 비디오, 그래픽 이미지, 텍스트, 기타 멀티미디어 파일과 같은 파일을 전송하는 데 사용되는 일련의 규칙을 의미합니다.

(2) (　　　　　) 요청은 클라이언트가 서버로 보내는 메시지를 의미합니다. HTTP 요청 방법의 유형은 가장 일반적인 (　　　　　) 방식과 (　　　　　) 방식의 두 가지가 있습니다.

**02** 다음 중 PHP의 POST 방식에 대한 설명으로 옳지 않은 것은?

① 문자열, 숫자, 이진 등과 같은 다양한 데이터 유형을 지원한다.

② 요청이 캐시에 저장되지 않아 북마크, 공유 및 다시 방문할 수 없다.

③ HTTP 메시지 본문을 통해 데이터를 전송하기 때문에 길이에 제한이 없다.

④ 전송 데이터가 URL에 포함되어 모든 사람에게 표시된다.

**03** 다음과 같이 웹 브라우저의 주소 줄에 요청한 특정 페이지와 함께 데이터가 표시되어 호출되는 방식으로 옳은 것은?

```
http://localhost/chap06/get_ex01.php?id=admin&passwd=1234
```

① GET 방식　　② POST 방식

③ INSERT 방식　　④ RESPONSE 방식

**04** 다음 중 웹 브라우저를 통해 URL에 데이터를 포함하여 전송할 때 웹 서버에 전송된 모든 데이터에 접근할 수 있는 전역변수는?

① $_GET　　② $_POST

③ $GET　　④ $POST

**05** 다음 중 웹 브라우저를 통해 데이터를 HTTP 요청 본문에 포함하여 전송할 때 웹 서버에 전송된 모든 데이터에 접근할 수 있는 전역변수는?

① $_GET ② $_POST

③ $GET ④ $POST

**06** 다음 중 GET/POST 방식으로 전송된 데이터를 가져오는 데 사용하는 전역변수는?

① $_REQUST ② $_RESPONSE

③ $_GET ④ $_POST

**07** 다음 폼 페이지의 HTTP 방식을 보고 빈 칸을 채워 프로그램을 완성하시오.

```
<?php

    if(isset(____________________) && isset(____________________)){
        echo "<p> 아이디 : ". ____________________."<br>";
        echo "<p> 비밀번호 : ". ____________________."<br>";
    }

?>
<form method="POST">
    <p>아 이 디 : <input type="text" name="id" >
    <p>비밀번호 : <input type="text" name="passwd" >
    <p><input type="submit" value="로그인">
</form>
```

**08** 다음 폼 페이지의 HTTP 방식을 보고 빈 칸을 채워 프로그램을 완성하시오.

```
<?php

    if(isset(_______________) && isset(_______________)){
        echo "<p> 아이디 : ". _______________."<br>";
        echo "<p> 비밀번호 : ". _______________."<br>";
    }

?>
<form method="GET">
    <p>아 이 디 : <input type="text" name="id" >
    <p>비밀번호 : <input type="text" name="passwd" >
    <p><input type="submit" value="로그인">
</form>
```

**09** 다음 출력 결과를 보고 프로그램을 완성하시오.

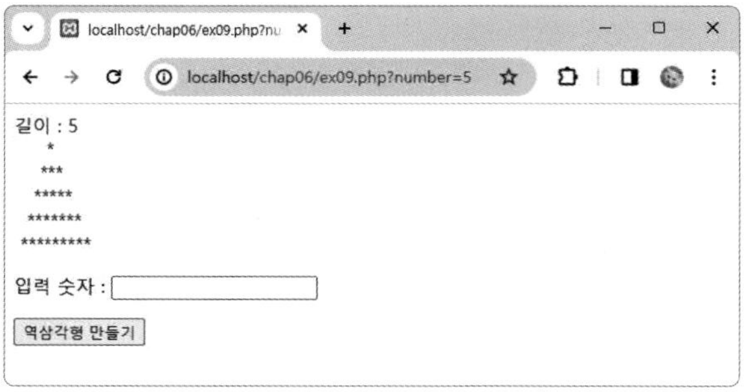

**10** 다음 출력 결과를 보고 프로그램을 완성하시오.

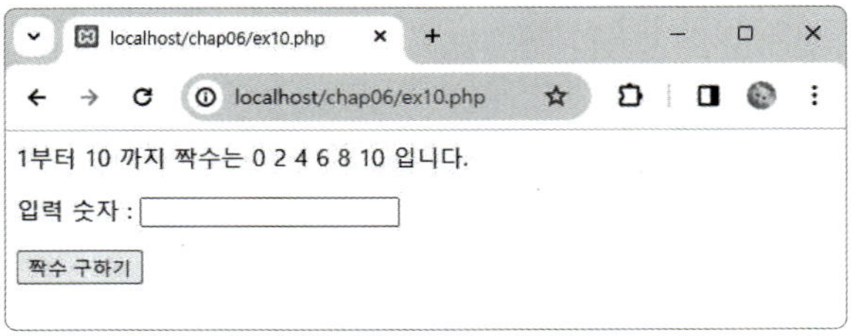

# PART 02

# 페이지 처리 기법 배우기

# PART 02
# 페이지 처리 기법 배우기

# CHAPTER 07

# 폼 태그: 도서 등록 페이지 만들기



**학습목표**

- 폼의 개념과 특징을 이해합니다.
- 폼 태그 구성 요소의 사용법을 익힙니다.
- 폼 데이터를 처리하는 방법을 이해합니다.
- 북마켓의 도서 등록 페이지를 만듭니다.

# PREVIEW

동적 웹 애플리케이션에서 가장 중요한 기능은 사용자에게 정보를 입력받아 처리하는 것입니다. 이렇게 사용자가 입력하거나 선택한 정보를 웹 서버로 전달하는 폼 태그에 대해 알아보고 폼 태그를 이용하여 도서 등록 페이지를 만들어봅니다.

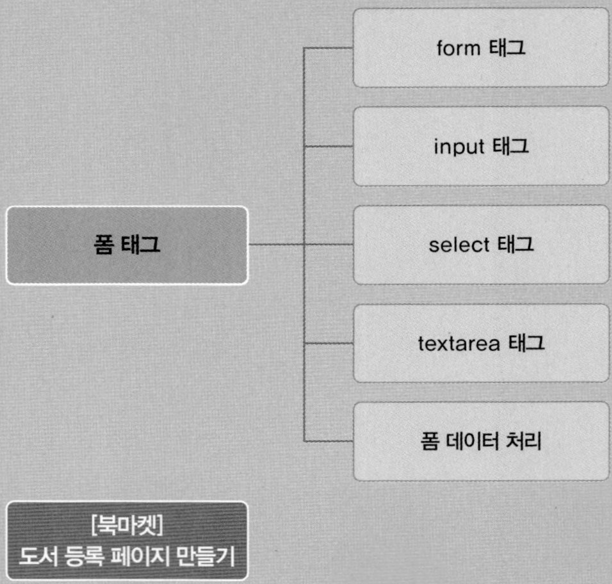

# 01 폼 처리의 개요

폼(Form)은 사용자가 웹 브라우저를 통해 입력한 모든 데이터를 웹 서버로 한 번에 전송하는 양식을 의미합니다. 전송된 데이터는 웹 서버에서 처리되고 처리 결과에 따라 다른 웹 페이지가 보입니다. 폼은 사용자와 웹 애플리케이션이 상호 작용하는 데 필요한 중요 기술 중 하나입니다. 다시 말해 사용자가 어떤 내용을 원하는지, 사용자의 요구 사항이 무엇인지 파악할 때 가장 많이 사용하는 웹 애플리케이션의 필수 요소입니다. [그림 7-1]은 이러한 폼 처리 과정을 나타낸 것입니다.

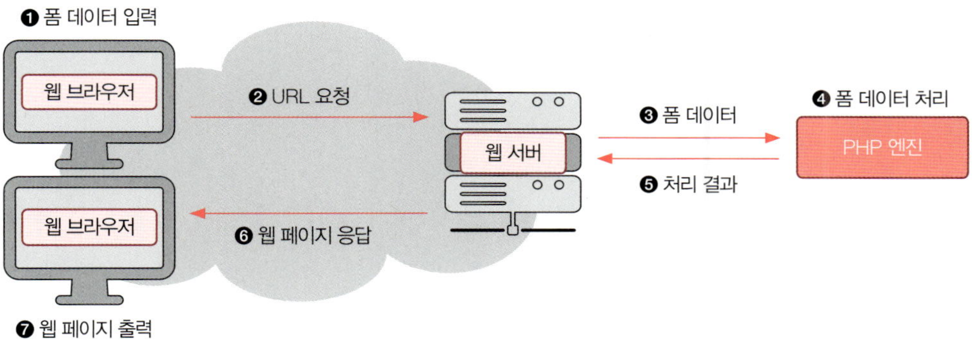


그림 7-1 폼 데이터 처리 과정

❶ **폼 데이터 입력**: 사용자가 폼이 있는 웹 페이지를 열고 폼에 내용을 입력합니다.

❷ **URL 요청**: 폼에 있는 데이터를 웹 서버로 보냅니다.

❸ **폼 데이터**: 웹 서버는 전송받은 폼 데이터를 처리하기 위해 PHP 엔진으로 데이터를 넘깁니다.

❹ **폼 데이터 처리**: PHP 엔진은 넘어온 폼 데이터를 처리합니다.

❺ **처리 결과**: 처리 결과에 따라 새로운 웹 페이지를 웹 서버로 보냅니다.

❻ **웹 페이지 응답**: 웹 서버는 요청에 맞는 웹 페이지를 웹 브라우저로 보냅니다.

❼ **웹 페이지 출력**: 웹 브라우저는 전송받은 웹 페이지를 보여줍니다.

**표 7-1** 폼을 구성하는 태그의 종류

| 태그 | 설명 |
| --- | --- |
| form | 폼을 정의하는 태그로, 최상위 태그이다. |
| input | 사용자가 입력할 수 있는 태그이다. |
| select | 항목을 선택할 수 있는 태그이다. |
| textarea | 여러 줄을 입력할 수 있는 태그이다. |

# 02 form 태그

form 태그는 사용자가 다양한 정보를 입력하고 전달할 때 사용하는 태그입니다. 사용자가 다양한 정보를 입력하는 양식을 포함하는 최상위 태그로, 단독으로는 쓰이지 않습니다. 폼 데이터를 전송할 때 어디로 보낼지, 어떤 방식으로 보낼지 form 태그의 속성을 이용하여 설정할 수 있습니다. form 태그의 모든 속성은 필수가 아니기 때문에 필요한 것을 선택적으로 사용합니다. 사용 형식은 다음과 같습니다.

```
<form 속성1="값1" [속성2="값2" ...]>
//다양한 입력 양식 태그(<input>, <select>, <textarea>)
</form>
```

**표 7-2** form 태그의 속성

| 속성 | 설명 |
|---|---|
| action | 폼 데이터를 받아 처리하는 웹 페이지의 URL을 설정한다. |
| method | 폼 데이터가 전송되는 HTTP 방식을 설정한다. |
| name | 폼을 식별하기 위한 이름을 설정한다. |
| target | 폼 처리 결과의 응답을 실행할 프레임을 설정한다. |
| enctype | 폼을 전송하는 콘텐츠 MIME 유형을 설정한다. |
| accept-charset | 폼 전송에 사용할 문자 인코딩을 설정한다. |

다음은 form 태그에 필요한 기본 속성인 action, method, name, accept-charset 속성을 설정하는 예입니다. 폼을 전송할 HTTP 방식의 기본값이 GET이므로 method 속성은 생략할 수 있습니다.

[form 태그의 사용 예]

```
<html>
<head>
    <title>Form 태그</title>
</head>
<body>
    <form action="http://localhost/chap07/process.php" method="get"
          name="login" accept-charset="utf-8">
          ...
    </form>
</body>
</html>
```

form 태그의 method 속성은 웹 브라우저에서 웹 서버로 정보를 전송하는 방법으로, GET 방식과 POST 방식이 있습니다. 웹 브라우저에서 입력된 모든 데이터를 서버로 전송하는 기능은 동일하지만, 방식이 다릅니다.

5장에서 살펴보았듯이 GET 방식은 폼 데이터를 URL 끝에 붙여서 전송하므로 웹 브라우저의 주소 표시줄에 그대로 나타납니다. 그리고 구분자로 물음표(?)를 사용하여 URL 뒤에 name=value와 같은 형식의 요청 파라미터를 붙이기 때문에 URL과 요청 파라미터를 구분합니다. 여러 개의 요청 파라미터를 전송할 때는 구분자 앰퍼샌드(&)를 사용하여 연결합니다. 그러나 POST 방식은 GET 방식과 달리 내부적으로 전송하기 때문에 웹 브라우저의 주소 표시줄에 구분자가 나타나지 않습니다.

TIP GET 방식과 POST 방식에 대한 자세한 내용은 CHAPTER 06을 참고합니다.

# 03 input 태그

**input 태그**는 사용자가 텍스트 입력이나 선택 등을 다양하게 할 수 있도록 공간을 만드는 태그로, 형식은 다음과 같습니다. input 태그는 종료 태그 없이 단독으로 사용할 수 있습니다.

```
<input 속성1="값1" [속성2="값2" ...]>
```

**표 7-3** input 태그의 기본 속성

| 속성 | 속성값 | 설명 |
|---|---|---|
| type | text | 기본값으로 한 줄의 텍스트를 입력할 때 사용한다. |
| | radio | 라디오 버튼으로 열거된 것 중 하나만 선택할 때 사용한다. |
| | checkbox | 체크 박스로 열거된 것 중 다중 선택을 할 때 사용한다. |
| | password | 암호를 입력할 때 사용한다. |
| | hidden | 보이지 않게 숨겨서 값을 전송할 때 사용한다. |
| | file | 업로드할 파일을 선택할 때 사용한다. |
| | button | 버튼 모양을 출력할 때 사용한다. |
| | image | 제출 버튼(Submit Button)에 쓰일 이미지를 정의할 때 사용한다. |
| | reset | 폼에 입력된 값을 모두 초기화할 때 사용한다. |
| | submit | 폼에 입력된 값을 모두 서버에 전송할 때 사용한다. |
| name | 텍스트 | 입력 양식을 식별하는 이름을 설정한다. |
| value | 텍스트 | 입력 양식의 초깃값을 설정한다. |

다음은 아이디와 비밀번호를 입력받을 수 있도록 input 태그를 설정하는 예입니다. 아이디는 일반 텍스트를 입력받도록 type 속성을 text로 설정하고, 비밀번호는 암호 형식인 type 속성을 password로 설정하여 입력된 글자를 가리도록 작성했습니다.

[input 태그의 사용 예]

```
<html>
<head>
    <title>Form 태그</title>
</head>
<body>
    <form action="#" method="get">
        <p>아 이 디: <input type="text" name="id">
        <p>비밀번호: <input type="password" name="passwd">
        <p><input type="submit" value="전송">
    </form>
</body>
</html>
```

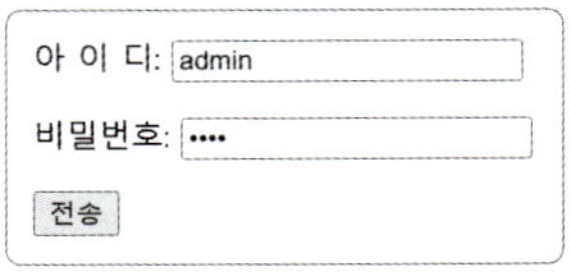


**NOTE input 태그의 기본 속성 외에 사용되는 속성**

input 태그에는 기본 속성 외에도 자주 사용되는 속성이 있습니다. 다음 [표 7-4], [표 7-5]를 참고합니다.

**표 7-4** input 태그의 기타 속성

| 속성 | 속성값 | 설명 |
|---|---|---|
| readonly | | 입력 양식을 읽기 전용으로 설정한다. |
| maxlength | 숫자 | 입력 양식의 최대 입력 글자 수를 설정한다. type="text"인 경우에만 사용한다. |
| size | 숫자 | 입력 양식의 너비를 설정한다. type="text"인 경우에만 사용한다. |
| disabled | | 해당 입력 양식을 비활성화로 설정한다. 모든 폼 구성 태그에 사용한다. |
| checked | | 기본값을 선택할 때 설정한다. type="checkbox" 또는 type="radio"인 경우에만 사용한다. |

**표 7-5** HTML5에서 추가된 input 태그의 속성

| 속성 | 속성값 | 설명 |
|---|---|---|
| required | | 입력 양식을 필수 태그로 설정한다. 필수 태그를 입력하지 않고 <submit>를 클릭하면 오류 메시지가 웹 브라우저에 출력된다. |
| autofocus | | 웹 페이지가 로딩되자마자 해당 입력 양식의 포커스를 설정한다. |
| placeholder | 텍스트 | 입력 양식의 힌트를 설정한다. |
| pattern | regexp | 정규 표현식을 사용하여 특정 범위 내의 유효한 값을 입력받을 때 사용한다. |

## 예제 7-1 form 태그와 input 태그로 간단한 회원 가입 양식 만들기

input 태그를 사용하여 아이디, 비밀번호, 이름, 연락처, 성별, 취미 등을 입력하는 회원 가입 페이지를 만들어보겠습니다. [chap07] 폴더에 'form01.php' 파일을 생성하여 다음과 같이 작성하고 웹 브라우저에 'http://localhost/chap07/form01.php'를 입력하여 실행 결과를 확인합니다.

chap07/form01.php

```
01  <html>
02  <head>
03      <title>Form 태그</title>
04  </head>
05  <body>
06      <h3>회원가입</h3>
07      <form action="#" name="member" method="post">
08          <p>아이디 : <input type="text" name="id"> <input type="button"
    value="아이디 중복 검사">
09          <p>비밀번호 : <input type="password" name="passwd">
10          <p>이름 : <input type="text" name="name">
11          <p>연락처 : <input type="text" maxlength="4" size="4" name="phone1">
12             - <input type="text" maxlength="4" size="4" name="phone2">
13             - <input type="text" maxlength="4" size="4" name="phone3">
14          <p>성별 : <input type="radio" name="sex" value="남성" checked> 남성
15             <input type="radio" name="sex" value="여성"> 여성
16          <p>취미 : <input type="checkbox" name="hobby1" value="독서" checked> 독서
17             <input type="checkbox" name="hobby2" value="운동"> 운동
18             <input type="checkbox" name="hobby3" value="영화"> 영화
19          <p><input type="submit" value="가입하기">
20             <input type="reset" value="다시 쓰기">
21      </form>
22  </body>
23  </html>
```

**08행** 아이디 값을 입력받도록 input 태그의 type 속성값을 text로 하고 name 속성을 작성합니다. 또한 〈아이디 중복 검사〉 버튼을 만들기 위해 input 태그의 type 속성값을 button으로 작성합니다.

**09행** 입력되는 비밀번호가 보이지 않도록 input 태그의 type 속성값을 password로 작성합니다.

**10행** 이름 값을 입력받도록 input 태그의 type 속성값을 text로 작성하고 name 속성을 작성합니다.

**11~13행** 연락처 값을 입력받도록 input 태그 3개의 type 속성값을 text로 작성하고 name 속성을 작성합니다.

**14, 15행** 성별 값 중 하나만 선택 입력받도록 input 태그 2개의 type 속성값을 radio로 작성하고 name 속성값을 sex로 작성합니다. 그리고 '남성'이 초깃값으로 선택되도록 checked 속성을 설정합니다.

**16~18행** 취미 값 중 여러 개를 선택 입력받도록 input 태그 3개의 type 속성값을 checkbox로 작성하고 name 속성값을 각각 작성합니다. 그리고 '독서'가 초깃값으로 선택되도록 checked 속성을 설정합니다.

**19, 20행** 입력된 데이터를 서버로 전송하도록 input 태그의 type 속성값을 submit로 작성합니다. 또한 입력된 데이터를 지우도록 input 태그의 type 속성값을 reset으로 설정합니다.

▼ 실행 결과

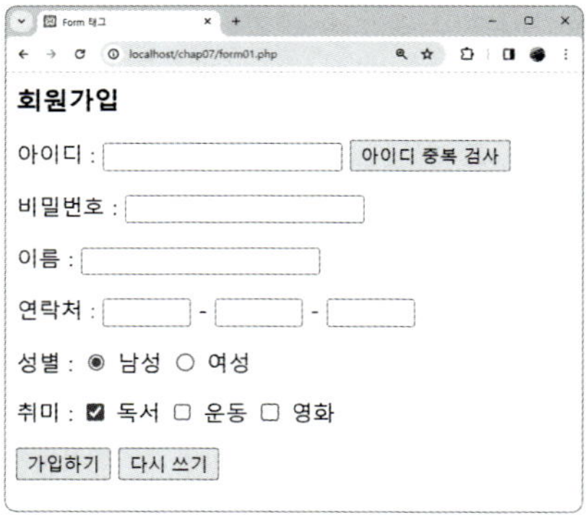

# 04 select 태그

**select 태그**는 여러 개의 항목이 나타나는 목록 상자에서 항목을 선택하는 태그로, 사용 형식은 다음과 같습니다. select 태그에는 시작 태그와 종료 태그가 있으며, 리스트 박스에 여러 항목을 추가 삽입하기 위해 반드시 option 태그를 포함해야 합니다.

```
<select 속성1="값1" [속성2="값2" ...]>
    <option 속성1="값" [속성1]> 항목1</option>
    <option 속성2="값" [속성2]> 항목2</option>
    ...
</select>
```

**표 7-6** select 태그의 속성

| 속성 | 속성값 | 설명 |
|---|---|---|
| name | 텍스트 | 목록 상자의 이름을 설정한다. |
| size | 숫자 | 한 번에 표시할 항목의 개수를 설정한다. |
| multiple | | 다중 선택할 수 있도록 한다. Ctrl를 눌러 목록 상자의 항목을 다중 선택한다. |

**표 7-7** option 태그의 속성

| 속성 | 속성값 | 설명 |
|---|---|---|
| value | 텍스트 | 항목의 값을 설정한다. |
| selected | | 해당 항목을 초깃값으로 선택한다. |
| disabled | | 항목을 비활성화한다. |

다음은 목록 상자에서 도시명 항목을 선택할 수 있도록 select 태그를 설정하는 예입니다. 도시명 항목은 option 태그를 이용하여 삽입합니다. 여기서는 select 태그의 size 속성값을 3으로 설정하였으므로 목록 상자의 항목이 3개입니다. size 속성을 생략하면 목록 상자의 항목은 1개가 됩니다.

[select 태그의 사용 예]

```
<html>
<head>
    <title>Form 태그</title>
</head>
<body>
    <form action="#" method="get">
        <p><select name="city" size="3">
               <option value="서울시">서울특별시</option>
               <option value="경기도">경기도</option>
               <option value="인천시">인천광역시</option>
               <option value="충청도">충청도</option>
               <option value="전라도">전라도</option>
               <option value="경상도">경상도</option>
           </select>
        <p><input type="submit" value="전송">
    </form>
</body>
</html>
```

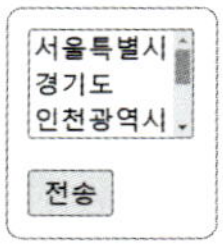


**NOTE optgroup 태그 항목 그룹화**

optgroup 태그로 항목을 그룹으로 만들 수 있습니다. label 속성을 사용하여 그룹으로 만들 이름을 설정하며, optgroup 태그 하위에 option 태그를 포함해야 합니다.

[optgroup 태그의 사용 예]

```
...
<p> <select name="city">
    <optgroup label="서울특별시">
        <option value="seocho-gu">서초구</option>
        <option value="gangnam-gu">강남구</option>
        <option value="songpa-gu">송파구</option>
    </optgroup>
    <optgroup label="경기도">
        <option value="seongnam-si">성남시</option>
        <option value="suwon-si">수원시</option>
```

```
        <option value="yongin-si">용인시</option>
    </optgroup>
    </select>
...
```

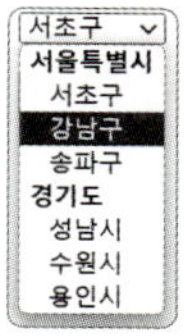


## 예제 7-2 select 태그로 [예제 7-1] 회원 가입 양식의 연락처 수정하기

'form01.php' 파일에 select 태그를 사용하여 연락처를 입력하도록 수정하고 [chap07] 폴더에 'form02.php' 파일로 저장합니다. 웹 브라우저에 'http://localhost/chap07/form02.php'를 입력하여 실행 결과를 확인합니다.

chap07/form02.php

```
01  ...
02      <p>연락처 : <select name="phone1">
03          <option value="010">010</option>
04          <option value="011">011</option>
05          <option value="016">016</option>
06          <option value="017">017</option>
07          <option value="019">019</option>
08          </select>
09          - <input type="text" maxlength="4" size="4" name="phone2">
10          - <input type="text" maxlength="4" size="4" name="phone3">
11  ...
```

**02~08행** 연락처 입력값 중에서 첫 번째 번호는 사용자가 선택할 수 있도록 select 태그와 option 태그로 작성합니다. 두 번째와 세 번째 번호는 사용자가 직접 입력하도록 input 태그의 type 속성값을 text로 설정하고 name 속성을 작성합니다.

▼ 실행 결과

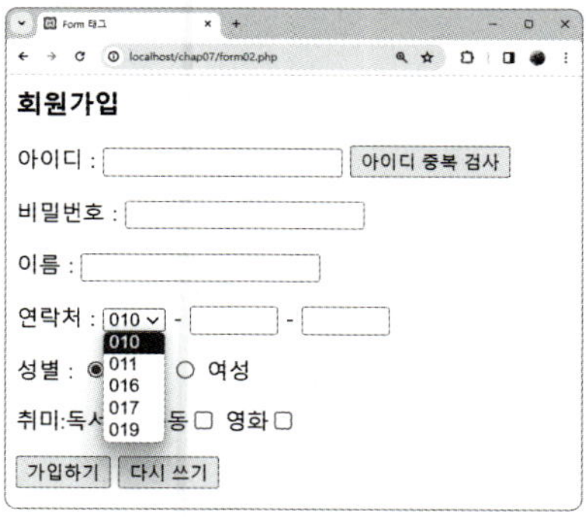

# 05 textarea 태그

**textarea 태그**는 여러 줄의 텍스트를 입력할 수 있는 태그로, 형식은 다음과 같습니다. 기본적으로 텍스트 영역의 너비와 높이를 지정하기 위해 cols와 rows 속성을 설정합니다. 기본값은 <textarea>와 </textarea> 태그 사이에 설정하면 됩니다. textarea 태그의 가장 큰 특징은 입력 폼 안에 사용된 태그와 띄어쓰기가 그대로 출력된다는 것입니다.

```
<textarea cols="너비 값" rows="높이 값">
    ...
</textarea>
```

**표 7-8** textarea 태그의 속성

| 속성 | 속성값 | 설명 |
|---|---|---|
| name | 텍스트 | 이름을 설정한다. |
| cols | 숫자 | 입력할 텍스트 영역의 너비(열 크기)를 설정한다. |
| rows | 숫자 | 입력할 텍스트 영역의 높이(행 크기)를 설정한다. |
| wrap | off | 줄 바꿈을 설정한다.<br>wrap="off": 줄 바꿈을 하지 않고 문장을 입력할 때 수평 스크롤바가 생기고 옆으로 계속 문장이 입력된다. |
| | soft | wrap="soft": Enter를 누르지 않아도 텍스트라인 끝에서 자동으로 행이 바뀐다. |
| | hard | wrap="hard": soft 상태와 비슷하며 실제 내용을 서버에 전송할 때 캐리지 리턴 문자를 전달한다. |

다음은 textarea 태그를 사용하여 여러 줄을 입력받는 예입니다. cols와 rows 속성을 각각 30, 3으로 설정했습니다.

[textarea 태그 사용 예]

```
<html>
<head>
```

```
    <title>Form 태그</title>
</head>
<body>
    <form action="#" method="get">
        <textarea name="comment" cols="30" rows="3"></textarea>
        <p><input type="submit" value="전송" />
           <input type="reset" value="취소" />
    </form>
</body>
</html>
```

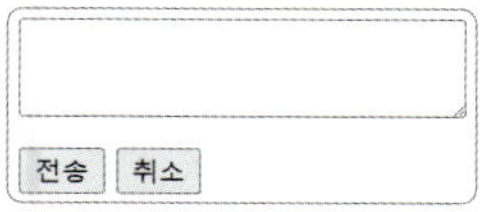


## 예제 7-3 textarea 태그로 [예제 7-2]의 회원 가입 양식에 가입 인사 추가하기

textarea 태그를 사용하여 'form02.php' 파일에 회원 가입 양식을 추가하여 회원 가입 페이지를 수정하고 [chap07] 폴더에 'form03.php' 파일로 저장합니다. 웹 브라우저에 'http://localhost/chap07/form03.php'를 입력하여 실행 결과를 확인합니다.

chap07/form03.jsp

```
01  ...
02      <p>취미 : <input type="checkbox" name="hobby1" value="독서" checked> 독서
03          <input type="checkbox" name="hobby2" value="운동"> 운동
04          <input type="checkbox" name="hobby3" value="영화"> 영화
05      <p><textarea name="comment" cols="30" rows="3" placeholder="가입 인사를
    입력해주세요."></textarea>
06  ...
```

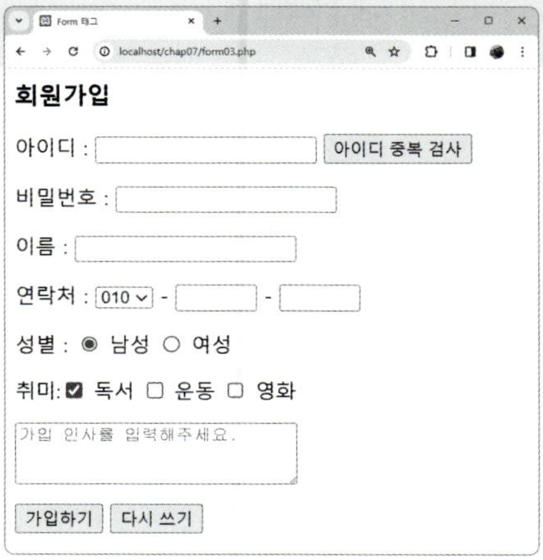


**05행** 가입 인사 값을 여러 줄로 입력받도록 너비와 높이를 각각 30, 3으로 하여 textarea 태그를 작성합니다.

# 06 폼 데이터 처리하기

PHP에서 가장 많이 사용하는 기능 중 하나는 사용자가 웹 브라우저의 폼 페이지에 입력한 데이터를 서버로 전달하면 서버가 이를 처리하는 것입니다. 이렇게 폼 데이터를 처리하는 데 HTTP 요청 방식에 따라 PHP 전역변수를 이용하여 폼 페이지로부터 전달된 값을 얻을 수 있습니다.

웹 브라우저가 웹 서버로 보낸 HTTP 요청 방식에 따라 데이터를 검색하거나 다양한 정보를 다음과 같은 전역변수를 이용하여 요청 파라미터의 값을 얻을 수 있습니다.

```
변수 = $_GET["요청 파라미터명"];       //HTTP 요청이 GET 방식인 경우
변수 = $_POST["요청 파라미터명"];      //HTTP 요청이 POST 방식인 경우
변수 = $_REQUEST["요청 파라미터명"];   //HTTP 요청이 GET 또는 POST 방식인 경우
```

TIP HTTP 요청에 따른 전역변수에 대한 자세한 내용은 CHAPTER 06을 참고합니다.

다음은 폼 페이지에서 선택된 체크 박스를 POST 방식으로 전송하는 예입니다. 폼 페이지에서 '독서'와 '영화'를 선택하고 〈전송〉을 클릭하면 체크 박스를 선택한 경우 on이, 선택하지 않은 경우 'Undefined array key "요청 파라미터명"'이라는 경고가 발생합니다.

**[체크 박스의 데이터를 전달받는 예 1]**

```
<!--index.php-->
<html>
<head>
    <title>Form Processing</title>
</head>
<body>
    <form action="process.php" method="POST">
        <p>독서<input type="checkbox" name="reading" value="독서">
           운동<input type="checkbox" name="exercise" value="운동">
           영화<input type="checkbox" name="movie" value="영화">
```

```
        <p><input type="submit" value="전송">
    </form>
</body>
</html>
```

```
<!--process.php-->
<html>
<head>
    <title>Form 태그</title>
</head>
<body>
    <?php
    echo $_POST["reading"];
    echo $_POST["exercise"];
    echo $_POST["movie"];
    ?>
</body>
</html>
```

이처럼 체크 박스 또는 라디오 버튼에 대한 데이터를 전달받을 때는 다음과 같이 반드시 isset() 함수를 이용하여 체크 박스가 선택되었는지 확인해야 합니다.

```
<!--process.php 수정-->
<html>
<head>
    <title>Form 태그</title>
</head>
<body>

<?php
if(isset($_POST['reading'])){
    echo $_POST["reading"]."<br>";
}
```

```
if(isset($_POST['exercise'])){
    echo $_POST["exercise"]."<br>";
}

if(isset($_POST['movie'])){
    echo $_POST["movie"]."<br>";
}
?>
</body>
</html>
```

독서
영화

## 예제 7-4 [예제 7-3]의 회원 가입 양식에서 폼 데이터 전송받기(서로 다른 이름의 체크박스인 경우)

'form03.php' 파일의 action 속성을 다음과 같이 수정하여 [chap07] 폴더에 'form04.php' 파일로 저장합니다. 웹 브라우저에 'http://localhost/chap07/form04.php'를 입력하여 실행 결과를 확인합니다.

chap07/form04.jsp

```
01  ...
02      <form action="form04_process.php" name="member" method="post">
03          ...
```

**02행** 입력 양식에 입력된 데이터를 서버로 전송하여 폼 데이터를 처리할 수 있도록 form 태그의 action 속성값, method 방식을 작성합니다.

chap07/form04_process.jsp

```
<html>
<head>
    <title>Form 태그</title>
</head>
<body>
    <?php
    $id = $_POST["id"];
    $passwd = $_POST["passwd"];
```

```
09      $name = $_POST["name"];
10      $phone1 = $_POST["phone1"];
11      $phone2 = $_POST["phone2"];
12      $phone3 = $_POST["phone3"];
13
14      $sex = "";
15      if(isset($_POST['sex'])){
16          $sex = $_POST["sex"];
17      }
18
19      $hobby1 = $hobby2 = $hobby3 = "";
20      if(isset($_POST['hobby1'])){
21          $hobby1 = $_POST["hobby1"];
22      }
23      if(isset($_POST['hobby2'])){
24          $hobby2 = $_POST["hobby2"];
25      }
26      if(isset($_POST['hobby3'])){
27          $hobby3 = $_POST["hobby3"];
28      }
29
30      $comment = $_POST["comment"];
31      ?>
32      <p>아이디 : <?php echo $id; ?>
33      <p>비밀번호 : <?php echo $passwd; ?>
34      <p>이름 : <?php echo $name; ?>
35      <p>연락처 : <?php echo $phone1; ?>-<?php echo $phone2; ?>-<?php echo $phone3; ?>
36      <p>성별 : <?php echo $sex; ?>
37      <p>취미 : <?php echo $hobby1; ?> <?php echo $hobby2; ?> <?php echo $hobby3; ?>
38      <p>가입 인사 : <?php echo $comment; ?>
39  </body>
40  </html>
```

**07~12행** 폼 페이지에서 입력된 아이디, 비밀번호, 이름, 연락처 값을 얻어오도록 요청 파라미터명 id, passwd, name, phone1, phone2, phone3으로 $_POST 전역변수를 사용하여 작성합니다.

**14~17행** 폼 페이지에서 라디오 버튼인 성별 값이 선택되었는지 isset() 함수를 이용하여 확인하고 선택된 성별 값을 얻어오도록 요청 파라미터명 `sex`로 $_POST 전역변수를 사용하여 작성합니다.

**20~28행** 폼 페이지에서 체크 박스인 취미 값이 선택되었는지 isset() 함수를 이용하여 확인하고 선택된 취미 값을 얻어오도록 요청 파라미터명 `hobby1`, `hobby2`, `hobby3`으로 $_POST 전역변수를 사용하여 작성합니다.

**30행** 폼 페이지에서 입력된 가입 인사 값을 얻어오도록 요청 파라미터명 `comment`로 $_POST 전역변수를 사용하여 작성합니다.

**32~38행** 폼 페이지에서 전달받은 폼 데이터의 값을 출력하도록 echo 문을 작성합니다.

▼ 실행 결과

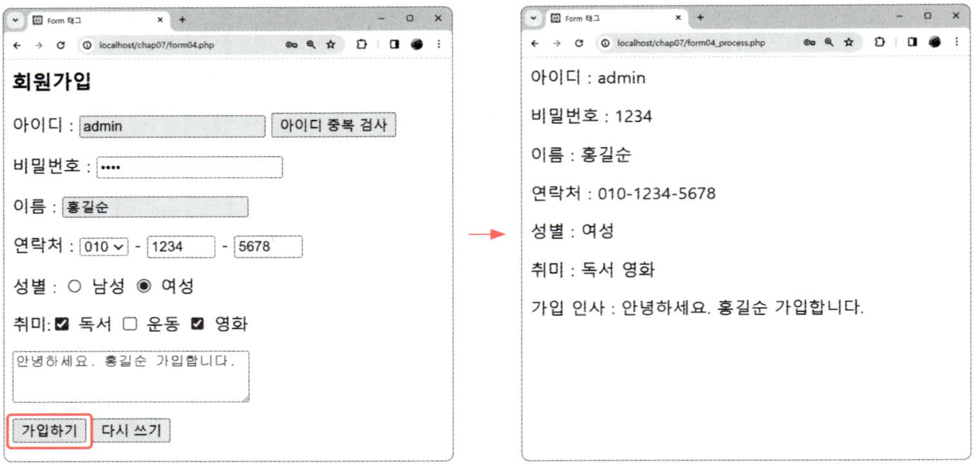


## 예제 7-5 [예제 7-4]의 회원 가입 양식에서 폼 데이터 전송받기(동일한 이름의 체크 박스인 경우)

'form04.php' 파일에서 체크 박스의 name 속성값을 다음과 같이 동일하게 수정하여 [chap07] 폴더에 'form05.php' 파일로 저장합니다. 웹 브라우저에 'http://localhost/chap07/form05.php'를 입력하여 실행 결과를 확인합니다.

chap07/form05.php

```
...
    <form action="form05_process.php" name="member" method="post">
...
        <p>취미 : <input type="checkbox" name="hobby[]" value="독서" checked>독서
```

```
05            <input type="checkbox" name="hobby[]" value="운동"> 운동
06            <input type="checkbox" name="hobby[]" value="영화"> 영화
07        <p><textarea name="comment" cols="30" rows="3" placeholder="가입 인사를 입력해주세요."></textarea>
08    ...
```

**04~06행** 취미 값 중 여러 개를 선택하여 입력받도록 input 태그 3개의 type 속성값을 checkbox로 작성하고 name 속성값을 동일하게 hobby로 작성합니다. 그리고 '독서'가 초깃값으로 선택되도록 checked 속성을 설정합니다.

chap06/form05_process.php

```
<html>
<head>
    <title>Form Processing</title>
</head>
<body>
    <?php

    $id = $_POST["id"];
    $passwd = $_POST["passwd"];
    $name = $_POST["name"];
    $phone1 = $_POST["phone1"];
    $phone2 = $_POST["phone2"];
    $phone3 = $_POST["phone3"];

    $sex = "";
    if(isset($_POST['sex'])){
        $sex = $_POST["sex"];
    }

    $hobby = "";
    if(isset($_POST['hobby'])){
        $hobby = $_POST["hobby"];
    }

    $comment = $_POST["comment"];
```

```
26        ?>
27        <p>아이디 : <?php echo $id; ?>
28        <p>비밀번호 : <?php echo $passwd; ?>
29        <p>이름 : <?php echo $name; ?>
30        <p>연락처 : <?php echo $phone1; ?>-<?php echo $phone2; ?>-<?php echo
    $phone3; ?>
31        <p>성별 : <?php echo $sex; ?>
32        <p>취미 : <?php
33                if($hobby != null){
34                    for($i=0; $i<count($hobby); $i++){
35                        echo $hobby[$i];
36                    }
37                }
38                ?>
39        <p>가입 인사 : <?php echo $comment; ?>
40    </body>
41    </html>
```

**20~22행** 폼 페이지에서 체크 박스인 취미 값이 선택되었는지 isset() 함수를 이용하여 확인하고, 선택된 취미 값을 배열로 얻어오도록 요청 파라미터명 hobby로 $_POST 전역변수를 사용하여 작성합니다.

**32~38행** 폼 페이지에서 전달받은 선택된 취미 값을 출력하도록 echo 문을 작성합니다.

▼ 실행 결과

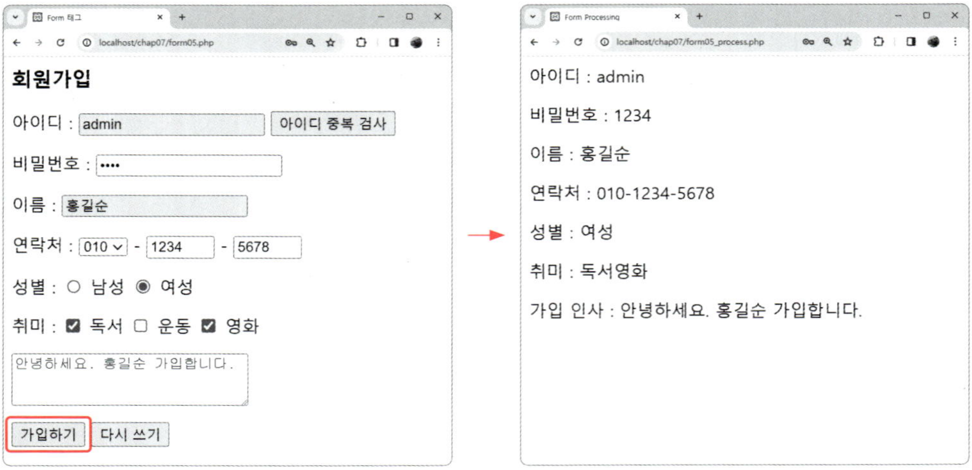

# 07 북마켓 도서 등록 페이지 만들기

폼 태그를 적용하여 북마켓의 도서 정보를 등록하는 폼 페이지를 만들고, 사용자로부터 새로운 도서의 정보 데이터를 입력받아 등록하여 출력하겠습니다.

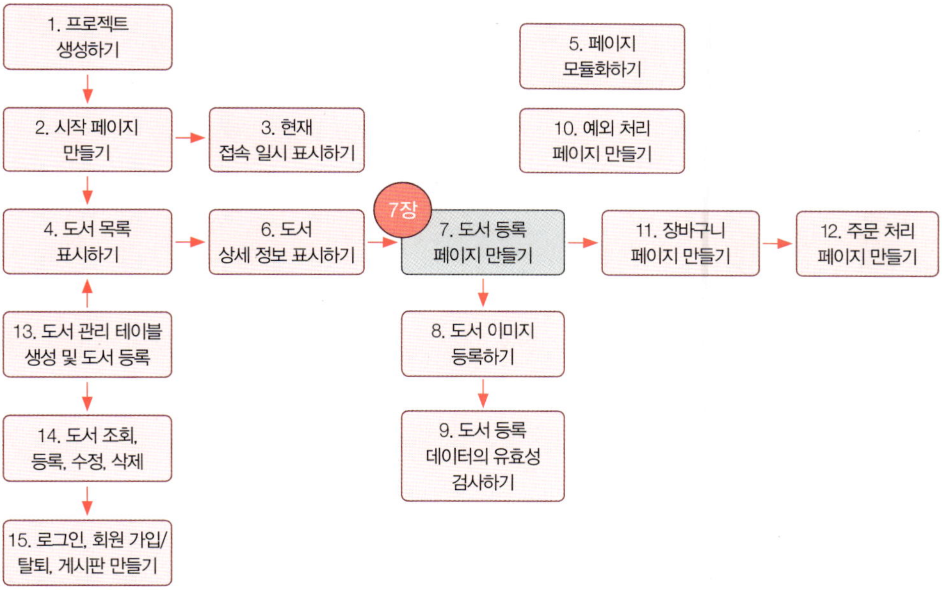


**그림 7-2** 작업 과정 확인: 도서 등록 페이지 만들기

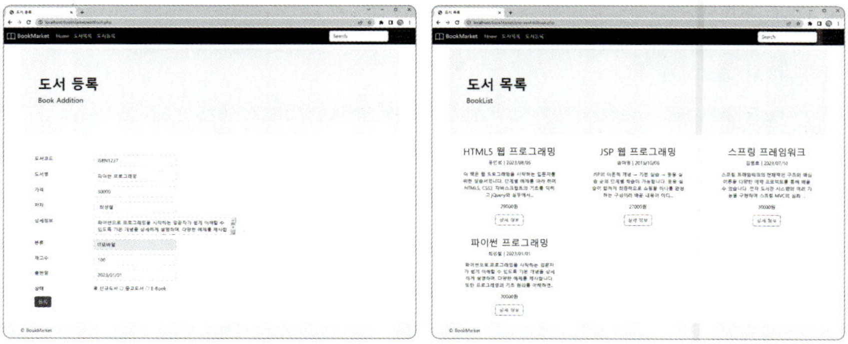


**그림 7-3** 완성된 북마켓 도서 등록 페이지

## 예제 7-6 도서 정보 등록 페이지 만들기

북마켓의 도서 정보를 등록하는 페이지를 만들어보겠습니다.

**1 [도서 등록] 메뉴 추가하기:** 'menu.php' 파일에 다음과 같이 [도서 등록] 메뉴를 추가합니다.

BookMarket/menu.php

```
01  ...
02      <li class="nav-item">
03          <a class="nav-link active" aria-current="page" href="./books.php">도서 목록</a>
04      </li>
05
06      <li class="nav-item">
07          <a class="nav-link active" aria-current="page" href="./addBook.php">도서 등록</a>
08      </li>
09  </ul>
10  ...
```

**06~08행** 도서 등록 페이지를 표시하도록 [도서 등록] 메뉴를 추가합니다.

**2 도서 등록 페이지 만들기:** 'addBook.php' 파일을 생성하고 다음과 같이 작성합니다.

BookMarket/addBook.php

```
<!doctype html>
<html class="h-100" >
<head>
  <title>도서 등록</title>
  <link href="https://getbootstrap.com/docs/5.3/dist/css/bootstrap.min.css" rel="stylesheet">
</head>
<body class="d-flex flex-column h-100">
  <?php
  require "./menu.php";
 ?>
```

```
<br>
<main>
<div class="container py-5">
  <div class="p-5 mb-4 bg-body-tertiary rounded-3">
    <div class="container-fluid py-5">
      <h1 class="display-5 fw-bold">도서 등록</h1>
      <p class="col-md-8 fs-4">Book Addition</p>
    </div>
  </div>
  <div class="row align-items-md-stretch">
    <div class="col-md-12">
      <div class="h-100 p-5">
        <form name="newBook" action="./processAddBook.php" method="post">
          <div class="mb-3 row">
            <label class="col-sm-2">도서코드</label>
            <div class="col-sm-3">
              <input type="text" name="bookId" class="form-control" >
            </div>
          </div>
          <div class="mb-3 row">
            <label class="col-sm-2">도서명</label>
            <div class="col-sm-3">
              <input type="text" name="name" class="form-control" >
            </div>
          </div>
          <div class="mb-3 row">
            <label class="col-sm-2">가격</label>
            <div class="col-sm-3">
              <input type="text" name="unitPrice" class="form-control" >
            </div>
          </div>
          <div class="mb-3 row">
            <label class="col-sm-2">저자</label>
            <div class="col-sm-3">
              <input type="text" name="author" class="form-control">
            </div>
          </div>
```

```
      <div class="mb-3 row">
        <label class="col-sm-2">상세정보</label>
        <div class="col-sm-5">
          <textarea name="description" cols="50" rows="2" class="form-control" placeholder="100자 이상 적어주세요"></textarea>
        </div>
      </div>
      <div class="mb-3 row">
        <label class="col-sm-2">분류</label>
        <div class="col-sm-3">
          <input type="text" name="category" class="form-control" >
        </div>
      </div>
      <div class="mb-3 row">
        <label class="col-sm-2">재고수</label>
        <div class="col-sm-3">
          <input type="text" name="unitsInStock" class="form-control" >
        </div>
      </div>
      <div class="mb-3 row">
        <label class="col-sm-2">출판일</label>
        <div class="col-sm-3">
          <input type="text" name="releaseDate" class="form-control">
        </div>
      </div>
      <div class="mb-3 row">
        <label class="col-sm-2">상태</label>
        <div class="col-sm-5">
          <input type="radio" name="condition" value="New " checked> 신규도서
          <input type="radio" name="condition" value="Old" > 중고도서
          <input type="radio" name="condition" value="EBook" > E-Book
        </div>
      </div>
      <div class="mb-3 row">
        <div class="col-sm-offset-2 col-sm-10 ">
          <input type="submit" class="btn btn-primary" value="등록" >
        </div>
```

```
84              </div>
85            </form>
86          </div>
87        </div>
88      </div>
89    </div>
90    </main>
91    <?php
92    require "./footer.php";
93    ?>
94    </body>
95    </html>
```

**23행** 입력 양식에 입력된 데이터를 서버로 전송하여 폼 데이터를 처리하도록 form 태그의 action 속성값, method 방식을 작성합니다.

**27, 33, 39, 45행** 도서 코드, 도서명, 가격, 저자를 입력받도록 input 태그의 type 속성값을 text로 작성하고 name 속성값을 각각 bookId, name, unitPrice, author로 작성합니다.

**51행** 도서 설명 값을 여러 줄로 입력받도록 너비와 높이를 각각 50, 2로 하여 textarea 태그를 작성하고 name 속성값을 description으로 작성합니다.

**57, 63, 69행** 분류, 재고, 출판일 값을 입력받도록 input 태그의 type 속성값을 text로 작성하고 name 속성값을 각각 category, unitsInStock, releaseDate으로 작성합니다.

**75~77행** 도서 상태 값 중 하나만 선택 입력받도록 input 태그 3개의 type 속성값을 radio로 작성하고 name 속성값을 condition으로 작성합니다.

**82행** 입력된 데이터를 서버로 전송하도록 input 태그의 type 속성값을 submit로 작성합니다.

## 예제 7-7 도서 정보 등록 데이터 처리하기

북마켓의 도서 정보 등록 페이지에서 입력된 데이터를 저장하는 함수를 만들고 새로 등록한 도서 정보를 출력해보겠습니다.

**1 신규 도서 데이터를 저장하는 함수 만들기:** 'model.php' 파일에 신규 도서 정보를 저장하는 함수를 다음과 같이 추가합니다.

BookMarket/model.php

```
...
function getBookById($id){
...
return $bookById;
}
function addBook($bookId, $nbook){
    global $BookArray;
    $BookArray[$bookId]["name"] = $nbook["name"];
    $BookArray[$bookId]["unitPrice"] = $nbook["unitPrice"];
    $BookArray[$bookId]["author"] = $nbook["author"];
    $BookArray[$bookId]["description"] = $nbook["description"];
    $BookArray[$bookId]["category"] = $nbook["category"];
    $BookArray[$bookId]["unitsInStock"] = $nbook["unitsInStock"];
    $BookArray[$bookId]["releaseDate"] = $nbook["releaseDate"];
    $BookArray[$bookId]["condition"] = $nbook["condition"];
}
?>
```

**2 신규 도서 등록 처리 페이지 만들기:** 'processAddBook.php' 파일을 생성하고 다음과 같이 작성합니다.

BookMarket/processAddBook.php

```
<!doctype html>
<html class="h-100" >
    <title>도서 목록</title>
<head>
    <link href="https://getbootstrap.com/docs/5.3/dist/css/bootstrap.min.css"
rel="stylesheet">
</head>
<body class="d-flex flex-column h-100">
<?php
require "./model.php";
require "./menu.php";
?>
<br>
```

```
<main>
<div class="container py-5">
    <div class="p-5 mb-4 bg-body-tertiary rounded-3">
        <div class="container-fluid py-5">
            <h1 class="display-5 fw-bold">도서 목록</h1>
            <p class="col-md-8 fs-4">BookList</p>
        </div>
    </div>
    <div class="row align-items-md-stretch text-center">
    <?php
    $bookId = $_POST["bookId"];
    $name = $_POST["name"];
    $unitPrice = $_POST["unitPrice"];
    $author = $_POST["author"];
    $description = $_POST["description"];
    $category = $_POST["category"];
    $unitsInStock = $_POST["unitsInStock"];
    $releaseDate = $_POST["releaseDate"];
    $condition = $_POST["condition"];

    $newBook["name"] = $name;
    $newBook["unitPrice"] = $unitPrice;
    $newBook["author"] = $author;
    $newBook["description"] = $description;
    $newBook["category"] = $category;
    $newBook["unitsInStock"] = $unitsInStock;
    $newBook["releaseDate"] = $releaseDate;
    $newBook["condition"] = $condition;

    addBook($bookId, $newBook);

    $listOfBooks = getAllBooks();
    for ($i=0; $i<count($listOfBooks); $i++){
        $id = key($listOfBooks);
        $book = $listOfBooks[$id];
        next($listOfBooks);
    ?>
```

```
50          <div class="col-md-4">
51              <div class="h-100 p-5">
52                  <h2><?php echo $book["name"]; ?></h2>
53                  <p><?php  echo $book["author"]. " | ".$book["releaseDate"]; ?>
54                  <p><?php echo mb_substr($book["description"], 0, 90, 'utf-8')
    ."..."; ?>
55                  <p><?php echo $book["unitPrice"]; ?>원
56                  <p><a href="./book.php?id=<?php echo $id; ?>"><button class
    ="btn btn-outline-secondary" type="button">상세 정보</button></a>
57              </div>
58          </div>
59          <?php
60          }
61          ?>
62      </div>
63  </div>
64  </main>
65  <?php
66  require "./footer.php";
67  ?>
68  </body>
69  </html>
```

**23~31행** 폼 페이지에서 입력된 도서 아이디, 도서명, 가격, 저자, 설명, 분류, 재고, 출판일, 도서 상태 등의 값을 얻어오도록 요청 파라미터명 `bookId`, `name`, `unitPrice`, `author`, `description`, `category`, `unitsInStock`, `releaseDate`, `condition`으로 $_POST 전역변수를 사용하여 작성합니다.

**33~40행** 폼 페이지에서 입력받은 값을 배열 변수 `$newBook`에 저장합니다.

**42행** 폼 페이지에서 입력된 데이터를 전역변수에 저장하도록 'model.php' 파일의 addBook() 함수를 호출합니다.

**44행** 'model.php' 파일의 getAllBooks() 함수를 호출해 도서 목록을 가져옵니다.

**45~60행** 도서 목록을 출력합니다.

요약

## 01 폼 처리의 개요

- **폼(Form)**은 사용자가 웹 브라우저를 통해 입력한 모든 데이터를 웹 서버로 한 번에 전송하는 양식을 의미합니다.

- **폼 데이터 처리 과정**

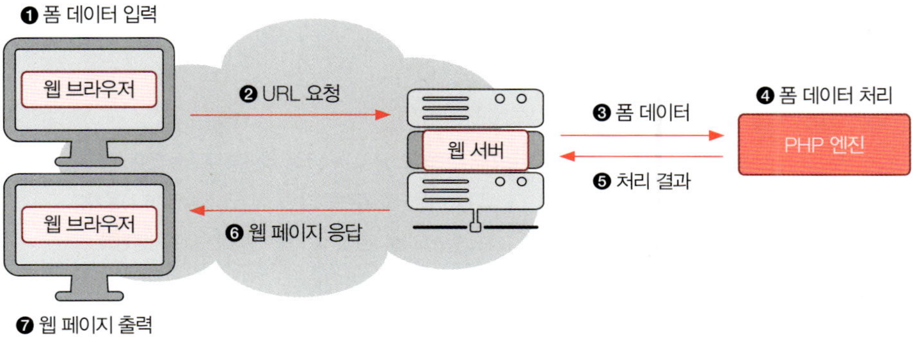


## 02 form 태그

- **form 태그**는 사용자가 다양한 정보를 입력하고 서로 전달할 때 사용하는 태그입니다. 단독으로 쓰이지 않고 사용자가 다양한 정보를 입력하는 양식을 포함하는 최상위 태그입니다.

```
<form 속성1="값1" [속성2="값2" ...]>
//다양한 입력 양식 태그(<input>, <select>, <textarea>)
</form>
```

[form 태그의 속성]

| 속성 | 설명 |
|---|---|
| action | 폼 데이터를 받아 처리하는 웹 페이지의 URL을 설정한다. |
| method | 폼 데이터가 전송되는 HTTP 방식을 설정한다. |
| name | 폼을 식별하기 위한 이름을 설정한다. |
| target | 폼 처리 결과의 응답을 실행할 프레임을 설정한다. |
| enctype | 폼을 전송하는 콘텐츠 MIME 유형을 설정한다. |
| accept-charset | 폼 전송에 사용할 문자 인코딩을 설정한다. |

## 03 input 태그

- **input 태그**는 사용자가 텍스트 입력이나 선택 등을 다양하게 할 수 있도록 공간을 만드는 태그로, 종료 태그 없이 단독으로 사용할 수 있습니다.

```
<input 속성1="값1" [속성2 ="값2" ...]>
```

[input 태그의 기본 속성]

| 속성 | 속성값 | 설명 |
|---|---|---|
| type | text | 기본값으로 한 줄의 텍스트를 입력할 때 사용한다. |
| | radio | 라디오 버튼으로 열거된 것 중 하나만 선택할 때 사용한다. |
| | checkbox | 체크 박스로 열거된 것 중 다중 선택을 할 때 사용한다. |
| | password | 암호를 입력할 때 사용한다. |
| | hidden | 보이지 않게 숨겨서 값을 전송할 때 사용한다. |
| | file | 업로드할 파일을 선택할 때 사용한다. |
| | button | 버튼 모양을 출력할 때 사용한다. |
| | image | 제출 버튼(Submit Button)에 쓰일 이미지를 정의할 때 사용한다. |
| | reset | 폼에 입력된 값을 모두 초기화할 때 사용한다. |
| | submit | 폼에 입력된 값을 모두 서버에 전송할 때 사용한다. |
| name | 텍스트 | 입력 양식을 식별하는 이름을 설정한다. |
| value | 텍스트 | 입력 양식의 초깃값을 설정한다. |

## 04 select 태그

- **select 태그**는 여러 개의 항목이 나타나는 목록 상자에서 항목을 선택하는 태그입니다. select 태그에는 시작 태그와 종료 태그가 있으며, 리스트 박스에 여러 항목을 추가 삽입하기 위해 반드시 option 태그를 포함해야 합니다.

```
<select 속성1="값1" [속성2 ="값2" ...]>
    <option 속성1="값" [속성1]> 항목1</option>
    <option 속성2="값" [속성2]> 항목2</option>
    ···(생략)···
</select>
```

[select 태그의 속성]

| 속성 | 속성값 | 설명 |
|---|---|---|
| name | 텍스트 | 목록 상자의 이름을 설정한다. |
| size | 숫자 | 한 번에 표시할 항목의 개수를 설정한다. |
| multiple | | 다중 선택할 수 있도록 한다. Ctrl를 눌러 목록 상자의 항목을 다중 선택한다. |

[option 태그의 속성]

| 속성 | 속성값 | 설명 |
|---|---|---|
| value | 텍스트 | 항목의 값을 설정한다. |
| selected | | 해당 항목을 초깃값으로 선택한다. |
| disabled | | 항목을 비활성화한다. |

## 05 textarea 태그

- **textarea 태그**는 여러 줄의 텍스트를 입력할 수 있는 태그로, 너비와 높이를 지정하기 위해 cols와 rows 속성을 설정합니다. 기본 값은 〈textarea〉와 〈/textarea〉 태그 사이에 설정하면 됩니다. textarea 태그의 가장 큰 특징은 입력 폼 안에 사용된 태그와 띄어쓰기가 그대로 출력된다는 것입니다.

```
<textarea cols="너비 값" rows="높이 값">
···(생략)···
</textarea>
```

[textarea 태그의 속성]

| 속성 | 속성값 | 설명 |
|---|---|---|
| name | 텍스트 | 이름을 설정한다. |
| cols | 숫자 | 입력할 텍스트 영역의 너비(열 크기)를 설정한다. |
| rows | 숫자 | 입력할 텍스트 영역의 높이(행 크기)를 설정한다. |
| wrap | off | 줄 바꿈을 설정한다.<br>wrap="off": 줄 바꿈을 하지 않고 문장을 입력할 때 수평 스크롤바가 생기고 옆으로 계속 문장이 입력된다. |
| | soft | wrap="soft": Enter를 누르지 않아도 텍스트라인 끝에서 자동으로 행이 바뀐다. |
| | hard | wrap="hard": soft 상태와 비슷하며 실제 내용을 서버에 전송할 때 캐리지 리턴 문자를 전달한다. |

## 06 폼 데이터 처리하기

```
변수=$_GET["요청 파라미터명"];        //HTTP 요청이 GET 방식인 경우
변수=$_POST["요청 파라미터명"];       //HTTP 요청이 POST 방식인 경우
변수=$_REQUEST["요청 파라미터명"];    //HTTP 요청이 GET 또는 POST 방식인 경우
```

## 연습문제

**01** 폼을 구성하는 태그의 종류로 옳지 않은 것은?

① form: 폼을 정의하는 태그로 최상위 태그입니다.

② input: 사용자가 입력할 수 있는 태그입니다.

③ select: 항목을 선택할 수 있는 태그입니다.

④ textarea: 한 줄을 입력할 수 있는 태그입니다.

**02** form 태그의 속성으로 옳지 않은 것은?

① action: 폼 데이터를 받아 처리하는 웹 페이지의 URL을 설정합니다.

② method: 폼 데이터가 전송되는 HTTP 방식을 설정합니다.

③ name: 폼을 식별하기 위한 이름으로 중복으로 설정할 수 있습니다.

④ enctype: 폼을 전송하는 콘텐츠 MIME 유형을 설정합니다.

**03** input 태그의 type 속성 값으로 옳지 않은 것은?

① text: 기본 값으로 한 줄의 텍스트를 입력할 때 사용합니다.

② password: 암호를 입력할 때 사용합니다.

③ reset: 폼에 입력된 값을 모두 초기화할 때 사용합니다.

④ checkbox: 체크박스로 열거된 것 중 하나만 선택할 때 사용합니다.

**04** input 태그의 type 속성값 중에서 보이지 않게 숨겨서 값을 전송할 때 사용하는 것은?

① text ② password ③ reset ④ hidden

**05** 폼 페이지에서 전송된 데이터를 전달받는 전역변수로 옳지 않은 것은?

① $_GET ② $_POST

③ $_REQUEST ④ $_RESPONSE

**06** 다음 폼 페이지에서 회원 가입의 양식의 연락처 입력 형식의 프로그램의 밑줄에 들어갈 올바른 것은?

```
<form action ="#" method ="get">
  <p> 연락처 : <______ name = "phone1">
    <option value = "02">02</option>
    <option value = "031">031</option>
    <option value = "032">032</option>
    </______> - <input type = "text" maxlength = "4" size = "4" name = "phone2">
              - <input type = "text" maxlength = "4" size = "4" name = "phone3"
</form>
```

① request  ② select

③ input  ④ textarea

**07** form 태그를 이용하여 다음 조건에 맞게 PHP 애플리케이션을 만들고 실행하여 결과를 확인하시오.

**조건**

❶ 'ex08.php' 파일을 생성합니다.

- input 태그 내에 text 유형을 이용하여 이름, 주소, 이메일 항목을 작성합니다.
- form 태그의 action 속성 값은 ex08_process.php로 작성합니다.

❷ ex08_process.php 파일을 생성합니다.

- $_POST 변수를 이용하여 전송된 요청 파라미터 값을 전달 받습니다.
- echo 문을 이용하여 전송된 요청 파라미터 값을 출력합니다.

❸ 웹 브라우저에 'http://localhost/chap07/ex08.php'를 입력하여 실행 결과를 확인합니다.

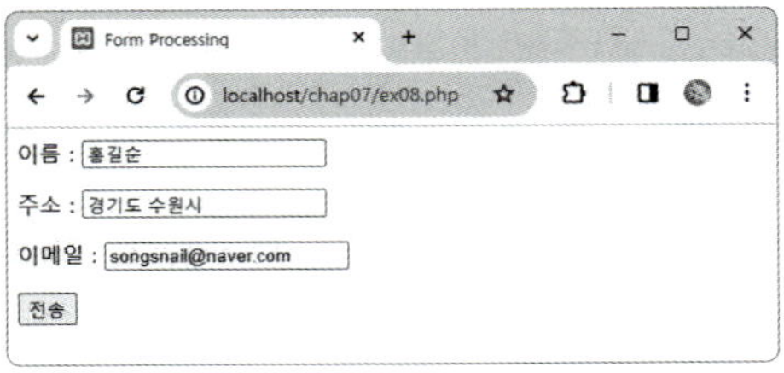


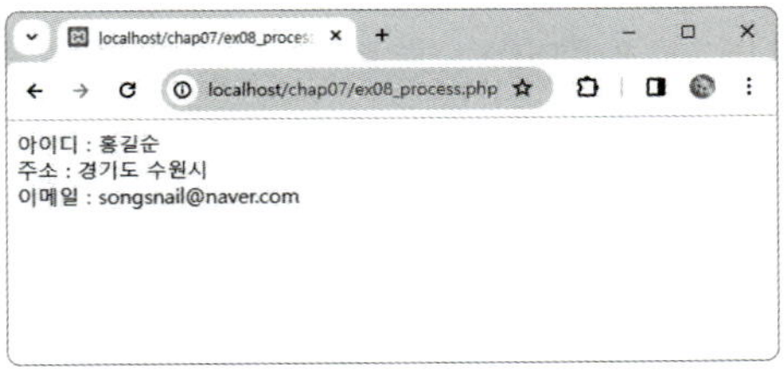

**08** 다음 폼 페이지에서 여러 줄의 텍스트를 입력할 수 있도록 프로그램의 밑줄에 들어갈 올바른 것은?

```
<form action = "#" method ="get">
    <__________ name = "comment" cols ="30" rows ="3"></__________>
    <p> <input type = "submit" value = "전송" />
    <input type ="reset" value = "취소" />
</form>
```

① textarea　　② string

③ text　　④ area

**09** form 태그를 이용하여 다음 조건에 맞게 PHP 애플리케이션을 만들고 실행하여 결과를 확인하시오.

**조건**

❶ 'ex09.php' 파일을 생성합니다.

- input 태그 내에 text 유형을 이용하여 이름, 주소, 이메일 항목을 작성합니다.
- form 태그에 action 속성 값은 ex08_process.php로 작성합니다.

❷ 'ex09_process.php' 파일을 생성합니다.

- $_GET 변수를 이용하여 전송된 요청 파라미터 값을 전달 받습니다.
- echo 문을 이용하여 전송된 요청 파라미터 값을 출력합니다.

❸ 웹 브라우저에 'http://localhost/chap07/ex09.php'를 입력하여 실행 결과를 확인합니다.

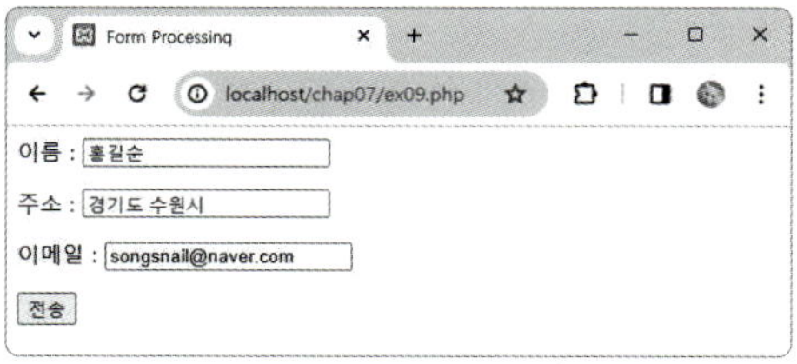


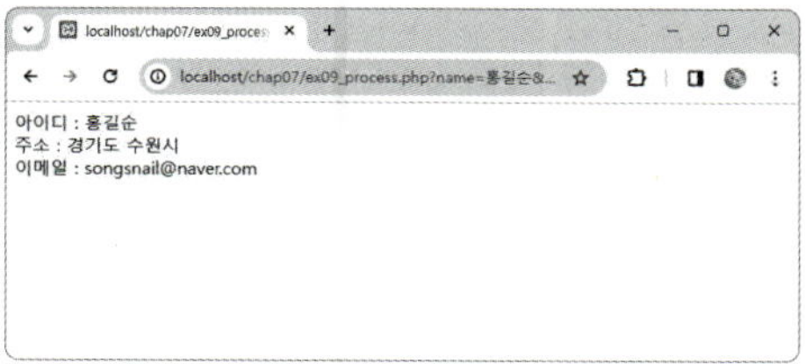

**10** form 태그를 이용하여 다음 조건에 맞게 PHP 애플리케이션을 만들고 실행하여 결과를 확인하시오.

**조건**

❶ 'ex10.php' 파일을 생성합니다.

- input 태그 내에 checkbox 유형을 이용하여 오렌지, 사과, 바나나 항목을 작성합니다.
- form 태그의 action 속성 값은 ex10_process.php로 작성합니다.

❷ 'ex10_process.php' 파일을 생성합니다.

- $_POST 변수를 이용하여 전송된 요청 파라미터 값을 전달 받습니다.

❸ 웹 브라우저에 'http://localhost:8080/chap07/ex10.php'를 입력하여 실행 결과를 확인합니다.

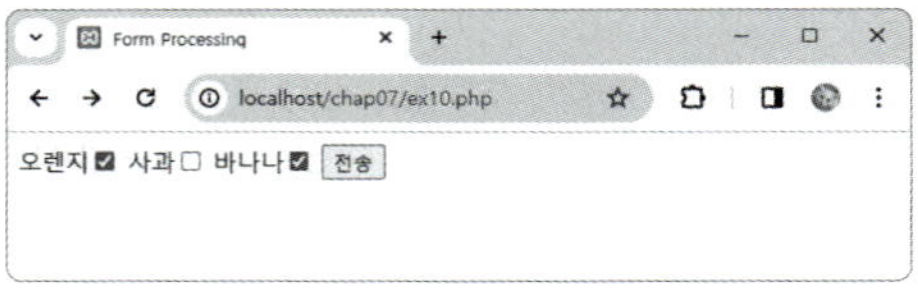


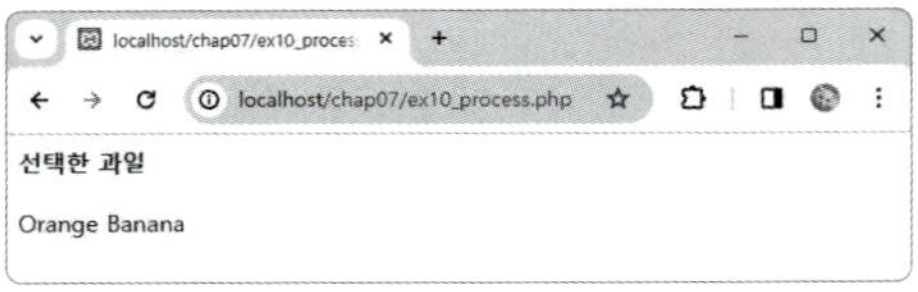

# CHAPTER 08

# 파일 입출력과 업로드: 도서 이미지 등록하기



**학습목표**

- 파일 입출력에 대해 이해하고 사용법을 익힙니다.
- 파일을 업로드하는 방법을 익힙니다.
- 파일을 다운로드하는 방법을 익힙니다.
- 북마켓에 도서 이미지를 등록합니다.

# PREVIEW

파일을 생성하고 저장하는 방법과 파일에 작성된 내용을 읽어오는 방법에 대해 자세히 알아보고, 웹 브라우저에서 서버로 파일을 저장하는 파일 업로드와 서버로부터 파일을 가져오는 다운로드 방법에 대해 알아봅니다. 그리고 도서 정보를 파일로 관리하고, 도서 이미지 파일을 서버에 업로드하여 도서 이미지를 등록하고, 등록한 이미지를 다운로드하도록 만들어봅니다.

## 01 파일 입출력의 개요

PHP는 웹 서버에 저장된 파일의 데이터를 저장, 삭제, 변경, 복사하거나 파일의 생성, 접근, 삭제 작업을 편리하게 할 수 있도록 다양한 내장 함수를 제공합니다. 웹 서버의 특정 경로에 파일을 생성하여 데이터를 저장하거나 읽는 과정은 다음과 같습니다.

❶ **파일 열기(생성하기)**: fopen() 메서드를 이용하여 특정 경로에 저장된 파일을 엽니다. 파일을 열기 전에 파일의 존재 여부를 file_exists() 메서드로 확인할 수 있습니다.

❷ **파일 읽기/쓰기**: 파일 내용 읽기 또는 쓰기 작업을 수행합니다. 읽기 작업은 fread() 메서드로, 쓰기 작업은 fwrite() 메서드로 수행합니다.

❸ **파일 읽기/쓰기 종료하기(닫기)**: 파일 읽기 또는 쓰기 작업을 완료한 뒤 이를 종료합니다. 즉 close() 메서드로 파일 읽기 또는 쓰기 작업을 닫습니다.

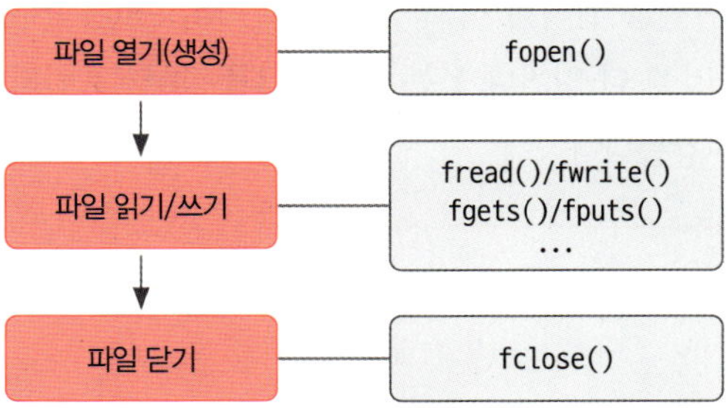


**그림 8-1** 파일 읽기/쓰기 처리 과정

파일을 입출력할 때 주로 사용되는 함수는 다음과 같습니다.

**표 8-1** 파일 입출력의 주요 함수

| 함수 | 설명 |
| --- | --- |
| file_exists() | 파일이나 디렉터리가 존재하는지 확인한다. |
| fopen() | 파일 또는 URL을 연다. |
| fclose() | 열린 파일 포인터를 닫는다. |
| fwrite() | 파일에 데이터를 쓴다. |

| | |
|---|---|
| fread() | 파일로부터 데이터를 읽는다. |
| feof() | 파일의 끝에 도달했는지 확인한다. |
| copy() | 파일을 복사한다. |
| file_get_contents() | 전체 파일을 문자열로 읽어온다. |
| unlink() | 파일을 삭제한다. |
| filesize() | 파일 크기를 구한다. |
| rename() | 파일명을 변경한다. |
| mkdir() | 새 디렉터리를 생성한다. |

**TIP** 파일 입출력 함수에 대한 자세한 내용은 https://www.php.net/manual/en/ref.filesystem.php 사이트를 참고합니다.

## 1 파일 열기와 닫기

파일 작업을 하려면 먼저 파일을 열어야(생성해야) 합니다. PHP 스크립트에서는 종료될 때 열려 있는 모든 파일이 자동으로 닫히지만, 작업을 마친 후에는 직접 파일을 닫는 것이 좋습니다.

파일을 열 때는 fopen() 함수를 사용합니다. 파일을 열려는 시도가 실패하면 fopen() 함수는 false 값을 반환하고 그렇지 않으면 해당 파일을 더 읽거나 쓰는 데 사용되는 파일 포인터를 반환합니다. fopen() 함수의 형식은 다음과 같습니다.

```
resource fopen(
    string $filename,
    string $mode,
    bool $use_include_path = false,
    ?resource $context = null
)
```

**표 8-2** fopen() 함수의 매개변수와 역할

| 매개변수 | 역할 |
|---|---|
| $filename | 파일의 경로 및 이름이다. |
| $mode | 스트림에 필요한 액세스 유형을 지정한다. |
| $use_include_path | 선택적 매개변수로 파일을 검색하려는 경우 1이나 true로 설정할 수 있다. |
| $context | 컨텍스트 스트림 리소스이다. |

매개변수 $mode는 다음과 같은 모드 중에서 선택할 수 있습니다.

**표 8-3** $mode의 모드 종류

| 모드 | 기능 |
|---|---|
| r | 읽기 전용으로 파일을 연다. |
| r+ | 읽고 쓰기 위해 파일을 연다. |
| w | 쓰기 전용으로 파일을 열고 파일 내용을 지운다. 파일이 존재하지 않으면 PHP는 파일 생성을 시도한다. |
| w+ | 읽기 및 쓰기용으로 파일을 열고 파일의 내용을 지운다. 파일이 존재하지 않으면 PHP는 파일 생성을 시도한다. |
| a | 쓰기 전용으로 파일을 열고, 파일 끝에 기록하여 파일 내용을 보존한다. 파일이 존재하지 않으면 PHP는 파일 생성을 시도한다. |
| a+ | 읽고 쓰기 위해 파일을 열고, 파일 끝에 기록하여 파일 내용을 보존한다. 파일이 존재하지 않으면 PHP는 파일 생성을 시도한다. |

파일을 닫을 때는 fclose() 함수를 사용합니다. fclose() 함수는 파일 닫기가 성공하면 true를 반환하고 실패하면 false를 반환합니다. fclose() 함수의 형식은 다음과 같습니다.

```
fclose(resource $stream): bool
```

**표 8-4** fclose()의 매개변수와 역할

| 매개변수 | 역할 |
|---|---|
| $stream | 파일의 포인터 리소스이다. |

다음은 'data.txt' 파일을 읽기 전용 모드로 열고 닫는 예입니다.

**[파일 열기 및 닫기의 예]**

```
<?php
$handle=fopen("data.txt", "r"); //파일 열기
...
fclose($handle);                //파일 닫기
?>
```

만약 존재하지 않는 파일을 열려고 하면 경고 메시지가 출력됩니다. 이러한 메시지를 피하려면 파일이나 디렉터리에 접근하기 전에 file_exists() 메서드를 사용하여 파일이나 디렉터리가 존재하는지 확인해야 합니다.

**[file_exists() 함수의 사용 예]**

```
<?php
$file = "data.txt";

if(file_exists($file)){      // 파일 존재 여부 확인
    $handle = fopen($file, "r");
    fclose($handle);
} else{
    echo "오류: 파일이 존재하지 않습니다.";
}
?>
```

오류: 파일이 존재하지 않습니다.

**TIP** 파일 및 디렉터리에 대한 작업은 오류가 발생하기 쉽습니다. 따라서 오류가 발생하는 경우 스크립트가 오류를 정상적으로 처리할 수 있도록 특정 형태의 오류 검사를 구현하는 것이 좋습니다. PHP 오류 처리에 대한 자세한 내용은 CHAPTER 09를 참고합니다.

## 2 파일 쓰기

PHP에서는 파일에 데이터를 저장하는 여러 가지 파일 쓰기 함수를 제공합니다. 한 번의 작업으로 한 문자부터 전체 파일까지 저장할 수 있습니다.

**표 8-5 파일 쓰기 주요 함수 유형**

| 함수명 | 설명 |
|---|---|
| fwrite() | 파일에서 데이터를 한 번에 한 줄씩 쓰는 데 사용한다. |
| fputs() | 파일에서 데이터를 한 번에 한 줄씩 쓰는 데 사용한다. |
| file_put_contents() | 파일에서 데이터를 한 번에 쓰는 데 사용한다. |

**TIP** 파일 입출력 함수에 대한 자세한 내용은 https://www.php.net/manual/en/ref.filesystem.php 사이트를 참고합니다.

파일 쓰기 주요 함수인 fwrite(), fputs()의 형식은 다음과 같습니다.

```
int fwrite(resource $stream, string $data, ?int $length=null)
int fputs(resource $stream, string $data, ?int $length=null)
```

**표 8-6** fwrite( ), fputs( )의 매개변수와 역할

| 매개변수 | 역할 |
|---|---|
| $stream | 파일의 포인터 리소스이다. |
| $data | 쓰일 문자열이다. |
| $length | 쓰일 문자열의 길이이다. |

다음은 fwrite( ) 메서드를 사용하여 'data.txt' 파일을 열고 텍스트를 쓰는 예시입니다.

[fwrite( ) 함수의 사용 예]

```
<?php
$file = "data.txt";
$str = "Hello! PHP Programming ";
$handle = fopen($file, "w");

if(file_exists($file)){
    fwrite($handle,  $str);
    fclose($handle);
    echo "파일 쓰기 성공";
}
else{
    echo "파일 쓰기 실패";
}
?>
```

파일 쓰기 성공

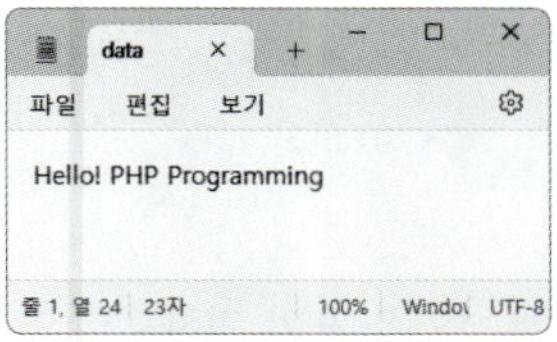


## 예제 8-1 파일에 구구단 저장하기

[chap08] 폴더에 'gugudan.txt' 파일을 생성하여 2단부터 9단까지 구구단을 저장해보겠습니다. 먼저 [chap08] 폴더에 'fileio01.php' 파일을 생성하여 다음과 같이 작성하고 웹 브라우저에 'http://localhost/chap08/fileio01.php'를 입력하여 실행 결과를 확인합니다.

chap08/fileio01.php

```
01  <html>
02  <head>
03      <title>파일 입출력</title>
04  </head>
05  <body>
06  <?php
07  $file = "gugudan.txt";
08
09  $handle = fopen($file, "w");
10
11  if(file_exists($file)){
12      for($x=2; $x<=9 ;$x++){
13          for($y=1; $y<=9 ;$y++){
14              $str = $x. " X " . $y ."= " . ($x*$y) ."\n";
15              fwrite($handle, $str);
16          }
17      }
18      fclose($handle);
19      echo "파일 쓰기 성공";
20  }
21  else{
22      echo "파일 쓰기 실패";
23  }
24  ?>
25  </body>
26  </html>
```

**09행** 파일을 쓰기 권한으로 엽니다.

**11행** 서버 측에 파일이 있는지 확인합니다.

**12~17행** 2~9단까지의 구구단을 계산하여 파일에 저장합니다.

**18행** 열려 있는 파일을 닫습니다.

▼ 실행 결과

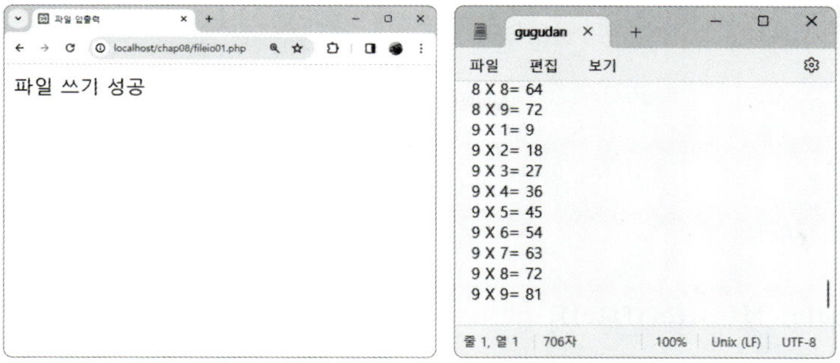


## 3 파일 읽기

PHP에서는 파일에서 데이터를 읽는 여러 가지 함수를 제공합니다. 한 번의 작업으로 한 문자부터 전체 파일까지 읽을 수 있습니다.

**표 8-7 파일 읽기 주요 함수 유형**

| 함수명 | 설명 |
|---|---|
| fread() | 설정된 최대 바이트만큼 읽는 데 사용한다. |
| fgets() | 파일에서 데이터를 한 번에 한 줄씩 읽는 데 사용한다. |
| fgetc() | 파일에서 데이터를 한 번에 한 글자씩 읽는 데 사용한다. |
| file_get_contents() | 파일에서 데이터를 한 번에 모두 읽는 데 사용한다. |
| readfile() | 파일에서 데이터를 한 번에 모두 읽는 데 사용한다. |

파일 읽기의 주요 함수인 fread(), fgets()의 형식은 다음과 같습니다.

```
string fread(resource $stream, int $length)
string fgets(resource $stream, int $length=null)
```

**표 8-8 fread(), fgets()의 매개변수와 역할**

| 매개변수 | 역할 |
|---|---|
| $stream | 파일의 포인터 리소스이다. |
| $length | 쓰일 문자열의 길이이다. |

다음은 fread( ) 함수를 사용하여 'data.txt' 파일을 열고 텍스트를 읽는 예시입니다.

[fread( ) 함수의 사용 예]

```
<?php
$file = "data.txt";
$handle = fopen($file, "r");

$content = fread($handle, filesize($file)); // 파일 크기만큼 $content 변수에 저장
echo $content."<br>";                       // 출력

fclose($handle);
?>
```

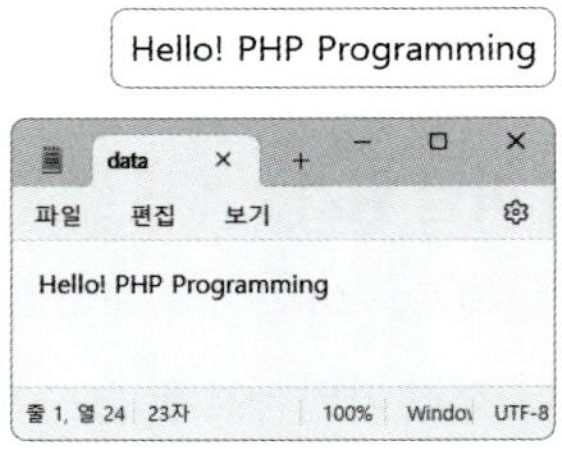


## 예제 8-2 파일에서 구구단 읽어오기

[예제 8-1]에서 구구단을 저장한 gugudan.txt 파일에서 구구단을 읽어 출력해보겠습니다. [chap08] 폴더에 'fileio02.php' 파일을 생성하여 다음과 같이 작성하고 웹 브라우저에 'http://localhost/chap08/fileio02.php'를 입력하여 실행 결과를 확인합니다.

chap08/fileio02.php

```
<?php
$file = "gugudan.txt";
$handle = fopen($file, "r");

if(file_exists($file)){
    while(!feof($handle)){
        $content = fgets($handle);     // 한 줄씩 $content 변수에 저장
        echo $content."<br>";          // 출력
    }
    fclose($handle);
    echo "파일 읽기 성공";
}
```

```
13  else{
14      echo "파일 읽기 실패";
15  }
16  ?>
```

**03행** 파일을 읽기 권한으로 엽니다.

**05행** 서버 측에 파일이 있는지 확인합니다.

**06~09행** feof() 메서드를 사용하여 파일의 끝부분까지 도달할 때까지 파일의 내용을 한 줄씩 읽어 저장하고 이를 출력합니다.

**10행** 열려 있는 파일을 닫습니다.

▼ 실행 결과

# 02 파일 업로드

**파일 업로드**(File Upload)는 웹 브라우저에서 서버로 파일을 전송하여 저장하는 것을 말합니다. PHP에서는 파일 업로드 기능과 HTML의 폼 태그를 사용하여 쉽게 파일을 업로드할 수 있습니다. 업로드할 수 있는 파일에는 텍스트 파일, 바이너리 파일, 이미지 파일, 문서 등 다양한 유형이 있습니다.

**NOTE 파일 업로드를 위한 구성 파일 'php.ini' 살펴보기**

PHP에서 파일 업로드 기능을 활성화하려면 구성 파일 'php.ini'에서 file_uploads 변수를 ON으로 설정해야 합니다. 그 외에 업로드할 파일에 대한 크기나 특성에 따라 구성 파일 'php.ini'에 설정되어 있는 기본값을 변경할 수 있습니다.

**표 8-9 업로드 파일을 위한 주요 설정 변수**

| 변수 | 역할 | 설명 |
|---|---|---|
| file_uploads | 파일 업로드 여부 | 파일을 업로드하려면 file_uploads 변수의 값이 ON이어야 한다. ON이 아니면 파일을 서버에 업로드할 수 없다. |
| upload_tmp_dir | 업로드 파일의 임시 저장 경로 | 사용자가 업로드한 파일을 저장하는 데 사용할 임시 디렉터리를 설정한다. |
| upload_max_filesize | 업로드 파일의 최대 크기 | 서버에 업로드할 수 있는 파일의 최대 크기를 구성하는 데 사용된다. |
| max_file_uploads | 업로드할 파일 최대 수 | 사용자가 한 번에 업로드할 수 있는 최대 파일 수를 설정하는 데 사용된다. |
| post_max_size | POST 데이터의 최대 크기 | POST 방식으로 업로드되는 데이터의 최대 크기를 설정하는 데 사용된다. 파일은 POST 요청으로 업로드되므로 upload_max_filesize에 설정한 값보다 커야 한다. |
| max_execution_time | 최대 실행 시간 | 스크립트가 서버에서 실행될 수 있는 최대 실행 시간(초) 동안 사용된다. |
| max_input_time | 최대 입력 구문 분석 시간 | 스크립트가 사용자의 입력(또는 요청) 데이터를 구문 분석하는 데 허용되는 최대 시간(초)이다. |
| memory_limit | 메모리 제한 | 스크립트가 서버에서 소비할 수 있는 최대 메모리를 나타낸다. 대용량 파일을 업로드하는 동안 문제가 발생하는 경우 post_max_size에 설정한 값보다 큰 값을 설정해야 한다. |

TIP xampp가 설치되었다면 구성 파일 'php.ini'는 [xampp/php] 폴더에 있습니다.

## 1 파일 업로드를 위한 웹 페이지

웹 브라우저에서 서버로 파일을 전송하기 위해 PHP 페이지에 폼 태그를 작성할 때는 몇 가지 중요한 규칙을 따라야 합니다. 형식은 다음과 같습니다.

```
<form method="POST" enctype="multipart/form-data" action="PHP 파일">
    <input type="file" name="요청 파라미터명">
</form>
```

❶ form 태그의 method 속성은 반드시 POST 방식으로 설정해야 합니다.

❷ form 태그의 enctype 속성은 반드시 multipart/form-data로 설정해야 합니다.

❸ form 태그의 action 속성은 파일 업로드를 처리할 PHP 파일로 설정해야 합니다.

❹ 파일 업로드를 위해 input 태그의 type 속성을 file로 설정해야 합니다. 여러 파일을 업로드하려면 2개 이상의 input 태그를 사용하고 name 속성에 서로 다른 값을 설정합니다.

다음은 웹 페이지에 파일 업로드를 위한 폼 태그를 사용하는 예입니다.

**[파일 업로드를 위한 웹 페이지의 예]**

```
<html>
<head>
    <title>File Upload</title>
</head>
<body>
    <form method="post" enctype="multipart/form-data" action="process.php">
        <p>제목 : <input type="text" name="title">
        <p>파일 : <input type="file" name="fileToUpload">
        <p><input type="submit" value="submit">
    </form>
</body>
<html>
```

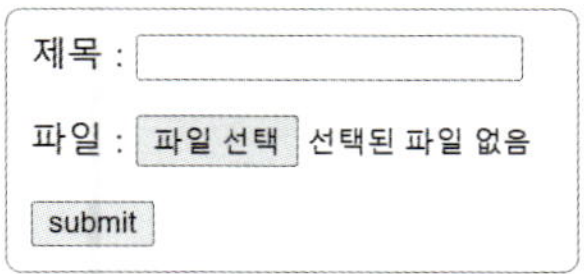

## 2 파일 업로드 처리하기

웹 브라우저에서 파일을 업로드하면 서버는 요청 파라미터를 분석하여 파일을 찾고 서버의 자원(파일 저장 폴더)에 저장하는 과정을 거칩니다. 이러한 파일 업로드 처리에는 move_uploaded_file() 함수를 사용합니다.

move_uploaded_file() 함수는 POST 방식을 통해 파일이 업로드되었는지 내부적으로 확인하고 파일이 업로드되면 파일을 새로운 위치로 이동시킵니다.

```
bool move_uploaded_file(string $from, string $to)
```

표 8-10 move_uploaded_file()의 매개변수

| 매개변수 | 역할 |
|---|---|
| $from | 업로드된 파일의 이름이다. |
| $to | 이동된 파일의 저장 경로이다. |

다음은 앞에서 살펴본 '파일 업로드를 위한 웹 페이지의 예'에서 파일 업로드를 처리하는 PHP 파일로, action 속성값으로 설정한 'process.php' 파일의 예입니다.

[파일 업로드 처리의 예]

```
//process.php
<?php
$target_path = "c:/upload/".basename( $_FILES['fileToUpload']['name']);

if(move_uploaded_file($_FILES['fileToUpload']['tmp_name'], $target_path)){
    echo "파일 업로드 성공!";
}
else{
    echo "파일 업로드 실패!";
}
?>
```

▼ 실행 결과

TIP 파일이 성공적으로 업로드되면 서버의 임시 디렉터리에 자동으로 저장됩니다. 이 파일을 영구적으로 저장하려면 PHP의 move_uploaded_file() 함수를 사용하여 임시 디렉터리에서 영구적인 위치로 파일을 이동해야 합니다.

## 3 업로드된 파일의 정보 얻기

업로드된 파일을 처리하는 데는 PHP의 전역변수인 $_FILES를 사용합니다. 이 변수는 연관 이중 차원 배열이며 업로드된 파일과 관련된 모든 정보를 유지합니다. 따라서 폼 페이지에서 입력 항목의 type 속성에 할당된 값이 file인 경우 다음과 같이 $_FILES를 사용하여 파일명, 파일 유형, 파일 크기, 임시 파일명 및 파일 업로드와 관련된 오류 코드를 얻을 수 있습니다.

표 8-11 $_FILES의 변수

| 변수 | 설명 |
|---|---|
| `$_FILES['file']['tmp_name']` | 웹 서버의 임시 디렉터리에 업로드된 파일이다. |
| `$_FILES['file']['name']` | 업로드된 파일의 실제 이름이다. |
| `$_FILES['file']['size']` | 업로드된 파일의 크기(바이트)다. |
| `$_FILES['file']['type']` | 업로드된 파일의 MIME 유형이다. |
| `$_FILES['file']['error']` | 파일 업로드와 관련된 오류 코드이다. |

다음은 업로드된 파일의 세부 정보를 표시하고 웹 서버의 임시 디렉터리에 저장하는 PHP 코드의 예입니다.

[업로드 파일 정보의 예]

```
<?php
if($_FILES["fileToUpload"]["error"] > 0){
    echo "Error: " . $_FILES["fileToUpload"]["error"] . "<br>";
}
else{
    echo "파일이름: " . $_FILES["fileToUpload"]["name"] . "<br>";
    echo "파일유형: " . $_FILES["fileToUpload"]["type"] . "<br>";
    echo "파일크기: " . ($_FILES["fileToUpload"]["size"] / 1024) . " KB<br>";
    echo "저장위치: " . $_FILES["fileToUpload"]["tmp_name"];
}
?>
```

▼ 실행 결과

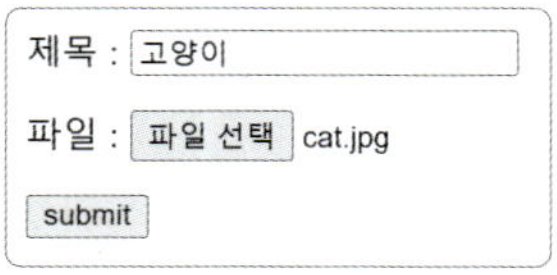

## 예제 8-3 파일 업로드 및 정보 출력하기

업로드할 이미지 파일을 [C:/upload] 폴더에 영구적으로 저장하고 파일 형식 및 파일 크기와 같은 몇 가지 기본 검사를 하고, 서버에 파일명이 존재하는 경우 파일명 앞에 time() 함수를 붙여 파일을 업로드해보겠습니다. [chap08] 폴더에 'fileupload01.php' 파일을 생성하여 다음과 같이 작성하고 웹 브라우저에 'http://localhost/chap08/fileupload01.php'를 입력하여 실행 결과를 확인합니다.

chap08/fileupload01.php

```
<html>
<head>
    <title>파일 업로드</title>
</head>
<body>
    <form method="post" enctype="multipart/form-data" action="fileupload01_
process.php">
```

```
07            <p>이름 : <input type="text" name="name">
08            <p>제목 : <input type="text" name="subject">
09            <p>파일 : <input type="file" name="photo">
10            <p><input type="submit" value="파일 업로드">
11        </form>
12    </body>
13    <html>
```

06행 파일 업로드를 위한 폼 태그에 method 속성값은 post로, enctype 속성값은 multipart/form-data로 작성합니다. 그리고 업로드된 파일을 처리하기 위한 action 속성값을 작성합니다.

07, 08행 이름과 제목 값을 입력받도록 input 태그의 type 속성값을 text로 작성하고 name 속성을 작성합니다.

09행 파일을 입력받도록 input 태그의 type 속성값을 file로 작성하고 name 속성을 작성합니다.

10행 입력된 데이터를 서버로 전송하도록 input 태그의 type 속성값을 submit로 작성합니다.

chap08/fileupload01_process.php

```
<html>
<head>
    <title>파일 업로드</title>
</head>
<body>
<?php
if($_SERVER["REQUEST_METHOD"] == "POST"){
    if(isset($_FILES["photo"]) && $_FILES["photo"]["error"] == 0){
        $allowed = array("jpg" => "image/jpg", "jpeg" => "image/jpeg", "gif" => "image/gif", "png" => "image/png");
        $filename = $_FILES["photo"]["name"];
        $filetype = $_FILES["photo"]["type"];
        $filesize = $_FILES["photo"]["size"];

        $ext = pathinfo($filename, PATHINFO_EXTENSION);
        if(!array_key_exists($ext, $allowed)) die("오류: 올바른 파일 형식을 선택하세요.");
```

```
16
17          $maxsize = 5 * 1024 * 1024;
18          if($filesize > $maxsize) die("오류: 파일 크기가 허용된 한도보다 큽니다.");
19
20          $orignal_filename = $filename;
21          if(in_array($filetype, $allowed)){
22              if(file_exists("c:/upload/" . $filename)){
23                  $filename = time().$filename;
24              }
25              move_uploaded_file($_FILES["photo"]["tmp_name"], "c:/upload/" .
    $filename);
26              echo "이름: ".$_POST['name']."<br>";
27              echo "제목: ".$_POST['subject']."<br>";
28              echo "-------------------------------<br>";
29              echo "실제 파일명: ".$orignal_filename."<br>";
30              echo "저장 파일명: ".$filename."<br>";
31              echo "파일 콘텐츠 유형: ".$filetype."<br>";
32              echo "파일 크기: ".  $filesize."<br>";
33          } else{
34              echo "파일 업로드 실패";
35          }
36      } else{
37          echo "오류: " . $_FILES["photo"]["error"];
38      }
39  }
40  ?>
41  </body>
42  <html>
```

**07행** 폼이 POST 방식으로 제출되었는지 확인합니다.

**08행** 파일이 오류 없이 업로드되었는지 확인합니다.

**14행** 파일 경로에 대한 정보를 반환하는 pathinfo() 함수를 사용하여 파일명에서 확장자만 반환하는 PATHINFO_EXTENSION 요소를 지정합니다.

**17행** 파일 크기가 최대 5MB가 되도록 합니다.

**21행** in_array() 함수를 사용하여 파일의 `MIME` 유형을 확인합니다.

**22행** file_exists() 함수를 사용하여 업로드하기 전에 파일이 존재하는지 확인하고 존재하는 경우 파일명을 변경합니다.

**25행** move_uploaded_file() 함수를 이용하여 파일을 업로드합니다.

**26~32행** 업로드 파일에 대한 정보를 출력합니다.

▼ 실행 결과

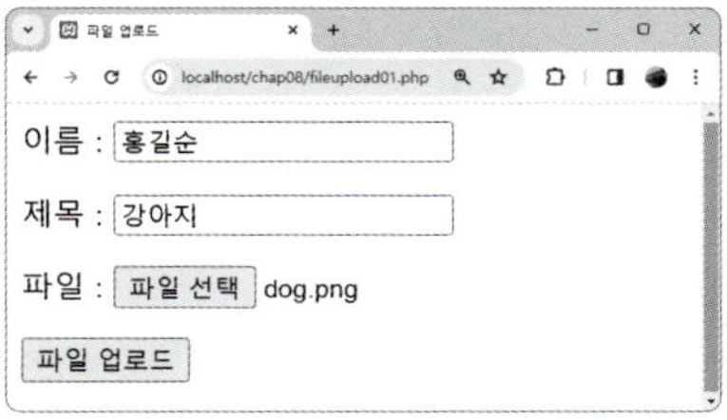


• [c:/upload] 폴더에 'dog.png' 파일이 없는 경우

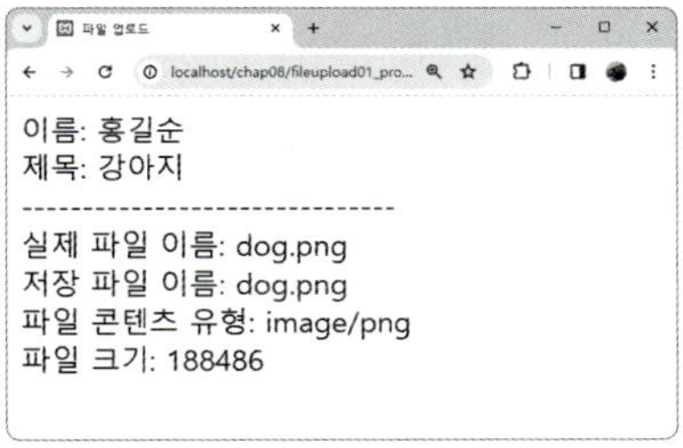


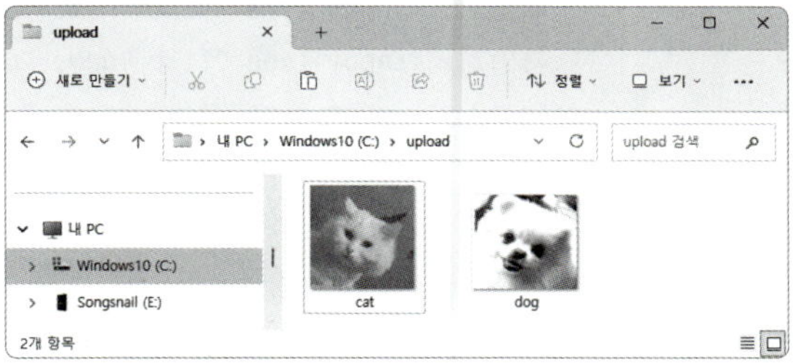


• [c:/upload] 폴더에 동일한 'dog.png' 파일이 있는 경우

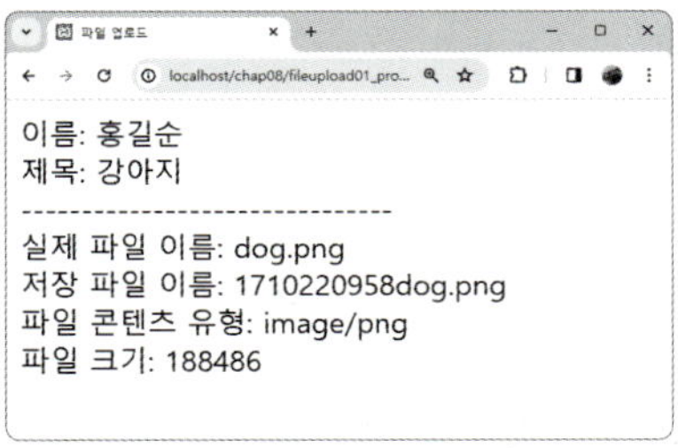


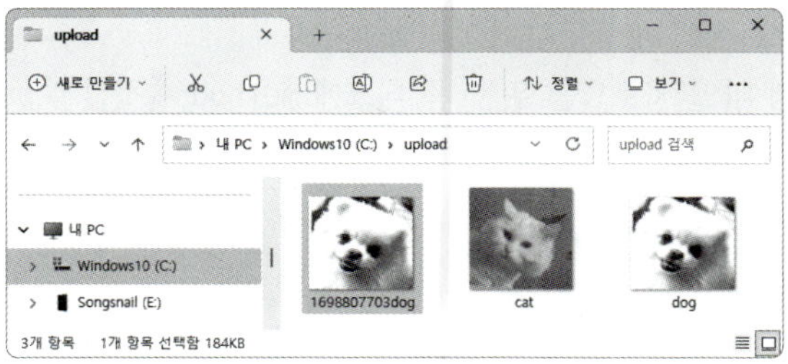

## 예제 8-4 여러 파일 업로드 및 정보 출력하기

[chap08] 폴더에 'fileupload02.php' 파일을 생성하여 다음과 같이 작성하고 웹 브라우저에 'http://localhost/chap08/fileupload02.php'를 입력하여 실행 결과를 확인합니다.

chap08/fileupload02.php

```
01 <html>
02 <head>
03     <title>파일 업로드</title>
04 </head>
05 <body>
06     <form method="post" enctype="multipart/form-data" action="fileupload02_process.php">
07         <p>이름1 : <input type="text" name="name1">
08            제목1 : <input type="text" name="subject1">
09            파일1 : <input type="file" name="photo1">
10         <p>이름2 : <input type="text" name="name2">
11            제목2 : <input type="text" name="subject2">
12            파일2 : <input type="file" name="photo2">
13         <p>이름3 : <input type="text" name="name3">
14            제목3 : <input type="text" name="subject3">
15            파일3 : <input type="file" name="photo3">
16         <p><input type="submit" value="파일 업로드">
17     </form>
18 </body>
19 <html>
```

**06행** 파일 업로드를 위한 폼 태그에 `method` 속성값은 `post`로, `enctype` 속성값은 `multipart/form-data`로 설정합니다. 그리고 업로드된 파일을 처리하기 위한 `action` 속성값을 작성합니다.

**07, 08, 10, 11, 13, 14행** 이름, 제목 값을 입력받도록 `input` 태그의 `type` 속성값을 `text`로 설정하고 `name` 속성을 작성합니다.

**09, 12, 15행** 파일을 입력받도록 `input` 태그의 `type` 속성값을 file로 설정하고 `name` 속성을 작성합니다.

**16행** 입력된 데이터를 서버로 전송하도록 `input` 태그의 `type` 속성값을 `submit`로 설정합니다.

chap08/fileupload02_process.php

```
<html>
<head>
    <title>파일 업로드</title>
</head>
<body>
<?php
if($_SERVER["REQUEST_METHOD"] == "POST"){

    $name1 = $_POST['name1'];
    $subject1 = $_POST['subject1'];

    $name2 = $_POST['name2'];
    $subject2 = $_POST['subject2'];

    $name3 = $_POST['name3'];
    $subject3 = $_POST['subject3'];

    $filename1 = $_FILES["photo1"]["name"];
    $filename2 = $_FILES["photo2"]["name"];
    $filename3 = $_FILES["photo3"]["name"];

    $target_path1 = "c:/upload/".basename($filename1);

    if(file_exists("c:/upload/" . $filename1)){
        $filename1 = time().$filename1;
    }

    $target_path2 = "c:/upload/".basename($filename2);

    if(file_exists("c:/upload/" . $filename2)){
        $filename2 = time().$filename2;
    }

    $target_path3 = "c:/upload/".basename($filename3);

    if(file_exists("c:/upload/" . $filename3)){
```

```
37            $filename3 = time().$filename3;
38        }
39
40        if(!move_uploaded_file($_FILES['photo1']['tmp_name'], $target_path1) ||
41           !move_uploaded_file($_FILES['photo2']['tmp_name'], $target_path2) ||
42           !move_uploaded_file($_FILES['photo3']['tmp_name'], $target_path3) )
43        return;
44    }
45    ?>
46
47    <table border="1">
48    <tr>
49        <th width="100">이름</th>
50        <th width="100">제목</th>
51        <th width="100">파일</th>
52    </tr>
53    <tr>
54        <td><?=$name1; ?></td>
55        <td><?=$subject1; ?> </td>
56        <td><?=$filename1; ?></td>
57    </tr>
58    <tr>
59        <td><?=$name2; ?> </td>
60        <td><?=$subject2; ?> </td>
61        <td><?=$filename2; ?></td>
62    </tr>
63    <tr>
64        <td><?=$name3; ?> </td>
65        <td><?=$subject3; ?>  </td>
66        <td><?=$filename3; ?></td>
67    </tr>
68    </table>
69    </body>
70    <html>
```

**09~20행** POST 방식으로 전송된 데이터를 $_POST 변수를 이용하여 전달받습니다.

**22~38행** 업로드할 파일명이 서버에 존재하는 경우 파일명을 변경합니다.

**40~44행** move_uploaded_file() 함수를 사용하여 여러 개의 파일을 업로드합니다.

**47~68행** 09~20행에서 저장된 각각의 값을 출력합니다.

▼ 실행 결과

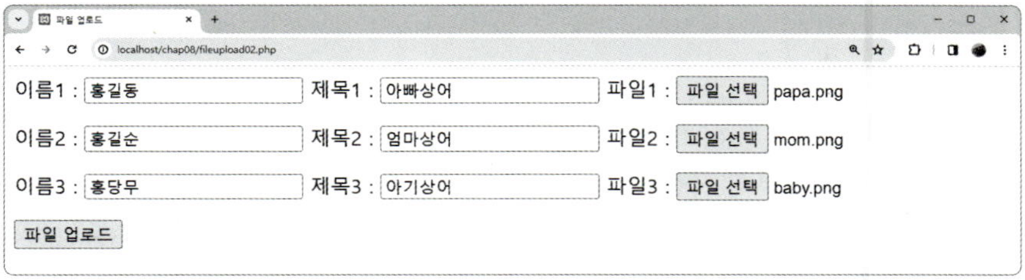


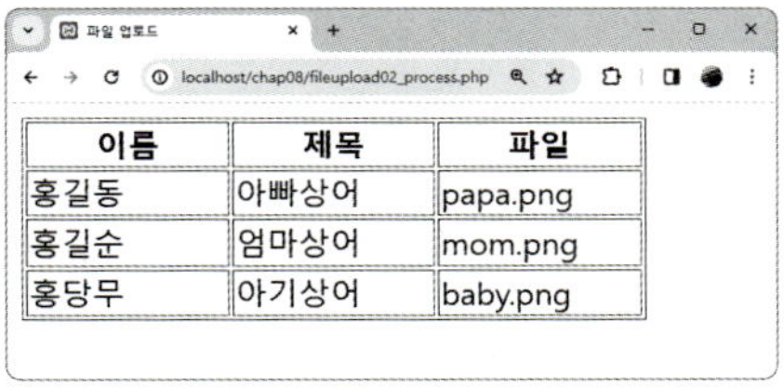


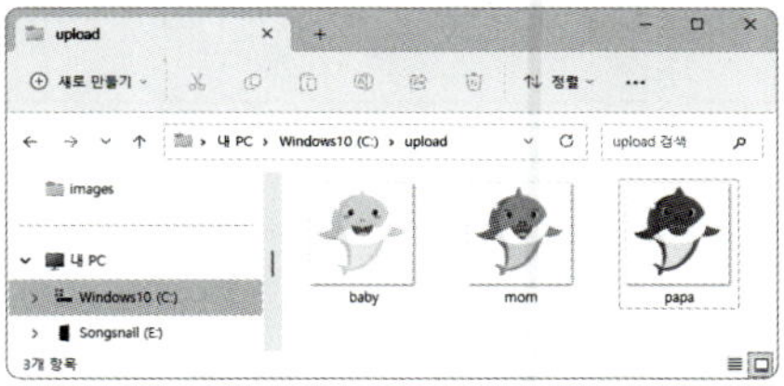

# 03 파일 다운로드

## 1 일반 다운로드

일반적으로 이미지 파일, PDF 파일, 압축 파일, 실행 파일 등을 다운로드하는 데 PHP와 같은 서버 측 스크립트 언어를 반드시 사용할 필요는 없습니다. 이러한 종류의 파일이 공개적으로 접근(액세스) 가능한 폴더에 있는 경우 해당 파일을 가리키는 하이퍼링크를 사용하며, 사용자가 링크를 클릭할 때마다 브라우저가 자동으로 해당 파일을 다운로드합니다.

```
<a href='경로명/파일명'>...</a>
```

[사용 예]

```
<p><a href="downloads/cat.jpg">이미지 파일(.JPG)</a>
<p><a href="downloads/resume.pdf">PDF 파일(.PDF)</a>
<p><a href="downloads/sample.zip">압축 파일(.ZIP)</a>
<p><a href="downloads/VSCodeUserSetup-x64-1.81.1.exe">실행 파일(.EXE)</a>
```

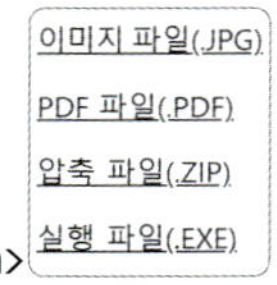


이미지 파일이나 PDF 파일을 가리키는 링크는 클릭해도 해당 파일이 하드 드라이브에 직접 다운로드되는 것이 아니라 웹 브라우저에서 열립니다. 그러나 압축 파일이나 실행 파일은 기본적으로 하드 드라이브에 자동으로 다운로드됩니다.

## 2 강제 다운로드

파일을 다운로드하려면 우선 header() 함수를 사용하여 파일 유형에 따라 Content-Type을 설정합니다. 그 후 readfile() 함수를 사용하여 이미지 파일을 비롯한 다른 종류의 파일을 사용자의 하드 드라이브에 직접 다운로드할 수 있습니다.

```
header("Content-Type: application/octet-stream"); //텍스트, 바이너리, 이미지 파일
header('Content-Type: application/pdf');          //pdf 파일
header("Content-Type: image/png");                //png 이미지 파일
header("Content-Type: image/jpeg");               //jpeg 이미지 파일
header("Content-Type: image/gif");                //gif 이미지 파일
```

```
int readfile (string $filename [, bool $use_include_path = false [, resource $context ]])
```

**표 8-12** readfile() 함수의 매개변수와 역할

| 매개변수 | 역할 |
|---|---|
| $filename | 읽고 있는 파일명이다. |
| $use_include_path | 선택적 매개변수로 include_path에서 파일을 검색하려면 true로 설정한다. |
| $context | 컨텍스트 스트림 리소스이다. |

다음은 파일 유형에 따라 다운로드하는 예입니다. header() 함수에 다운로드할 파일의 유형을 설정하고 readfile() 함수를 사용하여 다운로드합니다.

[텍스트 파일을 다운로드하는 예]

```
<?php
$file_url = 'http://localhost/chap08/downloads/test.txt';
header('Content-Type: application/octet-stream'); //다운로드할 파일 유형의 MIME 타입
header("Content-Transfer-Encoding: utf-8");        //인코딩 형식
header("Content-Disposition: attachment; filename=\ "" . basename($file_url) . "\"");
                                                   //실제 파일명
readfile($file_url);
?>
```

[바이너리 파일을 다운로드하는 예]

```
<?php
$file_url = 'http://localhost/chap08/downloads/VSCodeUserSetup-x64-1.81.1.exe';
header('Content-Type: application/octet-stream');
```

```
header("Content-Transfer-Encoding: Binary");
header("Content-Disposition: attachment; filename=\"" . basename($file_url) . "\"");
readfile($file_url);
?>
```

**[이미지 파일을 다운로드하는 예]**

```
<?php
$file_url = 'http://localhost/chap08/downloads/cat.jpg';
header('Content-Type: image/jpg');
header("Content-Transfer-Encoding: Binary");
header("Content-Disposition: attachment; filename=\"" . basename($file_url) . "\"");
readfile($file_url);
?>
```

## 예제 8-5 여러 파일 업로드 및 정보 출력하기

이미지 갤러리를 만들고 선택한 이미지를 다운로드해보겠습니다. [chap08] 폴더에 [images] 폴더를 생성하고 'cat.jpg', 'dog.png' 파일을 미리 넣어둡니다. [chap08] 폴더에 'download.php' 파일을 생성하여 다음과 같이 작성하고 웹 브라우저에 'http://localhost/chap08/download.php'를 입력하여 실행 결과를 확인합니다.

chap08/download.php

```
<html>
<head>
    <title>파일 다운로드</title>
<style type="text/css">
    .img-box{
        display: inline-block;
        text-align: center;
        margin: 0 15px;
    }
</style>
</head>
<body>
```

```
13 <?php
14 $images = array("cat.jpg", "dog.png");
15 foreach($images as $image){
16     echo '<div class="img-box">';
17     echo '<img src="./images/' . $image . '" width="200" alt="' . pathinfo
   ($image, PATHINFO_FILENAME) .'">';
18     echo '<p><a href="download_process.php?file=' . urlencode($image) . '">
   다운로드하기</a></p>';
19     echo '</div>';
20 }
21 ?>
22 </body>
23 </html>
```

**14행** 출력할 이미지 파일을 저장합니다.

**15~20행** 모든 이미지 파일을 출력합니다.

**18행** '다운로드하기' 글자를 클릭하면 GET 방식으로 이미지를 강제 다운로드하도록 합니다.

chap08/download_process.php

```
<?php
if(isset($_REQUEST["file"])){
    $file = urldecode($_REQUEST["file"]);

    $filepath = "./images/" . $file;

    if(file_exists($filepath)) {
        header('Content-Description: File Transfer');
        header('Content-Type: application/octet-stream');
        header("Content-Transfer-Encoding: binary");
        header('Content-Disposition: attachment; filename="'.basename
($filepath).'"');
        header('Expires: 0');
        header('Cache-Control: must-revalidate');
        header('Pragma: public');
        header('Content-Length: ' . filesize($filepath));
```

```
16          flush();
17          readfile($filepath);
18          die();
19      } else{
20          http_response_code(404);
21          die();
22      }
23  }
24  ?>
```

**09행** 이미지 MIME 타입을 `application/octet-stream`으로 작성합니다.

**11행** 다운로드 이미지를 첨부합니다.

▼ 실행 결과

## 04 북마켓 도서 이미지 등록하기

도서 정보를 파일로 관리하고 파일 업로드 처리 방법을 이용하여 도서 이미지를 등록할 수 있는 폼 페이지를 만들고, 도서 이미지 파일을 업로드하여 파일로 저장하고 도서 이미지를 출력하겠습니다. 또한 출력된 도서 이미지를 파일로 다운로드할 수 있도록 하겠습니다.

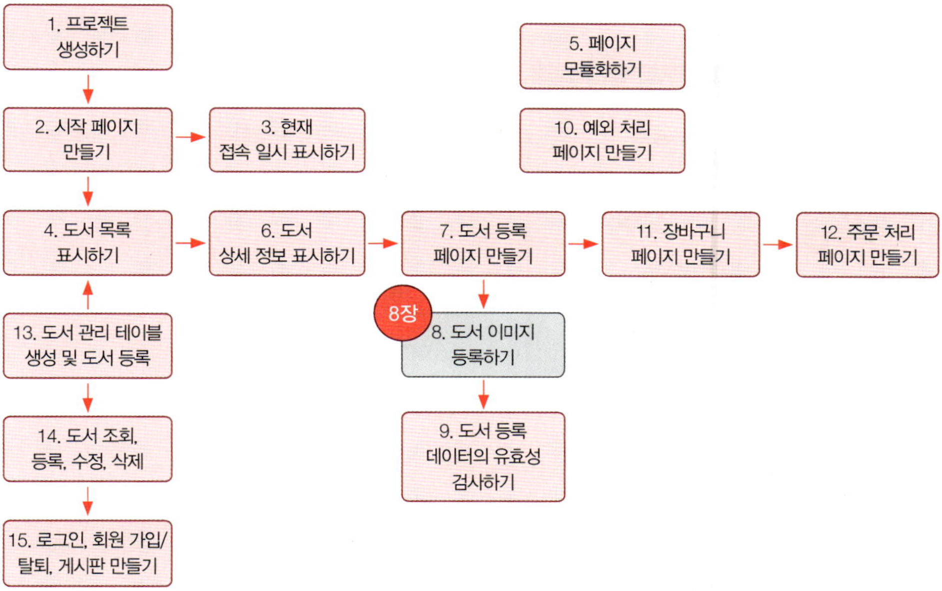


**그림 8-2** 작업 과정 확인: 도서 등록 페이지 만들기

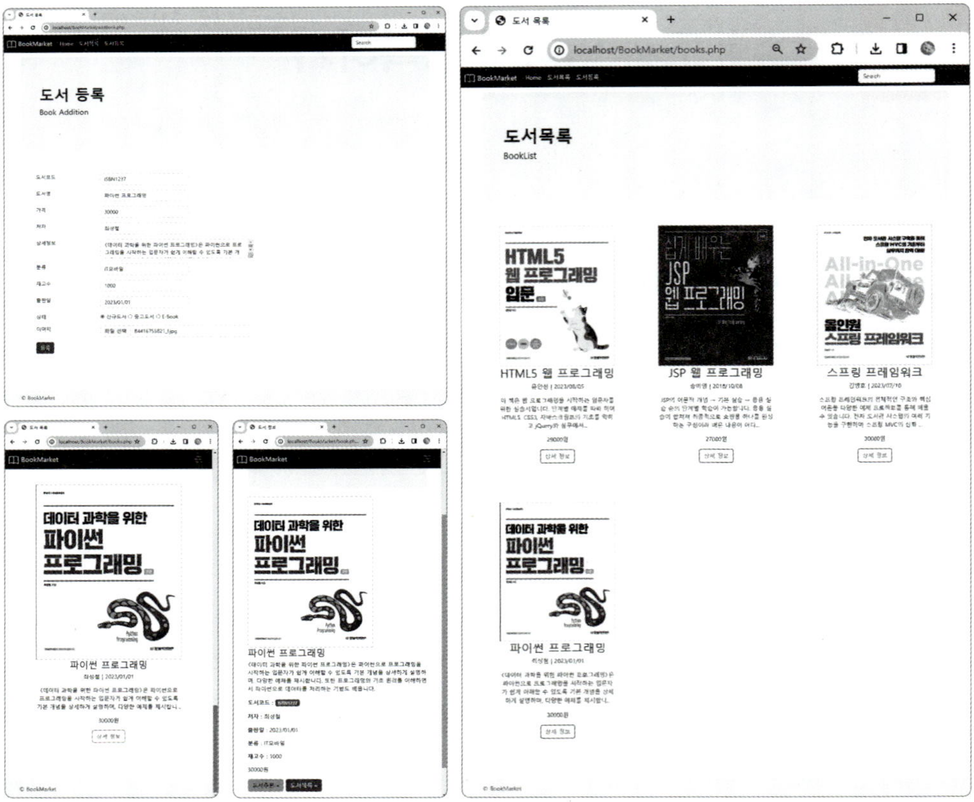


그림 8-3 완성된 도서 이미지

## 예제 8-6 파일로 도서 정보 관리하기

**1 파일로 도서 정보 관리하기:** 도서 정보를 저장 및 관리하기 위해 'domain.dat' 파일을 생성하고 다음과 같이 작성합니다.

BookMarket/domain.dat

```
ISBN1234 ¦ HTML5 웹 프로그래밍 ¦ 29000 ¦ 윤인성 ¦ 이 책은 웹 프로그래밍을 시작하는 입문자를 위한 실습서입니다. 단계별 예제를 따라 하며 HTML5, CSS3, 자바스크립트의 기초를 익히고 jQuery와 실무에서 쓰이는 다양한 플러그인을 경험할 수 있습니다 ¦ IT모바일 ¦ 1000 ¦ 2023/08/05 ¦ New ¦ ISBN1234.jpg
ISBN1235 ¦ JSP 웹 프로그래밍 ¦ 27000 ¦ 송미영 ¦ JSP의 이론적 개념 → 기본 실습 → 응용 실습 순의 단계별 학습이 가능합니다. 응용 실습이 합쳐져 최종적으로 쇼핑몰 하
```

```
나를 완성하는 구성이라 배운 내용이 어디에 어떻게 적용되는지 알 수 있습니다. ¦ IT모바일 ¦ 1000 ¦ 2018/10/08 ¦ New ¦ ISBN1235.jpg
ISBN1236 ¦ 스프링 프레임워크 ¦ 30000 ¦ 김명호 ¦ 스프링 프레임워크의 전체적인 구조와 핵심 이론을 다양한 예제 프로젝트를 통해 배울 수 있습니다. 전자 도서관 시스템의 여러 기능을 구현하며 스프링 MVC의 심화 개념과 실무 기술도 익힐 수 있습니다.¦ IT모바일 ¦ 1000 ¦ 2023/07/10 ¦ New ¦ ISBN1236.jpg
```

**2 파일에서 도서 정보 읽어오기:** 도서 정보가 저장된 파일로부터 도서 정보를 가져오기(읽기) 위해 'model.php' 파일을 열고 다음과 같이 추가합니다.

BookMarket/model.php

```php
<?php
$handle = fopen("domain.dat", "r"); //파일 열기

global $BookArray;

while(!feof($handle)){
    $array = explode("¦", fgets($handle));
    $id = trim($array[0]);
    $BookArray[$id]["name"] = trim($array[1]);
    $BookArray[$id]["unitPrice"] = trim($array[2]);
    $BookArray[$id]["author"] = trim($array[3]);
    $BookArray[$id]["description"] = trim($array[4]);
    $BookArray[$id]["category"] = trim($array[5]);
    $BookArray[$id]["unitsInStock"] = trim($array[6]);
    $BookArray[$id]["releaseDate"] =trim($array[7]);
    $BookArray[$id]["condition"] = trim($array[8]);
    $BookArray[$id]["filename"] = trim($array[9]);
}
fclose($handle);
function getAllBooks(){
    global $BookArray;
    return $BookArray;
}
...
```

02행 `fopen()` 함수를 사용하여 'domain.dat' 파일을 엽니다.

06행~18행 파일의 끝부분까지 반복합니다.

07행 `fgets()` 함수를 사용하여 파일에서 한 행을 읽어오고 `explode()` 함수를 사용하여 문자열 '|'로 분할한 후 배열로 `$array` 변수에 저장합니다.

08~17행 `trim()` 함수를 사용하여 배열로 `$array` 변수에 저장된 문자열의 앞과 뒤의 공백을 제거하고 각 key 값에 맞도록 전역변수 `$BookArray`에 저장합니다.

19행 열린 파일을 종료합니다.

## 예제 8-7 정적 리소스(도서 이미지 및 부트스트랩 CSS) 관리하기

**1 정적 리소스 관리 폴더 만들기:** [BookMarket] 폴더에 [resources] 폴더를 생성하고 그 안에 이미지 파일을 관리하는 [images] 폴더와 부트스트랩 파일(bootstrap.css)을 관리하는 [css] 폴더를 생성합니다.

- [images] 폴더에 이미지 파일명을 도서 아이디로 변경하여 등록합니다.
- [css] 폴더에 부트스트랩 CSS 파일(bootstrap.min.css)을 다운로드하여 등록합니다.

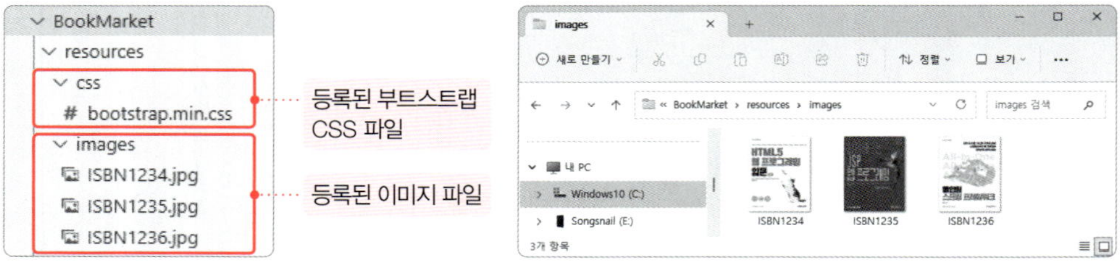


**NOTE 부트스트랩 CSS 파일 설치 방법**

❶ 배포 사이트(http://getbootstrap.com 또는 https://getbootstrap.kr)에서 'bootstrap-5.3.1-dist.zip' 파일을 다운로드합니다.

❷ 'bootstrap-5.3.1-dist.zip' 파일의 압축을 풉니다.

❸ 압축을 풀어 생긴 [css] 폴더에서 'bootstrap.min.css' 파일을 찾습니다.

❹ 웹 애플리케이션의 [css] 폴더를 만들고 'bootstrap.min.css' 파일을 포함합니다.

**2 도서 목록 페이지 수정하기:** 'books.php' 파일에 부트스트랩 CSS를 포함하고 도서 이미지를 출력하기 위해 다음과 같이 수정합니다.

BookMarket/books.php

```
<!doctype html>
<html class="h-100" >
<head>
    <title>도서 목록</title>
        <link href="./resources/css/bootstrap.min.css" rel="stylesheet">
</head>
...
<div class="col-md-4">
    <div class="h-100 p-5">
        <img src="./resources/images/<?php echo $book['filename']; ?>" style="width: 100%">
        <p><h2><?php echo $book["name"]; ?></h2>
        <p><?php echo $book["author"]. " | ".$book["releaseDate"]; ?>
        <p><?php echo mb_substr($book["description"], 0, 90, 'utf-8')."..."; ?>
        <p><?php echo $book["unitPrice"]; ?>원
        ...
```

**3 도서 상세 정보 페이지 수정하기:** 'book.php' 파일에 부트스트랩 CSS를 포함하고 도서 이미지를 출력하기 위해 다음과 같이 수정합니다. 웹 브라우저에 'http://localhost/BookMarket/books.php'를 입력하여 실행합니다.

BookMarket/book.php

```
<!doctype html>
<html class="h-100" >
<head>
    <title>도서 정보</title>
        <link href="./resources/css/bootstrap.min.css" rel="stylesheet">
</head>
...
    <div class="row align-items-md-stretch">
        <div class="col-md-5">
```

```
            <img src="./resources/images/<?php echo $book['filename']; ?>" style ="width: 70%" >
        </div>
        <div class="col-md-6">
            <h2><?php echo $book["name"]; ?></h2>
            <p><?php echo $book["description"]; ?>
            ...
```

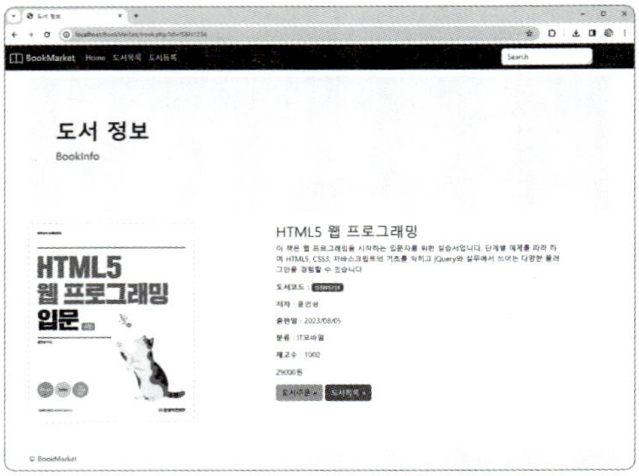


## 예제 8-8 도서 이미지 파일 업로드하기

**1 도서 정보 등록 페이지 수정하기:** 'addBook.php' 파일에 부트스트랩 CSS를 포함하고 도서 이미지 파일을 업로드하기 위해 다음과 같이 수정합니다.

BookMarket/addBook.php

```
<!doctype html>
<html class="h-100" >
<head>
    <title>도서 등록</title>
    <link href="./resources/css/bootstrap.min.css" rel="stylesheet">
</head>

<body class="d-flex flex-column h-100">
...
```

```
10      <div class="row align-items-md-stretch">
11      <div class="col-md-12">
12          <div class="h-100 p-5">
13              <form name="newBook" action="./processAddBook.php" method ="post" enctype ="multipart/form-data">
14              ...
15          </div>
16          <div class="mb-3 row">
17              <label class="col-sm-2">상태</label>
18              <div class="col-sm-5">
19                  <input type="radio" name="condition" value="New " checked> 신규도서
20                  <input type="radio" name="condition" value="Old"> 중고도서
21                  <input type="radio" name="condition" value="EBook"> E-Book
22              </div>
23          </div>
24          <div class="mb-3 row">
25              <label class="col-sm-2">이미지</label>
26              <div class="col-sm-5">
27                  <input type="file" name="bookImage" class="form-control">
28              </div>
29          </div>
30          ...
```

**13행** 파일 업로드를 위한 폼 태그에 method 속성값은 post로, enctype 속성값은 multipart/form-data로 설정합니다. 그리고 업로드된 파일을 처리하기 위한 action 속성값을 작성합니다.

**24~29행** 파일을 입력받도록 input 태그의 type 속성값을 file로 설정하고 name 속성을 작성합니다.

**2 도서 등록 처리 페이지 수정하기:** 'processAddBook.php' 파일에 도서 이미지 파일을 업로드하기 위해 다음과 같이 수정합니다.

BookMarket/processAddBook.php

```
<?php
$bookId = $_POST["bookId"];
$name = $_POST["name"];
```

```
04    $unitPrice = $_POST["unitPrice"];
05    $author = $_POST["author"];
06    $description = $_POST["description"];
07    $category = $_POST["category"];
08    $unitsInStock = $_POST["unitsInStock"];
09    $releaseDate = $_POST["releaseDate"];
10    $condition = $_POST["condition"];
11    $filename = $_FILES['bookImage']['name'];
12
13    $target_path = "resources/images/";
14
15    $ext = pathinfo($filename, PATHINFO_EXTENSION);
16    $filename = $bookId.".".$ext;
17
18    if(move_uploaded_file($_FILES["bookImage"]["tmp_name"], $target_path .
      $filename)){
19        $handle = fopen("domain.dat", "a"); //파일 열기
20        $book_info = "$bookId | $name | $unitPrice | $author | $description |
      $category | $unitsInStock | $releaseDate | $condition | $filename";
21        fwrite($handle, "\n".$book_info);
22        fclose($handle);
23        Header("Location:books.php");
24    } else{
25        echo "파일이 업로드되지 않았습니다. 다시 시도해 주세요!";
26    }
27    ?>
```

**13행** 서버 파일 저장 경로를 [resources/images]로 설정합니다.

**15~16행** pathinfo() 함수로 파일 경로에서 파일명의 확장자를 얻어와 폼 페이지에서 입력한 도서 아이디와 확장자를 연결하여 새로운 이미지 파일명으로 만듭니다.

**18행** move_uploaded_file() 함수를 사용하여 업로드한 이미지 파일을 서버에 저장합니다.

**19~22행** 폼 페이지에서 입력된 요청 파라미터 값을 'doman.dat' 파일에 추가 저장하고 파일을 닫습니다.

23행 'books.php' 페이지로 이동합니다.

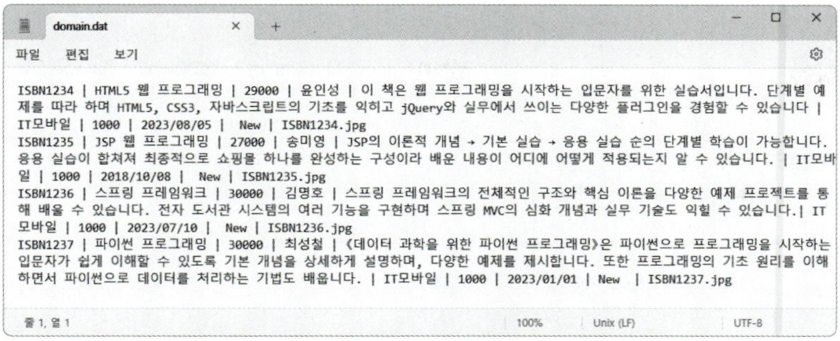


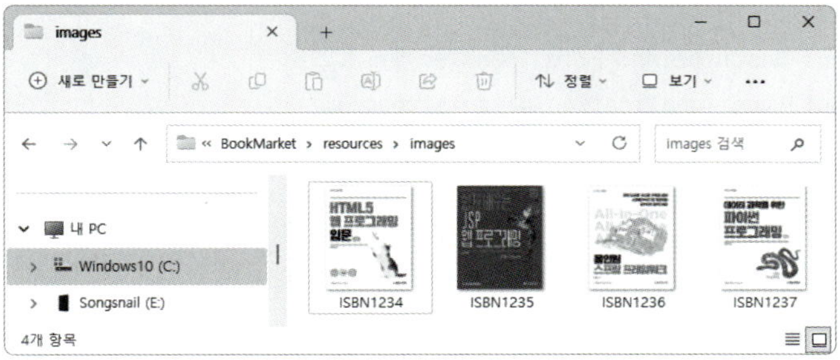


## 예제 8-9 도서 이미지 파일 다운로드하기

**1 도서 목록 페이지 수정하기:** 'books.php' 파일에 도서 이미지 파일을 다운로드하기 위해 다음과 같이 추가합니다.

BookMarket/books.php

```
...
<div class="col-md-4">
    <div class="h-100 p-5">
        <a href="processDownloadImage.php?file=<?php echo urlencode
($book['filename']);?>">
        <img src="./resources/images/<?php echo $book['filename']; ?>" style
="width: 100%">
        </a>
        <h2><?php echo $book["name"]; ?></h2>
        <p><?php echo $book["author"]. " | ".$book["releaseDate"]; ?>
        ...
```

**2 도서 이미지 파일 다운로드하기:** 'processDownloadImage.php' 파일을 생성하고 다음과 같이 작성합니다.

BookMarket/processDownloadImage.php

```
<?php
if(isset($_REQUEST["file"])){
    $file = urldecode($_REQUEST["file"]);

    $filepath = "./resources/images/" . $file;

    if(file_exists($filepath)) {
        header('Content-Description: File Transfer');
        header('Content-Type: application/octet-stream');
        header("Content-Transfer-Encoding: binary");
        header('Content-Disposition: attachment; filename="'.basename($filepath).'"');
        header('Expires: 0');
        header('Cache-Control: must-revalidate');
        header('Pragma: public');
        header('Content-Length: ' . filesize($filepath));
        flush();
        readfile($filepath);
        die();
    } else{
        http_response_code(404);
        die();
    }
}
?>
```

# 요약

## 01 파일 입출력의 개요

- **파일 읽기/쓰기 처리 과정**

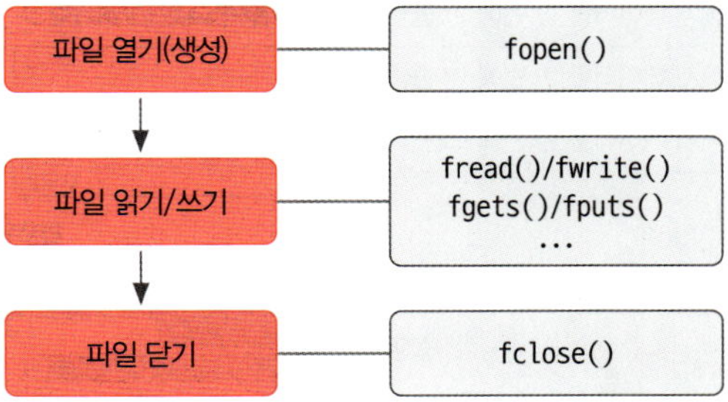


❶ **파일 열기(생성하기):** fopen() 함수를 이용하여 특정 경로에 저장된 파일을 엽니다. 파일을 열기 전에 파일이 존재하는지를 file_exists() 함수로 확인할 수 있습니다.

❷ **파일 읽기/쓰기:** 파일 내용 읽기 또는 쓰기 작업을 수행합니다. 읽기 작업은 fread() 함수로, 쓰기 작업은 fwrite() 함수로 수행합니다.

❸ **파일 읽기/쓰기 종료하기(닫기):** 파일 읽기 또는 쓰기 작업을 완료한 뒤 이를 종료합니다. 즉 close() 함수로 파일 읽기 또는 쓰기 작업을 닫습니다.

- **파일 열기**

```
resource fopen(
    string $filename,
    string $mode,
    bool $use_include_path = false,
    ?resource $context = null
)
```

- **파일 닫기**

```
fclose(resource $stream): bool
```

- **파일 쓰기**

| 함수명 | 설명 |
|---|---|
| fwrite() | 파일에서 데이터를 한 번에 한 줄씩 쓰는 데 사용한다. |
| fputs() | 파일에서 데이터를 한 번에 한 줄씩 쓰는 데 사용한다. |
| file_put_contents() | 파일에서 데이터를 한 번에 쓰는 데 사용한다. |

- **파일 읽기**

| 함수명 | 설명 |
|---|---|
| fread() | 설정된 최대 바이트만큼 읽는 데 사용한다. |
| fgets() | 파일에서 데이터를 한 번에 한 줄씩 읽는 데 사용한다. |
| fgetc() | 파일에서 데이터를 한 번에 한 글자씩 읽는 데 사용한다. |
| file_get_contents() | 파일에서 데이터를 한 번에 모두 읽는 데 사용한다. |
| readfile() | 파일에서 데이터를 한 번에 모두 읽는 데 사용한다. |

## 02 파일 업로드

- **파일 업로드(File Upload)**는 웹 브라우저에서 서버로 파일을 전송하여 서버에 저장하는 것을 말합니다.

- **파일 업로드를 위한 웹 페이지**

웹 브라우저에서 서버로 파일을 전송하기 위해 JSP 페이지에 폼 태그를 작성할 때 몇 가지 중요한 규칙을 따라야 하며 그 형식은 다음과 같습니다.

```
<form method ="POST" enctype = "multipart/form-data" action ="PHP 파일">   ❶ ❷ ❸
    <input type ="file" name = "요청 파라미터명">   ❹
</form>
```

❶ form 태그의 method 속성은 반드시 POST 방식으로 설정해야 합니다.

❷ form 태그의 enctype 속성은 반드시 multipart/form-data로 설정해야 합니다.

❸ form 태그의 action 속성은 파일 업로드를 처리할 PHP 파일로 설정해야 합니다.

❹ 파일 업로드를 위해 input 태그의 type 속성을 file로 설정해야 합니다. 만약 여러 파일을 업로드하려면 2개 이상의 input 태그를 사용하고 name 속성에 서로 다른 값을 설정합니다.

- **파일 업로드 처리하기**

웹 브라우저에서 서버로 파일을 업로드하면 서버는 요청 파라미터를 분석하여 파일을 찾고 서버의 자원(파일 저장 폴더)에 저장하는 과정을 거칩니다. 이러한 파일 업로드의 처리는 move_uploaded_file() 함수를 사용합니다.

```
bool move_uploaded_file(string $from, string $to)
```

- **업로드된 파일의 정보 얻기**

업로드된 파일을 처리하기 위해서 PHP의 전역변수인 $_FILES를 사용합니다.

**[$_FILES의 변수]**

| 변수 | 설명 |
|---|---|
| $_FILES['file']['tmp_name'] | 웹 서버의 임시 디렉터리에 업로드된 파일이다. |
| $_FILES['file']['name'] | 업로드된 파일의 실제 이름이다. |
| $_FILES['file']['size'] | 업로드된 파일의 크기(바이트)다. |
| $_FILES['file']['type'] | 업로드된 파일의 MIME 유형이다. |
| $_FILES['file']['error'] | 파일 업로드와 관련된 오류 코드이다. |

## 03 파일 다운로드

- **일반 다운로드**

일반적으로 이미지, zip 파일, PDF 문서, exe 파일 등을 다운로드하기 위해 PHP와 같은 서버 측 스크립트 언어를 반드시 사용할 필요는 없습니다.

```
<a href='경로명/파일명'>...</a>
```

- **강제 다운로드**

파일을 다운로드하려면 우선 header() 함수를 사용하여 다운로드할 파일의 유형에 따라 Content-Type을 설정합니다. 그 후 readfile() 함수를 사용하여 이미지나 다른 종류의 파일을 쉽게 사용자의 하드 드라이브에 직접 다운로드할 수 있습니다.

```
header("Content-Type: application/octet-stream"); //텍스트, 바이너리, 이미지 파일
header('Content-Type: application/pdf');          //pdf 파일
header("Content-Type: image/png");                //png 이미지 파일
header("Content-Type: image/jpeg");               //jpeg 이미지 파일
header("Content-Type: image/gif");                //gif 이미지 파일
```

```
int readfile(string $filename [, bool $use_include_path = false [, resource
$context ]])
```

## 연습문제

**01** 다음 중 파일에 데이터를 저장하는 함수로 옳지 않은 것은?

① fwrite( )　　② fputs( )
③ file_put_contents( )　　④ fsave( )

**02** 다음 중 파일에서 데이터를 읽어오는 함수로 옳지 않은 것은?

① fread( )　　② fgets( )
③ file_get_contents( )　　④ fget( )

**03** 파일 업로드를 위한 form 태그 내에 반드시 설정해야 하는 기법으로 옳지 않은 것은?

① form 태그의 method 속성은 반드시 POST 방식으로 설정해야 한다.
② form 태그의 enctype 속성은 반드시 multipart/form-data로 설정해야 한다.
③ form 태그의 action 속성은 파일 업로드를 처리할 php 파일로 설정해야 한다.
④ 파일 업로드를 위해 input 태그의 type 속성을 file로 설정해야 한다. 만약 여러 파일을 업로드하려면 2개 이상의 input 태그를 사용하고 name 속성에 서로 같은 값을 설정해도 된다.

**04** 파일 업로드 함수로 옳은 것은?

① move_uploaded_file( )　　② uploaded_file( )
③ file_uploaded( )　　④ file_uploaded_move( )

**05** 업로드된 파일 정보를 얻는 변수에 대한 설명으로 옳지 않은 것은?

① $_FILES['file']['error']: 파일 업로드와 관련된 오류 코드이다.
② $_FILES['file']['name']: 웹 서버의 임시 디렉터리에 업로드된 파일이다.
③ $_FILES['file']['size']: 업로드된 파일의 크기(바이트)다.
④ $_FILES['file']['type']: 업로드된 파일의 MIME 유형이다.

**06** 다음은 파일 업로드를 위한 폼 페이지이다. 밑줄에 들어갈 올바른 것은?

```
<form name = "fileForm" method = "post" enctype = "________________"
action = "fileupload01_process.jsp">
    <p> 이 름 : <input type ="text" name = "name">
    <p> 제 목 : <input type ="text" name ="subject">
    <p> 파 일 : <input type ="_____" name ="filename">
    <p> <input type ="submit" value ="파일 올리기">
</form>
```

① multipart/form-data, file

② multipart/form, file

③ multipart/form-data, text

④ multipart/form, text

**07** 다음은 파일 업로드를 위한 프로그램이다. 밑줄에 들어갈 올바른 것은?

```
<?php
$target_path = "c:/upload/".basename( $_FILES['fileToUpload']['name']);

if(________________($_FILES['fileToUpload']['tmp_name'], $target_path)){
    echo "파일 업로드 성공!";
}
else{
    echo "파일 업로드 실패!";
}
?>
```

① move_uploaded_file

② uploaded_file

③ file_uploaded

④ file_uploaded_move

**08** 다음은 텍스트 파일을 다운로드하는 프로그램이다. 밑줄에 들어갈 올바른 것은?

```
<?php
$file_url = 'http://localhost/chap08/downloads/test.txt';
header('Content-Type: application/octet-stream'); /
header("Content-Transfer-Encoding: utf-8");
header("Content-Disposition: attachment; filename=\ "" . basename($file_url) .
"\"");
____________________($file_url);
?>
```

① move_read_file　② read_file　③ file_read　④ readfile

**09** MultipartRequest 클래스를 사용하여 다음 조건에 맞게 JSP 애플리케이션을 만들고 실행하여 결과를 확인하시오.

조건

❶ C 드라이브에 [upload] 폴더를 만듭니다.

❷ 'ex09.php' 파일을 생성합니다.

- input 태그 내에 file 유형을 이용하여 파일 항목을 작성합니다.
- form 태그에 action 속성 값은 ex09._process.php로, enctype 속성 값은 multipart/form-data로 작성합니다.

❸ 'ex09._process.php' 파일을 생성합니다.

- 요청 파라미터명, 실제 파일명, 파일 콘텐츠 타입, 파일 크기 등을 출력합니다.

❹ 웹 브라우저에 'http://localhost/chap10/ex09.php'를 입력하여 실행 결과를 확인합니다.

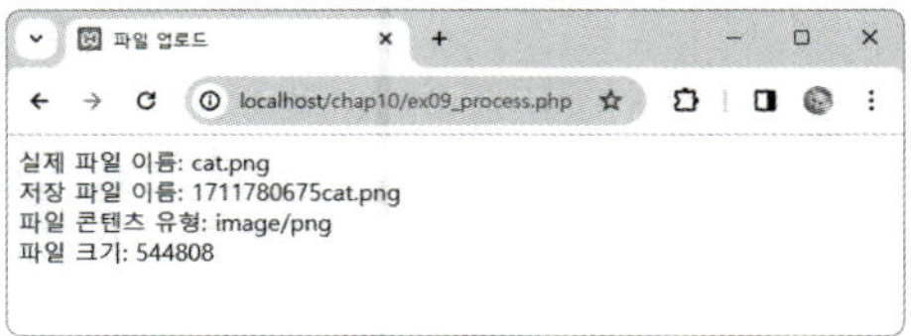

**10** 다음과 같이 두 개의 파일을 업로드하는 프로그램을 완성하시오.

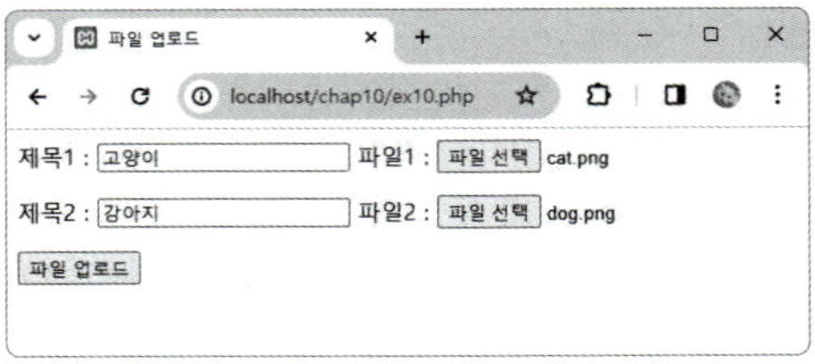


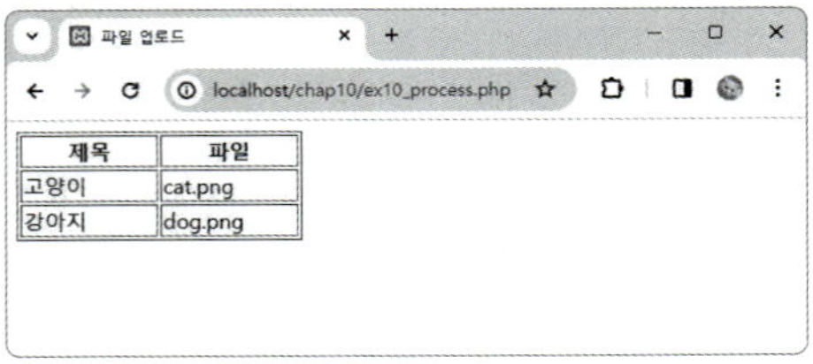

# CHAPTER 09

# 유효성 검사: 도서 등록 데이터의 유효성 검사하기



**학습목표**

- 유효성 검사의 개념을 이해합니다.
- 자바스크립트를 이용한 유효성 검사 방법을 익힙니다.
- 필터를 이용한 유효성 검사 방법을 익힙니다.
- 정규 표현식을 이용한 유효성 검사 방법을 익힙니다.
- 북마켓 도서 등록 데이터의 유효성을 검사합니다.

# PREVIEW

폼 페이지의 입력 데이터가 규정된 조건에 적합한지 확인하는 유효성 검사에 대해 알아보고, 유효성 검사를 활용하여 북마켓 도서 등록 페이지의 입력값에 대한 유효성 검사를 구현합니다.

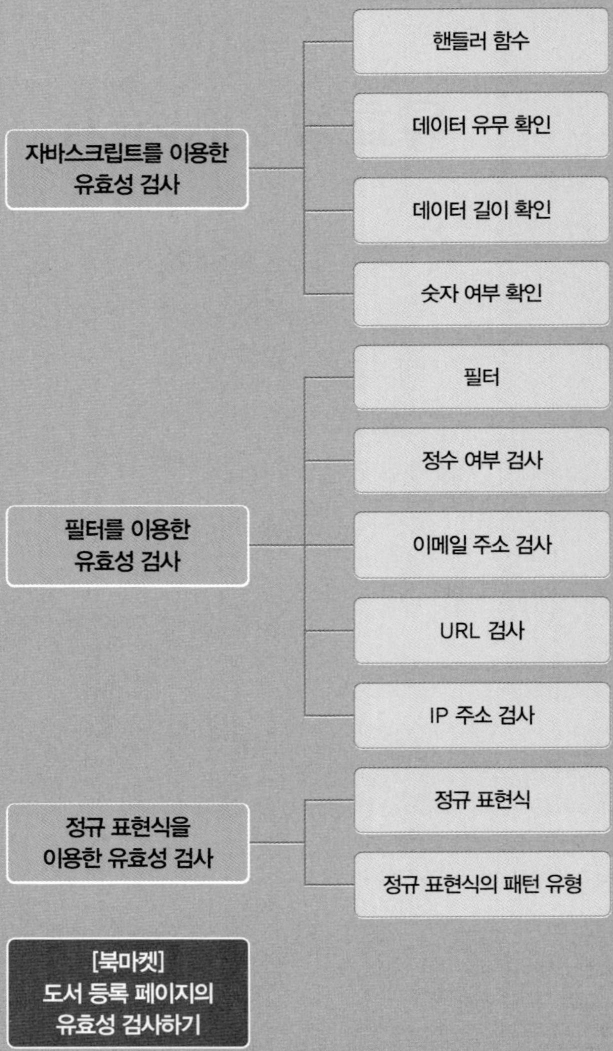

# 01 유효성 검사의 개요

**유효성 검사**(Validation)는 폼 페이지에 사용자가 입력한 데이터 값이 특정 규칙에 맞는지 검증하는 것을 의미합니다. 즉, 사용자가 실수로 유효하지 않은 데이터 값을 입력하면 부적합하다고 판단하고 다시 폼 페이지로 되돌려 사용자에게 오류가 있음을 알립니다. 유효성 검사의 예로는 나이를 입력할 때 숫자를 인식하는 검사, 회원 가입 과정의 아이디 중복 검사, 로그인 인증 시 아이디와 비밀번호 검사, IP 패킷 검사 등이 있습니다.

**NOTE 유효성 검사가 필요한 이유와 검사 항목**

웹 애플리케이션에서 폼 데이터의 유효성 검사가 필요한 가장 큰 이유는 보안 공격, 잘못된 데이터, 사용자의 실수로 인한 예상 가능한 범주의 오류 등을 방지할 수 있기 때문입니다. 유효성 검사 기능을 이용하면 다양한 사용자가 데이터를 입력해도 폼 페이지의 동일한 입력 양식과 형태를 유지할 수 있습니다.

입력 양식이 있는 폼 페이지를 만들 때 반드시 점검해야 할 유효성 검사 항목은 다음과 같습니다.

- 입력 데이터가 null인지 확인
- 날짜나 이메일이 형식에 맞는지 확인
- 나이 데이터가 숫자인지 확인
- 입력 데이터가 제한 길이를 초과했는지 확인
- 로그인 인증 시 아이디와 비밀번호 확인
- 회원 가입 시 아이디 중복 여부 확인

PHP에는 두 가지 유형의 유효성 검사를 사용할 수 있습니다.

**표 9-1** 유효성 검사 유형

| 구분 | 설명 |
| --- | --- |
| 클라이언트 측 유효성 검사 | 웹 브라우저 같은 클라이언트 웹 애플리케이션에서 유효성 검사가 수행된다.<br>→ 자바스크립트를 이용한 유효성 검사 |
| 서버 측 유효성 검사 | 데이터가 제출되면 데이터가 서버로 전송되고 서버 시스템에서 유효성 검사가 수행된다.<br>→ 필터를 이용한 유효성 검사 |

# 02 자바스크립트를 이용한 유효성 검사

## 1 핸들러 함수

폼 페이지에서 이벤트가 발생했을 때(〈submit〉을 클릭한 경우) 입력한 폼 데이터의 유효성 검사를 위해 자바스크립트 내에 핸들러 함수를 만듭니다. 자바스크립트는 웹 브라우저에서 유효성 검사를 처리하므로 서버에서 처리하는 것보다 속도가 빠르고 서버에 과부하를 주지 않습니다.

핸들러 함수는 사용자가 폼 페이지에 입력한 데이터 값이 특정 규칙에 맞는지 검사합니다. 유효성 검사를 통과하면 서버로 전송하고, 그렇지 않으면 서버 전송을 취소한 후 사용자에게 오류 메시지를 보여줍니다.

```
<script type="text/javascript">
    function 핸들러_함수(){
        var str = document.폼_이름.입력항목_이름.value;③   ②
    }
</script>
<form name = "폼_이름">
    ...
    <input type="submit" onclick="핸들러_함수()">①
</form>
```

유효성 검사를 위해 핸들러 함수를 만드는 과정은 다음과 같습니다.

❶ input 태그의 type 속성값이 submit인 경우 onclick 속성을 이용하여 핸들러 함수를 설정합니다. 또는 form 태그의 onsubmit 속성값에 설정합니다.

❷ 자바스크립트를 이용하여 <script>…</script> 내에 핸들러 함수를 작성합니다. <script>…</script> 구문은 PHP 페이지의 어디에 위치해도 괜찮습니다.

❸ 폼 페이지에서 입력된 데이터 값을 핸들러 함수로 가져오기 위해 form 태그의 name 속성 또는 forms 객체를 이용합니다. forms 객체를 이용하는 경우 forms 객체는 배열의 형태이기 때문에 length 속성으로 크기를 알 수 있고, 배열 값인 index는 form 태그가 나타나는 순서로 0부터 시작합니다.

## 2 데이터 유무 확인하기

회원 가입 페이지에서 아이디, 비밀번호와 같은 필수 입력 항목을 입력하지 않고 〈전송〉을 클릭했을 때 필수 항목을 입력하지 않았다는 오류 메시지가 나타나는 것을 본 적이 있을 것입니다. 이는 데이터 값 유무 확인 검사의 예입니다. 입력 데이터 유무를 검사하는 형식은 다음과 같습니다.

```
document.폼_이름.입력양식_이름.value == ""
```

다음은 폼 페이지에 입력한 데이터 값 유무를 검사하는 예입니다. 입력된 데이터 값이 없으면 오류 메시지를 출력합니다.

[입력 데이터 유무 검사의 예]

```
<html>
<head>
    <title>유효성 검사</title>
</head>
<script type="text/javascript">
    function checkForm(){
        if(document.frm.name.value == ""){
            alert("이름을 입력해주세요.");
            document.frm.name.select();
        }
    }
</script>
<body>
    <form name = "frm">
```

```
        <p>이름 : <input type = "text" name = "name">
            <input type = "submit" value ="전송" onclick = "checkForm()">
    </form>
</body>
</html>
```

## 예제 9-1 폼 페이지에 입력한 데이터(아이디, 비밀번호) 값의 유무 검사하기

[chap09] 폴더에 'client_validation01.php' 파일을 생성하여 다음과 같이 작성하고 웹 브라우저에 'http://localhost/chap09/client_validation01.php'를 입력하여 실행 결과를 확인합니다.

chap09/client_validation01.php

```
<html>
<head>
    <title>유효성 검사</title>
</head>
<script type="text/javascript">
    function checkLogin(){
        if(document.loginForm.id.value == ""){
            alert("아이디를 입력해주세요.");
            document.loginForm.id.focus();
            return false;
        }else if(document.loginForm.passwd.value == ""){
            alert("비밀번호를 입력해주세요.");
            document.loginForm.passwd.focus();
            return false;
        }
        document.loginForm.submit();
    }
</script>
<body>
    <form name="loginForm" action="client_validation_process.php" method="post">
        <p>아 이 디 : <input type="text" name="id">
        <p>비밀번호 : <input type="password" name="passwd">
        <p><input type="button" value="전송" onclick="checkLogin()">
```

```
24        </form>
25    </body>
26    </html>
```

**06~17행** 핸들러 함수 checkLogin()을 사용해 자바스크립트로 폼 페이지 입력 항목의 데이터를 검사합니다.

**07~11행** 아이디가 입력되었는지 검사합니다. 아이디가 입력되지 않으면 오류 메시지를 출력하고 해당 입력 항목에 커서를 놓습니다.

**11~15행** 비밀번호가 입력되었는지 검사합니다. 비밀번호가 입력되지 않으면 오류 메시지를 출력하고 해당 입력 항목에 커서를 놓습니다.

**16행** 폼 페이지에서 입력한 데이터 값을 서버로 전송합니다.

**20~24행** `name` 속성값이 `loginForm`인 form 문을 작성합니다. 21, 22행에서는 아이디와 비밀번호 값을 입력받도록 `input` 태그를 작성합니다. 23행에서는 〈전송〉을 클릭하면 핸들러 함수 checkLogin()이 실행되도록 `onclick` 속성을 작성합니다.

chap09/client_validation_process.php

```
01    <html>
02    <head>
03        <title>유효성 검사</title>
04    </head>
05    <body>
06        <h3>입력에 성공했습니다.</h3>
07    <?php
08    if($_SERVER["REQUEST_METHOD"] == "POST"){
09        echo "아이디 : ". $_POST["id"]."<br>";
10        echo "비밀번호 : ". $_POST["passwd"]."<br>";
11    }
12    ?>
13    </body>
14    </html>
```

**09, 10행** 'client_validation01.php' 파일의 form 문에서 전송받은 아이디와 비밀번호를 출력합니다.

▼ 실행 결과

• 로그인 성공: 아이디와 비밀번호를 모두 입력한 경우

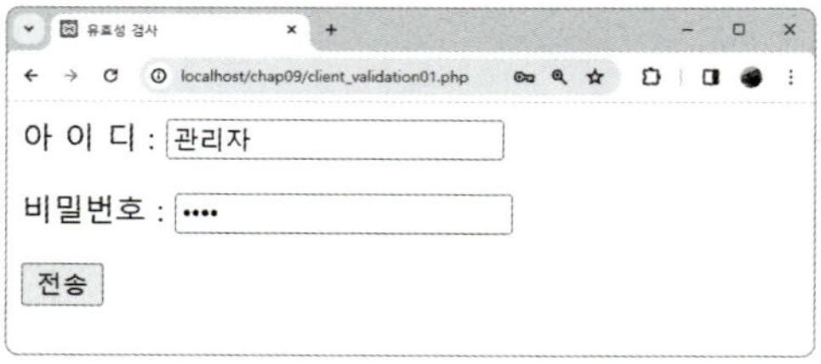


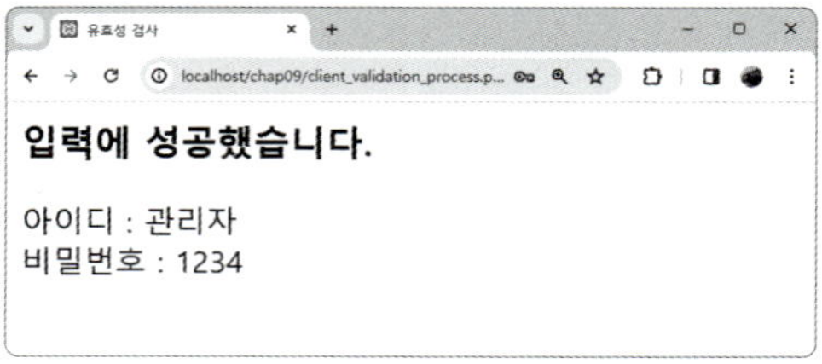


• 로그인 실패: 비밀번호를 입력하지 않은 경우

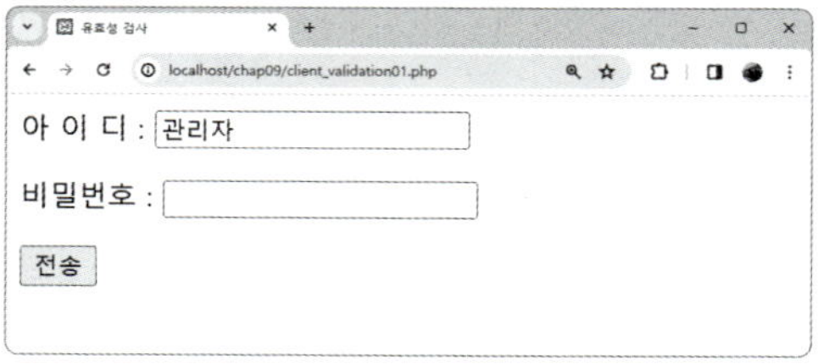


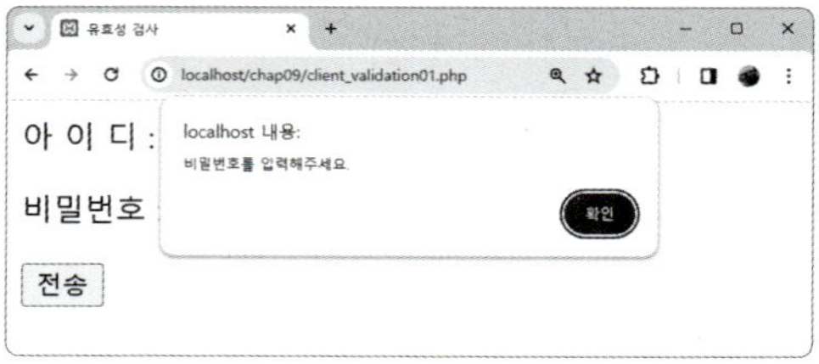


## 3 데이터 길이 확인하기

데이터 길이 확인은 회원 가입 페이지에서 아이디, 비밀번호 등과 같은 입력 데이터의 제한 길이를 검사하는 것을 의미합니다. 입력 데이터의 조건으로는 아이디와 비밀번호는 4~12자 이내로 영어와 숫자를 혼합해서 작성할 것, 첫 문자는 숫자로 시작할 수 없음 등을 예로 들 수 있습니다. 데이터 길이를 확인하는 형식은 다음과 같습니다.

```
document.폼_이름.입력양식_이름.value.length
```

다음은 이름의 입력 데이터 길이를 검사하는 예입니다. 입력 데이터 길이를 4~12자로 제한하고 유효하지 않은 값이 입력되면 오류 메시지를 출력합니다.

[입력 데이터 길이 검사의 예]

```
<html>
<head>
    <title>유효성 검사</title>
</head>
```

```
<script type="text/javascript">
    function checkForm(){
        if(document.frm.name.value.length<6 || document.frm.name.value.length>12){
            alert("이름을 6~12자 이내로 입력해주세요.");
            document.frm.name.select()
        }
    }
</script>
<body>
    <form name="frm">
        <p>이름 : <input type="text" name="name">
            <input type="submit" value="전송" onclick="checkForm()">
    </form>
</body>
</html>
```

## 예제 9-2 폼 페이지에 입력한 데이터(아이디, 비밀번호) 값의 길이 검사하기

[chap09] 폴더에 'client_validation02.php' 파일을 생성하여 다음과 같이 작성하고 웹 브라우저에 'http://localhost/chap09/client_validation02.php'를 입력하여 실행 결과를 확인합니다.

chap09/client_validation02.php

```
<html>
<head>
    <title>유효성 검사</title>
</head>
<script type="text/javascript">
    function checkLogin(){
        if(document.loginForm.id.value.length<4 || form.id.value.length>12){
            alert("아이디는 4~12자 이내로 입력 가능합니다!");
            document.loginForm.id.focus();
            return false;
        }
        if(document.loginForm.passwd.value.length < 4){
            alert("비밀번호는 4자 이상으로 입력해야 합니다!");
```

```
14                document.loginForm.passwd.focus();
15                return false;
16            }
17            document.loginForm.submit();
18        }
19    </script>
20    <body>
21        <form name="loginForm" action="client_validation_process.php" method="post">
22            <p>아 이 디 : <input type="text" name="id">
23            <p>비밀번호 : <input type="password" name="passwd">
24            <p><input type="button" value="전송" onclick="checkLogin()">
25        </form>
26    </body>
27    </html>
```

**06~18행** 자바스크립트로 폼 페이지에 입력 항목의 데이터를 검사하는 핸들러 함수 checkLogin()을 작성합니다.

**07~11행** 입력된 아이디가 4자 미만이거나 12자를 초과하는지 검사합니다. 설정 조건에 해당하면 오류 메시지를 출력하고 커서를 아이디 입력 항목에 놓습니다.

**12~16행** 입력된 비밀번호가 4자 미만인지 검사합니다. 설정 조건에 해당하면 오류 메시지를 출력하고 커서를 비밀번호 입력 항목에 놓습니다.

**17행** 폼 페이지에 입력된 데이터 값을 서버로 전송합니다.

▼ 실행 결과

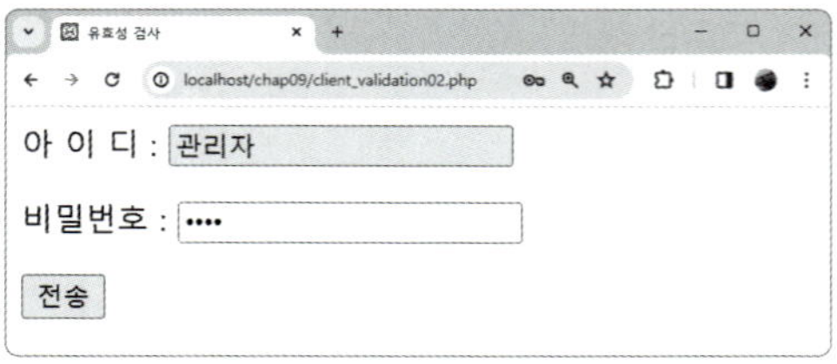


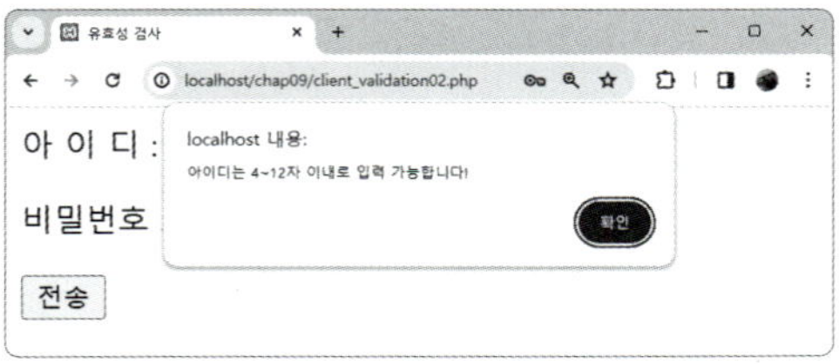


## 4 숫자 여부 확인하기

숫자 여부는 isNaN() 함수를 활용하여 검사합니다. isNaN은 isNotaNumber의 약자이며, isNaN() 함수의 인자 값이 숫자이면 false를 반환하고 숫자가 아니면 true를 반환합니다.

```
isNaN(document.폼_이름.입력양식_이름.value)
```

다음은 이름의 입력 데이터가 숫자인지 검사하는 예입니다. 입력 데이터 값이 숫자로 시작할 수 없게 하고, 유효하지 않은 값이 입력되면 오류 메시지를 출력합니다.

**[입력 데이터 숫자 여부 검사의 예]**

```
<html>
<head>
    <title>유효성 검사</title>
</head>
<script type="text/javascript">
    function checkForm(){
        if(!isNaN(document.frm.name.value.substr(0, 1))){
            alert("이름은 숫자로 시작할 수 없습니다!");
            document.frm.name.select();
        }
    }
</script>
<body>
    <form name="frm">
        <p>이름 : <input type="text" name="name">
            <input type="submit" value="전송" onclick="checkForm()">
    </form>
</body>
</html>
```

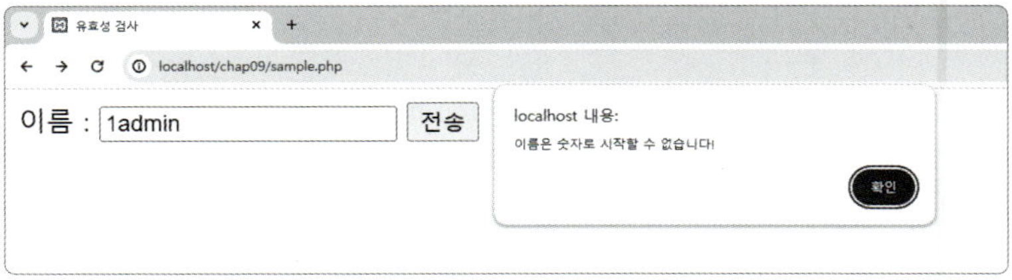

## 예제 9-3 폼 페이지에 입력한 비밀번호 값이 숫자인지 검사하기

[chap09] 폴더에 'client_validation03.php' 파일을 생성하여 다음과 같이 작성하고 웹 브라우저에 'http://localhost/chap09/client_validation03.php'를 입력하여 실행 결과를 확인합니다.

chap09/client_validation03.php

```
<html>
<head>
    <title>유효성 검사</title>
</head>
<script type="text/javascript">
    function checkLogin(){
        for(i=0; i<document.loginForm.id.value.length; i++){
            var ch = document.loginForm.id.value.charAt(i);
            if((ch<'a'||ch>'z') && (ch>'A'||ch<'Z') && (ch>'0'||ch<'9')){
                alert("아이디는 영문 소문자만 입력 가능합니다!");
                document.loginForm.id.focus();
                return;
            }
        }

        if(isNaN(document.loginForm.passwd.value)){
            alert("비밀번호는 숫자만 입력 가능합니다!");
            document.loginForm.passwd.focus();
            return;
        }
        document.loginForm.submit();
    }
</script>
<body>
    <form name="loginForm" action="client_validation_process.php" method="post">
        <p>아 이 디 : <input type="text" name="id">
        <p>비밀번호 : <input type="password" name="passwd">
        <p><input type="button" value="전송" onclick="checkLogin()">
    </form>
</body>
</html>
```

**06~22행** 핸들러 함수 checkLogin()을 이용해 자바스크립트로 폼 페이지의 입력 항목 데이터를 검사합니다.

**9~13행** 입력된 아이디에서 한 문자씩 가져와 영문 소문자인지 검사합니다. 소문자가 아니라면 오류 메시지를 출력하고, 커서를 아이디 입력 항목에 놓습니다. 이를 입력된 아이디의 문자 길이만큼 반복합니다.

**16~20행** 입력된 비밀번호가 숫자인지 검사합니다. 숫자가 아니면 오류 메시지를 출력하고 커서를 비밀번호 입력 항목에 놓습니다.

**21행** 폼 페이지에 입력된 데이터 값을 서버로 전송합니다.

▼ 실행 결과

# 03 필터를 이용한 유효성 검사

## 1 필터

**필터(Filter)**는 외부 입력의 유효성을 검사하는 데 사용됩니다. 외부로부터 들어오는 유효하지 않은 데이터는 보안 문제를 일으키고 웹 페이지를 손상시킬 수 있으므로 검증이 필요합니다. 필터를 이용하여 이메일 주소, URL, IP 주소 등과 같은 데이터를 검사하고 삭제하면 데이터 검증 작업을 더 쉽게 할 수 있습니다.

필터로 데이터 유효성을 검사하는 데는 filter_var() 함수를 사용합니다. 이 함수의 기본 형식은 다음과 같습니다.

```
filter_var(mixed $value, int $filter = FILTER_DEFAULT, array|int $options = 0)
```

**표 9-2** filter_var() 함수의 매개변수와 역할

| 매개변수 | 역할 |
|---|---|
| $value | 검사할 대상(값)이다. |
| $filter | 적용할 검사 형식(필터 ID)이다. |
| $options | 검사 형식의 옵션 배열이다. |

TIP 필터 타입과 옵션 배열은 https://www.php.net/manual/en/filter.filters.php 사이트를 참고합니다.

[필터 확인의 예]

```
<table>
    <tr>
        <td>Filter Name</td>
        <td>Filter ID</td>
    </tr>
<?php
foreach(filter_list() as $id =>$filter){
```

| Filter Name | Filter ID |
|---|---|
| int | 257 |
| boolean | 258 |
| float | 259 |
| validate_regexp | 272 |
| validate_domain | 277 |

```
    echo '<tr><td>'.$filter.'</td><td>'.filter_id($filter).'</td></tr>';
}
?>
</table>
```

**NOTE PHP에서 필터를 사용하는 이유**

많은 PHP 웹 애플리케이션은 클라이언트 측으로부터 외부 입력을 받습니다. 그런데 모든 사용자가 데이터를 올바르게 입력할 것이라 기대할 수는 없으므로, 데이터를 처리하기 전에 사용자 입력을 정리해야 합니다. 또 외부 사용자나 시스템으로부터 들어온 데이터가 심각한 보안 문제로 이어질 수 있기 때문에 필터링 작업이 중요합니다.

외부 입력/데이터의 종류는 다음과 같습니다.

- 폼으로부터 입력된 데이터
- 쿠키 데이터
- 웹 서비스의 데이터
- 서버 변수의 데이터
- 데이터베이스 쿼리 결과

## 2 정수 여부 검사하기

외부에서 입력된 데이터의 값이 정수인지 검사하는 데는 FILTER_VALIDATE_INT 필터를 사용합니다. FILTER_VALIDATE_INT를 사용하면 정수 변수의 범위를 지정할 수도 있습니다.

```
filter_var($var, FILTER_VALIDATE_INT)
```

다음은 값이 유효한 정수인지 여부를 검사하는 예입니다.

[유효한 정숫값 검사의 예]

```
<?php
$var = 10;

if(filter_var($var, FILTER_VALIDATE_INT) === 0 || filter_var($var, FILTER_VALIDATE_
INT))
```

$var 변수가 0으로 설정되면 예제 코드는 잘못된 정수 메시지를 표시되지 않기 위한 조건

```
    echo "<b>$var</b> 은[는] 정수입니다.";
else
    echo "<b>$var</b> 은[는] 정수가 아닙니다.";
?>
```

**10** 은[는] 정수입니다.

다음은 유효한 정수인지 확인하고 해당 값이 1~12 범위 내에 있는지 검사하는 예입니다.

```
<?php
$var = 10;
$min = 1;
$max = 12;

if(filter_var($var, FILTER_VALIDATE_INT, array("options" => array("min_range"=>
$min, "max_range"=>$max))))
    echo "변숫값이 허용 범위 내에 있습니다.";
else
    echo "변숫값이 허용 범위 밖에 있습니다.";
?>
```

변숫값이 허용 범위 내에 있습니다.

### 예제 9-4 폼 페이지에 입력한 비밀번호 값이 숫자인지 검사하기

[chap09] 폴더에 'server_validation01.php' 파일을 생성하여 다음과 같이 작성하고 웹 브라우저에 'http://localhost/chap09/server_validation01.php'를 입력하여 실행 결과를 확인합니다.

chap09/server_validation01.php

```
<?php
$nameErr = $passwdErr = "";
if($_SERVER["REQUEST_METHOD"] == "POST"){
    if (empty ($_POST["name"]))
        $nameErr = "이름을 입력해주세요.";

    if(!((filter_var($_POST["passwd"], FILTER_VALIDATE_INT) === 0) || (filter_var($_POST["passwd"], FILTER_VALIDATE_INT))))
        $passwdErr = "비밀번호는 숫자만 입력 가능합니다!";
```

```
}
?>

<html>
<head>
    <title>유효성 검사</title>
    <style> .error {color: #FF0001;} </style>
</head>
<body>
<form method="post" action="<?php echo htmlspecialchars($_SERVER["PHP_SELF"]);?>">
    <p>아 이 디 : <input type="text" name="name"><span class="error">*<?php echo $nameErr;?></span>
    <p>비밀번호 : <input type="text" name="passwd"><span class="error">*<?php echo $passwdErr;?></span>
    <p><input type="submit" value="전송">
</form>
</body>
</html>
```

▼ 실행 결과

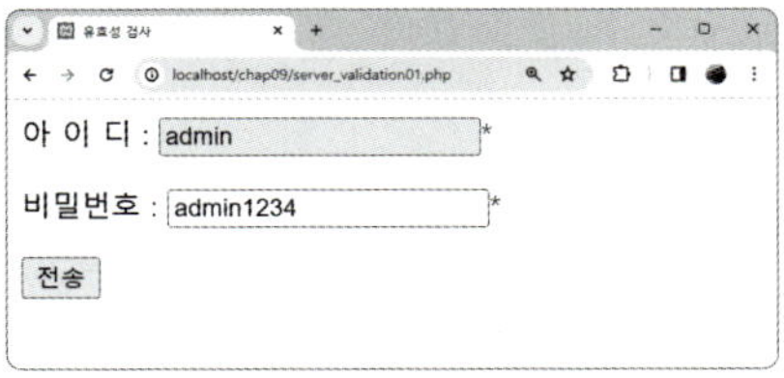


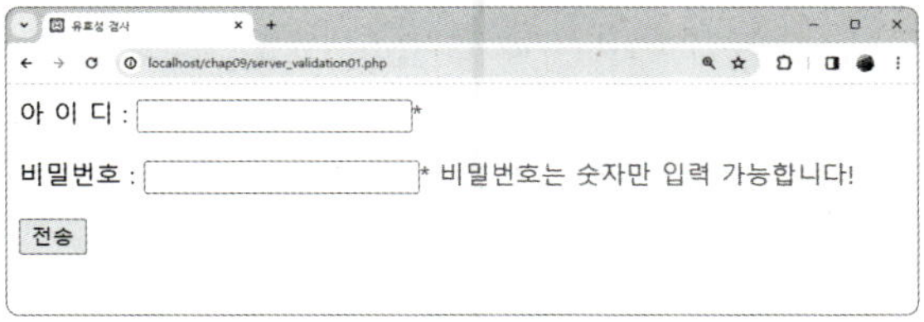


## ❸ 이메일 주소 검사하기

이메일을 검사하는 데는 FILTER_VALIDATE_EMAIL 필터를 사용합니다. 이메일 주소에 잘못된 문자가 포함된 경우 FILTER_SANITIZE_EMAIL 필터로 문자를 삭제하여 유효한 이메일로 검사할 수 있습니다. FILTER_SANITIZE_EMAIL 필터는 제공된 이메일 주소 문자열에서 문자, 숫자 및 !, #, $, %, &, ', *, +, −, =, ?, ^, _, `, {, |, }, ~, @, ., [, ]를 허용합니다.

```
filter_var($var, FILTER_VALIDATE_EMAIL)
```

다음은 이메일 주소의 유효성을 검사하는 예입니다.

```
<?php
$var = "song.snail@@naver.com";

if(filter_var($var, FILTER_VALIDATE_EMAIL))
    echo "<b>$var</b> 은[는] 이메일 주소입니다.";
else
    echo "<b>$var</b> 은[는] 이메일 주소가 아닙니다.";
?>
```

**song.snail@@naver.com** 은[는] 이메일 주소가 아닙니다.

다음은 위의 이메일에서 @ 앞에 .(점)을 포함하여 유효한 이메일 주소로 검사하도록 FILTER_SANITIZE_EMAIL 필터를 사용한 예입니다.

```
<?php
$var = "song.snail@naver.com";

$var = filter_var($var, FILTER_SANITIZE_EMAIL);

if(filter_var($var, FILTER_VALIDATE_EMAIL))
    echo "<b>$var</b> 은[는] 이메일 주소입니다.";
else
    echo "<b>$var</b> 은[는] 이메일 주소가 아닙니다.";
?>
```

**song.snail@naver.com** 은[는] 이메일 주소입니다.

### 예제 9-5 폼 페이지에 입력한 이메일이 유효한지 검사하기

'server_validation01.php' 파일에 이메일 입력 항목의 유효성 검사를 다음과 같이 추가하여 'server_validation02.php' 파일로 만듭니다. 웹 브라우저에 'http://localhost/chap09/server_validation02.php'를 입력하여 실행 결과를 확인합니다.

chap09/server_validation02.php

```
<?php
$nameErr = $passwdErr = $emailErr = "";
```

```
if($_SERVER["REQUEST_METHOD"] == "POST"){
    ...
    if(!filter_var($_POST["email"], FILTER_VALIDATE_EMAIL))
        $emailErr = "이메일 주소를 확인해주세요.";
}
?>
...
        <p>이 메 일 : <input type="text" name="email"><span class="error">*
<?php echo $emailErr;?></span>
        <p><input type="submit" value="전송">
...
```

▼ 실행 결과

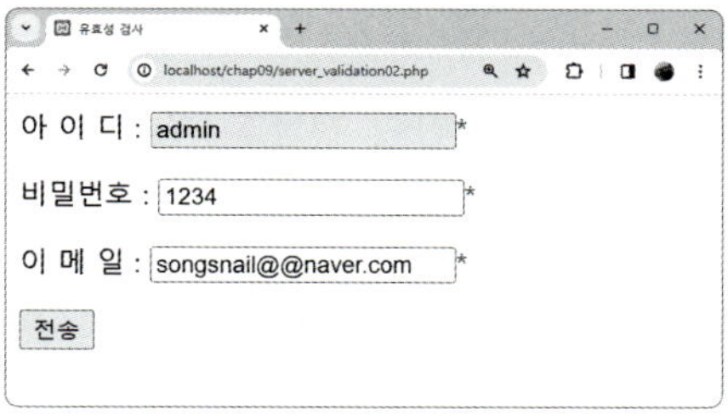


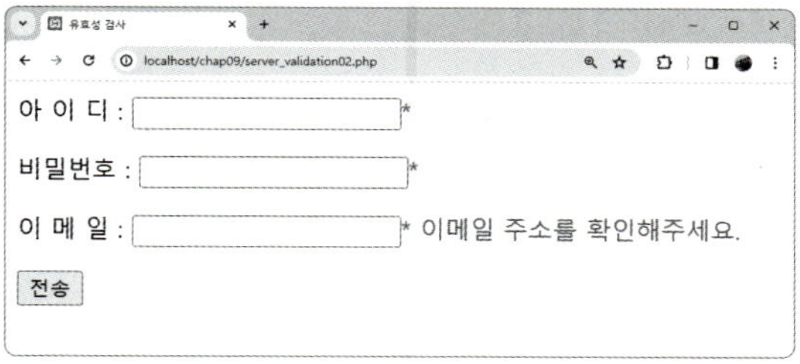


## 4 URL 검사하기

URL을 검사하는 데는 FILTER_VALIDATE_URL 필터를 사용합니다. 또한 URL에 잘못된 문자가 포함되는 경우 FILTER_SANITIZE_URL 필터를 사용해 문자를 삭제하여 유효한 URL로 검사할 수 있습니다. FILTER_SANITIZE_URL 필터는 모든 문자, 숫자 및 $, −, _, ., +, !, *, ', (, ), ,, {, }, |, \\, ^, ~, [, ], `, ", >, <, #, %, ;, /, ?, :, @, &, =을 허용합니다. URL에서 GET 방식으로 전달되는 파라미터가 있는 경우 FILTER_FLAG_QUERY_REQUIRED 필터를 적용하여 유효한 URL로 검사할 수 있습니다.

```
filter_var($var, FILTER_VALIDATE_URL)
```

다음은 URL에 잘못된 문자가 있으면 삭제하고 유효성을 검사하는 예입니다.

```
<?php
$var = "http://www.han��bit.co.kr";

if(filter_var($var, FILTER_VALIDATE_URL) || filter_var($var, FILTER_SANITIZE_URL))
    echo "<b>$var</b> 은[는] 웹사이트 URL입니다.<br>";
else
    echo "<b>$var</b> 은[는] 웹사이트 URL이 아닙니다.";

var_dump(filter_var($var, FILTER_SANITIZE_URL));
?>
```

**http://www.han��bit.co.kr** 은[는] 웹사이트 URL입니다.
string(23) "http://www.hanbit.co.kr"

다음은 FILTER_FLAG_QUERY_REQUIRED 필터를 사용하여 URL에 쿼리 문자열이 포함되어 있는지 여부를 검사하는 예입니다.

```
<?php
$var = "http://www.hanbit.co.kr?id=andmin";

if(filter_var($var, FILTER_VALIDATE_URL, FILTER_FLAG_QUERY_REQUIRED))
    echo "<b>$var</b> 은[는] 웹사이트 URL입니다.";
else
    echo "<b>$var</b> 은[는] 웹사이트 URL이 아닙니다.";
?>
```

**http://www.hanbit.co.kr?id=andmin** 은[는] 웹사이트 URL입니다.

### 예제 9-6 폼 페이지에 입력한 URL이 유효한지 검사하기

'server_validation02.php' 파일에 URL 입력 항목의 유효성 검사를 다음과 같이 추가하여 'chap09/server_validation03.php' 파일로 만듭니다. 웹 브라우저에 'http://localhost/chap09/server_validation03.php'를 입력하여 실행 결과를 확인합니다.

chap09/server_validation03.php

```
<?php
$nameErr = $passwdErr = $emailErr = $urlErr = "";
if($_SERVER["REQUEST_METHOD"] == "POST"){
    ...
    if(!filter_var($_POST["url"], FILTER_VALIDATE_URL))
        $urlErr = "URL을 확인해주세요.";
}
?>
...
    <p>웹사이트 : <input type="text" name="url"><span class="error">*<?php echo $urlErr;?></span>
    <p><input type="submit" value="전송">
...
```

▼ 실행 결과

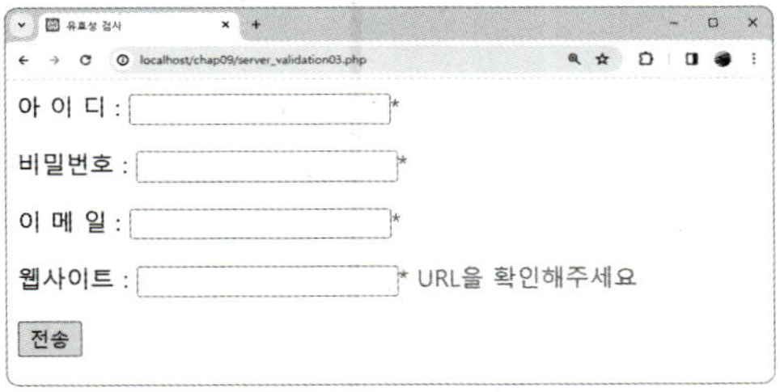


## 5 IP 주소 검사하기

IP 주소를 검사하는 데는 FILTER_VALIDATE_IP 필터를 사용합니다. IP 주소에 따라 IPv4 또는 IPv6인지 여부를 확인할 수 있도록 FILTER_FLAG_IPV4, FILTER_FLAG_IPV6를 제공합니다. 또한 비공개 범위 내, 예약된 범위 내에 있지 않도록 FILTER_FLAG_NO_PRIV_RANGE, FILTER_FLAG_NO_RES_RANGE를 제공합니다.

```
filter_var($var, FILTER_VALIDATE_IP)
```

다음은 값이 유효한 IP 주소인지 여부를 검사하는 예입니다.

```
<?php
$var = "127.0.0.1";

if(filter_var($var, FILTER_VALIDATE_IP))
    echo "<b>$var</b> 은[는] IP주소입니다.";
else
    echo "<b>$var</b> 은[는] IP 주소가 아닙니다.";
?>
```

**127.0.0.1** 은[는] IP주소입니다.

다음은 값이 유효한 IP 주소가 IPv6인지 여부를 검사하는 예입니다.

```
<?php
$var = "1050:0000:0000:0000:0005:0600:300c:326b";

if(filter_var($var, FILTER_VALIDATE_IP, FILTER_FLAG_IPV6))
    echo "<b>$var</b> 은[는] IPV6 주소입니다.";
else
    echo "<b>$var</b> 은[는] IPV6 주소가 아닙니다.";
?>
```

**1050:0000:0000:0000:0005:0600:300c:326b** 은[는] IPV6 주소입니다.

다음은 비공개 범위 내, 예약된 범위 안에 있지 않도록 설정하는 예입니다.

```
<?php
$var = "192.168.0.1";

if(filter_var($var, FILTER_VALIDATE_IP, FILTER_FLAG_NO_PRIV_RANGE))
    echo "<b>$var</b> 은[는] 비공개 범위 내에 있습니다.";
else
    echo "<b>$var</b> 은[는] 비공개 범위 내에 없습니다.";
?>
```

**192.168.0.1** 은[는] 비공개 범위 내에 없습니다.

## 예제 9-7 폼 페이지에 입력한 IP 주소가 유효한지 검사하기

'server_validation03.php' 파일에 IP 입력 항목의 유효성 검사를 다음과 같이 추가하여 'server_validation04.php' 파일로 만듭니다. 웹 브라우저에 'http://localhost/chap09/server_validation04.php'를 입력하여 실행 결과를 확인합니다.

chap09/server_validation04.php

```
<?php
$nameErr = $passwdErr = $emailErr = $urlErr = $ipErr = "";
if($_SERVER["REQUEST_METHOD"] == "POST"){
    ...
    if(!filter_var($_POST["ip"], FILTER_VALIDATE_IP))
        $ipErr = "IP 주소를 확인해 주세요.";
}
?>
...
        <p>IP 주소 : <input type="text" name="ip"><span class="error">*<?php echo $ipErr;?></span>
        <p><input type="submit" value="전송">
...
```

▼ 실행 결과

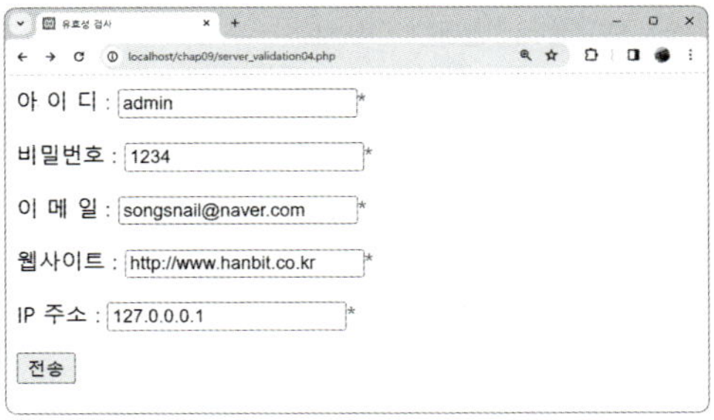


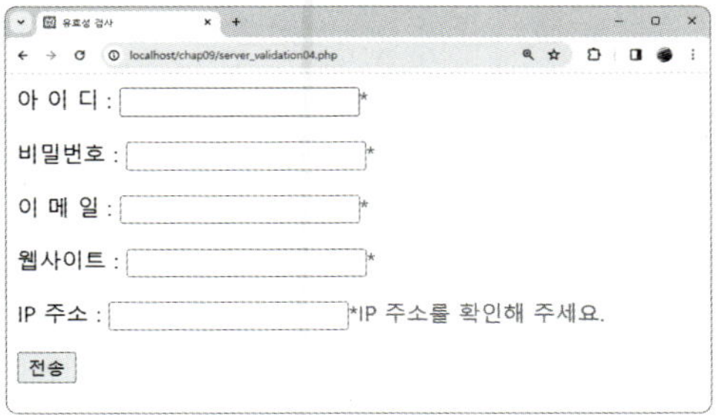

# 04 정규 표현식을 이용한 유효성 검사

## 1 정규 표현식

정규 표현식을 사용하는 유효성 검사는 폼 페이지의 입력 데이터 값이 특정 형태에 적합한지 검사하는 방법으로, 필터를 이용한 유효성 검사보다 복잡합니다.

**정규 표현식(Regular Expression)**은 특정한 규칙을 가진 문자열의 집합을 표현하는 데 사용하는 형식 언어입니다. 일반적으로 "regex" 또는 "RegExp"로 알려진 정규 표현식은 문자열에서 패턴을 찾는 데 사용되는 특수 형식으로 표현한 것입니다. 정규 표현식은 문자열 처리와 조작을 효과적으로 할 수 있는 가장 강력한 도구 중 하나입니다. 예를 들어 사용자가 입력한 이름, 주민등록번호, 이메일, 전화번호와 같은 데이터 형식이 올바른지 확인하고, 텍스트 내에서 일치하는 문자열을 찾거나 바꾸는 데 사용할 수 있습니다.

**표 9-3 정규 표현식의 함수 종류**

<table>
<tr><th>함수</th><th>설명</th></tr>
<tr><td>preg_match()</td><td>지정한 문자열 내에서 패턴을 검색한다.</td></tr>
<tr><td>preg_match_all()</td><td>지정한 문자열 내에서 패턴과 일치하는 모든 항목을 검색한다.</td></tr>
<tr><td>preg_replace()</td><td>지정한 문자열 내에서 패턴과 일치하는 문자열을 다른 문자열로 대체한다.</td></tr>
<tr><td>preg_grep()</td><td>패턴과 일치하는 입력 배열의 요소를 반환한다.</td></tr>
<tr><td>preg_split()</td><td>지정한 문자열을 패턴에 따라 분할한다.</td></tr>
<tr><td>preg_quote()</td><td>지정한 문자열 내에서 패턴(예 \ + * ? [ ^ ] $ ( ) { } = ! < > | :)이 포함되는 모든 문자의 앞에 백슬래시를 붙여 반환한다.</td></tr>
</table>

**NOTE 정규 표현식을 사용하는 이유**

정규 표현식을 사용하는 이유는 다음과 같습니다.

- PHP 정규식은 단일 함수를 호출하여 문자열 데이터의 패턴 식별을 단순화함으로써 코딩 시간을 절약합니다.
- 이메일 주소, 도메인 이름, 전화번호, IP 주소 등 사용자 입력을 검증할 때 사용합니다.
- 검색 결과에서 키워드를 강조 표시하기 위해 사용합니다.
- 사용자 정의 HTML 템플릿을 생성할 때 PHP의 Regex를 사용하여 템플릿 태그를 식별하고 이를 실제 데이터로 바꿀 수 있습니다.

**NOTE 다른 언어에서의 정규 표현식**

정규 표현식은 PHP에만 국한되지 않습니다. Java, Perl, Python 등의 언어는 텍스트에서 패턴을 찾기 위해 동일한 표기법을 사용합니다.

**표 9-4 자바스크립트에서 정규 표현식의 함수 종류**

| 함수 | 설명 |
|---|---|
| `test()` | 매개변수 값으로 전달되는 문자열이 정규 표현식에 부합한지 판단하여 true/false를 반환한다. |
| `exec()` | 매개변수 값으로 전달되는 문자열에서 정규 표현식에 부합하는 문자열을 추출하여 반환한다. |

## 2 정규 표현식의 패턴 유형

정규 표현식은 `/abc/`와 같은 단순 문자, 또는 `/ab*c/`나 `/Chapter (\d+)\.\d*/`처럼 단순 문자와 특수 문자를 조합하고 슬래시(/)로 묶은 패턴으로 구성됩니다.

```
var 변수명 = /정규 표현식/[Flag];
```

**그림 9-1 정규 표현식 패턴**

### 문자 클래스

문자 클래스는 대괄호([ ])로 둘러싸인 문자 패턴을 의미하며, 지정된 문자 목록 중 단일 문자와 일치합니다. 다시 말해 표현식 `[abc]`는 a, b 또는 c 문자에만 일치합니다. `[^abc]`와 같이 여는 괄호 바로 뒤에 캐럿(^) 기호를 배치하여 대괄호 안에 포함된 문자를 제외한 모든 문자와 일치하는 부정 문자 클래스를 정의할 수도 있습니다. 또는 `[0-9]`와 같이 문자 클래스 내부에 하이픈(-) 문자를 사용하여 문자 범위를 정의할 수도 있습니다.

**표 9-5** 문자 클래스의 유형

| 유형 | 설명 |
|---|---|
| [abc] | 문자 a, b, c 중 하나와 일치한다. |
| [^abc] | a, b, c 이외의 문자 하나와 일치한다. |
| [a-z] | 소문자 a부터 소문자 z까지 임의의 한 문자와 일치한다. |
| [A-Z] | 대문자 a부터 대문자 z까지 임의의 한 문자와 일치한다. |
| [a-Z] | 소문자 a부터 대문자 Z까지 임의의 한 문자와 일치한다. |
| [0-9] | 0부터 9까지의 한 자리 숫자와 일치한다. |
| [a-z0-9] | a부터 z까지, 또는 0부터 9까지의 단일 문자와 일치한다. |

다음은 정규식과 PHP의 preg_match() 함수를 사용하여 문자열에서 패턴의 존재 여부를 찾는 방법을 보여주는 예입니다.

```
<?php
$pattern = "/P[Hr]/";
$text = "Hello! PHP Program, JSP Program, ASP Program";

if(preg_match($pattern, $text)){
    echo "일치하는 항목을 찾았습니다!<br>";
} else{
    echo "일치하는 항목을 찾을 수 없습니다!<br>";
}

$matches = preg_match_all($pattern, $text, $array);
echo "일치하는 항목 개수 : ".$matches."<br>";
var_dump($array);
?>
```

```
일치하는 항목을 찾았습니다!
일치하는 항목 개수 : 4
array(1) { [0]=> array(4) { [0]=> string(2) "PH" [1]=> string(2) "Pr" [2]=> string(2) "Pr" [3]=> string(2) "Pr" } }
```

**TIP** preg_match() 함수는 첫 번째 일치 항목을 찾은 후 검색을 중지하는 반면, preg_match_all() 함수는 첫 번째 일치 항목을 찾은 후에도 끝까지 검색을 계속하여 가능한 모든 일치 항목을 찾습니다.

### 미리 정의된 문자 클래스

숫자, 문자, 공백과 같은 일부 문자 클래스는 너무 자주 사용되므로 다음과 같이 미리 정의된 문자 형식이 있습니다.

**표 9-6 미리 정의된 문자 클래스 유형**

| 유형 | 설명 |
|---|---|
| . | \n(한 행 바꿈)을 제외한 모든 단일 문자와 일치한다. |
| \d | 모든 숫자 문자와 일치한다. [0-9]와 같은 의미이다. |
| \D | 숫자가 아닌 모든 문자와 일치한다. [^0-9]와 같은 의미이다. |
| \s | 모든 공백 문자(공백, 탭, 개행 또는 캐리지 리턴 문자)와 일치한다. [ \t\n\r]과 같은 의미이다. |
| \S | 공백이 아닌 모든 문자와 일치한다. [^ \t\n\r]과 같은 의미이다. |
| \w | 모든 단어 문자와 일치한다(a~z, A~Z, 9 및 밑줄로 정의됨). [a-zA-Z_0-9]와 같은 의미이다. |
| \W | 단어가 아닌 문자와 일치한다. [^a-zA-Z_0-9]와 같은 의미이다. |

다음은 정규 표현식과 PHP의 preg_replace() 함수를 사용하여 문자열에서 공백을 찾아 하이픈 문자로 바꾸는 방법을 보여주는 예입니다.

```
<?php
$pattern = "/\s/";
$replacement = "-";
$text = "Hello! PHP Program,\nJSP Program,\tASP Program";

echo preg_replace($pattern, $replacement, $text);
echo "<br>";

echo str_replace(" ", "-", $text);
?>
```

공백, 줄 바꿈 및 탭 바꾸기

공백만 바꾸기

```
Hello!-PHP-Program,-JSP-Program,-ASP-Program
Hello!-PHP-Program, JSP-Program, ASP-Program
```

### 반복 횟수

정규 표현식의 문자 반복 횟수를 특정 패턴으로 지정할 수 있습니다. 예를 들면, 문자 p가 1개 이상 포함된 단어는 p+로 표현하고 p가 0개 이상 포함된 단어는 p*로 표현할 수 있습니다. 이와 같이 특정 패턴으로 반복 횟수를 지정할 수 있는 유형은 다음과 같습니다.

**표 9-7** 반복 횟수 유형

| 유형 | 설명 |
|---|---|
| p+ | 문자 p가 1개 이상 나타나는 것과 일치한다. |
| p* | 문자 p가 0개 이상 나타나는 것과 일치한다. |
| p? | 문자 p가 0개 또는 1개 일치한다. |
| p{2} | 문자 p가 정확히 두 번 일치한다. |
| p{2,3} | 문자 p가 두 번 이상 일치하지만, 문자 p가 세 번 이상 일치하지 않는다. |
| p{2,} | 문자 p가 두 번 이상 나타나는 것과 일치한다. |
| p{,3} | 문자 p가 최대 세 번 일치한다. |

다음 정규식은 PHP의 preg_split() 함수를 사용하여 쉼표, 쉼표 시퀀스, 공백 또는 이들의 조합으로 문자열을 나눈 예입니다.

```
<?php
$pattern = "/[\s,]+/";
$text = "Hello! PHP Program,JSP Program,ASP Program";
$parts = preg_split($pattern, $text);

foreach($parts as $part){
    echo $part . "<br>";
}
?>
```

```
Hello!
PHP
Program
JSP
Program
ASP
Program
```

## 위치 앵커

행, 단어 또는 문자열의 시작이나 끝에서 특정 패턴을 일치시키기 위해 위치 앵커를 사용할 수 있습니다. 문자열의 시작을 나타내는 데는 캐럿(^) 기호를, 문자열의 끝을 나타내는 데는 달러($) 기호를 사용합니다.

**표 9-8** 위치 앵커의 유형

| 유형 | 설명 |
|---|---|
| ^p | 줄 시작 부분의 문자 p와 일치한다. |
| p$ | 줄 끝의 문자 p와 일치한다. |

다음 예제의 정규식은 PHP preg_grep() 함수를 사용하여 이름 배열에서 문자 "J"로 시작하는 이름만 표시합니다.

```
<?php
$pattern = "/^J/";
$names = array("PHP", "JSP", "JAVA", "C#");
$matches = preg_grep($pattern, $names);

foreach($matches as $match){
    echo $match . "<br>";
}
?>
```

```
JSP
JAVA
```

### 패턴 수정자

패턴 수정자를 사용하면 패턴 일치가 처리되는 방식을 제어할 수 있습니다. 패턴 수정자는 정규식 바로 뒤에 배치됩니다. 예를 들어 대소문자를 구분하지 않고 패턴을 검색하려는 경우 `/pattern/i`와 같이 i 수정자를 사용할 수 있습니다. 다음 표는 가장 일반적으로 사용되는 패턴 수정자입니다.

**표 9-9 패턴 수정자 유형**

| 유형 | 설명 |
|---|---|
| i | 대소문자를 구분하지 않는 방식으로 일치 항목을 만든다. |
| m | 문자열 경계 대신 줄바꿈 경계(예 여러 줄 문자열 내 각 줄의 시작 또는 끝)와 일치하도록 ^ 및 $의 동작을 변경한다. |
| g | 전역 일치를 수행한다. 다시 말해 모든 항목을 찾는다. |
| o | 표현식을 한 번만 평가한다. |
| s | .(점)이 개행 문자(\n)까지 매칭되도록 변경한다. |
| x | 명확성을 위해 정규식 내에서 공백과 주석을 사용할 수 있다. |

다음은 i 수정자와 PHP의 preg_match_all() 함수를 사용하여 대소문자를 구분하지 않고 전역 검색을 수행하는 예입니다.

```
<?php
$pattern = "/Program/i";
$text = "Hello! PHP Program, JSP Program, ASP Program";

$matches = preg_match_all($pattern, $text, $array);
echo "일치하는 항목 개수 : ".$matches."<br>";
var_dump($array);
?>
```

일치하는 항목 개수 : 3
array(1) { [0]=> array(3) { [0]=> string(7) "Program" [1]=> string(7) "Program" [2]=> string(7) "Program" } }

## 단어 경계

단어 경계 문자(`\b`)는 패턴으로 시작하거나 끝나는 단어를 검색하는 데 사용할 수 있습니다. 예를 들어 정규식 `/\bcar/`는 `car` 패턴으로 시작하는 단어와 일치합니다. 즉, `cart`, `carrot`, `Cartoon`과 일치하며, `oscar`와는 일치하지 않습니다.

마찬가지로 정규 표현식 `/car\b/`는 `car` 패턴으로 끝나는 단어와 일치합니다. 즉, `Scar`, `oscar`, `supercar`와 일치하며, `cart`와는 일치하지 않습니다. 또한 `/\bcar\b/`는 `car` 패턴으로 시작하고 끝나는 단어와 일치합니다. 즉, `car`와만 일치합니다.

다음은 Pro로 시작하는 단어를 굵게 강조 표시한 예시입니다.

```
<?php
$pattern = '/\bPro\w*/';
$replacement = '<b>$0</b>';
$text = "Hello! PHP Program, JSP Program, ASP Program";
echo preg_replace($pattern, $replacement, $text);

?>
```

Hello! PHP **Program**, JSP **Program**, ASP **Program**

### 예제 9-8 회원 가입 폼 페이지에 입력한 데이터 형식의 유효성 검사하기

[chap09] 폴더에 'regex_validation01.php' 파일을 생성하여 다음과 같이 작성하고 웹 브라우저에 'http://localhost/chap08/regex_validation01.php'를 입력하여 실행 결과를 확인합니다.

chap09/regex_validation01.php

```php
<?php
$regExpId = "/^[a-z|A-Z|ㄱ-ㅎ|ㅏ-ㅣ|가-힣]/";
$regExpPasswd = "/^[0-9]*$/";
$regExpName = "/^[가-힣]*$/";
$regExpPhone = "/^\d{3}-\d{3,4}-\d{4}$/";
$regExpEmail = "/^[0-9a-zA-Z]([-_\.]?[0-9a-zA-Z])*@[0-9a-zA-Z]([-_\.]?[0-9a-zA-Z])*\.[a-zA-Z]{2,3}$/i";

$idErr = $passwdErr = $nameErr = $phoneErr = $emailErr =  "";
$id = $passwd = $name = $phone = $email = "";
if($_SERVER["REQUEST_METHOD"] == "POST"){
    $id = $_POST["id"];
    $passwd = $_POST["passwd"];
    $name = $_POST["name"];
    $phone = $_POST["phone1"] . "-" . $_POST["phone2"] . "-" . $_POST["phone3"];
    $email = $_POST["email"];

    if(!preg_match ($regExpId, $id))
        $idErr = "아이디는 문자로 시작해주세요!";
    if(!preg_match ($regExpPasswd, $passwd))
        $passwdErr = "비밀번호는 숫자만 입력해주세요!";
    if(!preg_match ($regExpName, $name))
        $nameErr = "이름은 한글만 입력해주세요!";
    if(!preg_match ($regExpPhone, $phone))
        $phoneErr = "연락처 입력을 확인해주세요!";
    if(!preg_match ($regExpEmail, $email ))
        $emailErr = "이메일 입력을 확인해주세요!";
}
?>

<html>
<head>
    <title>유효성 검사</title>
    <style> .error {color: #FF0001;} </style>
</head>
<body>
```

```
36    <form method="post" action="<?php echo htmlspecialchars($_SERVER["PHP_SELF"]); ?>" >
37            <p>아 이 디 : <input type="text" name="id" value=<?= $id ?>><span
      class="error">* <?php echo $idErr; ?> </span>
38            <p>비밀번호 : <input type="text" name="passwd" value=<?= $passwd ?>>
      <span class="error">*<?php echo $passwdErr;?></span>
39            <p>이름 : <input type="text" name="name" value=<?= $name ?>><span
      class="error">*<?php echo $nameErr;?></span>
40            <p>연락처 : <select name="phone1">
41                            <option value="010">010</option>
42                            <option value="011">011</option>
43                            <option value="016">016</option>
44                            <option value="017">017</option>
45                            <option value="019">019</option>
46                        </select> - <input type="text" maxlength="4" size="4" name
      ="phone2" > - <input type="text" maxlength="4" size="4" name="phone3"><?php
      echo $phoneErr;?></span>
47            <p>이메일 : <input type="text" name="email" value=<?= $email ?>><span
      class="error">*<?php echo $emailErr; ?> </span>
48            <p><input type="submit" value="가입하기">
49    </form>
50    </body>
51    </html>
```

**01~28행** PHP 스크립트로 폼 페이지에서 입력 항목의 유효성 검사를 작성합니다.

**02행** 아이디에 대해 영문 소문자 대문자, 한글, 한글의 자음과 모음만 검사하도록 정규 표현식을 작성합니다.

**03행** 비밀번호에 대해 숫자만 검사하도록 정규 표현식을 작성합니다.

**04행** 이름에 대해 한글만 검사하도록 정규 표현식을 작성합니다.

**05행** 전화번호가 형식에 맞는지 검사하도록 정규 표현식을 작성합니다.

**06행** 이메일이 형식에 맞는지 검사하도록 정규 표현식을 작성합니다.

**08행** 폼 페이지에서 입력 항목인 아이디, 비밀번호, 이름, 전화번호, 이메일 등 출력할 오륫값의 초기화를 저장합니다.

**11~15행** 폼 페이지에서 입력 항목인 아이디, 비밀번호, 이름, 전화번호, 이메일 등의 전송 값을 저장합니다.

**17행** 입력된 아이디가 02행의 정규 표현식에 해당하는지 검사합니다. 정규 표현식에 해당하지 않으면 오류 메시지를 저장합니다.

**18행** 입력된 이름이 03행의 정규 표현식에 해당하는지 검사합니다. 정규 표현식에 해당하지 않으면 오류 메시지를 저장합니다.

**21행** 입력된 비밀번호가 04행의 정규 표현식에 해당하는지 검사합니다. 정규 표현식에 해당하지 않으면 오류 메시지를 저장합니다.

**23행** 입력된 연락처가 05행의 정규 표현식에 해당하는지 검사합니다. 정규 표현식에 해당하지 않으면 오류 메시지를 저장합니다.

**25행** 입력된 이메일이 06행의 정규 표현식에 해당하는지 검사합니다. 정규 표현식에 해당하지 않으면 오류 메시지를 저장합니다.

**37~48행** 아이디, 비밀번호, 이름, 연락처, 이메일 값을 입력받도록 `input` 태그와 `select` 태그를 작성합니다.

▼ 실행 결과

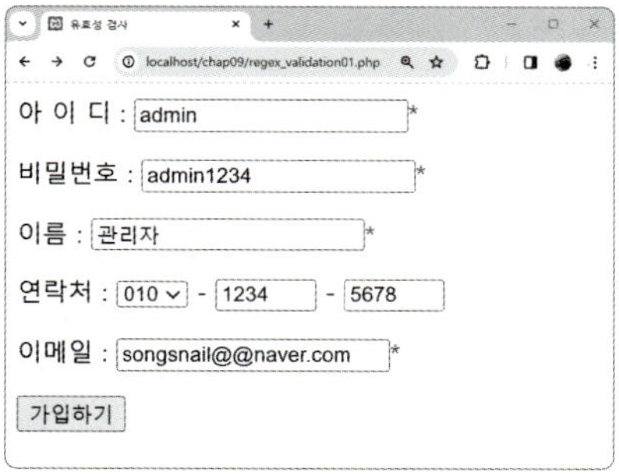


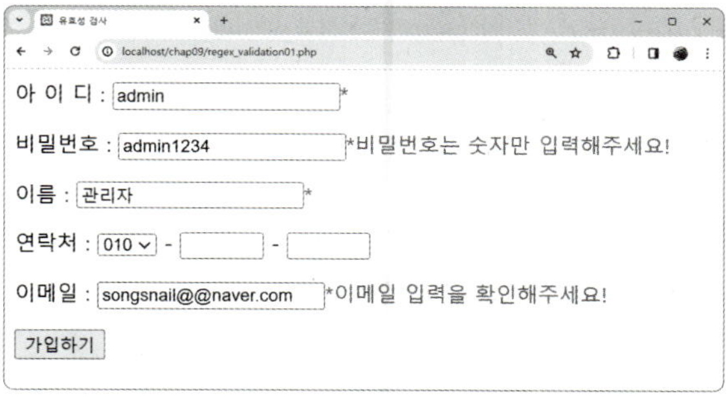

### NOTE 자주 사용되는 패턴

다음은 폼 페이지에서 입력 양식의 데이터 형식으로 자주 사용되는 정규 표현식 패턴입니다.

**표 9-10 자주 사용되는 정규 표현식 패턴**

| 데이터 형식 | 패턴 |
|---|---|
| 숫자 | ^[0-9]*$ |
| 영문자 | ^[a-zA-Z]*$ |
| 한글 | ^[가- ]*$ |
| 영문자와 숫자 | ^[a-zA-Z0-9]*$ |
| 이메일 | ^[0-9a-zA-Z]([-_\.]?[0-9a-zA-Z])*@[0-9a-zA-Z]([-_\.]?[0-9a-zA-Z])*\.[a-zA-Z]<br>{2,3}$/i |
| 휴대전화 | ^01(?:0¦1¦[6-9]) - (?:\d{3}¦\d{4}) - \d{4}$<br>^\d{3}-\d{3,4}-\d{4}$ |
| 전화번호 | ^\d{2.3} - \d{3,4} - \d{4} |
| 주민등록번호 | \d{6} \- [1-4]\d{6} |
| IP 주소 | ([0-9]{1,3}) \. ([0-9]{1,3}) \. ([0-9]{1,3}) \. ([0-9]{1,3}) |
| URL | ^(file¦gopher¦news¦nntp¦telnet¦https?¦ftps?¦sftp):\/\/([a-z0-9-]+\.)+[a-z0-9]<br>{2,4}.*$ |
| 날짜 | \d{1,2}\/\d{1,2}\/\d{2,4}$ |

TIP 더욱 다양한 정규 표현식은 http://regexlib.com에서 확인할 수 있습니다.

# 05 북마켓 도서 등록 페이지의 유효성 검사하기

도서 등록 페이지의 클라이언트 측과 서버 측 유효성 검사를 수행하겠습니다. 도서 등록 페이지에서 사용자에게 도서 등록 데이터를 입력받아 유효성을 검증합니다.

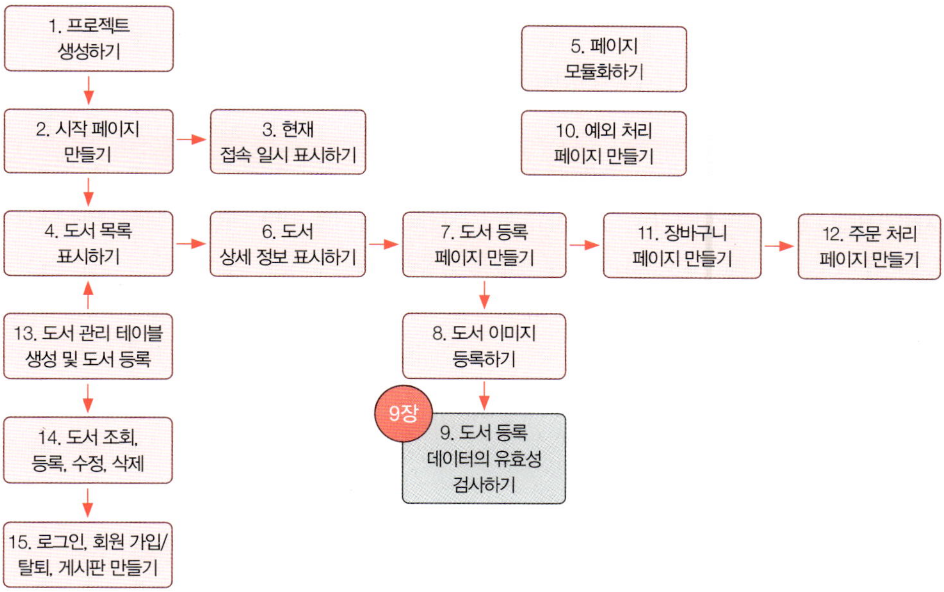


**그림 9-2** 작업 과정 확인: 도서 등록 페이지 유효성 검사

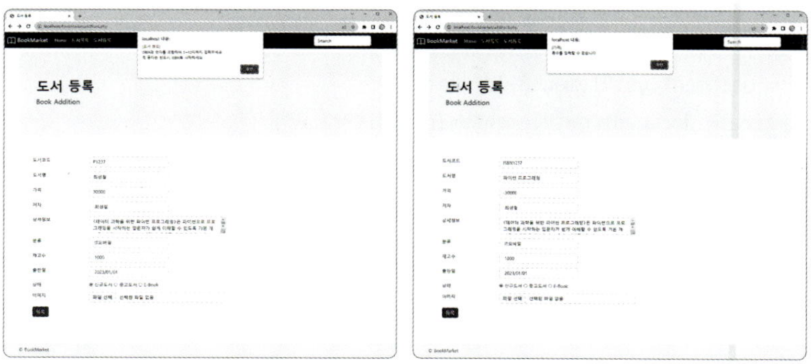

(a) 클라이언트 측 유효성 검사

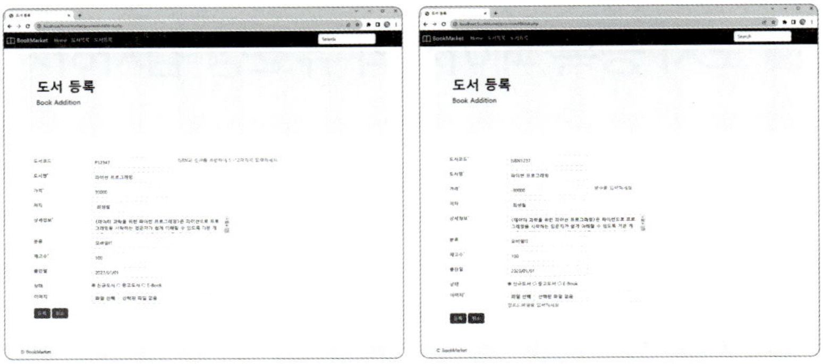


(b) 서버 측 유효성 검사

**그림 9-3** 완성된 웹 쇼핑몰 상품 등록 데이터의 유효성 검사

## 예제 9-9 도서 등록 페이지의 클라이언트 측 유효성 검사하기

**1 자바스크립트 관리 폴더 만들기:** [BookMarket/resources] 폴더에 자바스크립트 파일을 관리하는 [js] 폴더를 만들고 이 폴더에 'validation.js' 파일을 생성합니다.

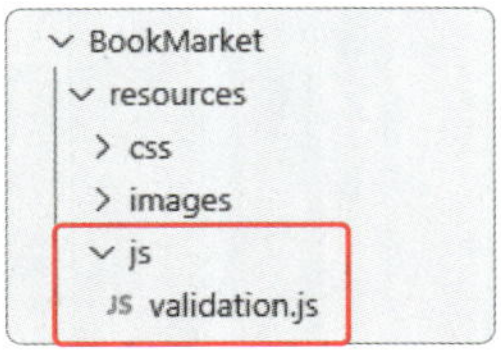


**2 유효성 검사를 위한 핸들러 함수 작성하기:** 'validation.js' 파일에 다음과 같이 작성합니다.

resources/js/validation.js

```
function CheckAddBook() {
    var bookId = document.getElementById("bookId");
    var name = document.getElementById("name");
    var unitPrice = document.getElementById("unitPrice");
    var unitsInStock = document.getElementById("unitsInStock");
    var description = document.getElementById("description");
    var bookImage = document.getElementById("bookImage");

    // 상품 아이디 체크
```

```
    if (!check(/^ISBN[0-9]{4,12}$/, bookId, "[도서 코드]\nISBN과 숫자를 조합하여 4~12자까지 입력하세요\n첫 글자는 반드시 ISBN로 시작하세요"))
        return false;

    // 상품명 체크
    if (name.value.length < 4  || name.value.length > 50) {
        alert("[도서명]\n최소 4자에서 최대 50자까지 입력하세요");
        name.select();
        name.focus();
        return false;
    }

    // 상품 가격 체크
    if (unitPrice.value.length == 0 || isNaN(unitPrice.value)) {
        alert("[가격]\n숫자만 입력하세요");
        unitPrice.select();
        unitPrice.focus();
        return false;
    }

    if (unitPrice.value < 0) {
        alert("[가격]\n음수를 입력할 수 없습니다");
        unitPrice.select();
        unitPrice.focus();
        return false;
    } else if (!check(/^\d+(?:[.]?[\d]?[\d])?$/, unitPrice,"[가격]\n소수점 둘째 자리까지만 입력하세요")){
        unitPrice.select();
        unitPrice.focus();
        return false;
    }

    // 재고 수 체크
    if (isNaN(unitsInStock.value)) {
        alert("[재고 수]\n숫자만 입력하세요");
        unitsInStock.select();
```

```
44          unitsInStock.focus();
45          return false;
46      }
47
48      // 상세 설명 체크
49      if (description.value.length < 80) {
50          alert("[상세 설명]\n최소 80자 이상 입력하세요");
51          description.select();
52          description.focus();
53          return false;
54      }
55
56      // 업로드 파일 체크
57      if (bookImage.value.length =="") {
58          alert("[이미지]\n업로드 파일을 입력하세요 ");
59          bookImage.select();
60          bookImage.focus();
61          return false;
62      }
63
64      function check(regExp, e, msg) {
65          if (regExp.test(e.value)) {
66              return true;
67          }
68          alert(msg);
69          e.select();
70          e.focus();
71          return false;
72      }
73
74      document.newBook.submit()
75  }
```

**01~75행** 자바스크립트로 폼 페이지 입력 항목의 데이터를 검사하는 핸들러 함수 CheckAddBook()을 작성합니다.

**02~07행** 폼 페이지에서 유효성 검사를 위한 입력 항목인 도서 아이디, 도서명, 가격, 재고 수, 이미지 등의 id 속성값으로 입력 데이터를 가져올 수 있도록 getElementById() 함수를 작성합니다. 만약 입력 항목의 name 속성값을 사용한다면 다음과 같이 변경해도 됩니다.

```
var bookId = document.newBook.bookId.value;
var name = document.newBook.name.value;
var unitPrice = document.newBook.unitPrice.value;
var unitsInStock = document.newBook.unitsInStock.value;
var bookImage = document.newBook.bookImage.value;
```

**10, 11행** 입력된 상품 아이디가 정규 표현식과 일치하는지 검사합니다. 정규 표현식은 반드시 ISBN으로 시작하고 숫자를 조합한 문자 길이가 4~12자가 되도록 작성합니다. 정규 표현식과 일치하지 않으면 오류 메시지를 출력하고 해당 입력 항목에 커서를 놓습니다.

**14~19행** 입력된 상품명의 문자 길이가 4~50자인지 검사합니다. 설정 조건에 해당하지 않으면 오류 메시지를 출력하고 해당 입력 항목에 커서를 놓습니다.

**22~27행** 입력된 상품 가격이 숫자인지 검사합니다. 설정 조건에 해당하지 않으면 오류 메시지를 출력하고 해당 입력 항목에 커서를 놓습니다.

**29~33행** 입력된 상품 가격이 음수인지 검사합니다. 설정 조건에 해당하면 오류 메시지를 출력하고 해당 입력 항목에 커서를 놓습니다.

**34~38행** 입력된 상품 가격이 정규 표현식과 일치하는지 검사합니다. 정규 표현식은 반드시 숫자이고 소수점 둘째 자리까지만 허용하도록 작성합니다. 정규 표현식과 일치하지 않으면 오류 메시지를 출력하고 해당 입력 항목에 커서를 놓습니다.

**41~46행** 입력된 상품 재고 수가 숫자인지 검사합니다. 설정 조건에 해당하지 않으면 오류 메시지를 출력하고 해당 입력 항목에 커서를 놓습니다.

**49~54행** 입력된 상세 설명의 문자열 길이가 80자 이상인지 검사합니다. 설정 조건에 해당하지 않으면 오류 메시지를 출력하고 해당 입력 항목에 커서를 놓습니다.

**57~62행** 입력된 도서 이미지 파일명의 문자열 길이가 0인지를 검사합니다. 설정 조건에 해당하지 않으면 오류 메시지를 출력하고 해당 입력 항목에 커서를 놓습니다.

**74행** 폼 페이지에 입력된 데이터 값을 서버로 전송합니다.

**3 도서 등록 페이지 수정하기:** 'addBook.php' 파일을 다음과 같이 수정합니다.

addBook.php

```
<!doctype html>
<html class="h-100" >
<head>
    <title>도서 등록</title>
    <link href="./resources/css/bootstrap.min.css" rel="stylesheet">
    <script type = "text/javascript" src ="./resources/js/validation.js"></script>
</head>
<body class="d-flex flex-column h-100">
...
    <div class="mb-3 row">
        <label class="col-sm-2">도서코드</label>
        <div class="col-sm-3">
            <input type="text" id = "bookId" name="bookId" class="form-control">
        </div>
    </div>
    <div class="mb-3 row">
        <label class="col-sm-2">도서명</label>
        <div class="col-sm-3">
            <input type="text" id="name" name="name" class="form-control">
        </div>
    </div>
    <div class="mb-3 row">
        <label class="col-sm-2">가격</label>
        <div class="col-sm-3">
            <input type="text" id="unitPrice" name="unitPrice" class="form-control">
        </div>
    </div>
    ...
    <div class="mb-3 row">
        <label class="col-sm-2">상세정보</label>
        <div class="col-sm-5">
            <textarea id="description" name="description" cols="50" rows="2"
```

```
33                  class="form-control" placeholder="100자 이상 적어주세요"></textarea>
34          </div>
35      </div>
36      ...
37      <div class="mb-3 row">
38          <label class="col-sm-2">재고수</label>
39          <div class="col-sm-3">
40              <input type="text" id="unitsInStock" name="unitsInStock" class="form-control">
41          </div>
42      </div>
43     ...
44      <div class="mb-3 row">
45          <label class = "col-sm-2">이미지</label>
46          <div class ="col-sm-5">
47              <input type="file" id="bookImage" name="bookImage" class="form-control">
48          </div>
49      </div>
50      <div class="mb-3 row">
51          <div class="col-sm-offset-2 col-sm-10 ">
52              <input type = "button" class="btn btn-primary" value="등록" " onclick ="CheckAddBook()">
53          </div>
54      </div>
55      ...
```

**06행** 폼 페이지에 입력 항목의 데이터를 검사하는 핸들러 함수가 저장된 자바스크립트 파일 'validation.js'를 가져오도록 작성합니다.

**13, 19, 25, 32, 40, 47행** 폼 페이지에 입력된 도서 아이디, 도서명, 가격, 상세설명, 재고 수, 이미지에 대해 유효성 검사를 할 수 있도록 각각 `id` 속성값을 작성합니다.

**52행** 〈등록〉을 클릭하면 핸들러 함수 CheckAddProduct()가 실행되도록 `onclick` 속성을 작성합니다.

## 예제 9-10 도서 등록 페이지의 서버 측 유효성 검사하기

**1 오류 메시지 출력 페이지 작성하기:** 'addBook_Error.php' 파일을 생성하고 유효성 검사로 오류를 출력할 수 있도록 다음과 같이 작성합니다.

addBook_Error.php

```
<!doctype html>
<html class="h-100" >
<head>
  <title>도서 등록</title>
  <link href="./resources/css/bootstrap.min.css" rel="stylesheet">
  <style type="text/css">
    .error{ color: red; }
    .required{ color: red; }
    .success{ color: green; }
  </style>
</head>

<body class="d-flex flex-column h-100">
<?php
require "./menu.php";
?>
<br>
<main>
<div class="container py-5">
  <div class="p-5 mb-4 bg-body-tertiary rounded-3">
    <div class="container-fluid py-5">
      <h1 class="display-5 fw-bold">도서 등록</h1>
      <p class="col-md-8 fs-4">Book Addition</p>
    </div>
  </div>
  <div class="row align-items-md-stretch">
    <div class="col-md-12">
      <div class="h-100 p-5">
        <form name="newBook" action="./processAddBook.php" method ="post" 
enctype ="multipart/form-data">
        <div class="mb-3 row">
```

```
        <label class="col-sm-2">도서코드<sup class="required">*</sup></label>
        <div class="col-sm-3">
          <input type="text" name="bookId" value="<?php echo $bookId; ?>" class="form-control">
        </div>
        <div class="col-sm-6">
          <span class="error"><?php echo $bookIdErr; ?></span>
        </div>
      </div>
      <div class="mb-3 row">
      <label class="col-sm-2">도서명<sup class="required">*</sup></label>
        <div class="col-sm-3">
          <input type="text" name="name" value="<?php echo $name; ?>" class="form-control">
        </div>
        <div class="col-sm-6">
          <span class="error"><?php echo $nameErr; ?></span>
        </div>
      </div>
      <div class="mb-3 row">
        <label class="col-sm-2">가격<sup class="required">*</sup></label>
        <div class="col-sm-3">
          <input type="text" name="unitPrice" value="<?php echo $unitPrice; ?>" class="form-control">
        </div>
        <div class="col-sm-6">
          <span class="error"><?php echo $unitPriceErr; ?></span>
        </div>
      </div>
      <div class="mb-3 row">
        <label class="col-sm-2">저자</label>
        <div class="col-sm-3">
          <input type="text" name="author" value="<?php echo $author; ?>" class="form-control">
        </div>
      </div>
      <div class="mb-3 row">
```

```
        <label class="col-sm-2">상세정보<sup class="required">*</sup></label>
        <div class="col-sm-5">
          <textarea name="description" cols="50" rows="2"
          class="form-control" placeholder="100자 이상 적어주세요"><?php echo $description; ?></textarea> <span class="error"><?php echo $descriptionErr; ?></span>
        </div>
      </div>
      <div class="mb-3 row">
        <label class="col-sm-2">분류</label>
        <div class="col-sm-3">
          <input type="text" name="category" value="<?php echo $category; ?>" class="form-control" >
        </div>
      </div>
      <div class="mb-3 row">
        <label class="col-sm-2">재고수<sup class="required">*</sup></label>
        <div class="col-sm-3">
          <input type="text" name="unitsInStock" value="<?php echo $unitsInStock; ?>" class="form-control" >
        </div>
        <div class="col-sm-6">
          <span class="error"><?php echo $unitsInStockErr; ?></span>
        </div>
      </div>
      <div class="mb-3 row">
        <label class="col-sm-2">출판일</label>
        <div class="col-sm-3">
          <input type="text" name="releaseDate" value="<?php echo $releaseDate; ?>" class="form-control">
        </div>
      </div>
      <div class="mb-3 row">
        <label class="col-sm-2">상태</label>
        <div class="col-sm-5">
          <input type="radio" name="condition" value="New " checked> 신규도서
          <input type="radio" name="condition" value="Old" > 중고도서
```

```
                <input type="radio" name="condition" value="EBook" > E-Book
              </div>
            </div>
            <div class="mb-3 row">
              <label class = "col-sm-2">이미지<sup class="required">*</sup></label>
              <div class ="col-sm-5">
                <input type="file" name="bookImage" class="form-control"><span class="error"><?php echo $bookImageErr; ?></span>
              </div>
            </div>
            <div class="mb-3 row">
              <div class="col-sm-offset-2 col-sm-10 ">
                <input type="submit" class="btn btn-primary" name="submit" value="등록" >
                <input type="reset" class="btn btn-secondary" name="reset" value="취소" >
              </div>
            </div>
          </form>
        </div>
      </div>
    </div>
  </div>
</main>
<?php
require "./footer.php";
?>
</body>
</html>
```

**2 유효성 검사 작성하기:** 'processAddBook.php' 파일에 다음과 같이 추가합니다.

processAddBook.php

```
<?php

function filterBookId($field){
```

```
  $field = filter_var(trim($field));

  if(filter_var($field, FILTER_VALIDATE_REGEXP, array("options"=>array("regexp"=>"/^ISBN[0-9]{4,12}$/")))){
    return $field;
  } else{
    return FALSE;
  }
}

function filterName($field){
  $field = filter_var(trim($field));

  if(strlen($field) >= 4 && strlen($field)<= 50){
    return $field;
  } else{
    return FALSE;
  }
}

function filterPrice($field){
  if(filter_var(trim($field), FILTER_VALIDATE_INT) || filter_var(trim($field), FILTER_VALIDATE_FLOAT) ){
    return $field;
  } else{
      return FALSE;
  }
}

function filterPriceFloat($field){
  $field = filter_var(trim($field));

  if(filter_var($field, FILTER_VALIDATE_REGEXP, array("options"=>array("regexp"=>"/^[\d]*\.?[\d]{0,2}$/")))){
    return $field;
  } else{
    return FALSE;
```

```
    }
  }

  function filterStock($field){
    if(filter_var(trim($field), FILTER_VALIDATE_INT)){
      return $field;
    } else{
      return FALSE;
    }
  }

  function filterDescription($field){
    $field = filter_var(trim($field));
    if(!empty($field) && strlen($field) >= 80){
      return $field;
    } else{
      return FALSE;
    }
  }

  $bookIdErr =  $nameErr = $unitPriceErr = $descriptionErr = $unitsInStockErr = $bookImageErr = "";

  if($_SERVER["REQUEST_METHOD"] == "POST"){

    $bookId = $_POST["bookId"];
    $name = $_POST["name"];
    $unitPrice = $_POST["unitPrice"];
    $author = $_POST["author"];
    $description = $_POST["description"];
    $category = $_POST["category"];
    $unitsInStock = $_POST["unitsInStock"];
    $releaseDate = $_POST["releaseDate"];
    $condition = $_POST["condition"];
    $filename = $_FILES['bookImage']['name'];

    if(empty($bookId)){
```

```
      $bookIdErr = "도서코드를 입력하세요";
    } else{
      if(filterBookId($bookId) == FALSE){
        $bookIdErr = "ISBN과 숫자를 조합하여 5~12자까지 입력하세요";
      }
    }

    if(empty($name )){
      $nameErr = "도서명을 입력하세요";
    } else{
      if(filterName($name ) == FALSE){
        $nameErr = "최소 4자에서 최대 50자까지 입력하세요";
      }
    }

    if(empty($unitPrice)){
      $unitPriceErr = "가격을 입력하세요";
    } else{
      if(filterPrice($unitPrice) == FALSE){
        $unitPriceErr = "숫자만 입력하세요";
      }
      else if (filterPrice($unitPrice) < 0)
        $unitPriceErr = "양수를 입력하세요";
        else{
          if(filterPriceFloat($unitPrice) == FALSE){
            $unitPriceErr = "소수점 둘째 자리까지만 입력하세요";
          }
        }
    }

    if(empty($unitsInStock)){
      $unitsInStockErr = "재고 수를 입력하세요";
    } else{
      if(filterStock( $unitsInStock)== FALSE){
        $unitsInStockErr = "숫자만 입력하세요";
      }
```

```
    }

    if(empty($description)){
      $descriptionErr = "상세설명을 입력하세요";
    } else{
      if(filterDescription($description) == FALSE){
        $descriptionErr = "최소 80자 이상 입력하세요";
      }
    }

    if(empty(  $filename )){
      $bookImageErr = "업로드 파일을 입력하세요";
    }

    if($bookIdErr =="" && $nameErr =="" && $unitPriceErr =="" && $descriptionErr =="" && $unitsInStockErr =="" && $bookImageErr =="")
    {
    $target_path = "resources/images/";
    $ext = pathinfo($filename, PATHINFO_EXTENSION);
    $filename = $bookId.".".$ext;

      if(move_uploaded_file($_FILES["bookImage"]["tmp_name"], $target_path . $filename)){
        $handle = fopen("domain.dat", "a"); //파일 열기
        $book_info = "$bookId ¦ $name ¦ $unitPrice ¦ $author ¦ $description ¦ $category ¦ $unitsInStock ¦ $releaseDate ¦ $condition ¦ $filename";
        fwrite($handle, "\n".$book_info);
        fclose($handle);
        Header("Location:books.php");
      } else{
        echo "파일이 업로드되지 않았습니다. 다시 시도해 주세요!";
      }
    }
    require "./addBook_Error.php";
  }
  ?>
```

**03~11행** 입력된 도서 아이디가 정규 표현식과 일치하는지 검사하는 함수를 작성합니다. 정규 표현식은 반드시 P로 시작하고 숫자를 조합한 문자 길이가 4~12자가 되도록 작성합니다.

**13~21행** 입력된 도서명의 문자 길이가 4~50자인지 검사하는 함수를 작성합니다.

**23~29행** 입력된 도서 가격이 유효한 정수 또는 실수인지 검사하는 함수를 작성합니다.

**31~39행** 입력된 도서 가격이 정규 표현식과 일치하는지 검사하는 함수를 작성합니다. 정규 표현식은 반드시 숫자이고 소수점 둘째 자리까지 허용하도록 작성합니다.

**41~47행** 입력된 재고 수가 유효한 정수인지 검사하는 함수를 작성합니다. 입력된 도서 재고 수가 숫자가 아닌지를 검사합니다.

**49~56행** 입력된 상세 설명의 문자 길이가 80자 이상인지 검사하는 함수를 작성합니다.

요약

## 01 유효성 검사의 개요

- **유효성 검사(Validation)**

  사용자가 폼 페이지에 입력한 데이터 값이 특정 규칙에 맞게 입력되었는지 검증하는 것을 의미합니다.

- **유효성 검사 유형**

| 구분 | 설명 |
| --- | --- |
| 클라이언트 측 유효성 검사 | 웹 브라우저 같은 클라이언트 웹 애플리케이션에서 유효성 검사가 수행된다.<br>→ 자바스크립트를 이용한 유효성 검사 |
| 서버 측 유효성 검사 | 데이터가 제출되면 데이터가 서버로 전송되고 서버 시스템에서 유효성 검사가 수행된다.<br>→ 필터를 이용한 유효성 검사 |

## 02 자바스크립트를 이용한 유효성 검사

- **데이터 유무 확인하기**

  회원 가입 페이지에서 사용자가 아이디와 비밀번호와 같은 필수 입력 항목을 입력하지 않고 〈전송〉을 클릭했을 때 필수 항목을 입력하지 않았다는 오류 메시지가 나타나는 것을 데이터 유무 확인의 예로 들 수 있다.

```
document.폼_이름.입력양식_이름.value == ""
```

- **데이터 길이 확인하기**

  데이터 길이 확인은 회원 가입 페이지에서 아이디, 비밀번호 등과 같은 입력 데이터의 제한 길이를 검사하는 것을 의미합니다.

```
document.폼_이름.입력양식_이름.value.length
```

- **숫자 여부 확인하기**

숫자 여부는 isNaN() 함수를 활용하여 검사합니다. isNaN은 isNotaNumber의 약자이며, isNaN() 함수의 인자 값이 숫자이면 false를 반환하고 숫자가 아니면 true를 반환합니다.

```
isNaN(document.폼 이름.입력양식_이름.value)
```

## 03 필터를 이용한 유효성 검사

- **필터(Filter)**

외부 입력의 유효성을 검사하는 데 사용합니다.

- **정수 여부 검사하기**

외부에서 입력된 데이터의 값이 정수인지 검사하는 데는 FILTER_VALIDATE_INT 필터를 사용합니다. FILTER_VALIDATE_INT를 사용하면 정수 변수의 범위를 지정할 수도 있습니다.

```
filter_var($var, FILTER_VALIDATE_INT)
```

- **이메일 주소 검사하기**

이메일을 검사하는 데는 FILTER_VALIDATE_EMAIL 필터를 사용합니다. 이메일 주소에 잘못된 문자가 포함되는 경우 FILTER_SANITIZE_EMAIL 필터를 사용하여 문자를 삭제하여 유효한 이메일로 검사할 수 있습니다.

```
filter_var($var, FILTER_VALIDATE_EMAIL)
```

- **URL 검사하기**

URL을 검사하는 데는 FFILTER_VALIDATE_URL 필터를 사용합니다. 또한 URL에 잘못된 문자가 포함되는 경우 FILTER_SANITIZE_URL 필터를 사용하여 문자를 삭제하여 유효한 URL로 검사할 수 있습니다.

```
filter_var($var, FILTER_VALIDATE_URL)
```

- **IP 주소 검사하기**

IP 주소를 검사하는 데는 FILTER_VALIDATE_IP 필터를 사용합니다. IP 주소에 따라 IPv4인지 IPv6인지 여부를 확인할 수 있도록 FILTER_FLAG_IPV4, FILTER_FLAG_IPV6를 제공합니다. 또한 비공개 범위 내, 예약된 범위 내에 있지 않도록 FILTER_FLAG_NO_PRIV_RANGE, FILTER_FLAG_NO_RES_RANGE를 제공합니다.

```
filter_var($var, FILTER_VALIDATE_IP)
```

## 04 정규 표현식을 이용한 유효성 검사

- **정규 표현식(Regular Expression)**

특정한 규칙을 가진 문자열의 집합을 표현하는 데 사용하는 형식 언어입니다.

- **정규 표현식의 함수 종류**

<table>
<tr><th>함수</th><th>설명</th></tr>
<tr><td>preg_match()</td><td>지정한 문자열 내에서 패턴을 검색한다.</td></tr>
<tr><td>preg_match_all()</td><td>지정한 문자열 내에서 패턴과 일치하는 모든 항목을 검색한다.</td></tr>
<tr><td>preg_replace()</td><td>지정한 문자열 내에서 패턴과 일치하는 문자열을 다른 문자열로 대체한다.</td></tr>
<tr><td>preg_grep()</td><td>패턴과 일치하는 입력 배열의 요소를 반환한다.</td></tr>
<tr><td>preg_split()</td><td>지정한 문자열을 패턴에 따라 분할한다.</td></tr>
<tr><td>preg_quote()</td><td>지정한 문자열 내에서 패턴(예 \ + * ? [ ^ ] $ ( ) { } = ! < > | :)이 포함되는 모든 문자의 앞에 백슬래시를 붙여 반환한다.</td></tr>
</table>

• **정규 표현식의 패턴 유형**

정규 표현식 패턴은 /abc/와 같은 단순 문자, 또는 /ab*c/ 또는 /Chapter (\d+)\.\d*/처럼 단순 문자와 특수 문자를 조합하고 슬래시(/)로 묶은 패턴으로 구성됩니다.

```
var 변수명 = /정규 표현식/[Flag];
```

• **문자 클래스**

문자 클래스는 대괄호([ ])로 둘러싸인 문자 패턴을 의미하며, 지정된 문자 목록 중 단일 문자와 일치합니다.

| 유형 | 설명 |
|---|---|
| [abc] | 문자 a, b, c 중 하나와 일치한다. |
| [^abc] | a, b, c 이외의 문자 하나와 일치한다. |
| [a-z] | 소문자 a부터 소문자 z까지 임의의 한 문자와 일치한다. |
| [A-Z] | 대문자 a부터 대문자 z까지 임의의 한 문자와 일치한다. |
| [a-Z] | 소문자 a부터 대문자 Z까지 임의의 한 문자와 일치한다. |
| [0-9] | 0부터 9까지의 한 자리 숫자와 일치한다. |
| [a-z0-9] | a부터 z까지, 또는 0부터 9까지의 단일 문자와 일치한다. |

• **미리 정의된 문자 클래스**

숫자, 문자, 공백과 같은 일부 문자 클래스는 너무 자주 사용되므로 다음과 같이 미리 정의된 문자 형식이 있습니다.

| 유형 | 설명 |
|---|---|
| . | \n(한 행 바꿈)을 제외한 모든 단일 문자와 일치한다. |
| \d | 모든 숫자 문자와 일치한다. [0-9]와 같은 의미이다. |
| \D | 숫자가 아닌 모든 문자와 일치한다. [^0-9]와 같은 의미이다. |

| | |
|---|---|
| \s | 모든 공백 문자(공백, 탭, 개행 또는 캐리지 리턴 문자)와 일치한다. [ \t\n\r]과 같은 의미이다. |
| \S | 공백이 아닌 모든 문자와 일치한다. [^ \t\n\r]과 같은 의미이다. |
| \w | 모든 단어 문자와 일치한다(a~z, A~Z, 9 및 밑줄로 정의됨). [a-zA-Z_0-9]와 같은 의미이다. |
| \W | 단어가 아닌 문자와 일치한다. [^a-zA-Z_0-9]와 같은 의미이다. |

- **반복 횟수**

정규 표현식의 문자 반복 횟수를 특정 패턴으로 지정할 수 있습니다. 특정 패턴으로 반복 횟수를 지정할 수 있는 유형은 다음과 같습니다.

| 유형 | 설명 |
|---|---|
| p+ | 문자 p가 1개 이상 나타나는 것과 일치한다. |
| p* | 문자 p가 0개 이상 나타나는 것과 일치한다. |
| p? | 문자 p가 0개 또는 1개 일치한다. |
| p{2} | 문자 p가 정확히 두 번 일치한다. |
| p{2,3} | 문자 p가 두 번 이상 일치하지만, 문자 p가 세 번 이상 일치하지 않는다. |
| p{2,} | 문자 p가 두 번 이상 나타나는 것과 일치한다. |
| p{,3} | 문자 p가 최대 세 번 일치한다. |

- **위치 앵커**

행, 단어 또는 문자열의 시작이나 끝에서 특정 패턴을 일치시키기 위해 문자열의 시작을 나타내는 캐럿(^)과 문자열의 끝을 나타내는 달러($) 기호를 사용합니다.

| 유형 | 설명 |
|---|---|
| ^p | 줄 시작 부분의 문자 p와 일치한다. |
| p$ | 줄 끝의 문자 p와 일치한다. |

- **패턴 수정자**

패턴 수정자를 사용하면 패턴 일치가 처리되는 방식을 제어할 수 있습니다. 패턴 수정자는 정규식 바로 뒤에 배치됩니다. 다음 표는 가장 일반적으로 사용되는 패턴 수정자 중 일부입니다.

| 유형 | 설명 |
|---|---|
| i | 대소문자를 구분하지 않는 방식으로 일치 항목을 만든다. |
| m | 문자열 경계 대신 줄바꿈 경계(예 여러 줄 문자열 내 각 줄의 시작 또는 끝)와 일치하도록 ^ 및 $의 동작을 변경한다. |
| g | 전역 일치를 수행한다. 다시 말해 모든 항목을 찾는다. |
| o | 표현식을 한 번만 평가한다. |
| s | .(점)이 개행 문자(\n)까지 매칭되도록 변경한다. |
| x | 명확성을 위해 정규식 내에서 공백과 주석을 사용할 수 있다. |

## 연습문제

**01** 사용자가 폼 페이지에서 입력한 데이터 값이 서버로 전송되기 전에 특정 규칙에 맞게 입력되었는지 검증하는 것은?

① 유효성 검사 ② 오류 검사

③ 폼페이지 검사 ④ 예외처리

**02** 유효성 검사가 필요한 이유에 해당하지 않는 것은?

① 보안 공격 방지 ② 잘못된 데이터 방지

③ 예상 가능한 오류 방지 ④ 예외처리 방지

**03** 유효성 검사로 옳지 않은 것은?

① 데이터 유무 확인하기 ② 예외처리 확인하기

③ 숫자 여부 확인하기 ④ 데이터 길이 확인하기

**04** 숫자 여부를 확인하는 유효성 검사의 함수는?

① isNaN() ② boolNaN()

③ isNotaNumber() ④ boolNotaNumber()

**05** PHP의 유효성 검사 방법으로 올바르지 않은 것은?

① 자바스크립트를 이용한 유효성 검사

② 정규 표현식을 이용한 유효성 검사

③ 필터를 이용한 유효성 검사

④ 예외 처리 유효성 검사

## 06 정규표현식의 표현으로 잘못 짝지어진 것은?

① `^x` : 문자열이 x로 시작된다.

② `x$`:문자열이 x로 종료된다.

③ `x*`: x가 1번 이상 반복된다.

④ `x{n}` : x{를 n번 반복한 문자를 찾는다.

## 07 정규표현식을 이용한 유효성 검사로 데이터 형식과 패턴이 잘못 짝지어진 것은?

① 숫자만: `^[0-9]*$`

② 영문자만: `^[a-zA-Z]*$`

③ 휴대전화: `^\d{2.3} - \d{3,4} - \d{4}$`

④ 주민등록번호: `\d{6} \- [1-4]\d{6}`

## 08 비밀번호가 연속 3자 이상의 영문, 숫자가 되지 않도록 다음 조건에 맞게 JSP 애플리케이션을 만들고 실행하여 결과를 확인하시오.

**조건**

❶ 'ex09.php' 파일을 생성합니다.

- input 태그 내에 text 유형을 이용하여 아이디, 비밀번호 항목을 작성합니다.
- 비밀번호는 문자만 입력하도록 합니다. 문자가 아니면 메시지 창을 띄우도록 작성합니다.

❷ 웹 브라우저에 'http://localhost/chap09/ex09.php'를 입력하여 실행 결과를 확인합니다.

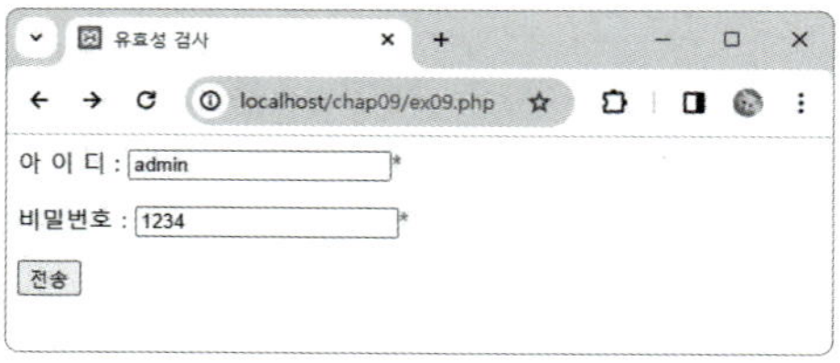


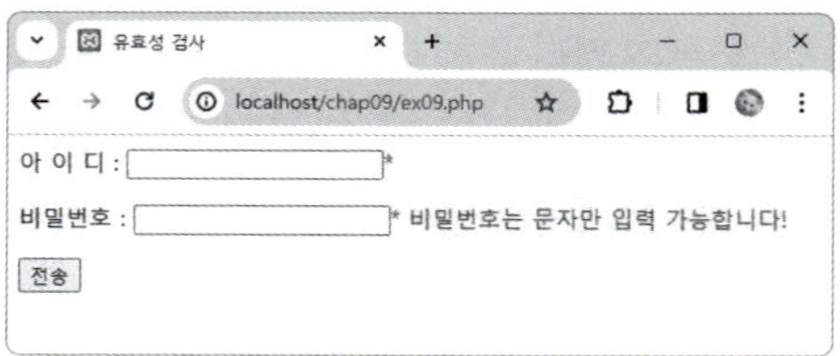

**09** 비밀번호가 아이디를 포함하지 않도록 다음 조건에 맞게 JSP 애플리케이션을 만들고 실행하여 결과를 확인하시오.

**조건**

❶ 'ex08.php' 파일을 생성합니다.

- input 태그 내에 text 유형을 이용하여 아이디, 비밀번호 항목을 작성합니다.
- form 태그의 action 속성 값은 ex08_process.php으로 작성합니다.
- 아이디, 비밀번호 항목이 입력되지 않으면 "아이디(or 비밀번호)를 입력해주세요" 라는 메시지 창을 띄우도록 작성합니다.
- 비밀번호에 아이디 값을 포함하면 메시지 창을 띄우도록 작성합니다.

❷ 'ex08_process.phpp' 파일을 생성합니다.

- $_POST 전역변수를 사용하여 요청 파라미터 값을 출력합니다.

❸ 웹 브라우저에 'http://localhost:/chap09/ex08.php'를 입력하여 실행 결과를 확인합니다.

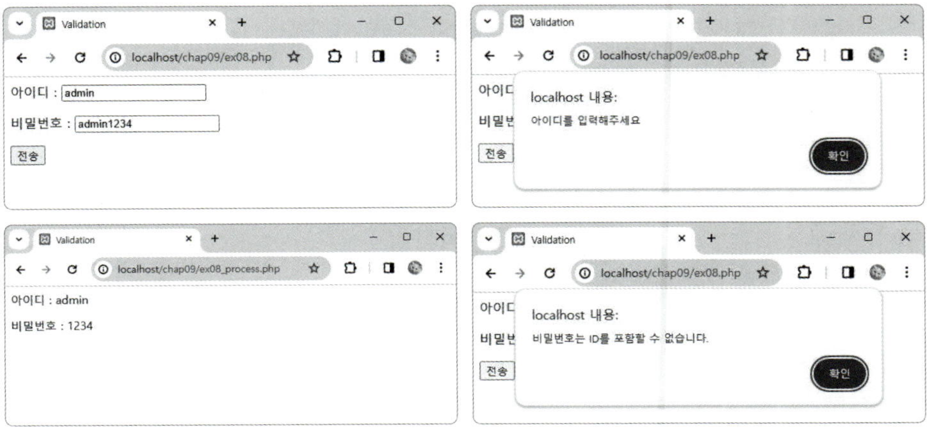

**10** 비밀번호가 영문+숫자+특수기호 8자 이상이 되도록 다음 조건에 맞게 JSP 애플리케이션을 만들고 실행하여 결과를 확인하시오.

> **조건**
>
> ❶ 'ex10.php' 파일을 생성합니다.
>
> - input 태그 내에 text 유형을 이용하여 아이디, 비밀번호 항목을 작성합니다.
> - 비밀번호에 영문, 숫자, 특수기호를 포함하여 8자리 이상으로 구성하지 않으면 메시지 창을 띄우도록 작성합니다.
>
> ❷ 웹 브라우저에 'http://localhost/chap09/ex10.php'를 입력하여 실행 결과를 확인합니다.

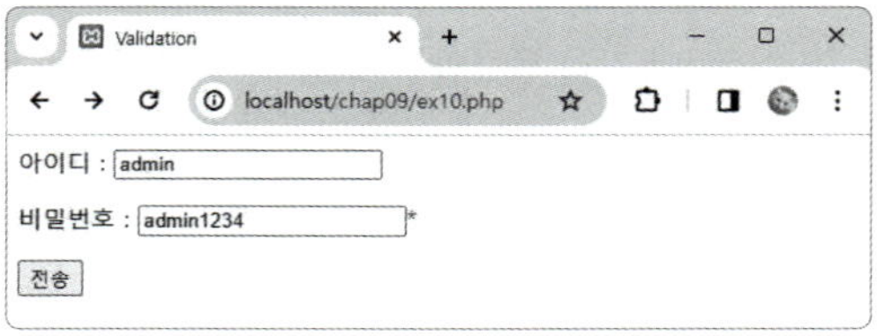


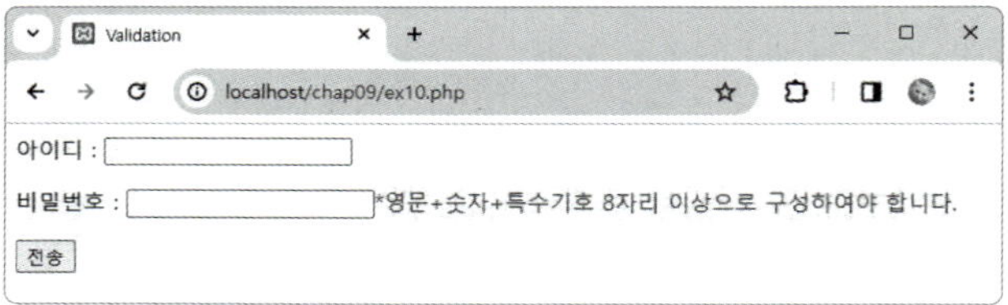


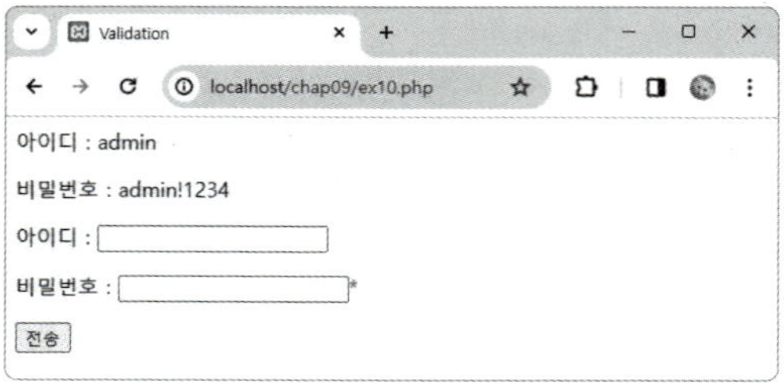

# CHAPTER 10

# 예외 처리: 예외 처리 페이지 만들기



**학습목표**

- 예외 처리의 개념을 이해합니다.
- try-catch-finally를 이용한 예외 처리 방법을 익힙니다.
- 사용자 정의 함수를 이용한 예외 처리 방법을 익힙니다.
- Exception 클래스를 이용한 예외 처리 방법을 익힙니다.
- .htaccess 파일을 이용한 예외 처리 방법을 익힙니다.
- 북마켓의 예외 처리 페이지를 만듭니다.

# PREVIEW

예외 처리의 개념을 이해하고 예외 처리의 다양한 방법에 대해 살펴봅니다. 또한 예외 처리를 적용하여 북마켓에서 발생하는 예외 처리를 구현해봅니다.

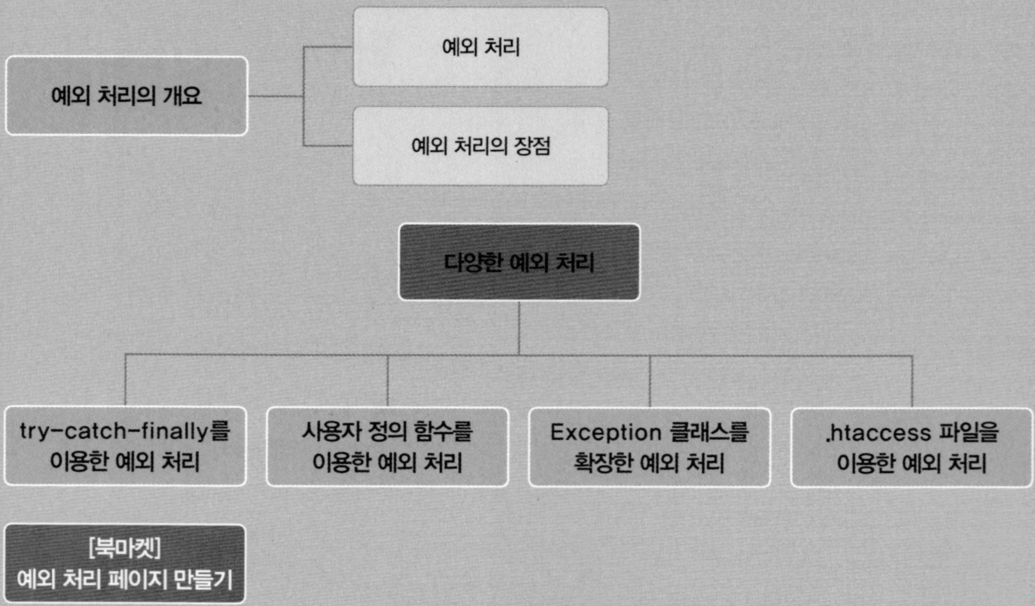

# 01 예외 처리의 개요

**예외 처리**는 프로그램이 처리되는 동안 특정한 문제가 발생했을 때 처리를 중단하고 다른 처리를 하도록 하여 응용 프로그램의 정상적인 실행을 유지하는 것입니다. 웹사이트를 이용하다가 주소를 잘못 입력하면 오류 페이지를 보게 됩니다. 그런데 이 페이지는 웹 서버에서 제공하는 오류 페이지로, 해당 페이지에 발생한 오류, 디렉터리 구조, 톰캣 버전 등의 정보가 보이기 때문에 웹 보안에 취약하여 쉽게 해킹당할 수 있습니다. 웹 애플리케이션 실행 도중에 발생할 수 있는 오류에 대비한 예외 처리 코드를 미리 작성하면 비정상적인 종료를 막을 수 있습니다.

웹 애플리케이션에서 오류가 발생하더라도 정상적인 실행 상태를 유지하는 예외 처리 방법은 다음과 같습니다.

**표 10-1 예외 처리 방법의 종류**

| 예외 처리 방법 | 설명 |
|---|---|
| try-catch-finally를 이용한 예외 처리 | 예외 처리 구문을 이용한다. |
| set_exception_handler() 함수를 이용한 예외 처리 | 예외 처리하는 콜백 함수를 생성하여 이용한다. |
| Exception 클래스를 확장한 예외 처리 | Exception 클래스를 상속받아 확장된 예외 처리 클래스를 생성하여 이용한다. |
| .htaccess 파일을 이용한 예외 처리 | .htaccess 파일을 생성하여 오류 페이지로 강제 이동하는 데 이용한다. |

## 예외 처리의 장점

예외 처리는 PHP의 중요한 처리 방법으로, 오류 처리에 비해 다음과 같은 장점이 있습니다.

- **오류 유형 그룹화**: PHP에서는 기본 객체와 객체 모두 예외로 발생할 수 있습니다. 클래스의 예외 객체 및 그룹 예외의 계층 구조를 만들고 해당 유형에 따라 분류할 수도 있습니다.
- **오류 처리와 일반 코드를 별도 유지**: 전통적인 오류 처리에서 사용하는 `if-else` 블록에서는 오류와 조건을 처리하기 위한 코드가 혼합되어 있기 때문에 코드를 읽을 수 없게 됩니다. 이와 달리 `try-catch` 블록에서는 예외가 코드와 별도로 유지되며 코드를 읽을 수 있게 됩니다.

**NOTE 오류와 예외의 차이점**

일반적으로 오류(Error)는 대부분 복구가 불가능합니다. 반면 예외(Exception)는 예외 처리를 통해 처리할 수 있습니다. 예외 처리는 객체 지향 프로그램의 중요한 개념으로, 예외가 발생하면 해당 예외에 대한 세부 정보가 포함된 예외 개체가 생성됩니다.

**NOTE 예외가 발생하면 어떻게 되나요?**

예외가 발생하면 현재 상태가 저장되고, 예외 처리기 함수로 전환됩니다. 예외 처리기는 미리 정의된 예외 처리 로직을 실행하며, 이로 인해 프로그램이 중지되거나 저장된 상태에서 다시 실행되거나 다른 위치에서 코드 실행이 계속될 수 있습니다.

# 02 try-catch-finally를 이용한 예외 처리

PHP에서는 **try-catch-finally**와 **throw**를 사용하여 예외 처리를 수행합니다. 이는 예외가 발생한 지점에서 try-catch 또는 try-catch-finally 문을 통해 예외를 직접 처리하지 않아도 되며, 대신 예외가 발생한 함수를 호출한 지점으로 예외를 전달하여 처리할 수 있게 합니다. 형식은 다음과 같습니다.

```
try{
    //예외가 발생할 수 있는 실행문
    throw new Exception(["예외 메시지"]);
}
catch(Exception $변수){
    //예외 처리문
}
[finally{
    //예외와 상관없이 무조건 실행되는 문장(생략 가능)
}]
```

**try 구문**에는 예외가 발생할 수 있는 코드를 작성하고, **catch 구문**에는 오류가 발생할 수 있는 예외 사항을 예측하여 이를 처리하는 코드를 작성합니다. 그리고 **finally 구문**에는 try 또는 catch 구문이 실행된 후에 실행할 코드를 작성하는데, 이는 생략할 수 있습니다. **throw 구문**은 try 구문 내에 예외가 발생할 함수나 코드로 작성합니다.

try-catch-finally의 실행 순서를 살펴보겠습니다. 먼저 try 블록 내의 문장을 실행해 만약 예외가 발생하면 실행을 중단하고 예외와 일치하는 catch 블록의 내용을 실행합니다. finally 블록은 선택적으로 작성하는데, 이 블록이 존재하면 반드시 실행됩니다.

Exception 클래스에서 사용할 수 있는 함수는 다음과 같습니다.

**표 10-2** Exception 클래스에서 주로 사용되는 함수

| 함수 | 설명 |
|---|---|
| getMessage() | 예외 메시지를 표시한다. |
| getCode() | 예외를 나타내는 숫자 코드를 표시한다. |
| getFile() | 예외가 발생한 파일명과 경로를 표시한다. |
| getLine() | 예외가 발생한 행 번호를 표시한다. |
| getTrace() | 예외 이전의 역추적 배열을 표시한다. |
| getPrevious() | 현재 예외 이전에 이전 예외를 표시한다. |
| getTraceAsString() | 예외의 역추적을 배열 대신 문자열로 표시한다. |
| toString() | 전체 예외를 문자열로 표시한다. |

다음은 try-catch-finally 구문을 이용한 예외 처리의 예입니다.

**[try-catch 및 throw를 이용한 예외 처리의 예]**

```
<?php
try{
    $error = "예외 메시지";
    throw new Exception($error);
    echo "try 구문의 출력문 <br>";
}catch (Exception $e){
    echo "예외 처리 발생<br>";
    echo "Message: ".  $e->getMessage(). "<br>";
    echo "File: " . $e->getFile() . "<br>";
    echo "Line: " . $e->getLine() . "<br>";
    echo "Error code: " . $e->getCode() . "<br>";
    echo "Trace: " . $e->getTraceAsString() ."<br>";
}
echo "Hello! PHP 예외 처리";
?>
```

```
예외 처리 발생
Message: 예외 메시지
File: C:₩xampp₩htdocs₩chap10₩sample.php
Line: 4
Error code: 0
Trace: #0 {main}
Hello! PHP 예외 처리
```

### 예제 10-1 try-catch-finally를 이용하여 예외 처리하기

폼 페이지에서 입력한 두 수에 대해 10/0과 같이 잘못된 코드를 실행하여 예외가 발생하면 실행을 중단하고 예외 처리 결과를 출력하겠습니다. [chap10] 폴더에 'exception01.php' 파일을 생성하여 다음과 같이 작성하고 웹 브라우저에 'http://localhost/chap10/exception01.php'를 입력하여 실행 결과를 확인합니다.

chap10/exception01.php

```
<?php
function division($num1, $nume2){
    if($nume2 == 0){
        throw new Exception('0으로 나누기');
    } else{
        $result = $num1 / $nume2;
        echo "$num1  / $nume2 = $result <br>";
    }
}

try{
    if($_SERVER["REQUEST_METHOD"] == "POST"){
        $num1 = $_POST["num1"];
        $num2 = $_POST["num2"];
        division($num1, $num2);
        echo "모든 나눗셈 연산을 성공했습니다. <br>";
    }
} catch(Exception $e){
    echo "예외 처리 발생 : " . $e->getMessage()."<br>";
}
?>
<html>
<head>
    <title>예외 처리</title>
</head>
<body>
    <form action = "<?php echo htmlspecialchars($_SERVER["PHP_SELF"]); ?>"
method="post">
```

```
28            <p>숫자1 : <input type="text" name="num1">
29            <p>숫자2 : <input type="text" name="num2">
30            <p><input type="submit" value="전송">
31        </form>
32    </body>
33    </html>
```

**02~09행** division() 함수는 나눗셈에서 분모가 0인지 확인하고 0이면 `throw` 문을 통해 예외를 발생시킵니다. 분모가 0이 아니면 주어진 숫자를 사용하여 나누기를 수행하고 결과를 출력합니다.

**11~20행** `try` 블록 내에서 division() 함수를 호출하여 `try` 블록 내의 코드를 실행하는 동안 예외가 발생하면 `catch` 블록으로 이동합니다.

**18~20행** `catch` 블록은 일반적으로 `try` 블록 내에서 발생한 예외를 포착하고 예외 정보가 포함된 객체($e)를 통해서 Exception 클래스의 getMessage() 함수를 사용하여 오류 메시지를 출력합니다.

▼ 실행 결과

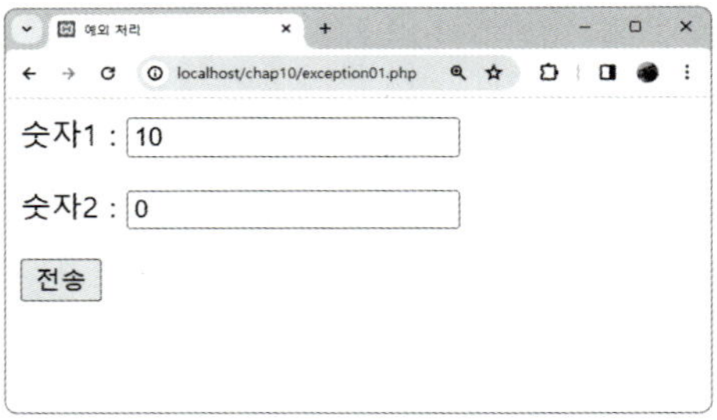


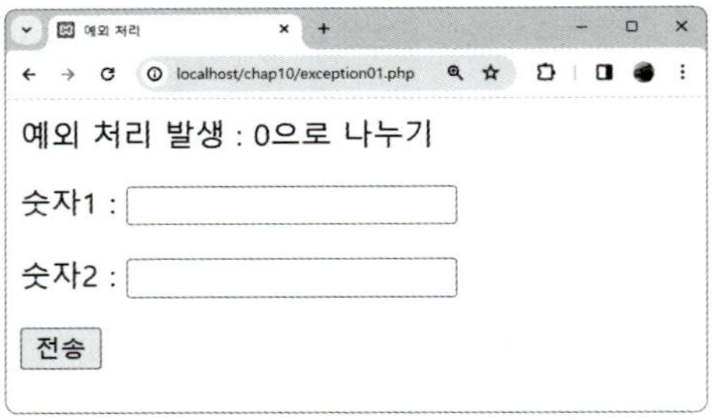

# 03 사용자 정의 함수를 이용한 예외 처리

PHP에서 발생된 예외를 try-catch 구문으로 처리할 수 없는 경우 **set_exception_handler()** 함수 내에 사용자 정의 예외 처리 함수를 호출하여 처리할 수 있습니다. 형식은 다음과 같습니다.

```
set_exception_handler("사용자_정의_예외_처리_함수명");

throw new Exception(["예외 메시지"]);
```

이때 set_exception_handler() 함수에 포착되지 않은 예외가 발생할 때 호출되는 '사용자 정의 예외 처리 함수명'을 설정합니다. 호출될 '사용자 정의 예외 처리 함수'는 set_Exception_handler()를 호출하기 전에 정의되어야 합니다.

다음은 set_exception_handler() 함수 내에 '사용자 정의 예외 처리 함수'를 호출하는 예입니다.

[set_exception_handler() 함수를 이용한 예외 처리의 예]

```
<?php
function exceptionMethod($exception){
    echo "예외 처리 발생: ", $exception->getMessage(), "<br>";
}

set_exception_handler("exceptionMethod");

throw new Exception("예외 메시지");

echo "Hello! PHP 예외 처리";
?>
```

```
예외 처리 발생: 예외 메시지
```

## 예제 10-2 사용자 정의 함수를 이용한 예외 처리

예외가 발생하면 사용자 정의 함수를 호출하여 예외에 대한 정보를 파일에 출력합니다. [chap10] 폴더에 'exception02.php' 파일을 생성하여 다음과 같이 작성하고 웹 브라우저에 'http://localhost/chap10/exception02.php'를 입력하여 실행 결과를 확인합니다.

chap10/exception02.php

```
<html>
<head>
    <title>예외 처리</title>
</head>
<body>
<?php
function exceptionHandler(Throwable $ex){
    echo "예외 처리 발생: ", $ex->getMessage(), "\n";

    $logDate = date("Ymd"); // 오늘의 날짜를 변수로 저장
    $dirName = "log";       // 로그 폴더 이름 저장

    if(is_dir($dirName))
        opendir($dirName);
    else
        mkdir($dirName);

    $fileName = $logDate."log";

    $fp = fopen("./log/".$fileName, 'a+');
    fwrite( $fp,"**************************************************\r\n");
    fwrite( $fp,"예외 발생 일시 : ".date("YmdHis")."\r\n");
    fwrite( $fp,"예외 코드 : ".$ex->getCode()."\r\n");
    fwrite( $fp,"예외 메시지: ".$ex->getMessage()."\r\n");
    fwrite( $fp,"예외 발생 파일명: ".$ex->getFile()."\r\n");
    fwrite( $fp,"예외 발생한 줄 : ".$ex->getLine()."\r\n");
    fclose($fp);
}

set_exception_handler('exceptionHandler');
```

```
31  throw new Exception("예외 메시지");
32
33  echo "Hello! PHP 예외 처리";
34  ?>
35  </body>
36  </html>
```

**07~28행** 사용자 정의 예외 함수를 작성합니다.

**13~16행** [log] 폴더의 존재 여부를 확인하여 있으면 열고 없으면 생성합니다.

**18행** 오늘 날짜로 log 파일명을 설정합니다.

**20~27행** fopen() 함수를 사용해 이미 파일이 있으면 추가로 작성하고 없으면 새로 생성합니다.

**30행** set_exception_handler() 함수 내에 사용자 정의 예외 함수를 설정합니다.

**31행** 사용자 정의 예외 함수를 테스트하기 위해 `try-catch` 구문 없이 의도적인 예외가 발생하도록 작성합니다.

▼ 실행 결과

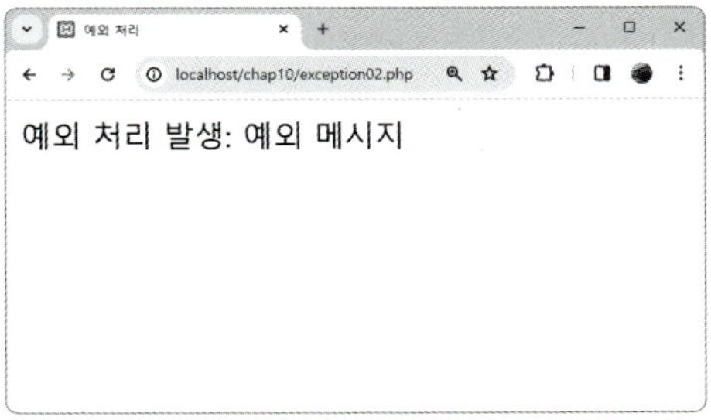


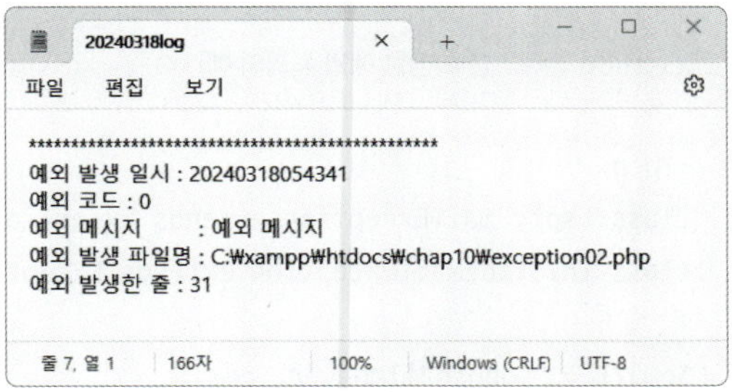

# 04 Exception 클래스를 확장한 예외 처리

Exception은 모든 예외의 기본 클래스이므로 Exception 클래스를 확장하여 사용자 정의 예외 클래스를 정의할 수 있습니다. 사용자 정의 예외 클래스는 Exception 클래스에서 모든 속성과 함수를 상속받으므로 getMessage(), getLine(), getFile() 등과 같은 Exception의 클래스 함수를 사용하여 예외 개체에서 오류 정보를 검색할 수 있습니다. 또한 사용자 정의 예외 클래스 내에 사용자 정의 함수를 추가할 수도 있습니다.

```
class 확장(상속)클래스명 extends Exception {}
```

다음은 Exception 기본 클래스에서 두 개의 사용자 정의 예외 클래스 EmptyEmailException과 InvalidEmailException으로 확장하여 예외를 처리하는 예입니다.

[Exception 클래스를 확장한 예외 처리의 예]

```
<?php
class EmptyEmailException extends Exception {}
class InvalidEmailException extends Exception {}

$email = "songsnail@naver..com";

try{
    if($email == ""){
        throw new EmptyEmailException("<p>이메일 주소를 입력하세요!</p>");
    }

    if(filter_var($email, FILTER_VALIDATE_EMAIL) === FALSE) {
        throw new InvalidEmailException("<p><b>$email</b>은 유효한 이메일 주소가 아
닙니다!</p>");
    }
    echo "<p>이메일 검증에 성공했습니다.</p>";
```

```
} catch(EmptyEmailException $e){
    echo $e->getMessage();
} catch(InvalidEmailException $e){
    echo $e->getMessage();
}
?>
```

songsnail@naver..com은 유효한 이메일 주소가 아닙니다!

위의 예에서는 Exception 기본 클래스에서 두 개의 새로운 예외 클래스인 EmptyEmail Exception과 InvalidEmailException을 파생했습니다. 생성된 예외 유형에 따라 다양한 오류 메시지를 표시하기 위해 여러 `catch` 블록을 사용했습니다.

이러한 사용자 정의 예외 클래스는 Exception 클래스의 속성과 함수를 상속하므로 getMessage(), getLine(), getFile() 등과 같은 Exception의 클래스 함수를 사용하여 예외 개체에서 오류 정보를 검색할 수 있습니다.

### 예제 10-3 Exception 클래스를 확장한 예외 처리

아이디와 비밀번호를 입력하는 폼 페이지에서 아이디나 비밀번호를 입력하지 않았거나 비밀번호로 숫자를 입력하지 않은 경우 실행을 중단하고 예외 처리 결과를 출력하겠습니다. [chap10] 폴더에 'exception03.php' 파일을 생성하여 다음과 같이 작성하고 웹 브라우저에 'http://localhost/chap10/exception03.php'를 입력하여 실행 결과를 확인합니다.

chap10/exception03.php

```
<?php
class EmptyException extends Exception {}
class InvalidIntException extends Exception {}

try{
    if($_SERVER["REQUEST_METHOD"] == "POST"){
        $id = $_POST["id"];
        $passwd = $_POST["passwd"];

        if($id == ""){
            throw new EmptyException("아이디를 입력하세요!<br>");
```

```
12          }
13          if($passwd == ""){
14              throw new EmptyException("비밀번호를 입력하세요!<br>");
15          }
16          if(filter_var($passwd, FILTER_VALIDATE_INT) === FALSE) {
17              throw new InvalidIntException("<b>$passwd</b>은[는] 숫자만 입력해
    주세요<br>");
18          }
19          echo "로그인 검증을 성공했습니다.<br>";
20      }
21  } catch(EmptyException $e){
22      echo $e->getMessage();
23  } catch(InvalidIntException $e){
24      echo $e->getMessage();
25  }
26  ?>
27
28  <html>
29  <head>
30      <title>예외 처리</title>
31  </head>
32  <body>
33      <form action="<?php echo htmlspecialchars($_SERVER["PHP_SELF"]); ?>"
    method="post">
34          <p>아 이 디: <input type="text" name="id">
35          <p>비밀번호: <input type="text" name="passwd">
36          <p><input type="submit" value="전송">
37      </form>
38  </body>
39  </html>
```

**02, 03행** Exception 클래스를 확장하여 사용자 정의 예외 클래스 EmptyException과 InvalidIntException을 정의합니다.

**10~12행** 전송된 아이디의 값이 없는 경우 사용자 정의 예외 클래스 EmptyException을 호출하여 예외를 처리합니다.

**13~15행** 전송된 비밀번호의 값이 없는 경우 사용자 정의 예외 클래스 EmptyException을 호출하여 예외를 처리합니다.

**16~18행** 전송된 비밀번호의 값이 숫자가 아닌 경우 사용자 정의 예외 클래스 InvalidIntException을 호출하여 예외를 처리합니다.

▼ 실행 결과

- **예외 처리 1: 비밀번호를 입력하지 않은 경우**

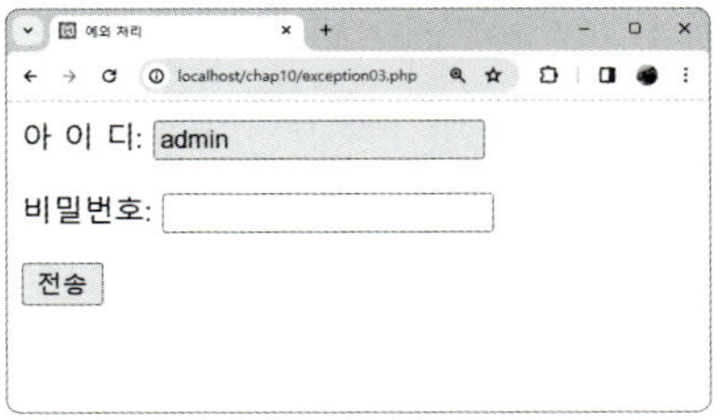


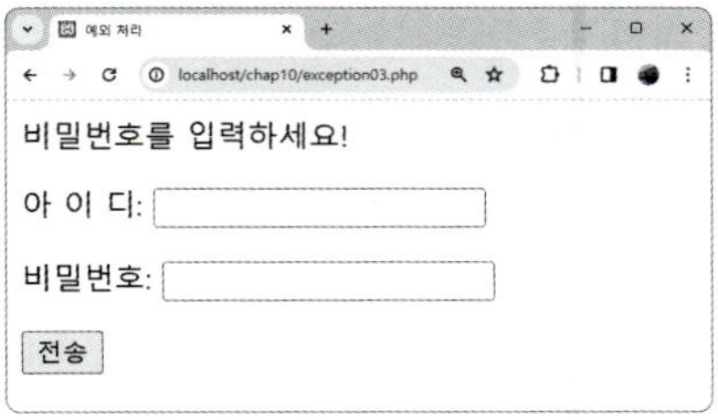


- **예외 처리 2: 비밀번호에 숫자가 아닌 문자가 들어간 경우**

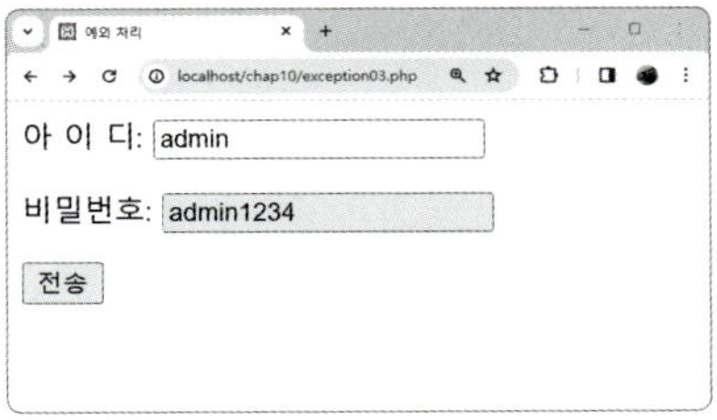


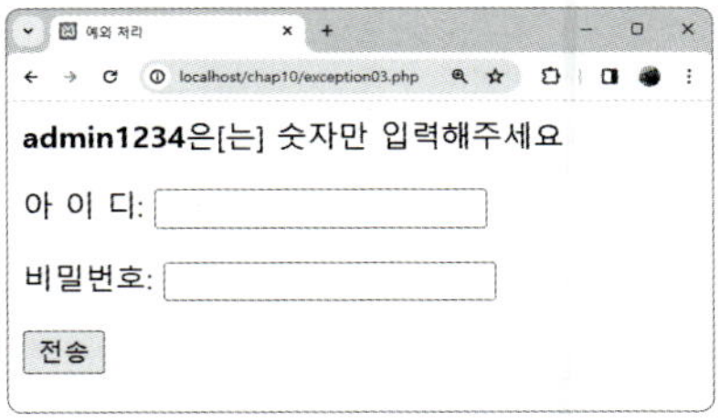

# 05 .htaccess 파일을 이용한 예외 처리

**.htaccess 파일을 이용한 예외 처리**는 웹 페이지가 없거나 서버 에러 등으로 인한 에러가 발생할 때 각각의 에러 페이지로 이동하는 방법입니다. htaccess는 하이퍼텍스트 액세스(Hypertext Access)의 줄임말이며, 파일이 위치한 폴더에 사용자가 정의한 요청(Request)을 적용합니다. .htaccess는 점으로 시작한다는 것에 유의합니다. 형식은 다음과 같습니다.

```
ErrorDocument HTTP_상태_코드 http://도메인/파일명

또는

ErrorDocument HTTP_상태_코드 "오류 메시지"
```

웹 요청 시 예외 처리로 응답하는 HTTP 상태 코드의 주요 유형은 다음과 같습니다.

**표 10-3** HTTP 상태 코드의 주요 유형

| 응답 상태 코드 | | 설명 |
|---|---|---|
| 400 | BAD_REQUEST | 일반적인 요청 실패에 사용한다. |
| 401 | UNAUTHORIZED | 클라이언트 인증에 문제가 있을 때 사용한다. |
| 403 | FORBIDDEN | 인증 상태에 상관없이 액세스를 금지할 때 사용한다. |
| 404 | NOT_FOUND | 요청 URI에 해당하는 리소스가 없을 때 사용한다. |
| 405 | METHOD_NOT_ALLOWED | HTTP 함수가 지원되지 않을 때 사용한다. |
| 406 | NOT_ACCEPTABLE | 요청된 리소스 미디어 타입을 제공하지 못할 때 사용한다. |
| 409 | CONFILCT | 리소스 상태에 위반되는 행위를 했을 때 사용한다. |
| 412 | PRECONDITION_FAILED | 조건부 연산을 지원할 때 사용한다. |
| 415 | UNSUPPORTED_MEDIA_TYPE | 요청의 페이로드에 있는 미디어 타입이 처리되지 못했을 때 사용한다. |
| 500 | INTERNAL_SERVER_ERROR | API가 잘못 작동할 때 사용한다. |

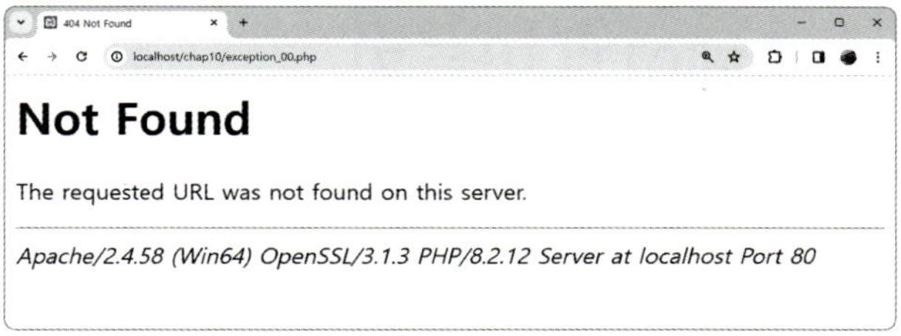


**그림 10-1** 요청 URI에 해당하는 리소스가 없을 때 발생하는 오류

다음은 웹 요청에 따라 예외가 발생하여 웹 브라우저에 HTTP 상태 코드 400을 응답한 결과입니다. .htaccess 파일은 [xampp\htdocs] 폴더에 저장합니다.

**[.htaccess 파일의 요청에 대한 예외 처리 예]**

xampp설치 위치\htdocs\.htaccess

```
ErrorDocument 404 http://localhost/chap10/exception_ex00.php
```

exception_ex00.php

```
<h3>요청하신 페이지를 찾을 수 없습니다.</h3>

<?php
echo "Hello! PHP 예외 처리";
?>
```

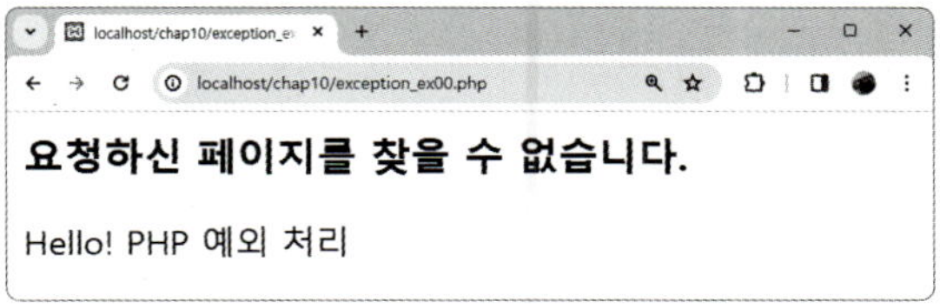


**NOTE HTTP 상태 코드**

웹 브라우저에서 서버에 어떠한 요청을 하면 서버는 응답을 보냅니다. 적절한 처리가 이루어져 성공 응답과 함께 결괏값을 보내기도 하고, 정상적인 처리가 되지 않으면 실패 응답과 함께 에러 정보를 보내기도 합니다. 이와 같이 웹 브라우저에서 HTTP 요청을 보낸 결과, 즉 서버가 정상적으로 처리되었거나 오류가 발생했는지 알려주는 정보를 담고 있는 것이 HTTP 상태 코드입니다.

# 06 북마켓 예외 처리 페이지 만들기

앞에서 배운 예외 처리 방법을 적용하여 요청된 페이지나 도서 아이디가 없을 때 예외 처리하도록 만듭니다.

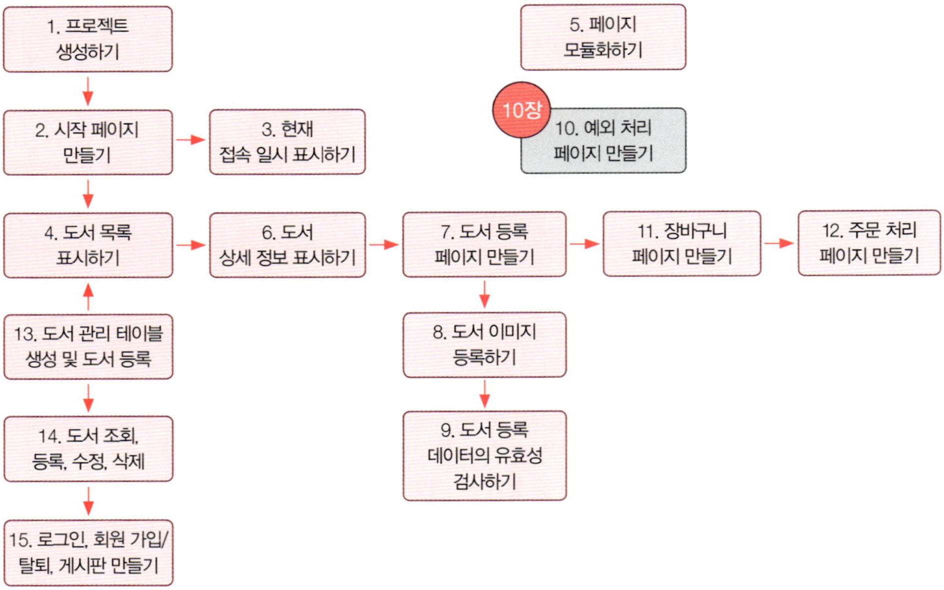


그림 10-2 작업 과정 확인: 예외 처리 페이지 만들기

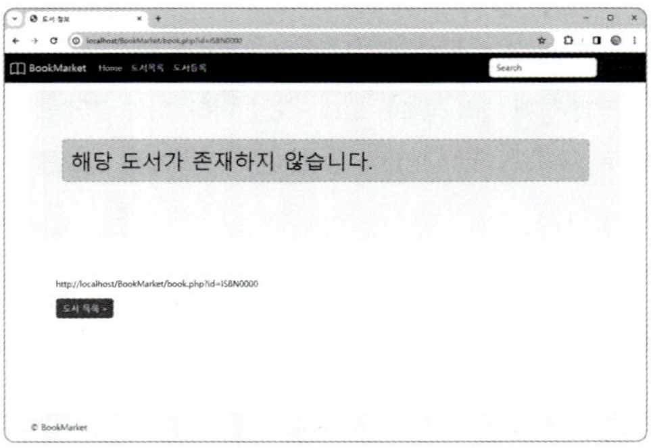


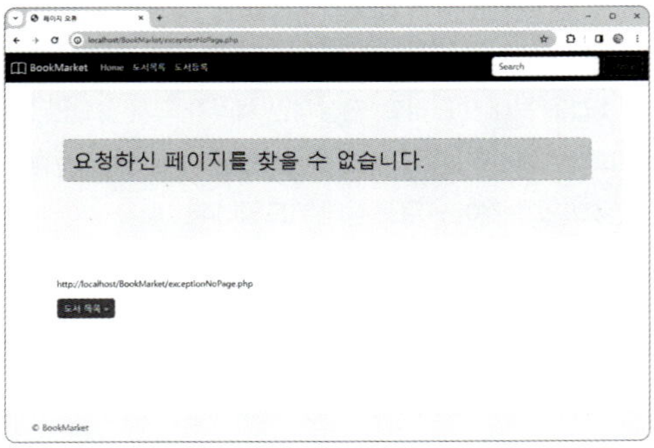

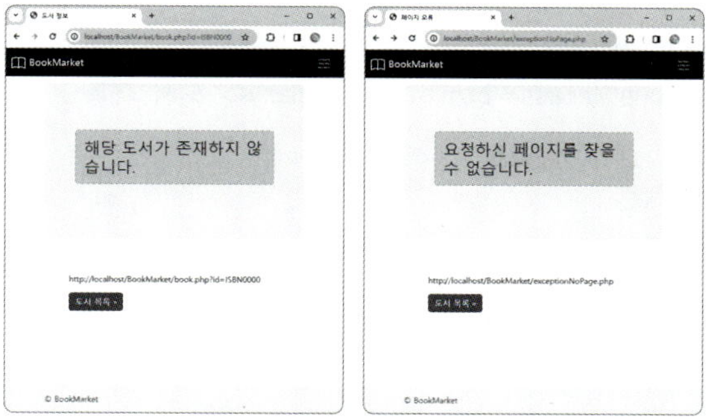


**그림 10-3** 완성된 웹 쇼핑몰 예외 처리 페이지

## 예제 10-4 도서 id의 예외 메시지 출력 페이지 호출하기

**1 예외 메시지 출력 페이지 작성하기:** 예외 처리를 위해 'exceptionNoBookId.php' 파일을 생성하고 다음과 같이 작성합니다.

BookMarket/exceptionNoBookId.php

```
<br>
<main>
<div class="container py-5">
    <div class="p-5 mb-4 bg-body-tertiary rounded-3">
        <div class="container-fluid py-5">
            <h1 class="alert alert-danger">해당 도서가 존재하지 않습니다.</h1>

        </div>
    </div>

<?php
$http_host = $_SERVER['HTTP_HOST'];
$request_uri = $_SERVER['REQUEST_URI'];
$url = 'http://' . $http_host . $request_uri;
?>

    <div class="row align-items-md-stretch">
        <div class = "col-md-12">
            <div class="h-100 p-5">
```

```
                <p><?php echo $url; ?>
                <p><a href="books.php" class="btn btn-secondary"> 도서 목록
&raquo;</a>
            </div>
        </div>
    </div>
</div>
</main>
```

**2 도서 상세 페이지 수정하기:** 'book.php' 파일에 다음과 같이 추가 작성합니다.

BookMarket/book.php

```
<!doctype html>
<html class="h-100" >
<head>
    <title>도서 정보</title>
    <link href="./resources/css/bootstrap.min.css" rel="stylesheet">
</head>
<body class="d-flex flex-column h-100">
<?php
require "./model.php";
require "./menu.php";

try{
    $id = $_GET["id"];

    $book = getBookById($id);
    if($book == null)
        throw new Exception();
?>

<br>
<main>
...
</main>
<?php
```

```
25      }
26      catch(Exception $e){
27          require "./exceptionNoBookId.php";
28      }
29          require "./footer.php";
30      ?>
31      </body>
32      </html>
```

12~28행 try-catch 문을 이용하여 도서 id에 대해 예외가 발생했을 때 해당 예외 처리 페이지를 출력하도록 합니다.

**3 프로젝트 실행하기:** 웹 브라우저에 'http://localhost/BookMarket/book.php?id=ISBN0000'을 입력하여 실행 결과를 확인합니다.

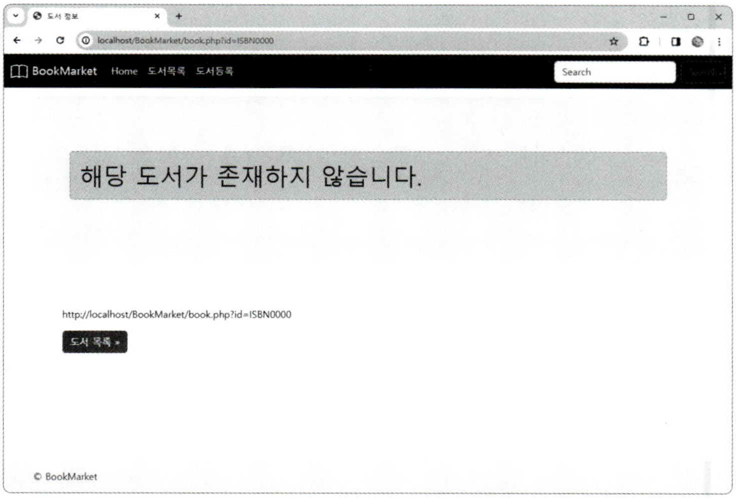


## 예제 10-5 오류 상태 코드로 예외 메시지 출력 페이지 호출하기

**1 .htaccess 파일에 추가 작성하기:** .htaccess 파일에 다음과 같이 추가 작성합니다.

**xampp설치 위치/htdocs/.htaccess**

```
ErrorDocument 404 http://localhost/BookMarket/exceptionNoPage.php
```

**2 예외 메시지 출력 페이지 작성하기:** 'exceptionNoPage.php' 파일을 생성하고 다음과 같이 작성합니다.

BookMarket/exceptionNoPage.php

```
<!doctype html>
<html class="h-100" >
<head>
  <title>페이지 오류</title>
  <link href="./resources/css/bootstrap.min.css" rel="stylesheet">
</head>
<body class="d-flex flex-column h-100">
<?php
require "./model.php";
require "./menu.php";
?>
<br>
<main>
  <div class="container py-5">
    <div class="p-5 mb-4 bg-body-tertiary rounded-3">
      <div class="container-fluid py-5">
        <h1 class="alert alert-danger">요청하신 페이지를 찾을 수 없습니다.</h1>
      </div>
    </div>

  <?php
  $http_host = $_SERVER['HTTP_HOST'];
  $request_uri = $_SERVER['REQUEST_URI'];
  $url = 'http://' . $http_host . $request_uri;
  ?>

    <div class="row align-items-md-stretch">
      <div class = "col-md-12">
        <div class="h-100 p-5">
          <p><?php echo $url; ?>
          <p><a href="books.php" class="btn btn-secondary"> 도서 목록 &raquo;</a>
        </div>
      </div>
```

```
    </div>
  </div>
</main>
<?php
require "./footer.php";
?>
</body>
</html>
```

**3 프로젝트 실행하기:** 웹 브라우저에 'http://localhost/BookMarket/bookList.php'를 입력하여 실행 결과를 확인합니다.

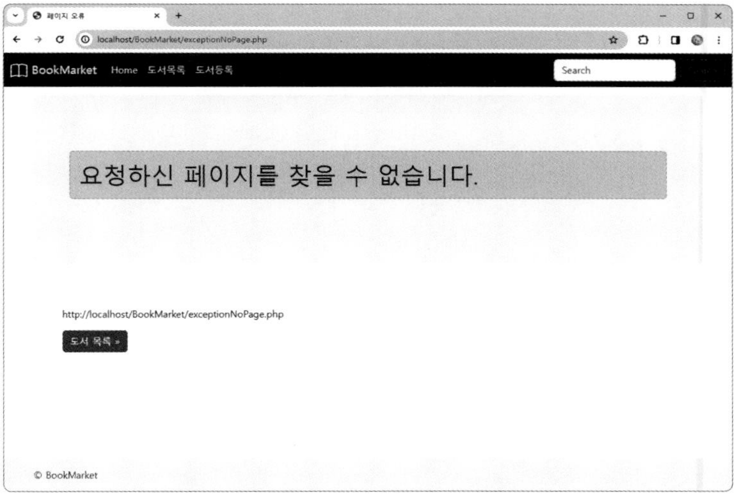

요약

## 01 예외 처리의 개요

- **예외 처리**

  프로그램이 처리되는 동안 특정한 문제가 발생했을 때 처리를 중단하고 다른 처리를 하도록 하여 응용 프로그램의 정상적인 실행을 유지하는 것입니다.

- **예외 처리 방법의 종류**

| 예외 처리 방법 | 설명 |
|---|---|
| try-catch-finally를 이용한 예외 처리 | 예외 처리 구문을 이용한다. |
| set_exception_handler( ) 함수를 이용한 예외 처리 | 예외 처리하는 콜백 함수를 생성하여 이용한다. |
| Exception 클래스를 확장한 예외 처리 | Exception 클래스를 상속받아 확장된 예외 처리 클래스를 생성하여 이용한다. |
| .htaccess 파일을 이용한 예외 처리 | .htaccess 파일을 생성하여 오류 페이지로 강제 이동하는 데 이용한다. |

## 02 try-catch-finally를 이용한 예외 처리

- PHP에서는 예외 처리를 위해서 **try-catch-finally**와 **thorw**를 제공합니다. 이는 예외가 발생한 지점에서 try-catch 또는 try-catch-finally 문을 이용하여 예외가 발생한 함수를 호출한 지점으로 예외를 전달하여 처리합니다.

```
try{
    //예외가 발생할 수 있는 실행문
    throw new Exception(["예외 메시지"]);
}
catch(Exception $변수){
    //예외 처리문
}
[finally{
    //예외와 상관없이 무조건 실행되는 문장(생략 가능)
}]
```

## 03 사용자 정의 함수를 이용한 예외 처리

- PHP에서 발생된 예외를 처리할 때 try-catch 구문으로 예외 처리를 할 수 없는 경우 **set_exception_handler()** 함수 내에 사용자 정의 예외 처리 함수를 호출하여 예외 처리를 할 수 있습니다.

```
set_exception_handler("사용자_정의_예외_처리_함수명");

throw new Exception(["예외 메시지"]);
```

## 04 Exception 클래스를 이용한 예외 처리

- **Exception**은 모든 예외의 기본 클래스이므로 Exception 클래스를 확장하여 사용자 정의 예외 클래스를 정의할 수 있습니다.

```
class 확장(상속)클래스명 extends Exception {}
```

## 05 .htaccess 파일을 이용한 예외 처리

- .htaccess 파일을 이용한 예외 처리는 웹 페이지가 없거나 서버 에러 등으로 인한 에러가 발생할 때 각각의 에러 페이지로 이동하는 방법입니다. htaccess는 하이퍼텍스트 액세스(Hypertext Access)의 줄임말이며, 파일이 위치한 그 폴더에 사용자가 정의한 요청(Request)을 적용합니다. htaccess는 점으로 시작됩니다.

```
ErrorDocument HTTP_상태_코드 http://도메인/파일명

또는

ErrorDocument HTTP_상태_코드 "오류 메시지"
```

[HTTP 상태 코드의 주요 유형]

| 응답 상태 코드 | | 설명 |
|---|---|---|
| 400 | BAD_REQUEST | 일반적인 요청 실패에 사용한다. |
| 401 | UNAUTHORIZED | 클라이언트 인증에 문제가 있을 때 사용한다. |
| 403 | FORBIDDEN | 인증 상태에 상관없이 액세스를 금지할 때 사용한다. |
| 404 | NOT_FOUND | 요청 URI에 해당하는 리소스가 없을 때 사용한다. |
| 405 | METHOD_NOT_ALLOWED | HTTP 함수가 지원되지 않을 때 사용한다. |
| 406 | NOT_ACCEPTABLE | 요청된 리소스 미디어 타입을 제공하지 못할 때 사용한다. |
| 409 | CONFILCT | 리소스 상태에 위반되는 행위를 했을 때 사용한다. |
| 412 | PRECONDITION_FAILED | 조건부 연산을 지원할 때 사용한다. |
| 415 | UNSUPPORTED_MEDIA_TYPE | 요청의 페이로드에 있는 미디어 타입이 처리되지 못했을 때 사용한다. |
| 500 | INTERNAL_SERVER_ERROR | API가 잘못 작동할 때 사용한다. |

## 연습문제

**01** 프로그램이 처리되는 동안 특정한 문제가 발생했을 때 처리를 중단하고 다른 처리를 하는 것은?

① 예외처리　② 시큐리티

③ 유효성검사　④ 오류검사

**02** 웹 애플리케이션에서 오류가 발생하더라도 정상적인 실행 상태를 유지하는 처리 방법으로 옳지 않은 것은?

① set_exception_handler( ) 함수를 이용한 예외 처리

② Exception 클래스를 확장한 예외 처리

③ try/catch/finally를 이용한 예외 처리

④ 유효성 검사를 이용한 예외 처리

**03** 다음은 PHP 페이지에서 발생한 오류를 처리하는 프로그램이다. 빈 칸을 채우시오.

```
<?php
    try{
        $error = "예외 메시지";
        ____________ new Exception($error);
        echo "PHP 예외 처리";
    }catch (Exception $e){
        echo "예외 처리 발생<br>";
        echo "Message: ". $e->getMessage(). "<br>";
    }
?>
```

① throwed　② throw

③ throws　④ error

**04** Exception 클래스에서 사용되는 함수에 대한 설명으로 옳지 않은 것은?

① getMessage( ): 예외 메시지를 표시한다.

② getCode( ): 예외를 나타내는 숫자 코드를 표시한다.

③ getLine( ): 예외가 발생한 행 번호를 표시한다.

④ getFile( ): 예외가 발생한 파일명만 표시한다.

**05** PHP에서 발생된 예외를 처리할 때 try-catch 구문으로 예외 처리를 할 수 없는 경우 사용자 정의 예외 처리 함수를 호출하여 예외 처리를 할 수 있는 함수로 옳은 것은?

① set_exception_handler( )　　② Exception( )

③ get_exception_handler( )　　④ error( )

**06** 다음은 PHP 페이지에서 발생한 오류를 처리하는 프로그램이다. 빈 칸을 채우시오.

```
<?php
    function myMethod($exception){
        echo "예외 처리 발생: ", $exception->getMessage(), "<br>";
    }

    ____________________("myMethod");

    throw new Exception("예외 메시지");

?>
```

① set_exception_handler( )　　② Exception( )

③ get_exception_handler( )　　④ error( )

**07** 웹 페이지가 없거나 서버 에러 등으로 인한 에러가 발생할 때 각각의 에러 페이지로 이동하는 예외 처리 방법으로 옳은 것은?

① set_exception_handler( ) 함수를 이용한 예외 처리

② Exception 클래스를 확장한 예외 처리

③ try/catch/finally를 이용한 예외 처리

④ .htaccess 파일을 이용한 예외 처리

**08** try/catch/finally를 이용한 예외 처리 기법을 이용하여 다음 조건에 맞게 PHP 애플리케이션을 만들고 실행하여 결과를 확인하시오.

**조건**

❶ 'ex08.php' 파일을 생성합니다.

- 폼 페이지에서 입력받은 데이터가 숫자가 아니면 오류를 발생하고 숫자이면 2로 나눠 출력하도록 작성합니다.
- 발생된 오류에 대한 메시지를 출력합니다.

❷ 웹 브라우저에 'http://localhost/chap08/ex08.php'를 입력하여 실행 결과를 확인합니다.

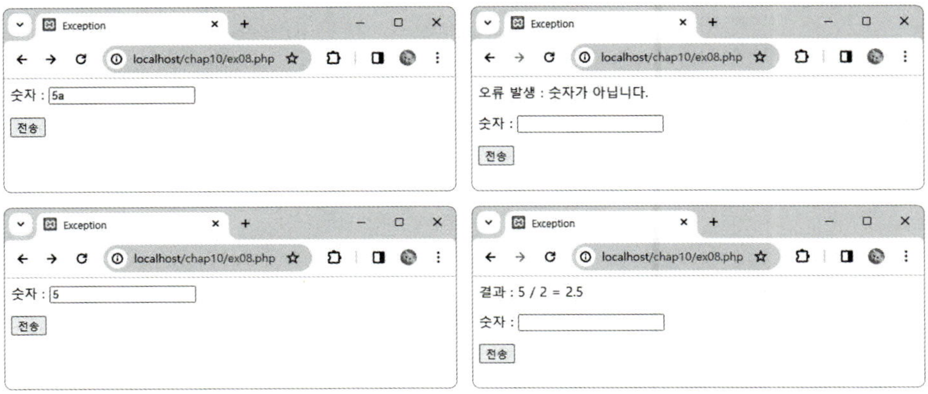

**09** Exception 클래스를 확장한 예외 처리 기법을 이용하여 다음 조건에 맞게 PHP 애플리케이션을 만들고 실행하여 결과를 확인하시오.

**조건**

❶ 'ex10.php' 파일을 생성합니다.

- Exception 클래스의 확장 클래스로 EmptyException을 생성합니다.
- 폼 페이지에서 아이디 또는 비밀번호를 입력하지 않으면 오류 메시지를 출력하도록 작성합니다.
- 아이디와 비밀번호를 입력하면 성공 메시지를 출력하도록 작성합니다.

❷ 웹 브라우저에 'http://localhost/chap08/ex10.php'를 입력하여 실행 결과를 확인합니다.

**10** **사용자 정의 함수를 이용한 예외 처리 기법을 이용하여 다음 조건에 맞게 PHP 애플리케이션을 만들고 실행하여 결과를 확인하시오.**

**조건**

1. 'ex09.php' 파일을 생성합니다.
   - 폼 페이지에서 2개의 숫자를 입력받아 나누기하여 출력하도록 작성합니다.
   - 두 번째 숫자가 0이면 오류 메시지를 출력합니다.
2. 웹 브라우저에 'http://localhost/chap08/ex09.php'를 입력하여 실행 결과를 확인합니다.

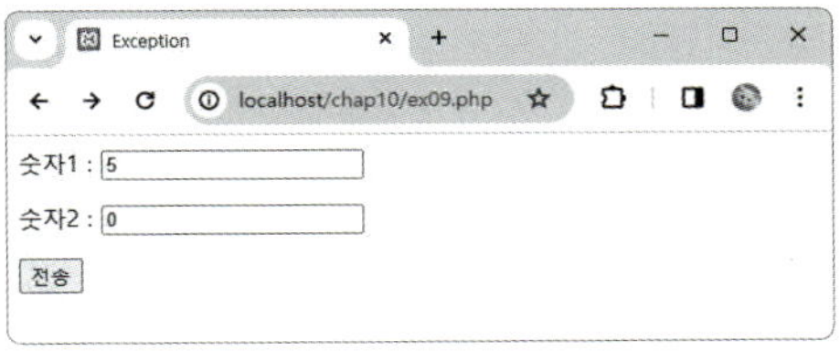


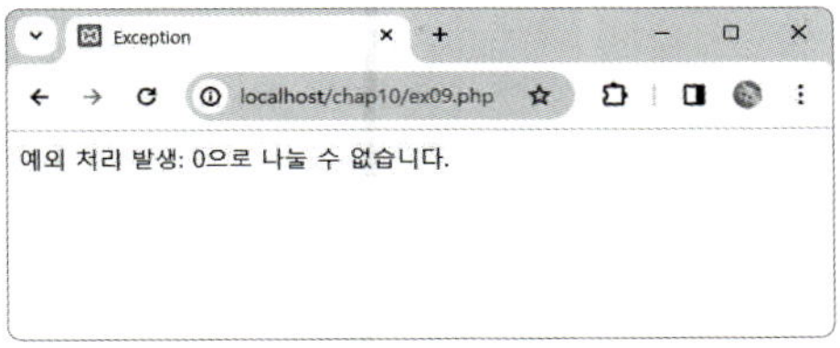

# PART 03

# PHP 고급 문법 배우기

# PART 03

# PHP 고급 문법 배우기

# CHAPTER 11

# 세션: 장바구니 페이지 만들기



**학습목표**

- 세션의 개념을 이해합니다.
- 세션을 생성하고 삭제하는 방법을 익힙니다.
- 세션 정보를 가져오는 방법을 익힙니다.
- 세션 유효 시간을 설정하는 방법을 익힙니다.
- 북마켓의 장바구니 페이지를 만듭니다.

# PREVIEW

세션의 개념을 이해하고 세션의 생성, 정보 확인, 삭제 등의 방법을 살펴봅니다. 또한 세션을 적용하여 북마켓에서 장바구니 페이지를 구현합니다.

# 01 세션의 개요

## 1 세션의 개념

**세션**(Session)은 사용자가 웹사이트를 닫을 때까지 클라이언트와 웹 서버 간의 상태를 계속 유지하는 방법을 의미합니다. 예를 들어 웹 쇼핑몰에서 장바구니, 주문 처리와 같은 회원 전용 페이지는 로그인 인증을 통해 사용 권한을 부여합니다. 그래서 다른 웹 페이지로 갔다가 되돌아와도 로그인 상태가 유지되어 회원 전용 페이지를 계속 사용할 수 있습니다. 이렇게 사용자 인증을 통해 특정 페이지를 사용할 수 있도록 권한 상태를 유지하는 것이 세션입니다.

세션은 웹 서버에서만 접근할 수 있으므로 보안 유지에 유리하며 데이터를 저장하는 데 한계가 없습니다. 세션은 오직 웹 서버에 저장되는 전역변수로 웹 브라우저마다 하나씩 존재하기 때문에 웹 서버의 서비스를 제공받는 사용자를 구분하는 단위가 됩니다. 즉, 세션은 사용자를 인식하고 여러 웹 브라우저 간의 충돌을 피하도록 각 웹 브라우저에 대해 고유한 사용자 ID를 생성합니다.

이러한 세션을 사용하면 클라이언트가 웹 서버의 세션에 의해 가상으로 연결된 상태가 됩니다. 따라서 웹 브라우저를 닫기 전까지는 웹 페이지를 이동하더라도 사용자의 정보가 웹 서버에 보관되어 있어 사용자 정보를 잃지 않습니다.

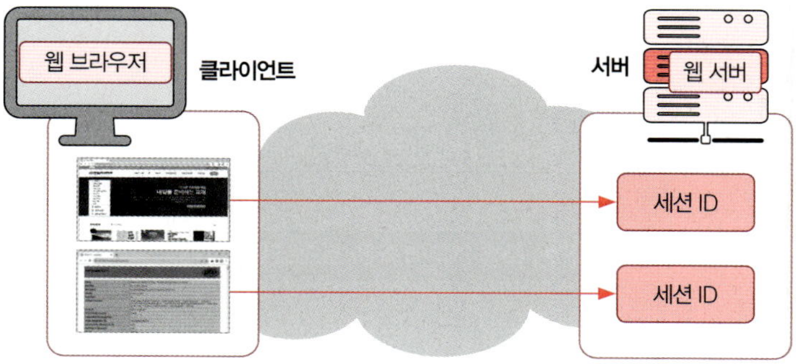


**그림 11-1** 웹 브라우저와 세션의 관계

TIP 세션 ID는 PHP 엔진에 의해 무작위로 생성되므로 추측하기는 거의 불가능합니다. 또한 세션 데이터는 서버에 저장되므로 모든 브라우저 요청과 함께 전송될 필요가 없습니다.

## 2 세션의 특징

세션은 다음과 같은 특징이 있습니다.

- 세션은 서버에 저장된 전역변수입니다.
- 세션 변수는 $_SESSION 배열 변수에 저장됩니다.
- 세션은 HTML 태그보다 먼저 시작되어야 합니다.
- 각 세션에는 저장된 값을 검색하는 데 사용되는 고유 ID가 할당됩니다.
- 세션이 생성될 때마다 고유한 세션 ID와 데이터가 사용자 컴퓨터가 아닌 서버에 저장되어 보안을 유지합니다. 클라이언트의 웹 브라우저가 쿠키를 지원하지 않는 경우 고유한 세션 ID가 URL에 표시됩니다.
- 세션은 쿠키에 비해 상대적으로 큰 데이터를 저장할 수 있습니다.
- 웹 브라우저를 닫으면 세션 값이 자동으로 삭제됩니다. 값을 영구적으로 저장하려면 해당 값을 데이터베이스에 저장해야 합니다.

**NOTE 세션을 사용하는 이유**

- 사용자 ID와 같은 중요한 정보를 악의적인 사용자가 조작할 수 없는 서버에 안전하게 저장하기 위해 사용합니다.
- 한 페이지에서 다른 페이지로 값을 전달하기 위해 사용합니다.
- 쿠키를 지원하지 않는 브라우저에서 대안이 필요할 때 사용합니다.
- 전역변수를 URL로 전달하는 것보다 안전하고 효율적으로 저장하기 위해 사용합니다.
- 4KB보다 큰 용량의 정보를 임시 저장해야 하는 장바구니와 같은 애플리케이션을 개발할 때 사용합니다.

## 02 세션 생성

세션을 사용하려면 먼저 세션을 생성해야 합니다. 세션은 **session_start()** 함수를 호출한 후 **$_SESSION** 배열 변수에 세션 값을 저장해 생성하며 형식은 다음과 같습니다. 만약 동일한 세션의 변수명으로 세션을 생성하면 마지막에 설정한 것이 세션 값이 됩니다.

```
session_start();
$_SESSION[name] = value
```

session_start() 함수를 호출하면 세션이 시작됩니다. 이 함수는 먼저 시작된 세션 ID가 있는지 점검하여 세션의 존재 여부를 확인합니다. 즉, 세션이 이미 시작되었다면 세션 변수를 설정하고 그렇지 않으면 새로운 세션 ID를 생성하여 세션을 시작합니다. 일반적으로 웹 페이지 시작 부분에서 session_start() 함수를 호출합니다.

세션 데이터는 $_SESSION[] 전역 배열에 키-값(속성 이름-속성값) 쌍으로 저장됩니다. 여기서 name은 세션 데이터의 속성 이름을 나타내고, value는 해당 속성의 값입니다. 이렇게 저장된 데이터는 세션이 유지되는 동안에만 접근할 수 있습니다.

다음은 세션 속성 이름을 memberId, 세션 속성값을 admin으로 설정하여 세션을 생성하는 예입니다.

**[세션 생성 예]**

```
session_start();
$_SESSION["memberId"] = "admin";
```

속성 이름 (memberId) / 속성값 (admin)

## 예제 11-1 세션 생성하기

아이디와 비밀번호를 입력하여 설정된 아이디와 비밀번호와 일치하면 세션을 생성한 후 성공 메시지를 출력하고 일치하지 않으면 실패 메시지를 출력해보겠습니다. [chap11] 폴더에 'session01.php' 파일을 생성하여 다음과 같이 작성하고 웹 브라우저에 'http://localhost/chap10/session01.php'를 입력하여 실행 결과를 확인합니다.

chap11/session01.php

```
<html>
<head>
    <title>세션</title>
</head>
<body>
    <form action="session01_process.php" method="POST">
        <p>아 이 디 : <input type="text" name="id">
        <p>비밀번호 : <input type="text" name="passwd">
        <p><input type="submit" value="전송">
    </form>
</body>
</html>
```

chap11/session01_process.php

```
<html>
<head>
    <title>세션</title>
</head>
<body>
<?php
if($_SERVER["REQUEST_METHOD"] == "POST"){
    $user_id = $_POST["id"];
    $user_pw = $_POST["passwd"];

    if ($user_id === "admin" && $user_pw === "1234") {
        session_start();
        $_SESSION['userID'] = $user_id;
```

```
14            $_SESSION['userPW'] = $user_pw;
15
16            echo "세션 설정이 성공했습니다<br>";
17            echo $user_id."님 환영합니다.";
18        } else{
19            echo "세션 설정에 실패했습니다.";
20        }
21    }
22    ?>
23    </body>
24    </html>
```

**08~09행** 요청 파라미터 아이디와 비밀번호를 전송받도록 $_POST를 작성합니다.

**11~20행** 전송된 아이디와 비밀번호가 미리 설정해둔 `admin`, `1234`와 일치하면 세션 속성 이름 `userID`, `userPW`에 값을 설정하도록 `$_SESSION` 배열 변수를 작성하고 성공 메시지를 출력합니다. 일치하지 않으면 실패 메시지를 출력합니다.

▼ 실행 결과

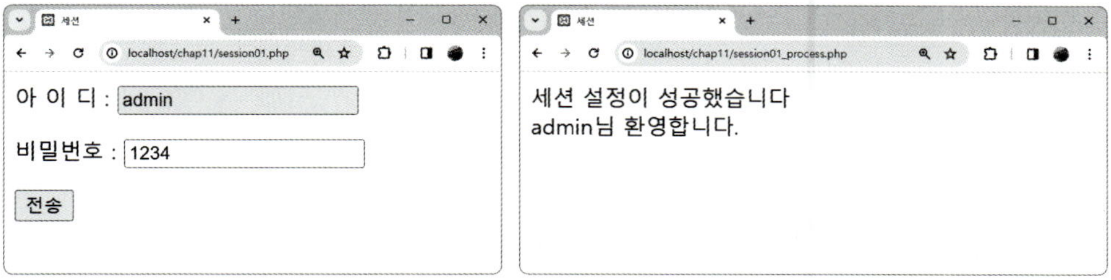

# 03 세션 정보

세션에 저장된 하나의 세션 속성 이름에 대한 속성값을 얻어오려면 **$_SESSION** 배열 변수를 사용합니다. 형식은 다음과 같습니다. $_SESSION 배열 변수에 생성한 세션의 속성 이름을 설정하여 속성값을 가져옵니다.

```
session_start();
$_SESSION[name];
```

여기서 매개변수 name은 세션에 저장된 세션 속성 이름입니다.

다음은 세션에 저장된 세션 속성 이름이 `memberId`인 세션 속성값을 얻어오는 예입니다. 세션 속성 이름 `memberId` 값의 자료형이 무엇이든 형 변환 없이 데이터를 가져옵니다. 만약 세션에 `memberId`라는 속성 이름이 저장되어 있지 않으면 `null`을 반환합니다.

**[세션 정보를 얻는 예]**

```
<?php
echo $_SESSION["memberId"];
?>
```

**예제 11-2 세션에 저장된 속성값 가져와 출력하기**

[예제 11-1]을 이용하여 세션을 생성한 후, [chap11] 폴더에 'session02.php' 파일을 생성하여 다음과 같이 작성하고 웹 브라우저에 'http://localhost/chap10/session02.php'를 입력하여 실행 결과를 확인합니다.

chap11/session02.php

```
<html>
<head>
```

```
03        <title>세션</title>
04    </head>
05    <body>
06    <?php
07    session_start();      //세션 시작
08    $user_id = $_SESSION['userID'];
09    $user_pw = $_SESSION['userPW'];
10
11    echo "설정된 세션의 속성값 [1] : ". $user_id . "<br>";
12    echo "설정된 세션의 속성값 [1] : ". $user_pw;
13    ?>
14    </body>
15    </html>
```

**08~09행** 세션에 저장된 세션 속성 이름 userID, userPW의 속성값을 가져오도록 $_SESSION 배열 변수를 작성합니다.

**11~12행** 세션에 저장된 세션 속성값을 출력합니다.

▼ 실행 결과

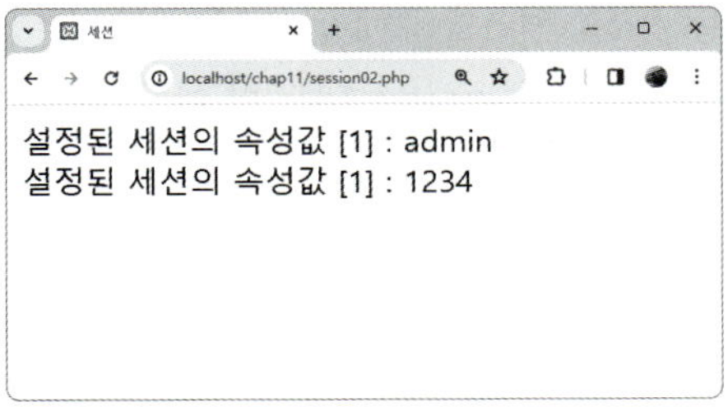

# 04 세션 삭제

생성된 세션을 더 유지할 필요가 없으면 unset() 또는 session_unset() 함수를 사용하여 삭제합니다. 세션이 삭제되면 세션에 저장된 모든 속성도 함께 삭제됩니다.

## 1 단일 세션 삭제하기

세션에 저장된 하나의 세션 속성 이름을 삭제하려면 **unset()** 함수를 사용합니다. 형식은 다음과 같습니다.

```
void unset($_SESSION[name]);
```

여기서 매개변수 name은 세션에 저장된 세션 속성 이름입니다.

다음은 세션에 저장된 세션 속성 이름 memberId에 해당하는 세션을 삭제하는 예입니다. 속성 이름이 memberId인 세션을 삭제하면 계속 유지되었던 속성 이름 memberId는 더 이상 사용할 수 없습니다.

**[단일 세션 삭제 예]**

```
<?php
session_start();                //세션 생성
unset($_SESSION["memberId"]);   //세션 삭제
?>
```

**예제 11-3 세션에 저장된 세션 속성 삭제하기**

[예제 11-1]을 이용하여 세션을 생성한 후, [chap11] 폴더에 'session03.php' 파일을 생성하여 다음과 같이 작성하고 웹 브라우저에 'http://localhost/chap11/session03.php'를 입력하여 실행 결과를 확인합니다.

chap11/session03.php

```
<html>
<head>
    <title>세션</title>
</head>
<body>
    <h4>----- 세션을 삭제하기 전 -----</h4>

    <?php
    session_start();                    //세션 시작

    if(isset( $_SESSION["userID"]) && $_SESSION["userPW"]){
        $user_id =$_SESSION['userID'];
        $user_pw = $_SESSION['userPW'];

        echo "설정된 세션 이름 userID : ". $user_id . "<br>";
        echo "설정된 세션 값 userPW : : ". $user_pw. "<br>";

        unset($_SESSION["userID"]);   //세션 삭제
    } else{
        echo "설정된 세션 이름 없습니다.";
    }
    ?>

    <h4>----- 세션을 삭제한 후 -----</h4>

    <?php
    if(isset($_SESSION["userID"])){
        $user_id = $_SESSION["userID"];
        echo "설정된 세션 이름 userID : " . $user_id . "<br>";
    } else if(isset($_SESSION["userPW"])){
        $user_pw = $_SESSION['userPW'];
        echo "설정된 세션 값 userPW : " . $user_pw. "<br>";
    } else{
        echo "설정된 세션 이름 없습니다.";
    }
    ?>
```

```
37    </body>
38    </html>
```

**18행** 세션에 저장된 세션 속성 이름 userID를 삭제하도록 unset( ) 함수를 작성합니다.

**27~35행** 세션에 저장된 세션 속성 이름 userID, userPW의 속성값을 가져오도록 $_SESSION 배열 변수를 작성하고 저장된 세션 속성값을 출력하도록 작성합니다.

▼ 실행 결과

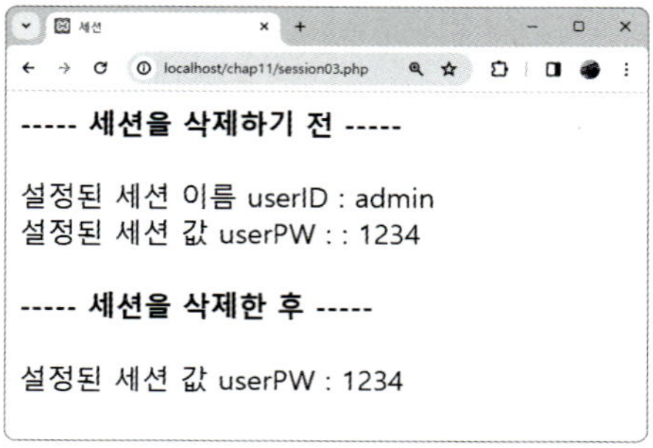


## 2 다중 세션 삭제하기

세션에 저장된 모든 세션 속성 이름을 삭제하려면 **session_unset()** 함수를 사용하며 형식은 다음과 같습니다.

```
session_unset();
```

다음은 세션을 종료하고 세션에 저장된 모든 세션 속성을 삭제하는 예입니다.

**[다중 세션 삭제 예]**

```
<?php
session_start();
session_unset();    //모든 세션의 속성 이름 삭제
?>
```

TIP seesion_destory( ) 함수를 이용하여 세션을 삭제할 수 있습니다. 정확히 말하면 seesion_destory( ) 함수는 생성된 세션 아이디를 삭제합니다. session_unset( ) 함수는 생성된 모든 세션의 속성 이름을 삭제합니다.

## 예제 11-4 세션에 저장된 모든 세션 속성 삭제하기

[예제 11-1]을 이용하여 세션을 생성한 후, [chap11] 폴더에 'session04.php' 파일을 생성하여 다음과 같이 작성하고 웹 브라우저에 'http://localhost/chap11/session04.php'를 입력하여 실행 결과를 확인합니다.

chap11/session04.php

```
<html>
<head>
    <title>세션</title>
</head>
<body>
    <h4>----- 세션을 삭제하기 전 -----</h4>

    <?php
    session_start();      //세션 시작
    if(isset($_SESSION["userID"]) && $_SESSION["userPW"]){
        $user_id =$_SESSION['userID'];
        $user_pw = $_SESSION['userPW'];

        echo "설정된 세션 이름 userID : ". $user_id . "<br>";
        echo "설정된 세션 값 userPW : : ". $user_pw. "<br>";

        session_unset();  //세션 종료
    } else{
        echo "설정된 세션 이름 없습니다.";
    }
    ?>

    <h4>----- 세션을 삭제한 후 -----</h4>

    <?php
    if(isset($_SESSION["userID"]) && $_SESSION["userPW"]){
        $user_id = $_SESSION["userID"];
        $user_pw = $_SESSION["userPW"];

        echo "설정된 세션 이름 userID : " . $user_id . "<br>";
```

```
31            echo "설정된 세션 값 userPW : " . $user_pw. "<br>";
32        } else{
33            echo "설정된 세션 이름 없습니다.";
34        }
35        ?>
36    </body>
37    </html>
```

**17행** session_unset() 함수를 이용해 세션에 저장된 모든 세션 속성을 삭제합니다.

▼ 실행 결과

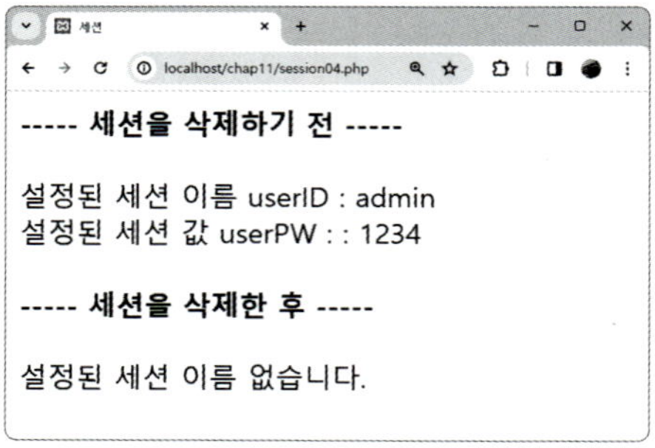

# 05 세션 유효 시간 설정

**세션 유효 시간**은 세션을 유지하기 위한 시간을 말합니다. 웹 브라우저에 마지막 접근한 시간부터 일정 시간 이내에 다시 웹 브라우저에 접근하지 않으면 자동으로 세션이 종료됩니다. 세션 유효 시간을 설정하는 데는 **ini_set()** 함수를 사용합니다. 형식은 다음과 같습니다.

```
ini_set('session.gc_maxlifetime', interval);   ← 세션 유효 시간
```

여기서 매개변수 **interval**은 세션 유효 시간으로, 기본값이 1440초(24분)이고 초 단위로 설정합니다. 세션 유효 시간을 0이나 음수로 설정하면 세션 유효 시간이 없는 상태가 됩니다.

다음은 세션 유효 시간을 3600초로 설정하는 예입니다.

**[세션 유효 시간 설정의 예]**

```php
<?php
ini_set('session.gc_maxlifetime', 3600);
$time = ini_get("session.gc_maxlifetime")/60;
echo "세션 유효 시간 : " . $time . "분<br>";
?>
```

```
세션 유효 시간 : 60분
```

**NOTE 세션 유효 시간을 설정하는 다른 방법**

PHP 구성 파일(php.ini)에서 session.gc_maxlifetime 변수의 값(초 단위로 측정되는 지속 시간)을 변경하여 조정할 수 있습니다.

xampp/php/php.ini

```
[PHP]
...
session.gc_maxlifetime=1440
...
```

## 예제 11-5 기본 세션 유효 시간을 가져와 1일로 변경하여 출력하기

[예제 11-1]을 이용하여 세션을 생성한 후 [chap11] 폴더에 'session05.php' 파일을 생성하여 다음과 같이 작성하고 웹 브라우저에 'http://localhost/chap11/session05.php'를 입력하여 실행 결과를 확인합니다.

chap11/session05.php

```
01  <html>
02  <head>
03      <title>세션</title>
04  </head>
05  <body>
06      <h4>----- 세션 유효시간 변경 전 -----</h4>
07      <?php
08      $time = ini_get("session.gc_maxlifetime")/60;
09      echo "세션 유효 시간 : " . $time . "분<br>";
10      ?>
11
12      <h4>----- 세션 유효시간 변경 후 -----</h4>
13
14      <?php
15      ini_set('session.gc_maxlifetime', 60*60*24);
16      $time = ini_get("session.gc_maxlifetime")/60;
17      echo "세션 유효 시간 : " . $time . "분<br>";
18      ?>
19
20  </body>
21  </html>
```

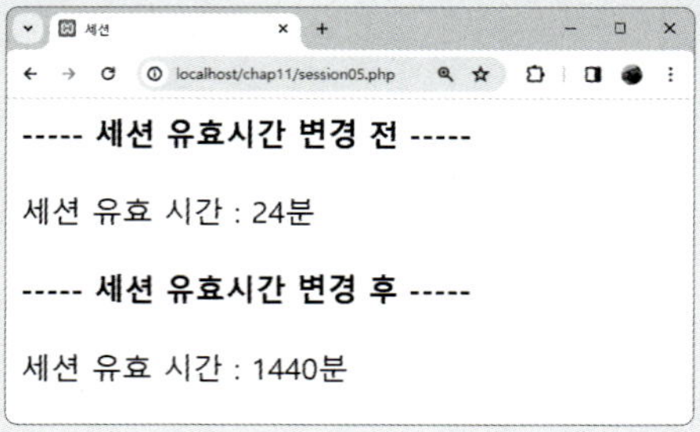


**08행** ini_get() 함수를 이용하여 세션에 설정된 유효 시간을 가져와 출력합니다.

**15행** ini_set() 함수를 이용하여 세션 유효 시간을 60×60×24로 설정합니다.

**16행** ini_get() 함수를 이용하여 세션에 설정된 유효 시간을 가져와 출력합니다.

# 06 북마켓 장바구니 페이지 만들기

이번 장에서 배운 세션 처리 방법을 적용하여 장바구니 페이지를 만들겠습니다. 도서 상세 정보 페이지에서 〈도서주문〉를 클릭하면 장바구니 페이지에 해당 도서가 추가되고, 〈장바구니〉를 클릭하면 장바구니 페이지로 이동합니다. 장바구니 페이지는 쇼핑 계속하기 페이지 또는 주문하기 페이지로 이어질 수 있습니다.

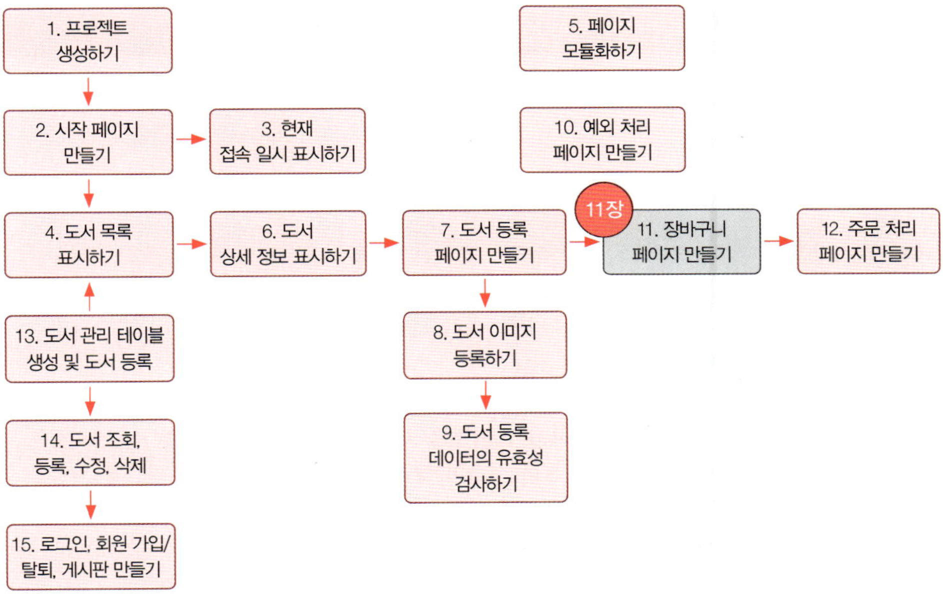


**그림 11-2** 작업 과정 확인: 장바구니 페이지 만들기

**그림 11-3** 완성된 북마켓 장바구니 페이지

## 예제 11-6 세션을 이용하여 장바구니 페이지 만들기

**1 파일로 도서 정보 관리하기:** 장바구니에 담은 도서의 개수를 관리하도록 'domain.dat' 파일을 열고 다음과 같이 추가합니다.

BookMarket/domain.dat

```
ISBN1234 ¦ HTML5 웹 프로그래밍 ¦ 29000 ¦ 윤인성 ¦ 이 책은 웹 프로그래밍을 시작하는 입문자를 위한 실습서입니다. 단계별 예제를 따라 하며 HTML5, CSS3, 자바스크립트의 기초를 익히고 jQuery와 실무에서 쓰이는 다양한 플러그인을 경험할 수 있습니다 ¦ IT모바일 ¦ 1000 ¦ 2023/08/05 ¦  New ¦ ISBN1234.jpg ¦ 0

ISBN1235 ¦ JSP 웹 프로그래밍 ¦ 27000 ¦ 송미영 ¦ JSP의 이론적 개념 → 기본 실습 → 응용 실습 순의 단계별 학습이 가능합니다. 응용 실습이 합쳐져 최종적으로 쇼핑몰 하나를 완성하는 구성이라 배운 내용이 어디에 어떻게 적용되는지 알 수 있습니다. ¦ IT모바일 ¦ 1000 ¦ 2018/10/08 ¦  New ¦ ISBN1235.jpg ¦ 0

ISBN1236 ¦ 스프링 프레임워크 ¦ 30000 ¦ 김명호 ¦ 스프링 프레임워크의 전체적인 구조와 핵심 이론을 다양한 예제 프로젝트를 통해 배울 수 있습니다. 전자 도서관 시스템의 여러 기능을 구현하며 스프링 MVC의 심화 개념과 실무 기술도 익힐 수 있습니다.¦ IT모바일 ¦ 1000 ¦ 2023/07/10 ¦  New ¦ ISBN1236.jpg ¦ 0
```

**2 파일에서 장바구니 도서 개수 읽어오기:** 도서 정보가 저장된 파일로부터 장바구니의 도서 개수를 가져오기(읽기) 위해 'model.php' 파일을 열고 다음과 같이 추가합니다.

BookMarket/model.php

```
01 <?php
02
03 $handle = fopen("domain.dat", "r"); //파일 열기
04
05 global $BookArray;
06 while(!feof($handle)){
07
08 $array =  explode("¦", fgets($handle));
09 $id = trim($array[0]);
10
11 $BookArray[$id]["name"] = trim($array[1]);
12 $BookArray[$id]["unitPrice"] = trim($array[2]);
13 $BookArray[$id]["author"] = trim($array[3]);
14 $BookArray[$id]["description"] = trim($array[4]);
15 $BookArray[$id]["category"] = trim($array[5]);
16 $BookArray[$id]["unitsInStock"] = trim($array[6]);
17 $BookArray[$id]["releaseDate"] =trim($array[7]);
18 $BookArray[$id]["condition"] = trim($array[8]);
19 $BookArray[$id]["filename"] = trim($array[9]);
20 $BookArray[$id]["quantity"] = trim($array[10]);
21 ?}
22
23 fclose($handle);
```

20행 `trim()` 함수를 사용하여 장바구니에 담긴 도서의 개수를 가져와 전역변수 `$BookArray`에 저장합니다.

**3 도서 상세 정보 페이지 수정하기:** 'book.php' 파일을 열어 다음과 같이 추가합니다.

BookMarket/book.php

```
<!doctype html>
<html class="h-100" >
<title>도서 정보</title>
<link href="./resources/css/bootstrap.min.css" rel="stylesheet">
<script type="text/javascript">
```

```
06        function addToCart() {
07            if (confirm("도서를 장바구니에 추가하시겠습니까?")) {
08                document.addForm.submit();
09            } else {
10                document.addForm.reset();
11            }
12        }
13    </script>
14    </head>
15
16    <body class="d-flex flex-column h-100">
17    ...
18                <p><?php echo $book["unitPrice"]; ?>원
19                <p><form name="addForm" action="./addCart.php?id=<?php echo $id;?>" method="post">
20                <a href="#" class="btn btn-info" onclick="addToCart()"> 도서주문 &raquo;</a>
21                <a href="./cart.php" class="btn btn-warning"> 장바구니 &raquo;</a>
22                <a href="./books.php" class="btn btn-secondary"> 도서목록 &raquo;</a>
23                  </form>
24                </div>
25            </div>
26        </div>
27    </main>
28    ...
```

**05~13행** 자바스크립트로 장바구니에 등록하기 위한 핸들러 함수 addToCart()를 작성합니다.

**07~11행** 메시지 창에서 〈확인〉을 클릭하면 form 문의 `action` 속성값이 실행되고 〈취소〉를 클릭하면 form 문의 실행이 취소되도록 작성합니다.

**19~23행** `name`과 `action` 속성값을 설정하도록 `form` 태그를 작성합니다.

**20행** 〈도서 주문〉을 클릭하면 핸들러 함수 addToCart()가 실행되도록 `onclick` 속성을 설정합니다.

**21행** 〈장바구니〉를 클릭하면 웹 페이지 'cart.php'를 실행합니다.

**4 장바구니에 등록하는 페이지 작성하기:** 'addCart.jsp' 파일을 생성하고 다음과 같이 작성합니다.

BookMarket/addCart.jsp

```
<?php
$bookId = $_GET["id"];
if($bookId == null || $bookId=="") {
    header("Location:books.php");
    return;
}
    require "./model.php";

$book = getBookById($bookId);

if($book == null) {
    header("Location:exceptionNoBookId.php");
}

session_start();
if(isset($_SESSION["cartlist"])){
    $count = count($_SESSION["cartlist"]);
    $goodsList = $_SESSION["cartlist"];

    $cnt = 0;
    $goodsQnt="";
    for ($i = 0; $i < $count; $i++) {
        $goodsid = key($goodsList);
        $goods = $goodsList[$goodsid];
        if($goodsid==$bookId) {
            $cnt++;
            $goods["quantity"] = $goods["quantity"] + 1;
            $_SESSION["cartlist"][$bookId] =$goods;

            break;
        }
        next($goodsList);
    }

```

```
35          if ($cnt == 0) {
36              $goods =  getBookById($bookId);
37              $goods["quantity"]=1;
38              $_SESSION["cartlist"][$bookId] =$goods;
39
40          }
41      }
42      else{
43          $book = getBookById($bookId);
44          $book["quantity"] = 1;
45          $_SESSION["cartlist"][$bookId] = $book;
46      }
47
48      header("Location:book.php?id=".$bookId);
49      ?>
```

**02~06행** 요청 파라미터 아이디를 전송받도록 $_GET를 작성하고, 전송된 아이디가 없을 때 웹 페이지 'books.php'로 이동하도록 header() 함수를 작성합니다.

**09~13행** 도서 아이디에 대한 도서 정보를 얻어오도록 getBookById() 함수를 호출하고 이를 $book 변수에 저장합니다. 만약 도서 아이디에 대한 도서 정보가 없으면 예외 처리 웹 페이지 'exceptionNoBookId.php'로 이동하도록 header() 함수를 작성합니다.

**15행** 장바구니 관련 세션을 시작하도록 session_start() 함수를 작성합니다.

**16행~46행** 생성된 세션 속성 이름 cartlist가 존재하면 장바구니에 담은 개수 quantity를 1 증가시키고 존재하지 않으면 quantity를 1로 설정합니다.

**22~33행** 요청 파라미터 아이디의 도서가 장바구니에 담긴 목록이면 해당 도서의 수량을 증가시킵니다.

**35~40행** 요청 파라미터 아이디의 도서가 장바구니에 담긴 목록이 아니면 해당 도서의 수량을 1로 하고 장바구니 목록에 추가합니다.

**48행** 요청 파라미터 아이디를 설정하여 웹 페이지 'book.php'로 이동하도록 header() 함수를 작성합니다.

**5 장바구니 페이지 작성하기:** 'cart.jsp' 파일을 생성하고 다음과 같이 작성합니다.

BookMarket/cart.jsp

```
<!doctype html>
<html class="h-100" >
<title>도서 목록</title>
<head>
  <link href="./resources/css/bootstrap.min.css" rel="stylesheet">
</head>

<body class="d-flex flex-column h-100">
<?php
require "./model.php";
require "./menu.php";
?>
<br>
<main>
<div class="container py-5">
  <div class="p-5 mb-4 bg-body-tertiary rounded-3">
    <div class="container-fluid py-5">
      <h1 class="display-5 fw-bold">장바구니</h1>
      <p class="col-md-8 fs-4">CartList</p>
    </div>
  </div>

  <div class="row align-items-md-stretch text-center">
  <?php
  session_start();
  $cartId = session_id();
  ?>
    <div class="col-md-12">
      <div class="p-5">
        <table width="100%">
          <tr>
          <td align="left"><a href="./deleteCart.php?cartId=<?=$cartId?>"
class="btn btn-danger">삭제하기</a></td>
```

```
        <td align="right"><a href="./shippingInfo.php?cartId=<?=$cartId?>" class="btn btn-success">주문하기</a></td>
        </tr>
      </table>
    </div>
    <div>
    <table class="table table-hover">
      <tr>
        <th>도서</th>
        <th>가격</th>
        <th>수량</th>
        <th>소계</th>
        <th>비고</th>
      </tr>
      <?php
      $sum = 0;
      $cartList = "";
      if(isset($_SESSION["cartlist"]))
        $cartList = $_SESSION["cartlist"];

      if($cartList == null)
        $count = 0;
      else $count = count($cartList);

      for($i = 0;  $i<$count;   $i++, next($cartList)){
        $id= key($cartList);
        $book = $cartList[$id];
        $total = $book["unitPrice"] * $book["quantity"];
        $sum = $sum + $total;
      ?>
      <tr>
        <td width="20%" ><?=$id ?> - <?=$book["name"]?></td>
        <td width="10%"><?=$book["unitPrice"] ?></td>
        <td width="10%"><?=$book["quantity"] ?></td>
        <td width="10%"><?=$total ?></td>
        <td width="10%"><a href="./removeCart.php?id=<?=$id ?>" class="badge text-bg-danger">삭제</a></td>
```

```
68          </tr>
69          <?php
70          }
71          ?>
72          <tr>
73            <th></th>
74            <th></th>
75            <th>총액</th>
76            <th><?=$sum ?></th>
77            <th></th>
78          </tr>
79        </table>
80        </div>
81
82        <div class="col-md-2">
83          <a href="./books.php" class="btn btn-secondary"> &laquo; 쇼핑 계속하기</a>
84        </div>
85      </div>
86    </div>
87  </div>
88  </main>
89  <?php
90  require "./footer.php";
91  ?>
92  </body>
93  </html>
```

**32~33행** 〈삭제하기〉, 〈주문하기〉 버튼을 작성합니다.

**49~50행** 장바구니인 cartlist에 등록된 모든 도서를 가져오도록 $_SESSION["cartlist"]를 작성합니다.

**56~70행** cartlist에 등록된 모든 도서를 하나씩 가져와 출력합니다.

**63~67행** 도서 아이디, 도서명, 가격, 수량, 소계 및 〈삭제〉 버튼을 출력합니다. 66행은 59행에서 계산된 도서의 가격과 수량을 곱한 금액을 출력합니다.

**76행** 장바구니에 등록된 모든 도서의 총액을 출력합니다.

**6 장바구니에 등록된 개별 도서 삭제 페이지 작성하기:** 'removeCart.jsp' 파일을 생성하고 다음과 같이 작성합니다.

BookMarket/removeCart.jsp

```
<?php
session_start();
$bookId = $_GET["id"];

if ($bookId == null || $bookId=="") {
    header("Location:books.php");
    return;
}

    require "./model.php";

$book = getBookById($bookId);

if($book == null){
    header("Location:exceptionNoBookId.php");
}

$cartList = $_SESSION["cartlist"];
$count = count($_SESSION["cartlist"]);
$goodsList = $_SESSION["cartlist"];

for($i = 0; $i<$count; $i++){        // 도서리스트 하나씩 출력하기
    $goodsid = key($goodsList);
    $goods = $goodsList[$goodsid];
    if($goodsid == $bookId){
        unset($_SESSION["cartlist"][$bookId]);
    }
        next($goodsList);
}

header("Location:cart.php");
?>
```

**03~08행** 요청 파라미터 아이디를 전송받도록 $_GET를 작성하고, 전송된 아이디가 없으면 웹 페이지 'books.php'로 이동하도록 header() 함수를 작성합니다.

**12~16행** 도서 아이디에 대한 도서 정보를 얻어오도록 getBookById() 함수를 호출하고 이를 $book 변수에 저장합니다. 만약 도서 아이디에 대한 도서 정보가 없으면 예외 처리 웹 페이지 'exceptionNoBookId.php'로 이동하도록 header() 함수를 작성합니다.

**18행** 장바구니인 cartlist에 등록된 모든 도서를 가져오도록 $_SESSION["cartlist"]를 작성합니다.

**22~29행** cartlist에 등록된 모든 도서를 하나씩 가져와 요청 파라미터 아이디와 같으면 cartlist에서 삭제하도록 작성합니다.

**31행** 웹 페이지 'cart.php'로 이동하도록 header() 함수를 작성합니다.

**7 장바구니에 등록된 전체 도서 삭제 페이지 작성하기:** 'deleteCart.jsp' 파일을 생성하고 다음과 같이 작성합니다.

BookMarket/deleteCart.jsp

```
01  <?php
02  session_start();
03  $cartId = $_GET["cartId"];
04
05  if($cartId == null || $cartId==""){
06      header("Location:cart.php");
07
08      return;
09  }
10
11  session_destroy();
12
13  header("Location:cart.php");
14  ?>
```

**03~09행** 요청 파라미터 cartId를 전송받도록 $_GET["cartId"]를 작성하고, 전송된 cartId가 없으면 웹 페이지 'cart.php'로 이동하도록 header() 함수를 작성합니다.

**11행** session_destroy() 함수를 이용해 장바구니에 등록된 모든 도서를 삭제합니다.

**8 프로젝트 실행하기:** 웹 브라우저에 'http://localhost:8080/BookMarket/books.php'를 입력하여 실행 결과를 확인합니다.

요약

## 01 세션의 개요

- **세션(Session)**

  사용자가 웹사이트를 닫을 때까지 클라이언트와 웹 서버 간의 상태를 계속 유지하는 방법을 의미합니다.

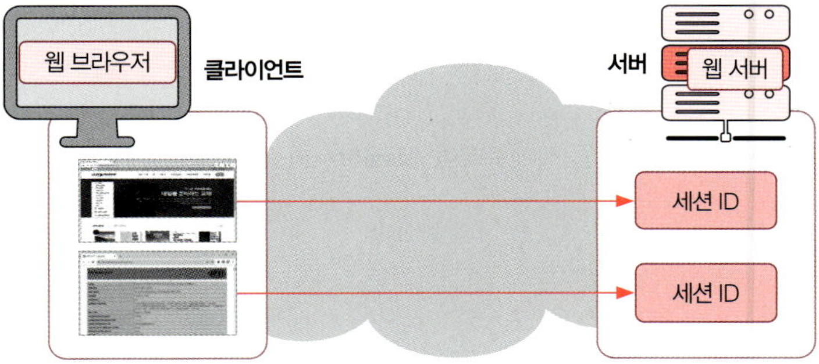


[세션의 동작 과정]

## 02 세션 생성

- 세션을 사용하려면 먼저 세션을 생성해야 합니다. 세션은 **session_start()** 함수를 호출한 후 **$_SESSION** 배열 변수에 세션의 값을 저장해 생성합니다.

```
session_start();
$_SESSION[name] = value;
```

## 03 세션 정보

- 세션에 저장된 하나의 세션 속성 이름에 대한 속성값을 얻어오려면 **$_SESSION** 배열 변수를 사용합니다.

```
session_start();
$_SESSION[name];
```

## 04 세션 삭제

- **단일 세션 삭제하기**

  세션에 저장된 하나의 세션 속성 이름을 삭제하려면 **unset( )** 함수를 사용합니다.

```
void unset($_SESSION[name]);
```

- **다중 세션 삭제하기**

  세션에 저장된 모든 세션 속성 이름을 삭제하려면 **session_unset( )** 함수를 사용합니다.

```
session_unset();
```

## 05 세션 유효 시간 설정

접근한 시간부터 일정 시간 이내에 다시 웹 브라우저에 접근하지 않으면 자동으로 세션이 종료됩니다. 이러한 세션 유효 시간을 설정하기 위해 **ini_set( )** 함수를 사용합니다.

```
ini_set('session.gc_maxlifetime', interval);
```

연습문제

**01** 다음 빈칸에 들어갈 단어를 채우시오.

> (                    )은 클라이언트와 웹 서버 간의 상태를 지속적으로 유지하는 방법을 말합니다. (                    )은 웹 서버에서만 접근이 가능하므로 보안 유지에 유리하며 데이터를 저장하는 데 한계가 없습니다. (                    )은 오직 웹 서버에 존재하는 객체로 웹 브라우저마다 하나씩 존재하므로 웹 서버의 서비스를 제공받는 사용자를 구분하는 단위가 됩니다.

**02** 세션의 특징에 해당하지 않는 것은?

① 세션은 서버에 저장된 전역변수이다.

② 세션은 HTML 태그와 상관 없이 어느 곳이든 시작되어야 한다.

③ 세션이 생성될 때마다 고유한 세션 ID와 데이터가 사용자 컴퓨터가 아닌 서버에 저장되어 보안을 유지한다.

④ 웹 브라우저를 닫으면 세션 값이 자동으로 삭제된다.

**03** 세션을 사용하는 이유에 해당하지 않는 것은?

① 사용자 ID와 같은 중요한 정보를 악의적인 사용자가 조작할 수 없는 서버에 안전하게 저장하기 위해 사용한다.

② 한 페이지에서 다른 페이지로 값을 전달하기 위해 사용한다.

③ 전역변수를 URL로 전달하는 것보다 효율적이고 안전한 방법으로 저장하기 위해 사용한다.

④ 큰 용량보다는 작은 용량의 정보를 임시 저장해야 하는 애플리케이션을 개발할 때 사용한다.

**04** 세션을 생성하기 위해서 가장 먼저 호출하는 함수는?

① session_start()

② get_ssession()

③ start_sessiont()

④ set_Ssession()

**05** 세션에 설정된 하나의 세션 정보를 얻는 전역변수는?

① $_GET[name];

② $_REQUEST[name];

③ $_POST[name];

④ $_SESSION[name];

**06** 세션에 설정된 세션 정보를 삭제하는 함수는?

① deleteset()

② dropset()

③ unset()

④ removeset()

**07** 세션에 설정된 모든 세션 속성 이름을 삭제하는 함수는?

① session_unset()

② unset_session()

③ session_delete()

④ delete_session()

**08** 세션 유효 시간을 30분으로 설정하는 예로 옳은 것은?

① ini_set('session.gc_maxlifetime', 3600)

② ini_set('session.gc_maxlifetime', 30);

③ ini_set('session.gc_maxlifetime', 30 * 60 * 60)

④ ini_set('session.gc_maxlifetime', 30/60);

※ [09~10] 세션을 이용하여 다음 조건에 맞게 PHP 애플리케이션을 만들고 실행하여 결과를 확인하시오.

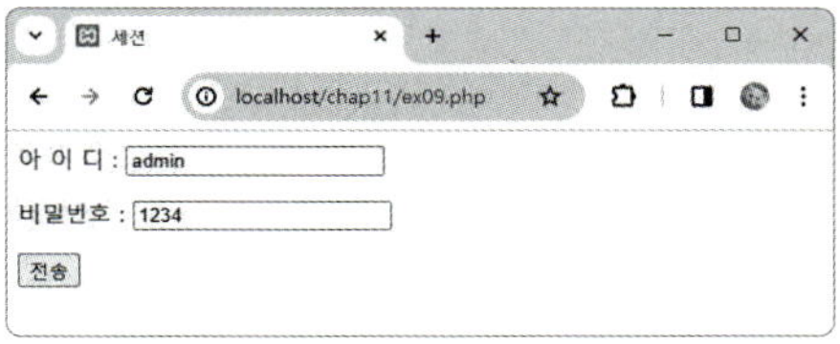


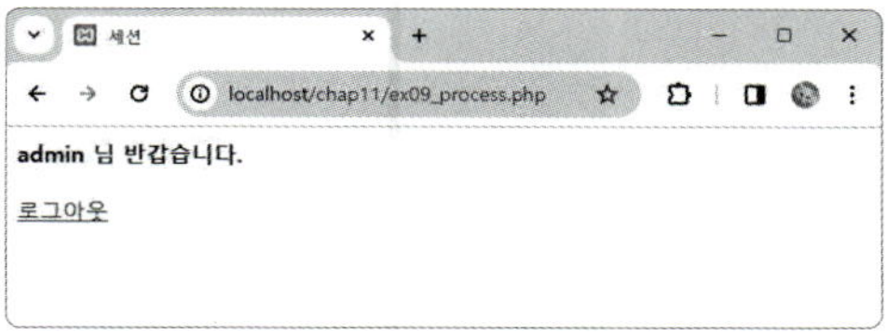


**09** 세션을 이용하여 다음 조건에 맞게 PHP 애플리케이션을 만들고 실행하여 결과를 확인하시오.

조건

❶ 'ex09.php' 파일을 생성합니다.

- input 태그 내에 text 유형을 이용하여 아이디, 비밀번호 항목을 작성합니다.
- form 태그의 action 속성 값은 ex09_process.php로 작성합니다.

❷ 'ex09_process.php' 파일을 생성합니다.

- 전송된 요청 파라미터 값을 전달 받습니다.
- 아이디와 비밀번호가 인증되면 아이디 값을 세션명 userID에, 비밀번호 값을 세션명 userPW에 세션 값으로 설정합니다.

❸ 웹 브라우저에 'http://localhost/chap11/ex09.php'를 입력하여 실행 결과를 확인합니다.

**10** 세션을 이용하여 다음 조건에 맞게 PHP 애플리케이션을 만들고 실행하여 결과를 확인하시오.

조건

❶ 'ex10.php' 파일을 생성합니다.

- 〈로그아웃〉을 클릭하면 설정된 세션을 해제하도록 작성합니다.
- 설정된 모든 세션명을 해제하도록 작성하고 'ex09.php'로 이동합니다.

❷ 웹 브라우저에 'http://localhost/chap11/ex09.php'를 입력하여 실행 결과를 확인합니다.

# CHAPTER 12

# 쿠키: 주문 처리 페이지 만들기



**학습목표**

- 쿠키의 개념을 이해합니다.
- 쿠키 생성 방법과 삭제 방법을 익힙니다.
- 쿠키 정보를 얻어오는 방법을 익힙니다.
- 북마켓의 주문 처리 페이지를 만듭니다.

# PREVIEW

쿠키의 개념을 이해하고 쿠키의 생성, 정보 확인, 삭제 등의 방법을 살펴봅니다. 또한 쿠키를 적용하여 북마켓에 주문 처리 페이지를 구현합니다.

- 쿠키의 개요
- 쿠키 생성
- 쿠키 정보
- 쿠키 삭제
- [북마켓] 주문 처리 페이지 만들기

## 01 쿠키의 개요

**쿠키(Cookie)**는 세션과 마찬가지로 클라이언트와 웹 서버 간의 상태를 계속 유지하는 방법입니다. 하지만 쿠키는 세션과 달리 상태 정보를 웹 서버가 아닌 클라이언트에 저장합니다. 예를 들어 어떤 웹 사이트에 처음 방문한 사용자가 로그인으로 인증하면 아이디와 비밀번호를 기록한 쿠키가 만들어집니다. 이후로는 사용자가 그 웹 사이트에 접속하면 별도의 절차를 거치지 않고 쉽게 접속할 수 있습니다.

이처럼 쿠키는 클라이언트의 정보를 웹 브라우저에 저장하기 때문에 이후에 웹 서버로 전송되는 요청에는 쿠키의 정보가 포함됩니다. 이때 웹 서버는 웹 브라우저의 요청에 포함된 쿠키를 읽어 새로운 웹 브라우저인지, 이전에 요청했던 웹 브라우저인지 판단합니다.

쿠키는 클라이언트의 일정 폴더에 정보를 저장하기 때문에 웹 서버의 부하를 줄일 수 있다는 장점이 있습니다. 반면에 웹 브라우저가 접속했던 웹 사이트에 관한 정보와 개인 정보가 기록되기 때문에 보안에 문제가 있습니다. 이러한 보안상의 문제를 해소하기 위해 웹 브라우저 자체에서 쿠키를 거부할 수 있는 기능이 있습니다. 그러나 웹 브라우저에 쿠키 거부가 설정되어 있으면 쿠키 본래의 목적인 웹 브라우저와의 연결을 지속시키는 기능을 수행할 수 없습니다.

**TIP** 웹 브라우저가 웹 서버에 페이지를 요청할 때마다 쿠키의 모든 데이터가 요청 내에서 자동으로 서버로 전송됩니다.

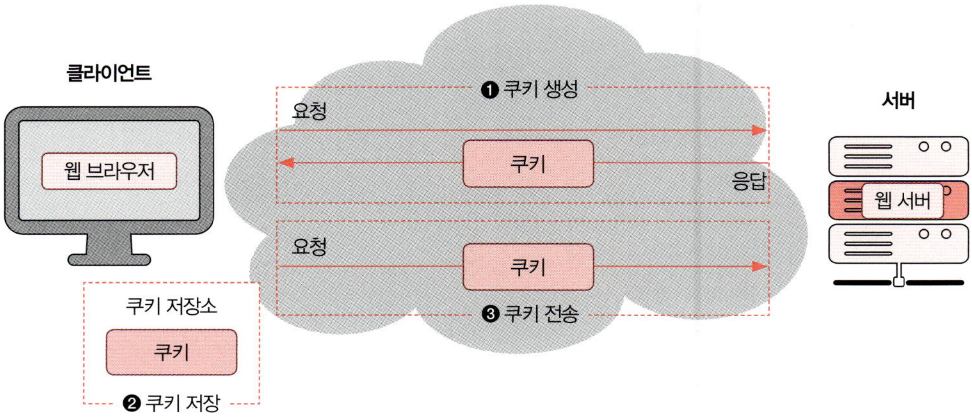


**그림 12-1 쿠키의 동작 과정**

❶ **쿠키 생성 단계:** 쿠키를 사용하려면 먼저 쿠키를 생성해야 합니다. 쿠키는 주로 웹 서버 측에서 생성합니다. 웹 브라우저가 웹 서버에 먼저 요청을 보내는데, 웹 서버에는 웹 브라우저에 대한 정보가 없으므로 쿠키를 생성하여 HTTP 응답 헤더에 첨부하여 웹 브라우저에 전송합니다.

❷ **쿠키 저장 단계:** 웹 브라우저는 응답 데이터에 포함된 쿠키를 쿠키 저장소에 저장합니다. 쿠키는 종류에 따라 메모리나 파일로 저장됩니다.

❸ **쿠키 전송 단계:** 웹 브라우저는 한 번 저장된 쿠키를 요청이 발생할 때마다 웹 서버에 전송합니다. 웹 서버는 웹 브라우저가 전송한 쿠키를 사용하여 필요한 작업을 수행할 수 있습니다.

일단 웹 브라우저에 쿠키가 저장되면 웹 브라우저는 쿠키가 삭제되기 전까지 웹 서버에 쿠키를 전송합니다. 따라서 웹 애플리케이션을 사용하는 동안 계속 유지해야 하는 정보는 쿠키를 이용해서 저장하면 됩니다.

**NOTE 쿠키와 세션의 차이**

쿠키 대신 세션을 사용하는 첫 번째 이유는 쿠키보다 세션이 보안에 강하기 때문입니다. 쿠키의 이름이나 데이터는 네트워크를 따라서 전달되기 때문에 일반적인 HTTP 프로토콜을 사용한다면 중간에 누군가가 읽을 수도 있습니다. 반면 세션 값은 서버에만 저장되기 때문에 중요한 데이터를 저장하기에 적합합니다. 세션을 사용하는 또 다른 이유는 웹 브라우저가 쿠키를 지원하지 않거나 강제로 막는 경우가 있기 때문입니다. 세션은 쿠키 설정 여부에 상관없이 사용할 수 있습니다.

TIP 웹 브라우저가 쿠키를 지원하지 않거나 강제로 막는 경우는 흔치 않습니다.

**표 12-1 쿠키와 세션의 차이점**

| 구분 | 쿠키 | 세션 |
|---|---|---|
| 사용 변수 | $_COOKIE | $_SESSION |
| 저장 데이터양 | 소량의 데이터를 저장할 때 효율적 | 대량의 데이터를 저장할 때 효율적 |
| 저장 장소 | 클라이언트 | 서버(세션 아이디만 클라이언트에 저장됨) |
| 종료 시점 | 쿠키 저장 시 설정(별다른 설정이 없으면 웹 브라우저 종료 시 소멸함) | 정확한 시점을 알 수 없음 |
| 리소스 | 클라이언트의 리소스 사용 | 서버의 리소스 사용 |
| 보안 | 클라이언트에 저장되므로 사용자의 변경이 가능하여 보안에 취약 | 서버에 저장되어 있어 상대적으로 안정적 |
| 요청 속도 | 세션보다 빠름 | 쿠키보다 느림 |

# 02 쿠키 생성

쿠키를 사용하려면 먼저 **setcookie()** 함수를 사용하여 생성해야 합니다. 즉, 스크립트에서 생성된 출력 전에 setcookie() 함수를 호출해야 합니다. 그렇지 않으면 쿠키가 설정되지 않습니다. setcookie() 함수의 형식은 다음과 같습니다.

```
bool setcookie(
    string $name,
    string $value = "",
    int $expires_or_options = 0,
    string $path = "",
    string $domain = "",
    bool $secure = false,
    bool $httponly = false
)
```

setcookie() 함수의 매개변수에는 다음과 같은 의미가 있습니다.

**표 12-2** setcookie() 함수의 매개변수와 역할

| 매개변수 | 역할 |
|---|---|
| name | 쿠키의 이름이다. |
| value | 쿠키의 값이다. |
| expires_or_options | UNIX 타임스탬프 형식의 만료 날짜이다(기본값: 0). 이 시간이 지나면 쿠키에 접근할 수 없다. |
| path | 쿠키를 사용할 수 있는 서버의 경로를 지정한다. /로 설정하면 전체 도메인 내에서 쿠키를 사용할 수 있다. |
| domain | www.example.com과 같이 쿠키를 사용할 수 있는 도메인을 지정한다. |
| secure | 보안 HTTPS 연결이 존재하는 경우에만 쿠키가 전송되어야 함을 나타낸다. true로 설정하면 보안 연결이 존재하는 경우에만 쿠키가 설정된다. |
| httponly | 자바스크립트와 같은 스크립트 언어로 쿠키에 접근 여부를 설정한다. true인 경우 HTTP 프로토콜을 통해서만 쿠키에 접근할 수 있다. |

TIP name 매개변수를 제외한 모든 매개변수는 선택 사항입니다. 해당 매개변수를 건너뛰기 위해 매개변수의 값을 빈 문자열("")로 바꿀 수도 있지만, 세 번째 매개변수 expires_or_options를 건너뛰려면 정수 대신 0을 사용합니다.

다음은 setcookie() 함수를 사용하여 쿠키를 생성하는 예입니다. 쿠키 이름은 memberId, 쿠키 값은 admin으로 설정하고, 30일(30일×24시간×60분×60초) 후에 만료되도록 지정합니다.

**[쿠키 생성의 예]**

```
<?php
setcookie("memberId", "admin", time()+30*24*60*60);
?>
```

**TIP** 쿠키의 만료 시간($expires_or_options 변수 설정)을 0으로 설정하거나 생략하면 브라우저가 닫힐 때 쿠키가 만료됩니다.

## 예제 12-1 쿠키 생성하기

아이디와 비밀번호를 입력하여 설정된 아이디와 비밀번호와 일치하면 쿠키를 생성한 후 성공 메시지를 출력하고 일치하지 않으면 실패 메시지를 출력해보겠습니다. [chap12] 폴더에 'cookie01.php' 파일을 생성하여 다음과 같이 작성하고 웹 브라우저에 'http://localhost/chap12/cookie01.php'를 입력하여 실행 결과를 확인합니다.

chap12/cookie01.php

```
<html>
<head>
    <title>쿠키</title>
</head>
<body>
    <form action="cookie01_process.php" method="POST">
        <p>아 이 디 : <input type="text" name="id">
        <p>비밀번호 : <input type="text" name="passwd">
        <p><input type="submit" value="전송">
    </form>
</body>
</html>
```

chap12/cookie01_process.php

```
01 <html>
02 <head>
03     <title>쿠키</title>
04 </head>
05 <body>
06 <?php
07 if($_SERVER["REQUEST_METHOD"] == "POST"){
08     $user_id = $_POST["id"];
09     $user_pw = $_POST["passwd"];
10
11     if($user_id === "admin" && $user_pw === "1234"){
12         setcookie("userID", $user_id);
13         setcookie("userPW", $user_pw);
14
15         echo "쿠키 설정이 성공했습니다<br>";
16         echo $user_id."님 환영합니다.";
17     } else {
18         echo "쿠키 설정이 실패했습니다.";
19     }
20 }
21 ?>
22 </body>
23 </html>
```

**08~09행** 요청 파라미터 아이디와 비밀번호를 전송받도록 `$_POST`를 작성합니다.

**11~19행** 전송된 아이디와 비밀번호가 각각 `admin`, `1234`와 일치하면 세션 속성 이름 `userID`, `userPW`에 값을 설정하도록 setcookie() 함수를 작성합니다. 일치하면 성공 메시지를, 일치하지 않으면 실패 메시지를 출력합니다.

▼ 실행 결과

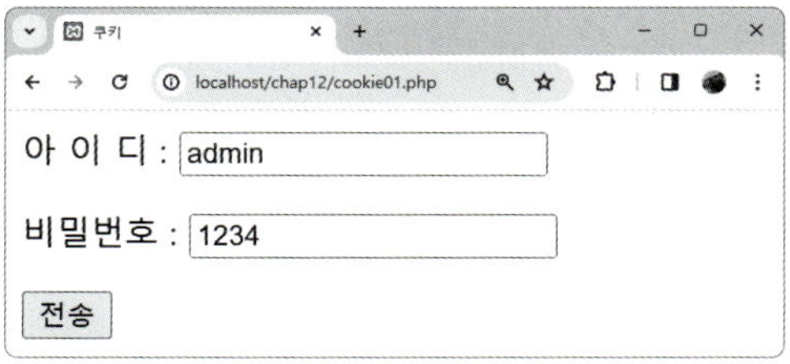


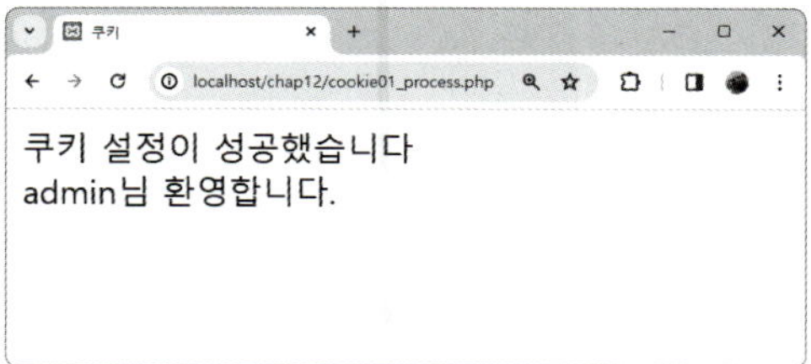

# 03 쿠키 정보

쿠키에 저장된 하나의 쿠키 속성 이름에 대한 속성값을 얻어오려면 $_COOKIE 배열 변수를 사용합니다. 형식은 다음과 같습니다. $_COOKIE 배열 변수에 생성한 세션의 속성 이름을 설정하여 속성값을 가져옵니다.

```
$_COOKIE["name"];
```

여기서 매개변수 name은 쿠키에 저장된 쿠키 속성 이름입니다.

다음은 쿠키에 저장된 쿠키 속성 이름이 memberId인 쿠키 속성값을 얻어와 출력하는 예입니다. 쿠키 속성 이름 memberId 값의 자료형이 무엇이든 형 변환 없이 데이터를 가져옵니다. 만약 세션에 memberId라는 속성 이름이 저장되어 있지 않으면 null을 반환합니다.

**[세션 정보를 얻는 예]**

```
<?php
echo $_COOKIE["memberId"];
?>
```

### 예제 12-2 쿠키 정보 가져오기

[예제 12-1]을 이용하여 세션을 생성한 후 [chap12] 폴더에 'cookie02.php' 파일을 생성하여 다음과 같이 작성하고 웹 브라우저에 'http://localhost/chap12/cookie02.php'를 입력하여 실행 결과를 확인합니다.

chap12/cookie02.php

```
<html>
<head>
    <title>쿠키</title>
```

```
04 </head>
05 <body>
06 <?php
07
08 $user_id = $_COOKIE['userID'];
09 $user_pw = $_COOKIE['userPW'];
10
11 echo "설정된 쿠키의 속성값 [1] : ". $user_id . "<br>";
12 echo "설정된 쿠키의 속성값 [1] : ". $user_pw;
13
14 ?>
15 </body>
16 </html>
```

**08~09행** 쿠키에 저장된 쿠키 속성 이름 userID, userPW의 속성값을 가져오도록 `$_COOKIE` 배열 변수를 작성합니다.

**11~12행** 쿠키에 저장된 쿠키 속성값을 출력합니다.

▼ 실행 결과

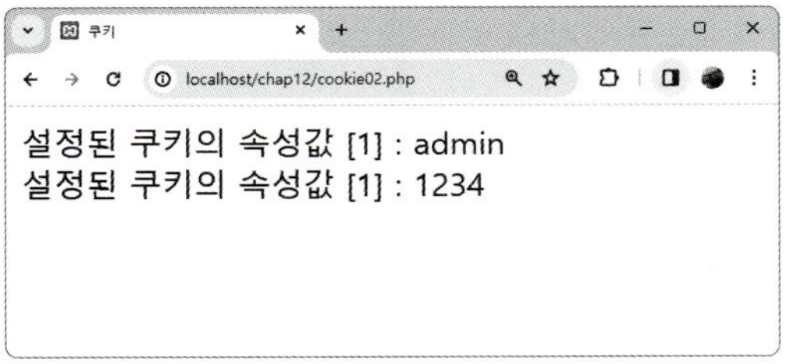

# 04 쿠키 삭제

생성된 쿠키를 더 유지할 필요가 없으면 쿠키를 생성하는 setcookie() 함수에서 쿠키 속성 값을 빈 문자열("")로 설정하거나 만료 날짜를 0으로 설정합니다. 형식은 다음과 같습니다. 쿠키가 삭제되면 쿠키에 저장된 모든 속성도 함께 삭제됩니다.

```
bool setcookie("name", "", 0);
또는
bool setcookie("name", "");
```

다음은 쿠키에 저장된 쿠키 속성 이름 memberId에 해당하는 쿠키를 삭제하는 예입니다.

**[쿠키 삭제의 예]**

```
<?php
setcookie("memberId", "");
?>
```

TIP 쿠키를 만들 때 사용한 것과 동일한 경로, 도메인 및 기타 인수를 전달해야 합니다.

### 예제 12-3 쿠키에 저장된 쿠키 속성 삭제하기

[예제 12-1]을 이용하여 쿠키를 생성한 후 [chap12] 폴더에 'cookie03.php' 파일을 생성하여 다음과 같이 작성하고 웹 브라우저에 'http://localhost/chap12/cookie03.php'를 입력하여 실행 결과를 확인합니다.

chap12/cookie03.php

```
<html>
<head>
    <title>쿠키</title>
```

```
04    </head>
05    <body>
06        <h4>----- 쿠키를 삭제하기 전 -----</h4>
07
08    <?php
09    if(isset($_COOKIE["userID"]) && $_COOKIE["userPW"]){
10        $user_id = $_COOKIE['userID'];
11        $user_pw = $_COOKIE['userPW'];
12
13        echo "설정된 쿠키 이름 userID : ". $user_id . "<br>";
14        echo "설정된 쿠키 값 userPW : : ". $user_pw. "<br>";
15
16        setcookie("userID", "", 0);
17    } else{
18        echo "설정된 쿠키 이름 없습니다";
19    }
20    ?>
21
22        <h4>----- 쿠키를 삭제한 후 -----</h4>
23
24    <?php
25    if(isset($_COOKIE["userID"])){
26        $user_id = $_COOKIE["userID"];
27        echo "설정된 쿠키 이름 userID : " . $user_id . "<br>";
28    } else if(isset( $_COOKIE["userPW"])){
29        $user_pw = $_COOKIE['userPW'];
30        echo "설정된 쿠키 값 userPW : " . $user_pw. "<br>";
31    } else{
32        echo "설정된 쿠키 이름 없습니다";
33    }
34    ?>
35    </body>
36    </html>
```

**16행** setcookie() 함수를 이용하여 쿠키에 저장된 쿠키 속성 이름 userID를 삭제합니다.

25~33행 쿠키에 저장된 쿠키 속성 이름 userID, userPW의 속성값을 가져오도록 $_COOKIE 배열 변수를 설정하고 저장된 세션 속성값을 출력하도록 작성합니다.

▼ 실행 결과

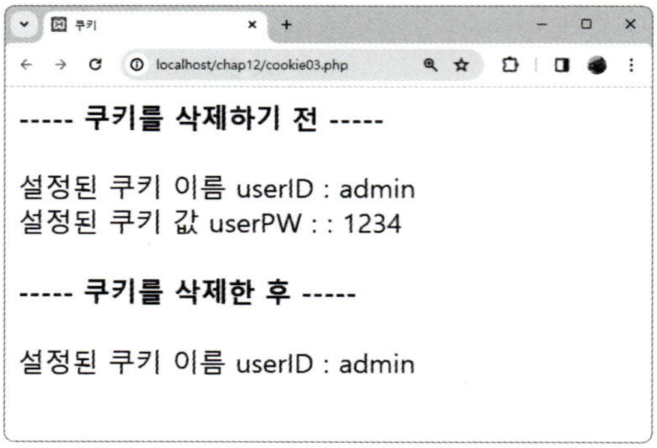

# 05 북마켓 주문 처리 페이지 만들기

이번 장에서 배운 쿠키 처리 방법을 적용하여 주문 처리 페이지를 만들겠습니다. 주문 처리 페이지에서는 배송 정보를 입력하고 〈등록〉을 클릭하면 주문 정보가 보이도록 합니다. 주문 건에 대한 주문 완료 페이지와 주문 취소 페이지도 작성합니다.

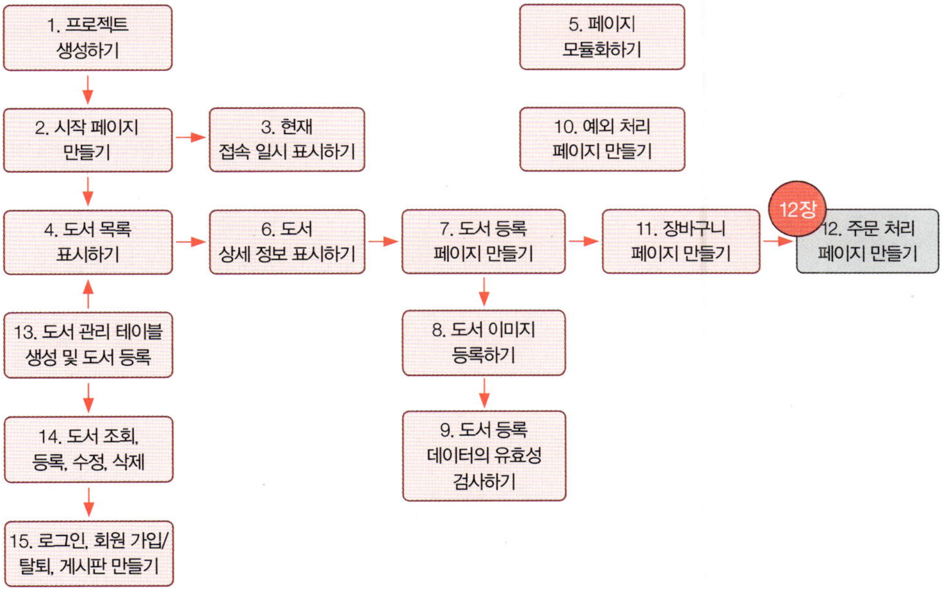


**그림 12-2** 작업 과정 확인: 주문 처리 페이지 만들기

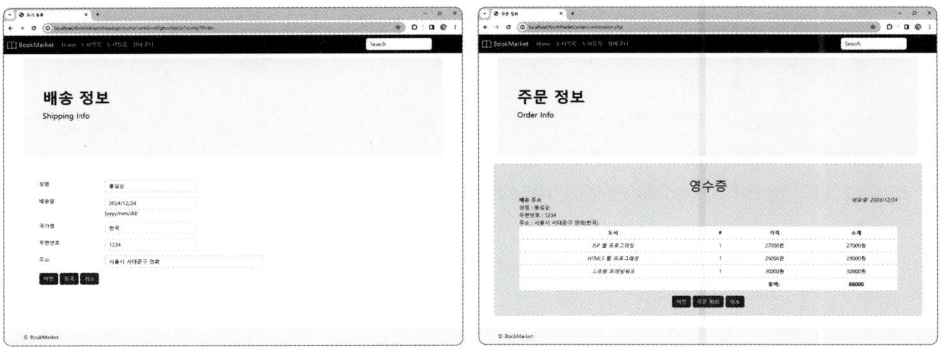

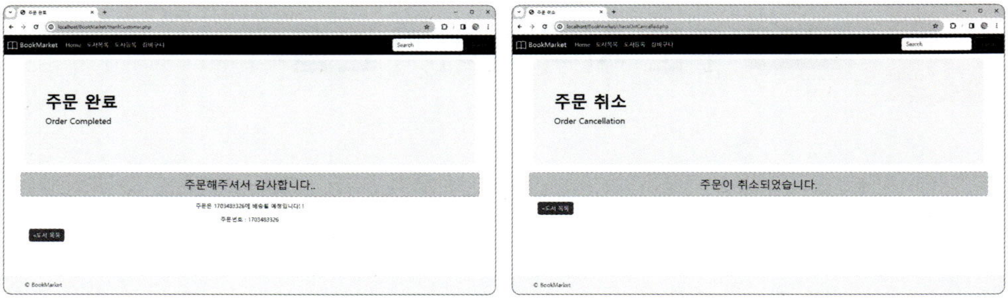


**그림 12-3** 주문 처리 페이지 만들기

## 예제 12-4 쿠키를 이용하여 주문 처리 페이지 만들기

**1 장바구니 페이지 수정하기:** 'cart.php' 파일에 다음과 같이 추가합니다.

BookMarket/cart.php

```
01 <!doctype html>
02 ...
03     <td align="left"><a href="./deleteCart.php?cartId=<?=$cartId?>" class="btn btn-danger">삭제하기</a></td>
04     <td align="right"><a href="./shippingInfo.php?cartId=<?=$cartId?>" class="btn btn-success">주문하기</a></td>
05 ...
```

**04행** 〈주문하기〉를 클릭하면 배송 정보 페이지로 이동합니다.

**2 배송 정보 페이지 작성하기:** 'shippingInfo.php' 파일을 생성하고 다음과 같이 작성합니다.

BookMarket/shippingInfo.php

```
<!doctype html>
<html class="h-100" >
  <title>배송 정보</title>
<head>
  <link href="./resources/css/bootstrap.min.css" rel="stylesheet">
</head>
<body class="d-flex flex-column h-100">
```

```
<?php
require "./menu.php";
session_start();
$cartId = $_GET["cartId"];
?>
<br>
<main>
<div class="container py-5">
  <div class="p-5 mb-4 bg-body-tertiary rounded-3">
    <div class="container-fluid py-5">
      <h1 class="display-5 fw-bold">배송 정보</h1>
      <p class="col-md-8 fs-4">Shipping Info</p>
    </div>
  </div>
  <div class="row align-items-md-stretch">
    <div class="col-md-12">
      <div class="h-100 p-5">
        <form name="newBook" action="./processShippingInfo.php" method ="post">
        <input type="hidden" name="cartId" value="<?=$cartId ?>">
        <div class="mb-3 row">
          <label class="col-sm-2">성명</label>
          <div class="col-sm-3">
            <input type="text" name="name" class="form-control" >
          </div>
        </div>
        <div class="mb-3 row">
          <label class="col-sm-2">배송일</label>
          <div class="col-sm-3">
            <input type="text" name="shippingDate" class="form-control" >(yyyy/mm/dd)
          </div>
        </div>
        <div class="mb-3 row">
          <label class="col-sm-2">국가명</label>
          <div class="col-sm-3">
            <input type="text" name="country" class="form-control" >
```

```
          </div>
        </div>
        <div class="mb-3 row">
          <label class="col-sm-2">우편번호</label>
          <div class="col-sm-3">
            <input type="text" name="zipCode" class="form-control">
          </div>
        </div>
        <div class="mb-3 row">
          <label class="col-sm-2">주소</label>
          <div class="col-sm-5">
            <input type="text" name="addressName" class="form-control" >
          </div>
        </div>
        <div class="mb-3 row">
          <div class="col-sm-offset-2 col-sm-10 ">
            <a href="./cart.php?cartId=<?=$cartId ?>" class="btn btn-secondary" role="button"> 이전 </a>
            <input type="submit" class="btn btn-primary" value="등록" >
            <a href="./checkOutCancelled.php" class="btn btn-secondary" role="button"> 취소 </a>
          </div>
        </div>
        </form>
      </div>
    </div>
  </div>
</div>
</main>
<?php
require "./footer.php";
?>
</body>
</html>
```

**25~64행** 입력 양식에 입력된 데이터를 서버로 전송하여 폼 데이터를 처리하도록 form 태그의 action 속성값, method 방식을 작성합니다.

**26행** 장바구니 아이디 값을 숨겨서 전달하도록 input 태그의 type 속성값을 hidden으로 작성하고 name 속성값을 cartId로 작성합니다. value 속성값은 $_GET를 이용하여 장바구니 아이디 cartId를 전송받도록 작성합니다.

**30, 36, 42, 48, 54행** 성명, 배송일, 국가, 우편번호, 주소 값을 입력받도록 input 태그의 type 속성값을 text로 작성하고 name 속성값을 name, shippingDate, country, zipCode, addressName으로 작성합니다.

**59~61행** 〈이전〉, 〈등록〉, 〈취소〉 버튼을 작성합니다.

**3 배송 정보 처리 페이지 작성하기:** 'processShippingInfo.php' 파일을 생성하고 다음과 같이 작성합니다.

BookMarket/processShippingInfo.php

```
01  <?php
02  $cartId = $_GET["cartId"];
03
04  setcookie("Shipping_cartId", $_POST["cartId"], time()+24*60*60);
                                                  //24시간×60분×60초
05  setcookie("Shipping_name", $_POST["name"], time()+24*60*60);
06  setcookie("Shipping_shippingDate", $_POST["shippingDate"], time()+24*60*60);
07  setcookie("Shipping_country", $_POST["country"], time()+24*60*60);
08  setcookie("Shipping_zipCode", $_POST["zipCode"], time()+24*60*60);
09  setcookie("Shipping_addressName", $_POST["addressName"], time()+24*60*60);
10
11  header("Location:orderConfirmation.php");
12  ?>
```

**04~09행** 폼 페이지에서 전송된 장바구니 아이디, 성명, 배송일, 국가, 우편번호, 주소 등을 전달받도록 $_POST를 작성합니다. 이를 쿠키로 생성하도록 setcookie() 함수를 이용하여 작성합니다. 생성한 쿠키의 유효 기간은 24시간(24×60×60초)으로 설정합니다.

**11행** header() 함수를 이용하여 주문 정보 페이지 'orderConfirmation.php'로 이동합니다.

**4 주문 정보 페이지 작성하기:** 'orderConfirmation.php' 파일을 생성하고 다음과 같이 작성합니다.

BookMarket/orderConfirmation.php

```
<!doctype html>
<html class="h-100" >
    <title>주문 정보</title>
<head>
    <link href="./resources/css/bootstrap.min.css" rel="stylesheet">
</head>

<body class="d-flex flex-column h-100">
<?php
require "./model.php";
require "./menu.php";

$shipping_cartId = $_COOKIE["Shipping_cartId"];
$shipping_name = $_COOKIE["Shipping_name"];
$shipping_shippingDate = $_COOKIE["Shipping_shippingDate"];
$shipping_country = $_COOKIE["Shipping_country"];
$shipping_zipCode = $_COOKIE["Shipping_zipCode"];
$shipping_addressName = $_COOKIE["Shipping_addressName"];
?>
<br>
<main>
<div class="container py-5">
  <div class="p-5 mb-4 bg-body-tertiary rounded-3">
    <div class="container-fluid py-5">
      <h1 class="display-5 fw-bold">주문 정보</h1>
      <p class="col-md-8 fs-4">Order Info</p>
    </div>
  </div>

  <div class="row align-items-md-stretch alert alert-info text-center">
    <div class="col-md-12">
      <div class="p-5">
        <div >
          <h1>영수증</h1>
```

```
        </div>

        <div class="row justify-content-between">
          <div class="col-4" align="left">
            <strong>배송 주소</strong> <br> 성명 : <?= $shipping_name?><br>
                    우편번호 : <?= $shipping_zipCode?><br>
                    주소 : <?= $shipping_addressName?>(<?= $shipping_country?>)<br>
          </div>
          <div class="col-4" align="right">
            <p><em>배송일: <?= $shipping_shippingDate?></em>
          </div>
        </div>
        <div>
          <table class="table table-hover">
            <tr>
              <th>도서</th>
              <th>#</th>
              <th>가격</th>
              <th>소계</th>
            </tr>
            <?php
            session_start();
            $sum = 0;
            $cartList = "";
            if(isset($_SESSION["cartlist"]))
              $cartList = $_SESSION["cartlist"];

            if($cartList == null)
              $count = 0;
              else $count = count($cartList);
              for($i=0; $i<$count; $i++, next($cartList)){
                                            // 상품리스트 하나씩 출력하기

              $id= key($cartList);
              $book = $cartList[$id];
              $total = $book["unitPrice"] * $book["quantity"];
```

```
          $sum = $sum + $total;
        ?>
        <tr>
          <td class="text-center"><em><?=$book["name"]?></em></td>
          <td class="text-center"><?=$book["quantity"] ?></td>
          <td class="text-center"><?=$book["unitPrice"] ?>원</td>
          <td class="text-center"><?=$total ?>원</td>
        </tr>
        <?php
        }
        ?>
        <tr>
          <th></th>
          <th></th>
          <th><strong>총액: </strong></th>
          <th><strong><?=$sum?> </strong></th>
        </tr>
      </table>

        <a href="./ShippingInfo.php?cartId=<%=shipping_cartId%>"class="btn btn-secondary" role="button"> 이전 </a>
        <a href="./thankCustomer.php"  class="btn btn-success" role="button"> 주문 완료 </a>
        <a href="./checkOutCancelled.php" class="btn btn-secondary" role="button"> 취소 </a>
      </div>
    </div>
  </div>
 </div>
</div>
</main>
<?php
  require "./footer.php";
?>
</body>
</html>
```

**13~18행** 쿠키 객체를 얻어와 장바구니 아이디, 성명, 배송일, 국가, 우편번호, 주소 등의 쿠키 정보를 얻어오도록 $_COOKIE를 작성합니다.

**37~46행** 얻어온 쿠키 정보 중에서 성명, 우편번호, 주소, 배송일을 출력합니다.

**55~80행** 세션에 저장된 장바구니 정보를 얻어오도록 $_SESSION["cartlist"]를 작성합니다. 장바구니에서 저장된 모든 도서 목록을 하나씩 가져와 출력합니다.

**81~86행** 장바구니에 저장된 모든 도서 목록의 총액을 산출하여 출력하도록 작성합니다.

**89~91행** 〈이전〉, 〈주문 완료〉, 〈취소〉 버튼을 작성합니다.

**5 주문 완료 페이지 작성하기:** 'thankCustomer.php' 파일을 생성하고 다음과 같이 작성합니다.

BookMarket/thankCustomer.php

```
<!doctype html>
<html class="h-100">
<title>주문 완료</title>
<head>
    <link href="./resources/css/bootstrap.min.css" rel="stylesheet">
</head>

<body class="d-flex flex-column h-100">
<?php
require "./menu.php";

$shipping_cartId = $_COOKIE["Shipping_cartId"];
$shipping_name = $_COOKIE["Shipping_name"];
$shipping_shippingDate = $_COOKIE["Shipping_shippingDate"];
$shipping_country = $_COOKIE["Shipping_country"];
$shipping_zipCode = $_COOKIE["Shipping_zipCode"];
$shipping_addressName = $_COOKIE["Shipping_addressName"];
?>

<br>
<main>
<div class="container py-5">
    <div class="p-5 mb-4 bg-body-tertiary rounded-3">
```

```
        <div class="container-fluid py-5">
            <h1 class="display-5 fw-bold">주문 완료</h1>
            <p class="col-md-8 fs-4">Order Completed</p>
        </div>
    </div>

    <div class="row align-items-md-stretch text-center">
        <h2 class="alert alert-danger">주문해주셔서 감사합니다..</h2>
        <p>주문은 <?=$shipping_shippingDate?>에 배송될 예정입니다!!
        <p>주문번호 : <?=$shipping_cartId?>
    </div>

    <div class="container">
        <p><a href="./books.php" class="btn btn-secondary"> &laquo;도서 목록</a>
    </div>

    <?php
    session_start();
    session_unset();

    setcookie("Shipping_cartId", "", 0);
    setcookie("Shipping_name", "", 0);
    setcookie("Shipping_shippingDate", "", 0);
    setcookie("Shipping_country", "", 0);
    setcookie("Shipping_zipCode", "", 0);
    setcookie("Shipping_addressName", "", 0);

    ?>
</div>
</main>
<?php
    require "./footer.php";
?>
</body>
</html>
```

**12~17행** 쿠키 객체를 얻어와 장바구니 아이디, 배송일의 쿠키 정보를 얻어오도록 `$_COOKIE`를 작성합니다.

**32~33행** 배송일과 주문번호를 출력합니다.

**44~49행** 쿠키에 저장된 배송 정보를 모두 삭제하도록 setcookie() 함수의 속성값을 빈 문자열, 유효 기간을 `0`으로 설정합니다.

**6 주문 취소 페이지 작성하기:** 'checkOutCancelled.php' 파일을 생성하고 다음과 같이 작성합니다.

BookMarket/checkOutCancelled.php

```
<!doctype html>
<html class="h-100">
<title>주문 취소</title>
<head>
    <link href="./resources/css/bootstrap.min.css" rel="stylesheet">
</head>

<body class="d-flex flex-column h-100">
<?php
require "./model.php";
require "./menu.php";
?>
<br>
<main>
<div class="container py-5">
    <div class="p-5 mb-4 bg-body-tertiary rounded-3">
        <div class="container-fluid py-5">
            <h1 class="display-5 fw-bold">주문 취소</h1>
            <p class="col-md-8 fs-4">Order Cancellation</p>
        </div>
    </div>

    <div class="row align-items-md-stretch text-center">
        <h2 class="alert alert-danger">주문이 취소되었습니다.</h2>
    </div>
```

```
        <div class="container">
            <p><a href="./books.php" class="btn btn-secondary"> &laquo;도서 목록</a>
        </div>
    </div>
    </main>
    <?php
    require "./footer.php";
    ?>
    </body>
    </html>
```

## 요약

## 01 쿠키의 개요

- **쿠키(Cookie)**

  세션과 마찬가지로 클라이언트와 웹 서버 간의 상태를 계속 유지하는 방법입니다. 하지만 쿠키는 세션과 달리 상태 정보를 웹 서버가 아닌 클라이언트에 저장합니다.

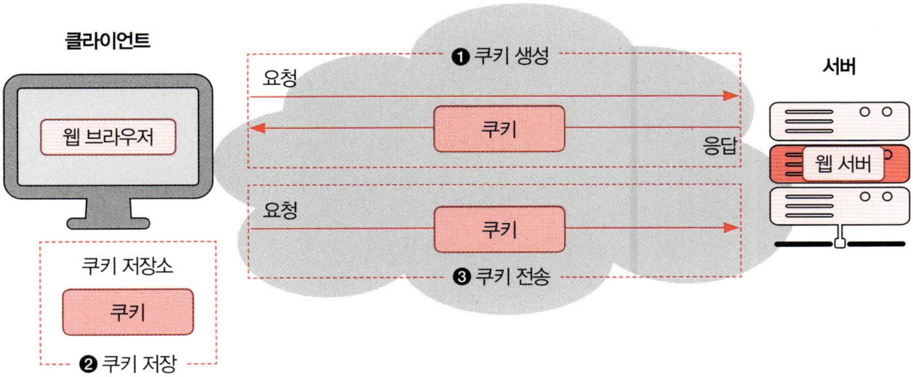


[쿠키의 동작 과정]

## 02 쿠키 생성

- 쿠키를 사용하려면 먼저 **setcookie()** 함수를 사용하여 쿠키를 생성해야 합니다. 즉, 스크립트에서 생성된 출력 전에 setcookie() 함수를 호출해야 합니다. 그렇지 않으면 쿠키가 설정되지 않습니다.

```
bool setcookie(
    string $name,
    string $value = "",
    int $expires_or_options = 0,
    string $path = "",
    string $domain = "",
    bool $secure = false,
    bool $httponly = false
)
```

## 03 쿠키 정보

- 쿠키에 저장된 하나의 쿠키 속성 이름에 대한 속성값을 얻어오려면 **$_COOKIE** 배열 변수를 사용합니다. $_COOKIE 배열 변수에 생성한 세션의 속성 이름을 설정하여 속성값을 가져옵니다.

```
$_COOKIE["name"];
```

## 04 쿠키 삭제

- 생성된 쿠키를 더 유지할 필요가 없으면 쿠키를 생성하는 **setcookie()** 함수에 쿠키 속성값을 빈 문자열(“”) 또는 만료 날짜를 0으로 설정합니다.

```
bool setcookie("name", "", 0);
또는
bool setcookie("name", "");
```

## 연습문제

**01** 다음 빈칸에 들어갈 단어를 채우시오.

> (　　　　　　　)는 세션과 마찬가지로 클라이언트와 웹 서버 간의 상태를 지속적으로 유지하는 방법입니다. 하지만 (　　　　　　　)는 세션과 달리 상태 정보를 웹 서버가 아닌 클라이언트에 저장합니다.

**02** 쿠키와 세션의 차이점에 대한 설명에 해당하지 않는 것은?

① 세션 대신에 쿠키을 사용하는 첫 번째 이유는 쿠키보다 세션이 보안에 강하기 때문이다.

② HTTP 프로토콜을 사용하면 전송 중간에 쿠키의 값을 읽을 수도 있다.

③ 세션 값은 서버에만 저장되기 때문에 중요한 데이터를 저장하기에 적합하다.

④ 세션은 웹 브라우저가 쿠키를 지원하지 않거나 강제로 쿠키를 막는 경우에 사용한다.

**03** PHP 페이지에서 쿠키를 설정하는 함수는?

① Cookie( )

② setcookie( )

③ setMaxAge( )

④ addCookie( )

**04** JSP 페이지에서 설정된 쿠키를 삭제하는 함수는?

① Cookie( )

② setcookie( )

③ setMaxAge( )

④ addCookie( )

**05** JSP 페이지에서 설정된 하나의 쿠키 정보를 얻는 함수는?

① $_GET[name];

② $_REQUEST[name];

③ $_POST[name];

④ $_COOKIE["name"];

**06** PHP 페이지에서 쿠키 객체를 생성하는 프로그램의 빈 칸을 채우시오.

```
<?php
$user_id = "admin";
$user_pw = "admin_1234";
____________________("userID",  $user_id););
____________________("userPW",  $user_id);
?>
```

**07** PHP 페이지에서 문제 **06**번에 저장된 쿠키 이름과 값을 가져와 출력하는 프로그램의 빈 칸을 채우시오.

```
<?php
$user_id = ____________________;
$user_pw = ____________________;
echo user_id;
echo  $user_pw ;
?>
```

**08** PHP 페이지에서 문제 **06**번에 저장된 모든 쿠키를 삭제하는 프로그램의 빈 칸을 채우시오.

```
<?php
    ____________________("userID", ___);
    ____________________("userPW", ___);
?>
```

※ [09~10] 쿠키를 이용하여 다음 조건에 맞게 PHP 애플리케이션을 만들고 실행하여 결과를 확인하시오.

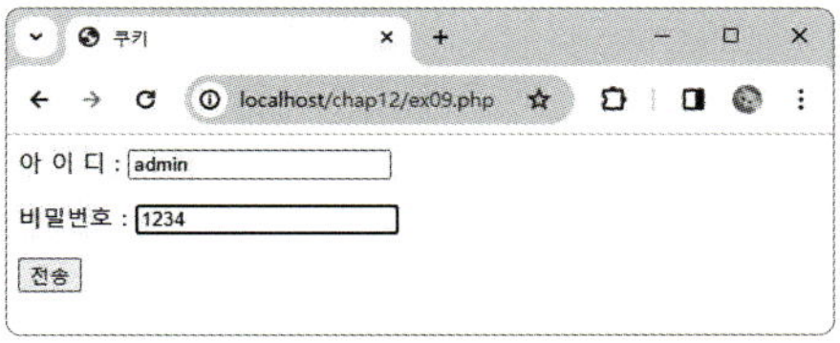

**09** 세션을 이용하여 다음 조건에 맞게 PHP 애플리케이션을 만들고 실행하여 결과를 확인하시오.

**조건**

① 'ex09.php' 파일을 생성합니다.

- input 태그 내에 text 유형을 이용하여 아이디, 비밀번호 항목을 작성합니다.
- form 태그에 action 속성 값은 ex09_process.php로 작성합니다.

② 'ex09_process.php' 파일을 생성합니다.

- 전송된 요청 파라미터 값을 전달 받습니다.
- 아이디와 비밀번호가 인증되면 아이디 값을 세션명 userID에, 비밀번호 값을 세션명 userPW에 세션 값으로 설정합니다.

③ 웹 브라우저에 'http://localhost/chap12/ex09.php'를 입력하여 실행 결과를 확인합니다.

**10** 세션을 이용하여 다음 조건에 맞게 PHP 애플리케이션을 만들고 실행하여 결과를 확인하시오.

조건

❶ 'ex10.php' 파일을 생성합니다.

- 위의 그림과 같이 '로그아웃'을 클릭하면 설정된 세션을 해제하도록 작성합니다.
- 설정된 모든 세션명을 해제하도록 작성하고 'ex09.php'로 이동합니다.

❷ 웹 브라우저에 'http://localhost/chap12/ex09.php'를 입력하여 실행 결과를 확인합니다.

# CHAPTER 13

# 데이터베이스 개발 환경 구축: 도서 관리 테이블 생성 및 도서 등록하기



**학습목표**

- 데이터베이스의 개념을 이해합니다.
- phpMyAdmin과 MySQL 연동 방법을 익힙니다.
- 데이터 정의 명령어의 사용법을 익힙니다.
- 데이터 조작 명령어의 사용법을 익힙니다.
- 북마켓에 도서 관리 테이블을 생성하고 도서를 등록합니다.

# PREVIEW

데이터베이스와 MySQL에 대해 알아보고 PHP에서 데이터베이스를 직접 제어할 수 있는 phpMyAdmin 웹 페이지를 살펴본 후 phpMyAdmin 웹 페이지를 이용하여 MySQL 명령어의 사용법을 알아봅니다. 그리고 phpMyAdmin 웹 페이지를 이용하여 북마켓에 도서 관리 테이블을 생성하고 도서를 등록해봅니다.

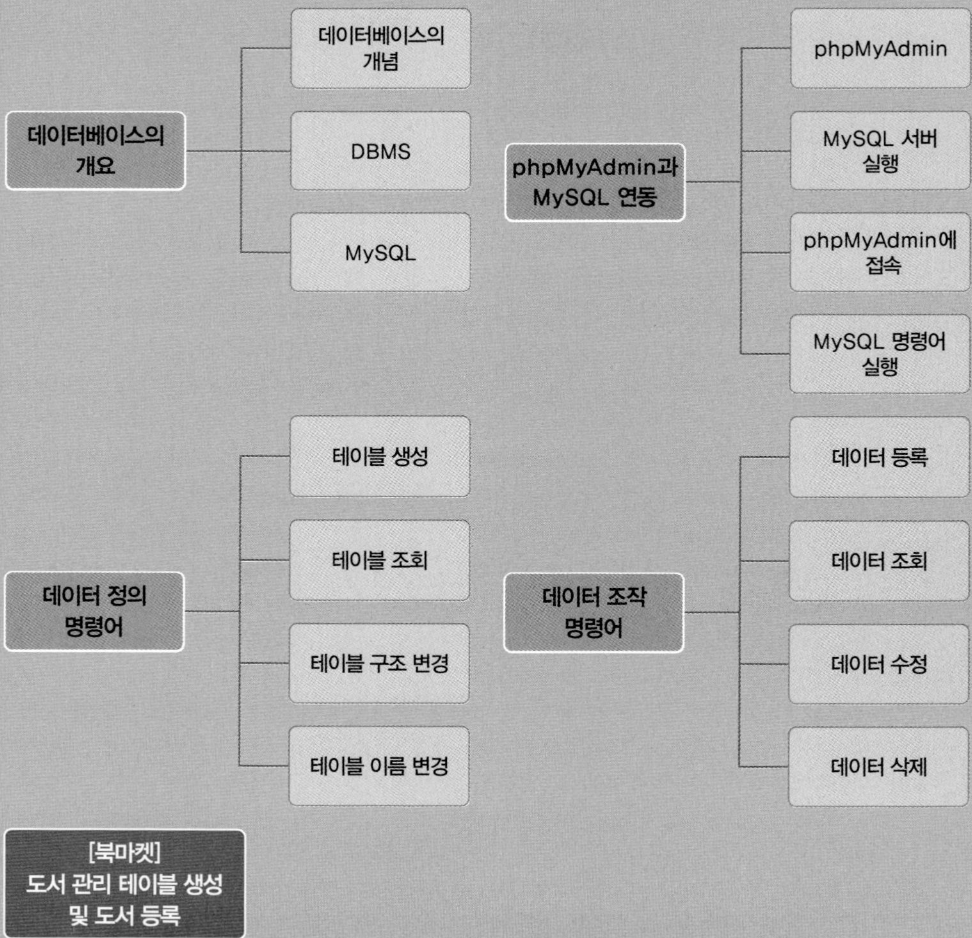

# 01 데이터베이스의 개요

## 1 데이터베이스

데이터베이스는 여러 자료를 동시에 여러 사람이 공유하여 사용할 수 있도록 체계화한 데이터의 집합을 말합니다. 몇 개의 데이터 파일을 조직적으로 통합하여 중복을 없애고 구조화한 데이터의 모음이므로 검색과 갱신이 효율적으로 처리됩니다.

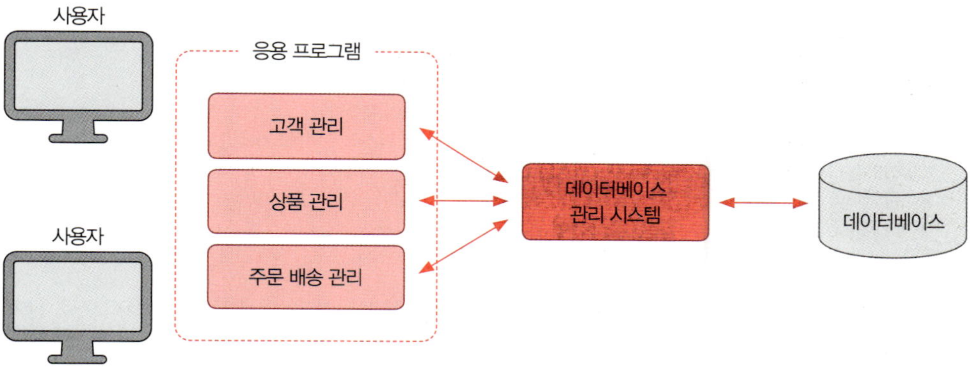


**그림 13-1** 데이터베이스 시스템의 구조

데이터베이스의 몇 가지 특성을 살펴보면 그 의미를 보다 명확히 알 수 있습니다. 첫째, 똑같은 자료를 중복해서 저장하지 않는 통합된 자료입니다. 둘째, 컴퓨터가 액세스하여 처리할 수 있는 저장 장치에 수록된 자료입니다. 셋째, 어떤 조직의 기능을 수행하는 데 없어서는 안 되는 자료로, 임시로 모아놓거나 단순한 입출력을 위한 자료가 아닙니다. 넷째, 한 조직의 데이터베이스는 그 조직의 공동 자료로서 사용자가 응용 목적에 따라 각자 다르게 사용할 수 있습니다. 이러한 자료를 관리하는 시스템을 데이터베이스 관리 시스템이라고 합니다.

## 2 데이터베이스 관리 시스템

**데이터베이스 관리 시스템(DataBase Management System, DBMS)**은 데이터베이스를 관리하는 소프트웨어로, 다수의 사용자와 데이터베이스 사이에서 사용자의 요구에 따라 정보를 생성하는 역할을 합니다. 또한 응용 프로그램들이 데이터베이스를 공유하며 사용할 수 있는 환경을 제공하고, 사용자가 데이터베이스 안에 데이터를 기록하거나 접근할 수 있게 합니다. 그리고 사용자나 다른 프로그램의 요구 사항을 관리함으로써, 사용자나 다른 프로그램이 실제로 그 데이터가 저장 매체의 어디에 저장되어 있는지 알지 못해도 다중 사용자 환경의 누구든 데이터를 이용할 수 있게 합니다. 데이터베이스 관리 시스템은 사용자의 요구 사항을 처리할 때 데이터의 무결성과 허가된 사용자만 데이터에 접근할 수 있는 보안성을 보장합니다.

데이터베이스 관리 시스템은 다음과 같은 장단점이 있습니다.

**표 13-1 데이터베이스 관리 시스템의 장단점**

| 장점 | 단점 |
|---|---|
| • 데이터의 복구 최소화<br>• 용이한 데이터 공유<br>• 일관성, 무결성, 보안성 유지<br>• 최신 데이터 유지<br>• 데이터의 표준화 가능<br>• 데이터의 논리적·물리적 독립성<br>• 용이한 데이터 접근<br>• 데이터 저장 공간 절약 | • 데이터베이스 전문가가 필요함<br>• 비용 부담이 큼<br>• 데이터 백업과 복구가 어려움<br>• 시스템이 복잡함<br>• 대용량 디스크로 액세스가 집중되면 과부하가 발생함 |

데이터베이스 관리 시스템의 종류는 데이터베이스의 모델에 따라 다르지만, 일반적으로 **관계형 데이터베이스 관리 시스템(Relational DataBase Management System, RDBMS)**을 많이 사용하며 대표적으로 MySQL, Oracle Database를 꼽을 수 있습니다.

## 3 MySQL

**MySQL**은 전 세계적으로 가장 널리 사용되고 있는 오픈소스 관계형 데이터베이스 관리 시스템입니다. 관계형 데이터베이스 관리 시스템의 표준화된 사용자 및 프로그래밍 인터페이스인 질의 언어 **SQL(Structured Query Language)**을 사용하며, 매우 빠르고 유연하고 사용하기 쉽기 때문에 많은 기업에서 다양한 웹 기반 애플리케이션을 개발하는 데 사용하고 있습니다.

**NOTE 관계형 데이터베이스 관리 시스템**

데이터베이스 관리 시스템의 가장 일반적인 형태인 관계형 데이터베이스 관리 시스템은 다음과 같은 특징이 있습니다.

- 테이블, 열, 인덱스가 있는 데이터베이스를 구현할 수 있습니다.
- 다양한 테이블 행 사이의 참조 무결성을 보장합니다.

• 인덱스를 자동으로 업데이트합니다.
• SQL 쿼리를 해석하고 다양한 테이블의 정보를 결합합니다.

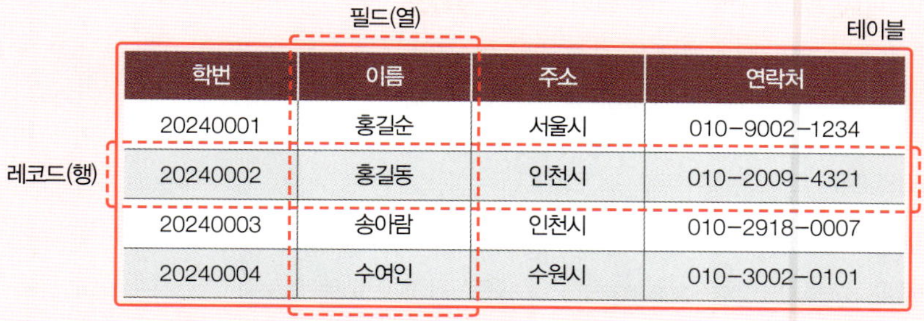


**그림 13-2** RDBMS의 기본 구성 요소

## MySQL의 특징

MySQL은 다음과 같은 특징 때문에 매우 인기가 있습니다.

- 오픈소스 라이선스에 따라 배포되므로 무료로 사용할 수 있습니다.
- 그 자체로 매우 강력한 프로그램으로서 가장 비싸고 강력한 데이터베이스 패키지의 기능 중 상당 부분을 처리합니다.
- UNIX 또는 Linux, Microsoft Windows, Apple Mac OS X 등을 포함한 광범위한 운영 체제에서 실행됩니다.
- 잘 알려진 SQL 데이터 언어의 표준 형식을 사용합니다.
- PHP, 펄(Perl), C, C++, 자바 등 많은 언어로 운영되고 있습니다.
- 웹 개발에서 가장 높이 평가되는 PHP에 매우 친숙합니다.
- 매우 빠르게 작동하며 대용량 데이터 세트로도 잘 작동합니다.
- 테이블에서 최대 5,000만 행 이상의 대형 데이터베이스를 지원합니다. 테이블의 기본 파일 크기 제한은 4GB이지만 운영체제에서 처리하는 경우 이론적인 제한인 800만 TB까지 늘릴 수 있습니다.
- 사용자 정의가 가능합니다. 오픈소스 GPL 라이선스를 통해 프로그래머는 자신의 특정 환경에 맞게 MySQL 소프트웨어를 수정할 수 있습니다.

## MySQL 기본 명령어

데이터베이스 언어는 데이터베이스를 통해 특정 정보를 추출하고 보여주는 언어를 말하며 SQL이 대표적입니다. 데이터베이스용 쿼리 언어의 일종인 SQL은 관계형 데이터베이스를 관리하는 데이터베이스 관리 시스템에서 사용하는 언어입니다. SQL은 질의 기능을 비롯해 데이터 정의 및 조작 기능이 있으며, 개개의 레코드보다 테이블 단위로 연산을 수행합니다.

**표 13-2** SQL 문장의 종류

| SQL 문장 | 종류 |
|---|---|
| 데이터 정의 언어(DDL, Data Definition Language) | `CREATE, ALTER, DROP, ...` |
| 데이터 조작 언어(DML, Data Manipulation Language) | `SELECT, INSERT, DELETE, UPDATE, ...` |
| 데이터 제어 언어(DCL, Data Control Language) | `GRANT, REVOKE, COMMIT, ROLLBACK, ...` |

MySQL의 기본 명령어인 데이터 정의 언어와 데이터 조작 언어는 뒤에서 자세히 살펴봅니다.

# 02 phpMyAdmin과 MySQL 연동

## 1 phpMyAdmin

웹 애플리케이션에서 데이터베이스와의 연동은 필수적인 작업입니다. 웹 애플리케이션에서 데이터베이스와의 상호 작용을 하려면 데이터베이스 관리 시스템이 설치되어 있어야 합니다.

PHP에서는 데이터베이스 관리 시스템과 연동하여 데이터베이스를 직접 제어할 수 있도록 phpMyAdmin 웹 페이지를 제공합니다. 명령 프롬프트 창을 사용하여 데이터베이스를 직접 제어할 수 있지만 자유롭게 쿼리문을 작성하거나 복사해서 재사용하기가 쉽지 않습니다. 반면 phpMyAdmin 웹 페이지를 사용하면 데이터베이스 관리 시스템과 커넥터를 통해 쿼리문을 작성하고 수행할 수 있습니다.

그림 13-3 phpMyAdmin과 MySQL 연동 과정

## 2 MySQL 서버 실행하기

PHP 웹 페이지와 MySQL 명령어의 실행 결과를 확인하려면 XAMPP 컨트롤 패널 화면에서 Apache 웹 서버가 항상 실행되고 있어야 합니다.

TIP XAMPP 컨트롤 패널 화면의 구성에 대한 자세한 내용은 CHAPTER 01을 참고합니다.

### 예제 13-1 MySQL 서버 실행하기

XAMPP 컨트롤 패널 화면에서 MySQL 항목의 〈Start〉를 클릭합니다. MySQL 서버가 정상적으로 동작하면 MySQL이 동작 중이라는 메시지가 나오고 'MySQL' 글자의 배경이 초록색으로 변경되며 〈Start〉 버튼은 〈Stop〉 버튼으로 변경됩니다.

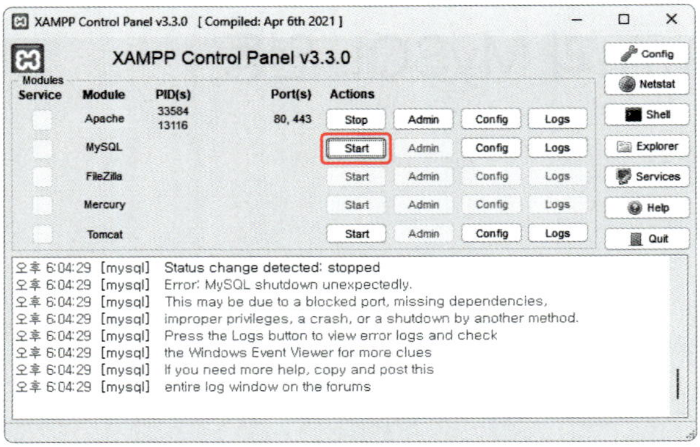

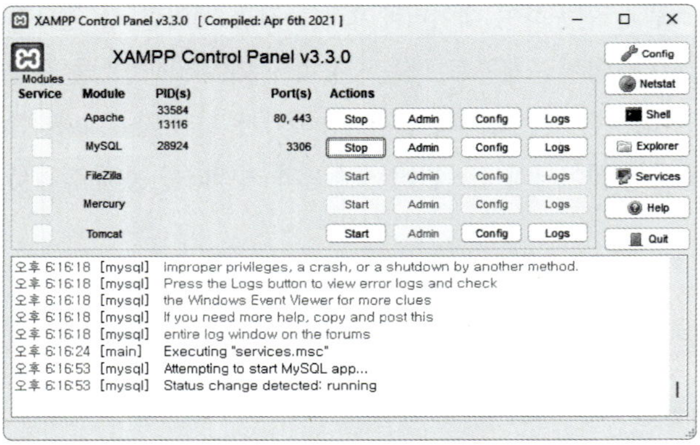

**NOTE [XAMPP Control Panel]에서 MySQL이 실행되지 않는 경우**

[XAMPP Control Panel] 패널에서 MySQL이 실행되지 않는다면 다음 과정을 수행합니다.

1 [XAMPP Control Panel] 패널에서 〈Services〉를 클릭합니다.

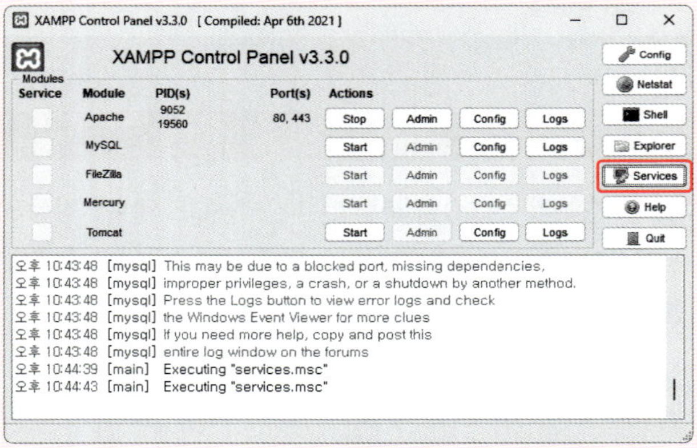

**2** 서비스 창에서 실행되고 있는 다른 MySQL를 찾은 후 서비스를 중지합니다.

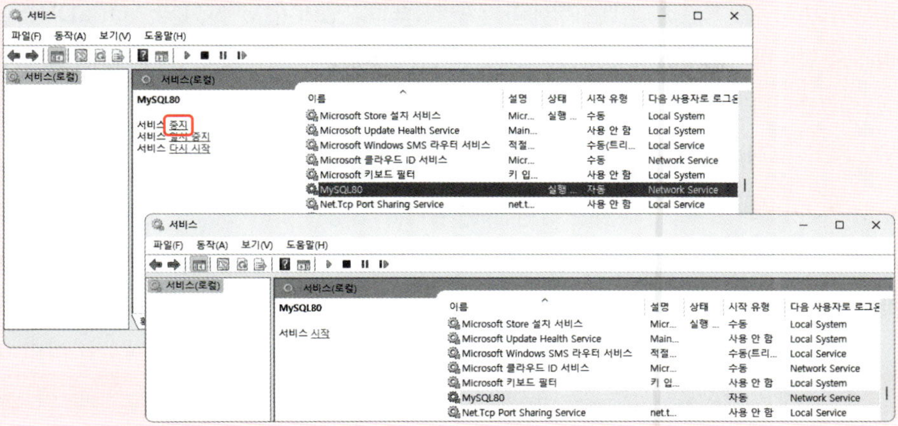


**3** [XAMPP Control Panel] 패널에서 MySQL의 〈Start〉를 클릭하여 실행합니다.

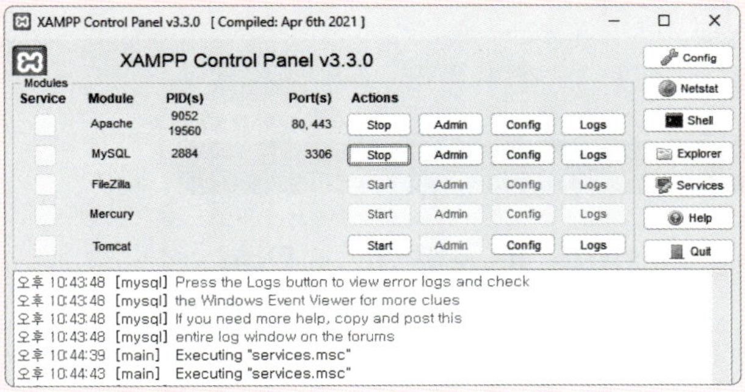


## NOTE MySQL 서버 구동시 정상적인 한글 표시를 위한 문자셋 설정하기

MySQL 서버를 구동했을 때 한글이 제대로 표시되도록 문자셋을 UTF-8로 설정하겠습니다. 우선 MySQL에서 [C:\xampp\mysql\bin] 폴더에 있는 'my.ini' 파일을 열어 '## UTF 8 Settings' 아래 다섯 행의 # 표시를 삭제하고 저장합니다. 저장까지 했다면 XAMPP 컨트롤러 패널을 열고 MySQL의 〈Start〉를 클릭하여 실행합니다.

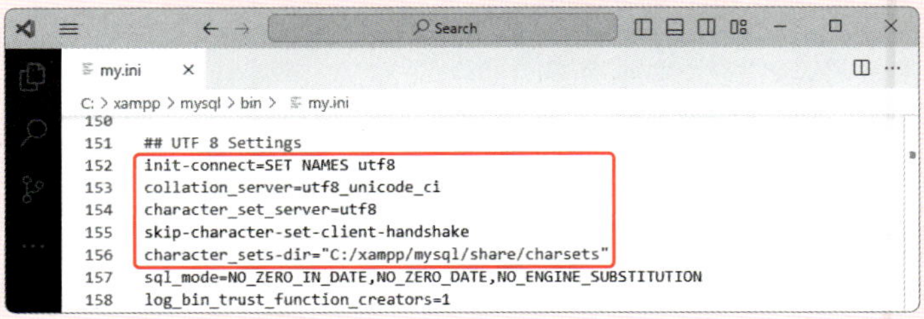

## ❸ phpMyAdmin에 접속하기

phpMyAdmin은 오픈소스 데이터베이스 관리 프로그램이며 MySQL와 MariaDB를 위한 관리 도구입니다. phpMyAdmin은 웹 기반 PHP로 작성되어 있으며 전 세계적으로 널리 사용되고 있습니다. 특히 웹호스팅 분야에서는 필수요소와 다름없으며 데이터를 다양한 형식(CVS, SQL, XML, PDF)으로 내보낼 수 있고 다중 서버 관리도 가능합니다.

phpMyAdmin의 가장 큰 장점은 간편할 뿐 아니라 웹상에서 사용할 수 있어 어디에서든 데이터베이스를 관리할 수 있다는 것입니다. 특히 GUI 환경을 제공함으로써 직관적으로 데이터베이스를 관리할 수 있습니다.

### 예제 13-2 phpMyAdmin 접속하기

웹 브라우저의 주소 입력란에 'http://localhost'를 입력하여 XAMPP에 접속하고 화면 상단 메뉴에서 [phpMyAdmin]을 클릭합니다.

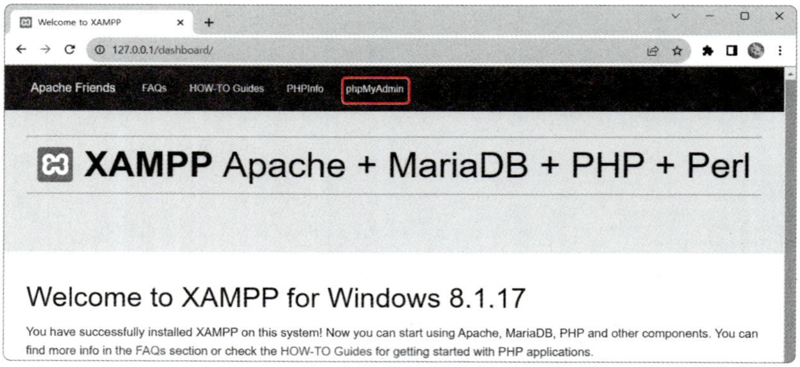


또는 'http://localhost/phpMyAdmin'을 입력하여 직접 phpMyAdmin 페이지에 접속해도 됩니다.

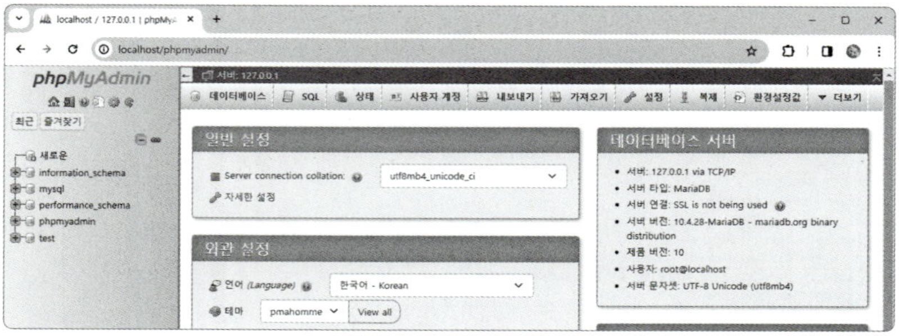

또는 [XAMPP Control Panel] 화면에서 MySQL 항목의 〈Admin〉을 클릭하여 phpMyAdmin 페이지에 접속해도 됩니다.

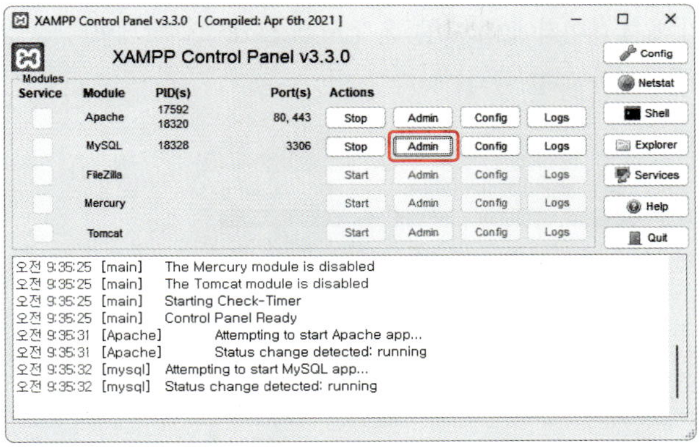


## 4 MySQL 명령어 실행하기

MySQL 계정에서 데이터를 관리할 때 가장 기본적인 작업인 데이터베이스 생성한 후 생성된 데이터베이스 내에 테이블을 생성 및 조작합니다. MySQL 명령어(SQL 쿼리문)를 실행하는 방법에는 phpMyAdmin 웹 페이지에서 ❶ UI를 사용하는 방법과 ❷ MySQL 명령어를 직접 입력하는 방법이 있습니다.

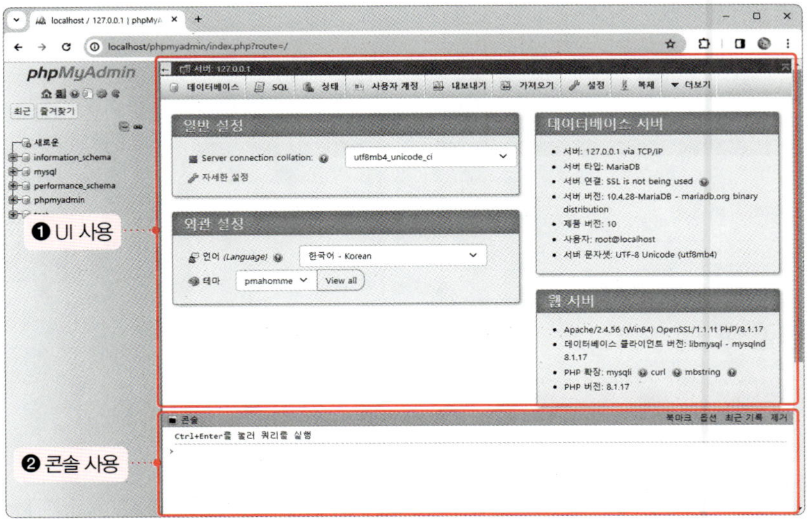


그림 13-4 phpMyAdmin 웹 페이지 화면

## 예제 13-3 데이터베이스 생성하기

**1** 새로운 데이터베이스를 생성하기 위해 phpMyAdmin 화면 상단의 [데이터베이스] 탭을 클릭합니다. 그리고 [새 데이터베이스 만들기]에서 데이터베이스 이름은 'phpbookdb'으로, 데이터 정렬 방식은 'utf8_general_ci'으로 설정한 후 〈만들기〉를 클릭합니다.

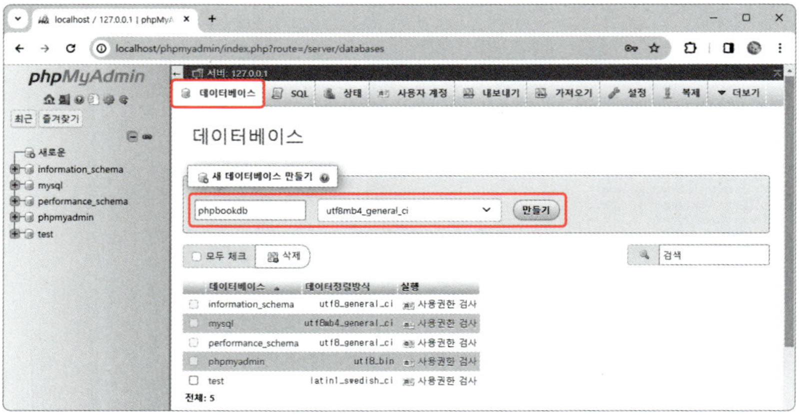

또는 [phpMyAdmin] 화면 하단의 [콘솔] 패널에서 MySQL 명령어를 직접 입력하여 생성할 수도 있습니다. 새로운 데이터베이스를 생성하는 형식은 다음과 같습니다.

```
CREATE DATABASE 데이터베이스 이름;
```

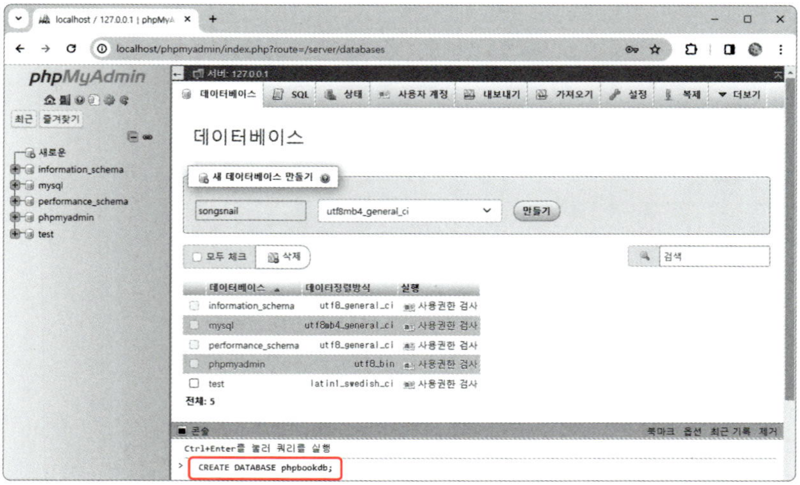

2 생성한 데이터베이스를 확인하겠습니다. 화면 왼쪽 상단의 phpMyAdmin 로고를 클릭한 후 메인 화면에서 [데이터베이스] 탭을 클릭하면 'phpbookdb' 데이터베이스가 생성된 것이 보입니다.

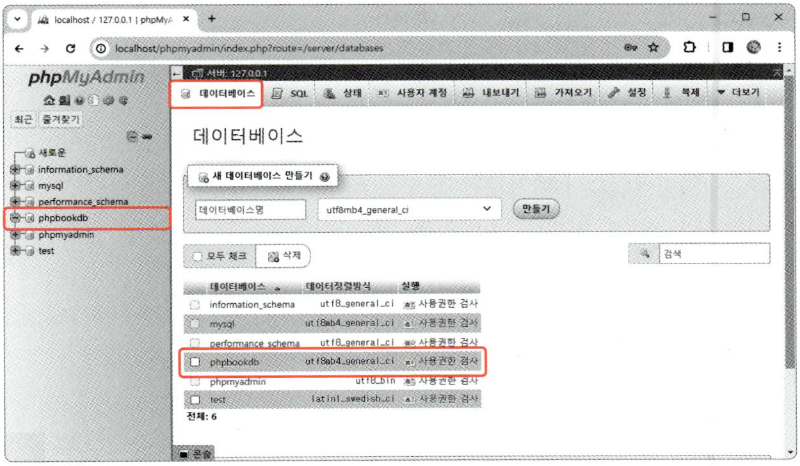

# 03 데이터 정의 명령어

**데이터 정의 명령어**(Data Definition Language)는 데이터베이스나 테이블을 생성하고 변경·관리하는 명령어로, 데이터베이스나 테이블의 데이터 구조를 정의하는 언어입니다. 즉, 데이터베이스 내의 테이블 생성, 삭제, 변경 등의 작업을 수행합니다.

**표 13-3** 주요 데이터 정의 명령어의 종류

| 명령어 | 설명 |
|---|---|
| CREATE | 데이터베이스/테이블을 생성한다. |
| SHOW | 데이터베이스/테이블을 조회한다. |
| DESC | 테이블의 세부 항목을 조회한다. |
| ALTER | 테이블의 구조를 변경한다. |
| RENAME | 테이블 이름을 변경한다. |
| DROP | 데이터베이스/테이블을 삭제한다. |

## 1 테이블 생성하기

테이블 생성은 데이터베이스에서 매우 기본적인 작업으로, 형식은 다음과 같습니다.

```
CREATE TABLE 테이블_이름(필드_이름1 자료형1[, 필드_이름2 자료형2, ...]);
```

다음은 3개의 열 id, name, passwd가 포함된 member라는 테이블을 생성하는 예입니다. 반드시 사용할 데이터베이스를 선택해야 테이블을 생성할 수 있습니다. id 열은 int 형으로 정수를 포함합니다. name과 passwd 열은 varchar 형으로 문자를 포함하며, 이 필드의 최대 길이는 각각 100자, 50자입니다.

[CREATE 명령어의 사용 예]

```
CREATE TABLE member(
    id INT NOT NULL AUTO_INCREMENT,
    name VARCHAR(100) NOT NULL,
    passwd VARCHAR(50) NOT NULL,
    PRIMARY KEY (id)
);
```

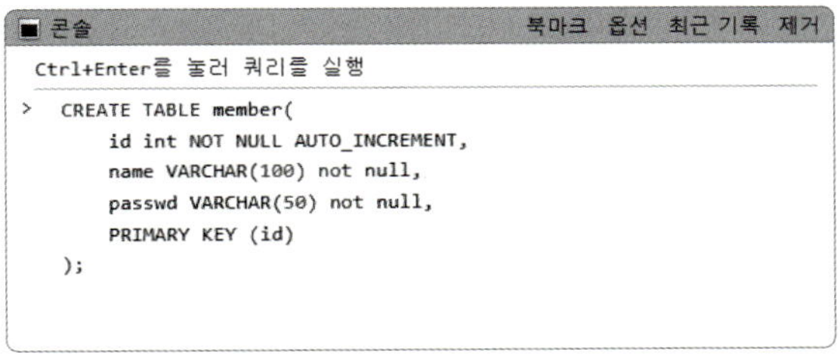


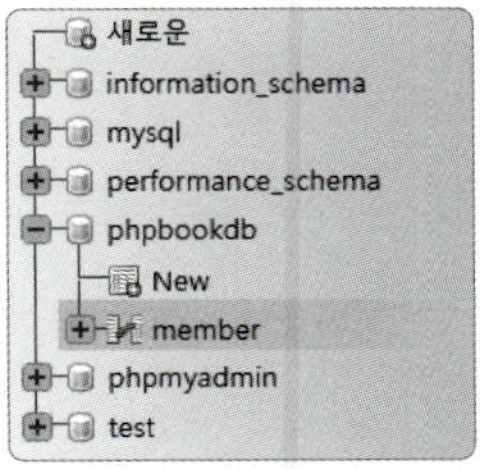


여기서 NOT NULL은 NULL을 허용하지 않는다는 의미입니다. PRIMARY KEY는 고유한 키 인덱스로, 다른 테이블을 참조하는 데 사용될 수 있음을 의미하는 id 열에 사용됩니다. 이때 id는 AUTO INCREMENT이기도 합니다. 즉 이 id는 새로운 행 삽입 시 자동으로 생성되며 기본적으로 1씩 증가합니다.

## 2 테이블 조회하기

현재 선택된 데이터베이스에 존재하는 테이블 목록을 출력하는 MySQL 명령어는 SHOW이며 형식은 다음과 같습니다.

```
SHOW TABLES;
```

다음은 테이블 목록을 출력하는 예입니다. 앞의 예제에서 생성한 데이터베이스 phpbookdb를 적용하면 이 데이터베이스에 존재하는 테이블 목록을 확인할 수 있습니다.

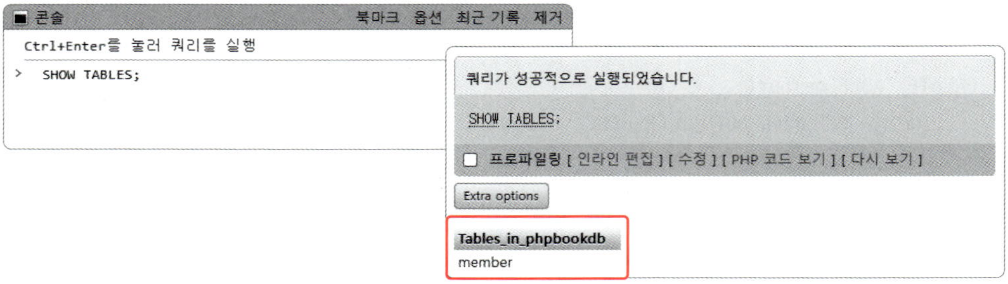


**그림 13-5** 데이터베이스 조회 쿼리와 실행 결과

### 테이블 세부 사항 조회하기

특정 테이블의 세부 사항을 확인하는 MySQL 명령어는 DESC이며 형식은 다음과 같습니다.

```
DESC 테이블 이름;
```

다음은 앞의 예에서 생성한 Member 테이블의 세부 사항을 출력하는 예입니다.

[DESC 명령어 사용 예: Member 테이블 세부 사항 조회]

```
DESC Member;
```

▼ 실행 결과

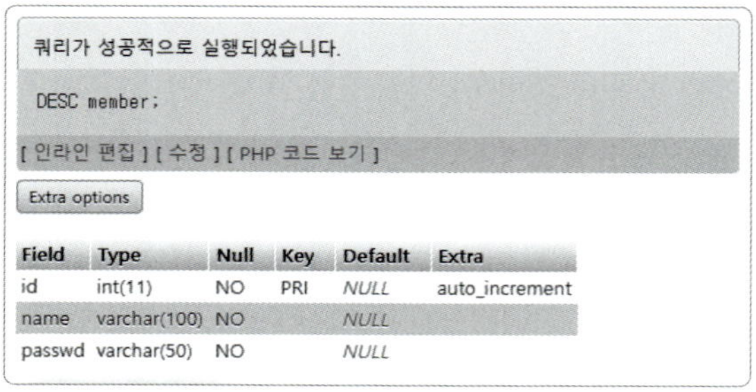


## 3 테이블 구조 변경하기

특정 테이블의 구조를 변경하는 MySQL 명령어는 ALTER이며 형식은 다음과 같습니다.

```
ALTER TABLE 테이블 이름
    [ADD 필드 이름 자료형 ¦
    DROP COLUMN 필드 이름 ¦
    CHANGE COLUMN 기존 필드 이름 새 필드 이름 자료형];
```

## 기존 테이블에 열을 추가하는 경우

기존 테이블 이름이 Member이고 여기에 새로운 열 이름 phone을 추가하는 경우는 다음과 같습니다.

[ALTER 명령어 사용 예: 열 이름 phone 추가]

```
ALTER TABLE Member ADD phone VARCHAR(100);
DESC Member;
```

▼ 실행 결과

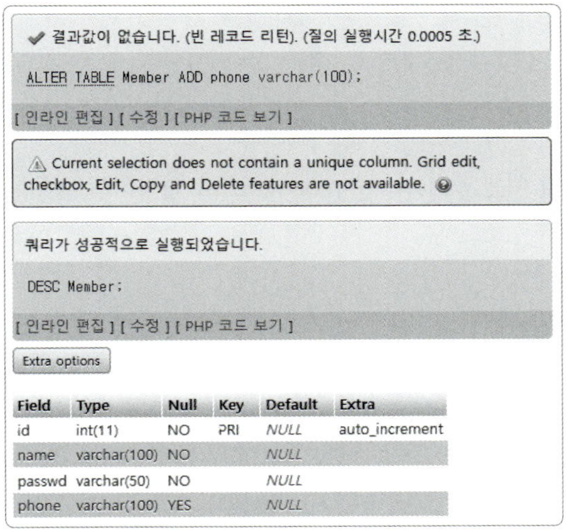


## 기존 테이블의 열을 삭제하는 경우

다음은 기존 테이블 이름이 Member이고 여기서 열 이름 phone을 삭제하는 사례입니다.

[ALTER 명령어 사용 예: 열 이름 phone 삭제]

```
ALTER TABLE Member DROP COLUMN phone;
DESC Member;
```

▼ 실행 결과

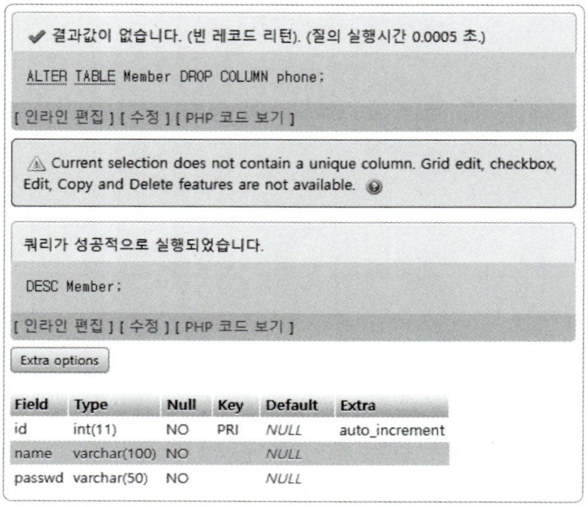


## 기존 테이블의 열 이름을 수정하는 경우

기존 테이블 이름이 Member이고 여기서 열 이름 passwd를 password로 변경하는 경우는 다음과 같습니다.

[ALTER 명령어 사용 예: 열 이름 passwd를 password로 수정]

```
ALTER TABLE Member CHANGE COLUMN passwd password VARCHAR(60);
DESC Member;
```

▼ 실행 결과

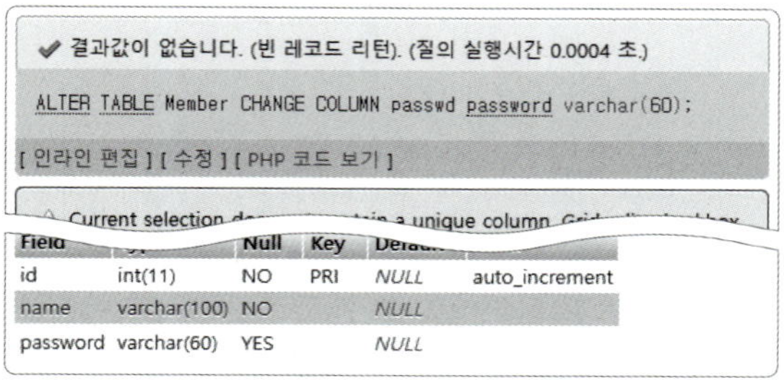

## 4 테이블 이름 변경하기

특정 테이블 이름을 변경하는 MySQL 명령어는 RENAME이며 형식은 다음과 같습니다.

```
RENAME TABLE 테이블_이름 TO 새_테이블_이름[,
             테이블_이름 TO 새_테이블_이름, ...];
```

다음은 테이블 이름 Member를 Student로 변경하는 예입니다.

**[RENAME 명령어 사용 예: 테이블 이름 Member에서 Student로 변경]**

```
RENAME TABLE Member TO Student;
SHOW tables;
```

▼ 실행 결과

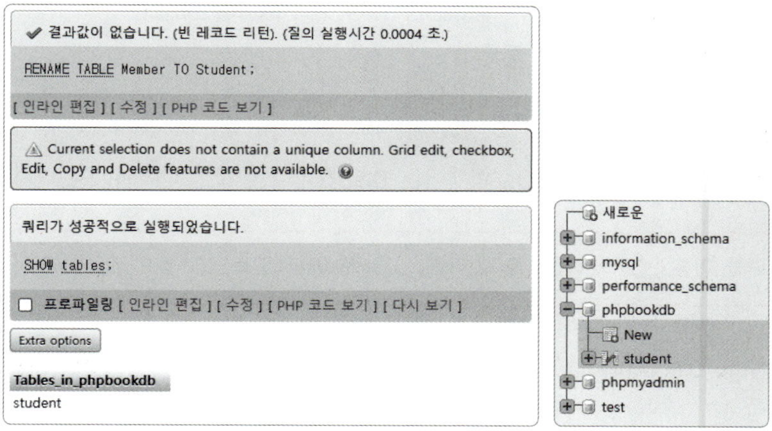

# 04 데이터 조작 명령어

**데이터 조작 명령어**(Data Manipulation Language)는 사용자가 적절한 데이터 모델로 구성된 데이터에 접근하거나 데이터를 조작할 수 있도록 하는 언어를 말합니다. 데이터베이스 내의 데이터 연산을 위한 언어로 테이블 내에서 데이터 검색, 추가, 삭제, 갱신 작업이 가능합니다.

**표 13-4** 주요 데이터 조작 명령어의 종류

| 명령어 | 설명 | 명령어 | 설명 |
|---|---|---|---|
| INSERT | 데이터를 등록한다. | DELETE | 데이터를 삭제한다. |
| UPDATE | 데이터를 수정한다. | SELECT | 데이터를 조회한다. |

## 1 데이터 등록하기

테이블에 새로운 데이터를 삽입하는 MySQL 명령어는 INSERT이며 형식은 다음과 같습니다.

```
INSERT [INTO] 테이블_이름 [(필드_이름, 필드_이름, …)] VALUES (필드_값, 필드_값, ...)
```

다음은 phpbookdb라는 데이터베이스에 있는 Student 테이블에 새로운 데이터를 삽입하는 예입니다.

[INSERT 명령어 사용 예]

```
INSERT INTO Student VALUES('1', '홍길동','1234') ;
```

▼ 실행 결과

```
✔ 1 열이 삽입되었습니다. (질의 실행시간 0.0005 초.)
INSERT INTO Student VALUES('1', '홍길동','1234');
[ 인라인 편집 ] [ 수정 ] [ PHP 코드 보기 ]
```

## 2 데이터 조회하기

테이블에 존재하는 데이터를 검색하는 MySQL 명령어는 SELECT이며 형식은 다음과 같습니다.

```
SELECT 필드_이름[, 필드_이름, ...] FROM 테이블_이름
[WHERE 검색조건]
[ORDER BY 필드_이름 [ASC or DESC]]
[GROUP BY 필드_이름[, 필드_이름, ...]] ...
```

다음은 phpbookdb에 있는 Student 테이블의 모든 행을 조회하는 예입니다.

[SELECT 명령어 사용 예: 모든 행 검색]

```
SELECT * FROM Student;
```

▼ 실행 결과

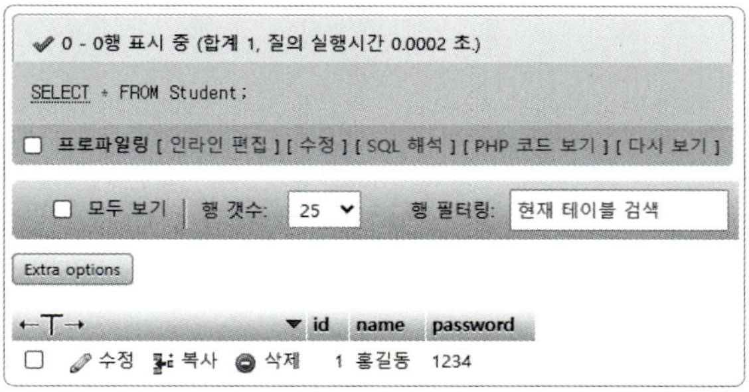


다음은 phpbookdb에 있는 Student 테이블에서 `name`, `passwd` 필드의 데이터를 조회하는 예입니다.

[SELECT 명령어 사용 예: name, passwd 필드의 데이터 검색]

```
SELECT name, password FROM Student;
```

▼ 실행 결과

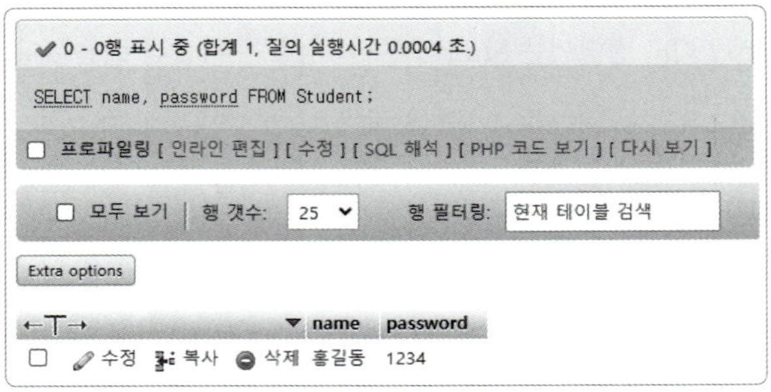


다음은 phpbookdb에 있는 student 테이블에서 3개의 행을 조회하는 예입니다.

[SELECT 명령어의 사용 예: 3개 행의 데이터 검색]

```
SELECT * FROM Student LIMIT 3;
```

▼ 실행 결과

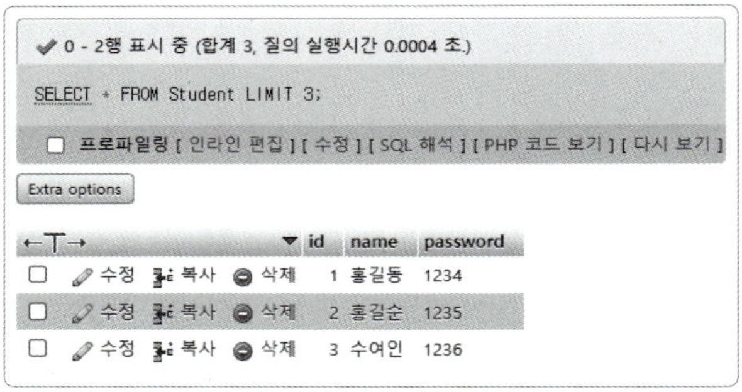


다음은 phpbookdb에 있는 Student 테이블에서 id를 내림차순으로 정렬한 후 3개의 행을 조회하는 예입니다.

[SELECT 명령어 사용 예: id의 내림차순 정렬과 3개 행의 데이터 검색]

```
SELECT * FROM Student ORDER BY ID DESC LIMIT 3;
```

▼ 실행 결과

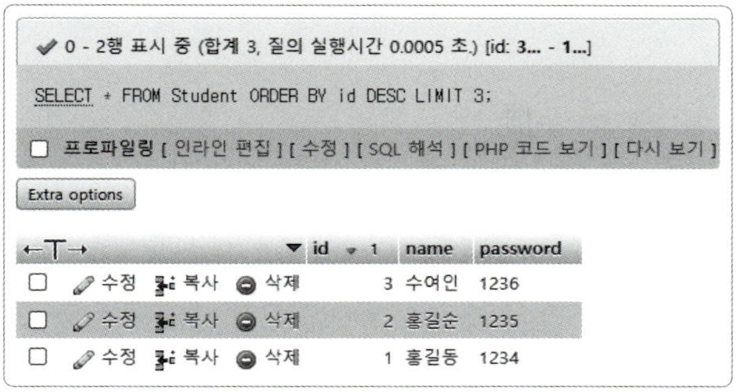


다음은 phpbookdb에 있는 Student 테이블에서 id가 2인 행을 조회하는 예입니다.

[SELECT 명령어 사용 예: id가 2인 데이터 검색]

```
SELECT * FROM Student WHERE id=2;
```

▼ 실행 결과

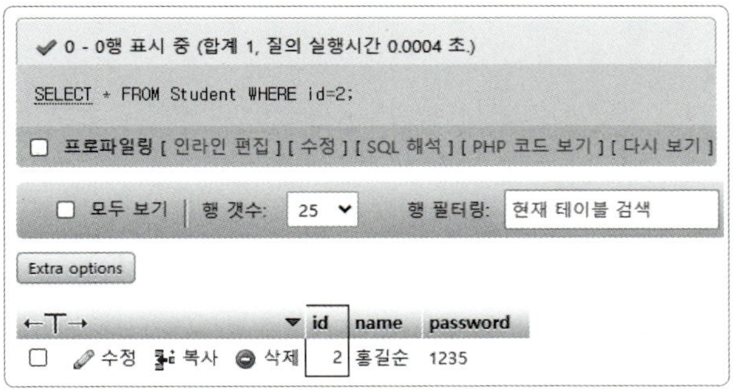


## 3 데이터 수정하기

테이블의 데이터를 수정(갱신)하는 MySQL 명령어는 UPDATE이며 형식은 다음과 같습니다.

```
UPDATE 테이블_이름 SET 필드_이름 = 필드_값[, 필드_이름 = 필드_값, ...]
[WHERE 검색조건]
```

다음은 phpbookdb에 있는 Student 테이블에서 name 필드 값이 '홍길동'인 것을 검색하여 '관리자'로 수정하는 예입니다.

[UPDATE 명령어 사용 예: name이 '홍길동'인 것을 '관리자'로 수정]

```
UPDATE Student SET name='관리자' WHERE name='홍길동';
SELECT * FROM 'student';
```

▼ 실행 결과

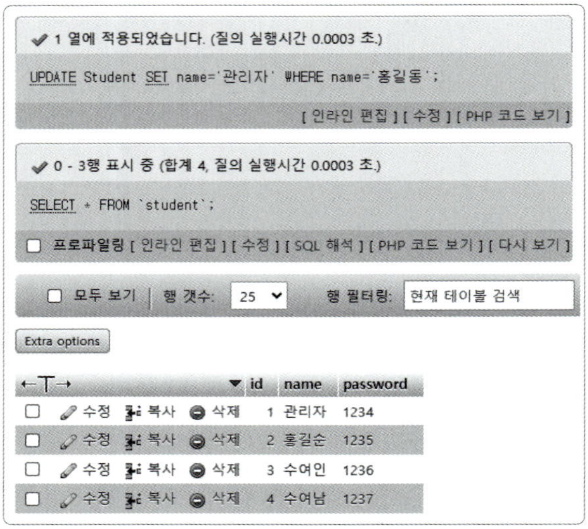


## 4 데이터 삭제하기

테이블의 데이터를 삭제하는 MySQL 명령어는 DELETE이며 형식은 다음과 같습니다.

```
DELETE FROM 테이블_이름 [WHERE 검색조건]
```

다음은 phpbookdb에 있는 Student 테이블에서 id 필드 값이 4인 것을 검색하여 해당 행을 삭제하는 예입니다.

[DELETE 명령어 사용 예: id가 4인 행 삭제]

```
DELETE FROM Student WHERE id=4;
SELECT * FROM Student;
```

▼ 실행 결과

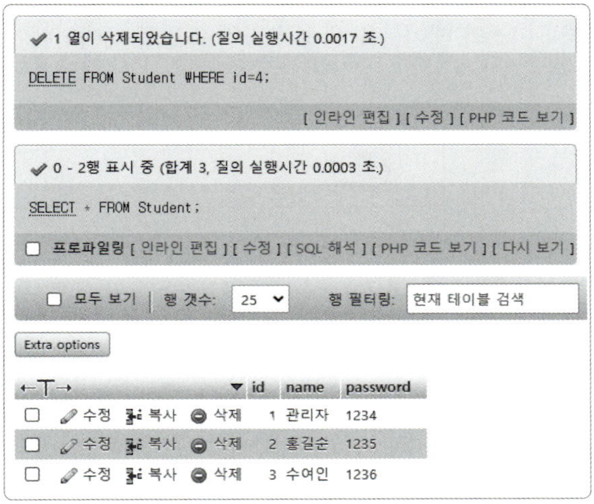


다음은 phpbookdb에 있는 Student 테이블의 모든 행을 삭제하는 예입니다.

[DELETE 명령어 사용 예: 모든 행 삭제]

```
DELETE FROM Student
SELECT * FROM Student;
```

▼ 실행 결과

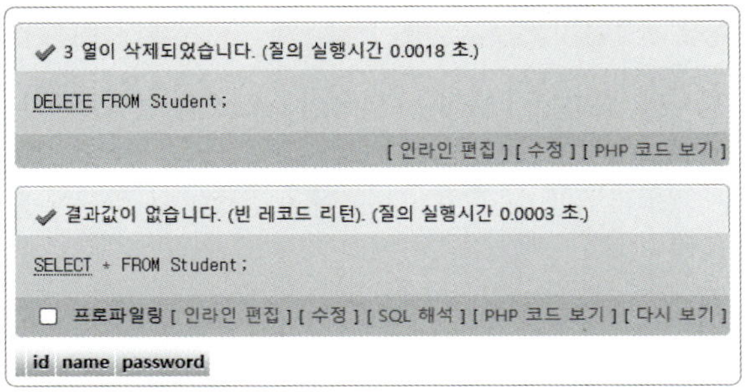

05 북마켓 도서 관리 테이블 생성 및 도서 등록하기

# 05 북마켓 도서 관리 테이블 생성 및 도서 등록하기

이번 장에서 배운 내용을 기반으로 데이터베이스와 테이블을 생성하고 웹 쇼핑몰 데이터베이스 연동을 준비하겠습니다.

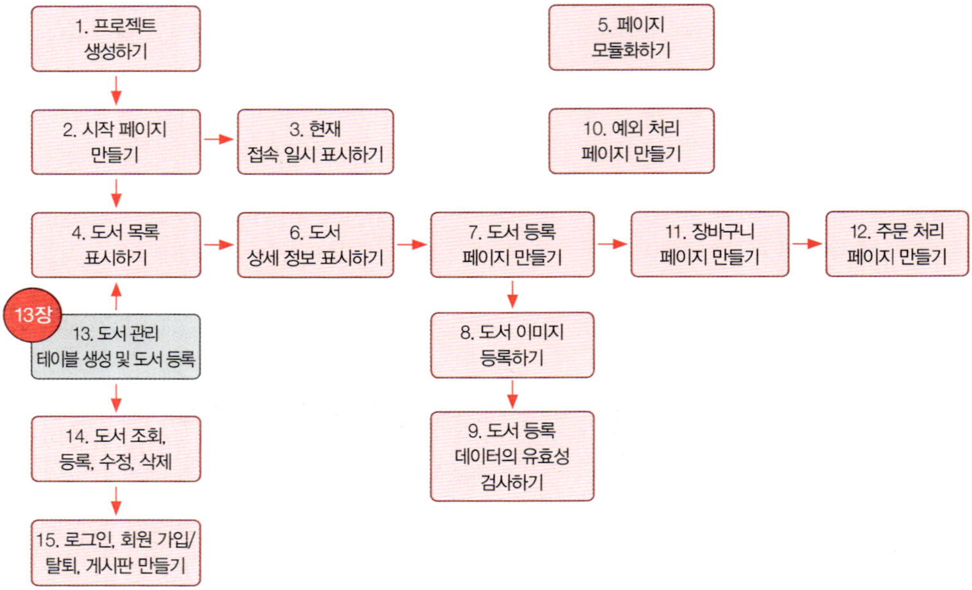


**그림 13-6** 작업 과정 확인: 도서 관리 테이블 생성 및 도서 등록하기

## 예제 13-4 웹 쇼핑몰의 데이터베이스 연동하기

**1 Apache 웹 서버 실행하기:** XAMPP 컨트롤 패널 화면에서 MySQL 항목의 〈Start〉을 클릭합니다. 'MySQL' 글자의 배경이 초록색으로 변경되고 버튼이 〈Stop〉으로 변경됩니다.

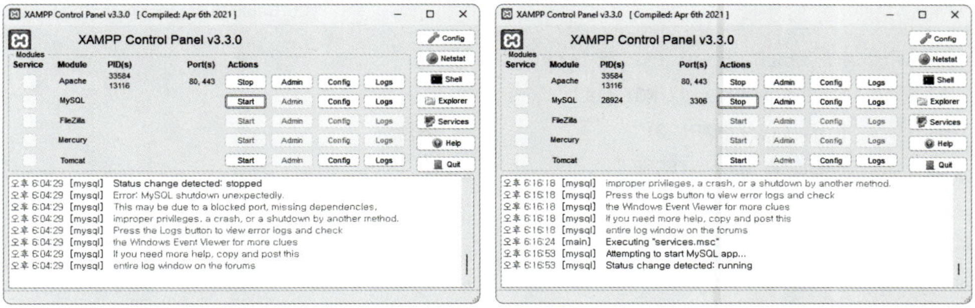


**2 데이터베이스 생성하기:** phpMyAdmin 웹 페이지에 접속하여 bookmarketdb이라는 데이터베이스를 생성합니다.

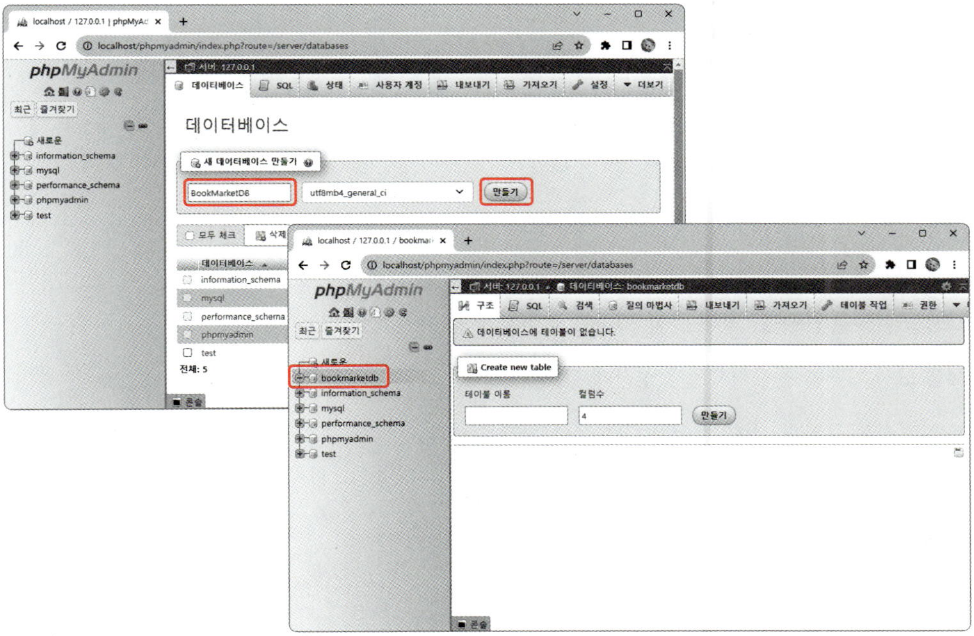


## 예제 13-5 웹 쇼핑몰의 도서 관리 테이블 만들기

**1 도서 관리 테이블 생성하기:** book 테이블을 생성하기 위해 다음과 같이 작성합니다.

BookMarket/resources/book.sql

```
01  CREATE TABLE IF NOT EXISTS book(
02      b_id VARCHAR(10) NOT NULL,
03      b_name VARCHAR(20),
04      b_unitPrice INTEGER,
05      b_author VARCHAR(20),
06      b_description TEXT,
07      b_category VARCHAR(20),
08      b_unitsInStock INTEGER,
09      b_releaseDate VARCHAR(20),
10      b_condition VARCHAR(20),
11      b_fileName VARCHAR(20),
12      PRIMARY KEY (b_id)
13  )default CHARSET=utf8;
```

**01~13행** CREATE 명령어를 이용하여 book 테이블을 생성합니다. IF NOT EXISTS 옵션은 book 테이블이 없다면 테이블을 생성하라는 의미입니다.

**02행** 도서 id(아이디)를 문자형, 최대 길이 10자로 작성하게 합니다. NOT NULL은 NULL을 허용하지 않는다는 의미입니다.

**03행** 도서명을 문자형, 최대 길이 20자로 작성하게 합니다.

**04행** 도서 가격을 정수형으로 작성하게 합니다.

**05행** 저자를 문자형, 최대 길이 20자로 작성하게 합니다.

**06행** 도서 상세 설명을 문자열로 작성하게 합니다.

**07행** 도서 카테고리를 문자형, 최대 길이 20자로 작성하게 합니다.

**08행** 도서 재고 수를 정수형으로 작성하게 합니다.

**09행** 출판일을 문자형, 최대 길이 20자로 작성하게 합니다.

**10행** 도서 상태를 문자형, 최대 길이 20자로 작성하게 합니다.

**11행** 도서 이미지 파일명을 문자형, 최대 길이 20자로 작성하게 합니다.

**12행** 도서 아이디를 고유한 키 인덱스인 PRIMARY KEY로 작성합니다.

**13행** book 테이블의 문자 인코딩 유형을 utf8로 작성합니다.

- phpMyAdmin의 콘솔 창으로 book 테이블을 생성하는 방법

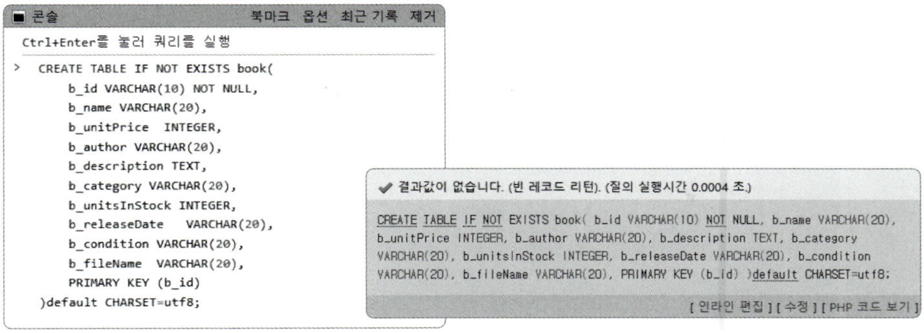


- phpMyAdmin 웹 페이지로 book 테이블을 생성하는 방법

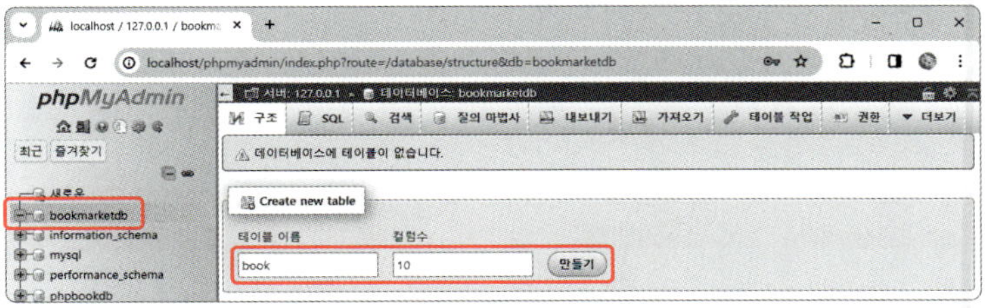


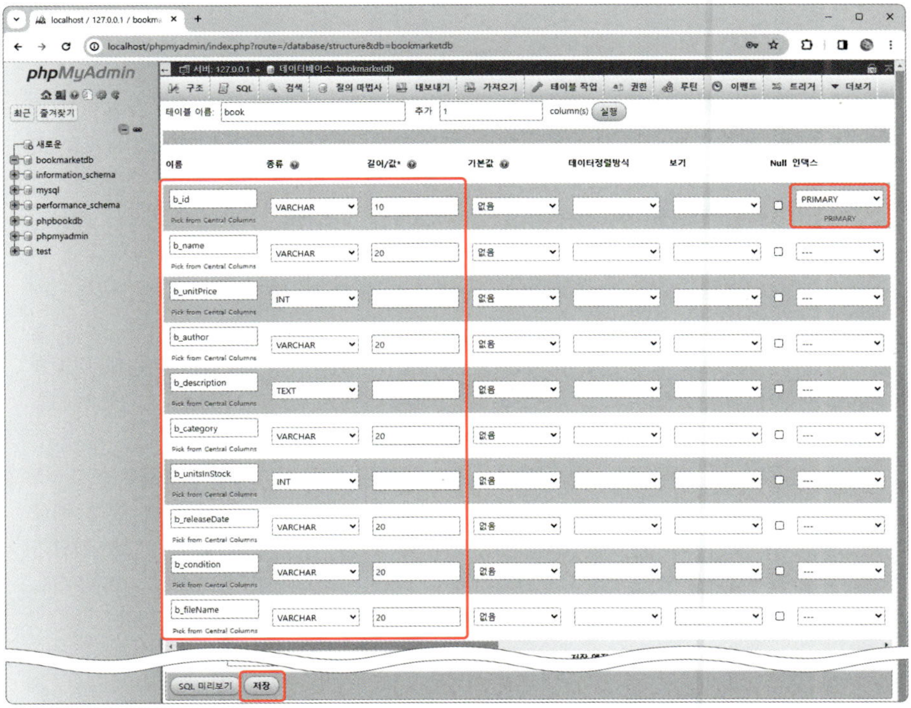

**2 실행 결과 확인하기:** phpMyAdmin의 왼쪽 메뉴에서 bookmarketdb 데이터베이스 하위의 book 테이블을 선택하여 실행 결과를 확인합니다.

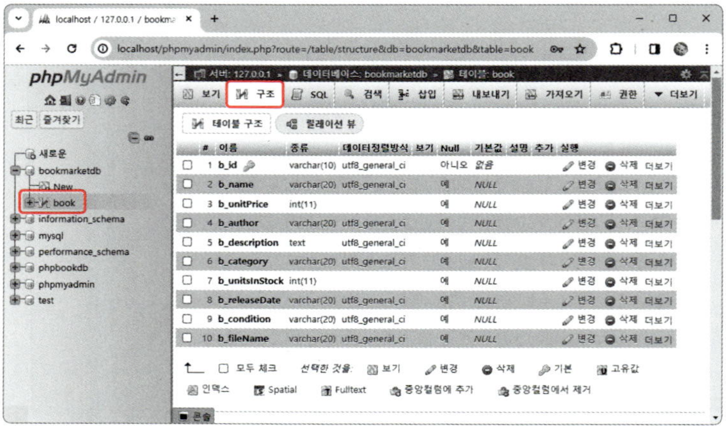


## 예제 13-6 웹 쇼핑몰의 도서 등록하기

**1 도서 목록 삽입하기:** book 테이블의 도서 정보를 저장하기 위해 다음과 같이 작성합니다.

BookMarket/resources/insert.sql

```
INSERT INTO book VALUES('ISBN1234', 'HTML5 웹 프로그래밍', 29000, '윤인성',' 이 책은 웹 프로그래밍을 시작하는 입문자를 위한 실습서입니다. 단계별 예제를 따라 하며 HTML5, CSS3, 자바스크립트의 기초를 익히고 jQuery와 실무에서 쓰이는 다양한 플러그인을 경험할 수 있습니다.', 'IT모바일', 1000,  '2023/08/05', 'New', 'ISBN1234.jpg');
INSERT INTO book VALUES('ISBN1235', 'JSP 웹 프로그래밍', 27000, '송미영', ' JSP의 이론적 개념 → 기본 실습 → 응용 실습 순의 단계별 학습이 가능합니다. 응용 실습이 합쳐져 최종적으로 쇼핑몰 하나를 완성하는 구성이라 배운 내용이 어디에 어떻게 적용되는지 알 수 있습니다.', 'IT모바일',1000, '2018/10/08', 'New', 'ISBN1235.jpg');
INSERT INTO book VALUES('ISBN1236', '스프링 프레임워크', 30000, '김명호', '스프링 프레임워크의 전체적인 구조와 핵심 이론을 다양한 예제 프로젝트를 통해 배울 수 있습니다. 전자 도서관 시스템의 여러 기능을 구현하며 스프링 MVC의 심화 개념과 실무 기술도 익힐 수 있습니다.', 'IT모바일', 1000, '2023/07/', 'New', 'ISBN1236.jpg');
```

01~03행 book 테이블의 필드 순서에 따라 설정된 값을 저장하도록 INSERT 명령어를 작성합니다.

- phpMyAdmin의 콘솔창으로 book 테이블에 도서 목록을 삽입하는 방법

```
■ 콘솔                                                    북마크  옵션  최근 기록  제거
Ctrl+Enter를 눌러 쿼리를 실행
>  INSERT INTO book VALUES('ISBN1234', 'HTML5 웹 프로그래밍', 29000, '윤인성','이 책은 웹 프로그래
   밍을 시작하는 입문자를 위한 실습서입니다. 단계별 예제를 따라 하며 HTML5, CSS3, 자바스크립트의 기초
   를 익히고 jQuery와 실무에서 쓰이는 다양한 플러그인을 경험할 수 있습니다.', 'IT모바일', 1000,
   '2023/08/05', 'New', 'ISBN1234.jpg');
   INSERT INTO book VALUES('ISBN1235', 'JSP 웹 프로그래밍', 27000, '송미영', ' JSP의 이론적 개념 →
   기본 실습 → 응용 실습 순의 단계별 학습이 가능합니다. 응용 실습이 합쳐져 최종적으로 쇼핑몰 하나를
   완성하는 구성이라 배운 내용이 어디에 어떻게 적용되는지 알 수 있습니다.', 'IT모바일',1000,
   '2018/10/08', 'New', 'ISBN1235.jpg');
   INSERT INTO book VALUES('ISBN1236', '스프링 프레임워크', 30000, '김명호', '스프링 프레임워크의 전
   체적인 구조와 핵심 이론을 다양한 예제 프로젝트를 통해 배울 수 있습니다. 전자 도서관 시스템의 여러
   기능을 구현하며 스프링 MVC의 심화 개념과 실무 기술도 익힐 수 있습니다.', 'IT모바일', 1000,
   '2023/07/', 'New', 'ISBN1236.jpg');
```

- phpMyAdmin 웹 페이지로 book 테이블에 도서 정보를 삽입하는 방법

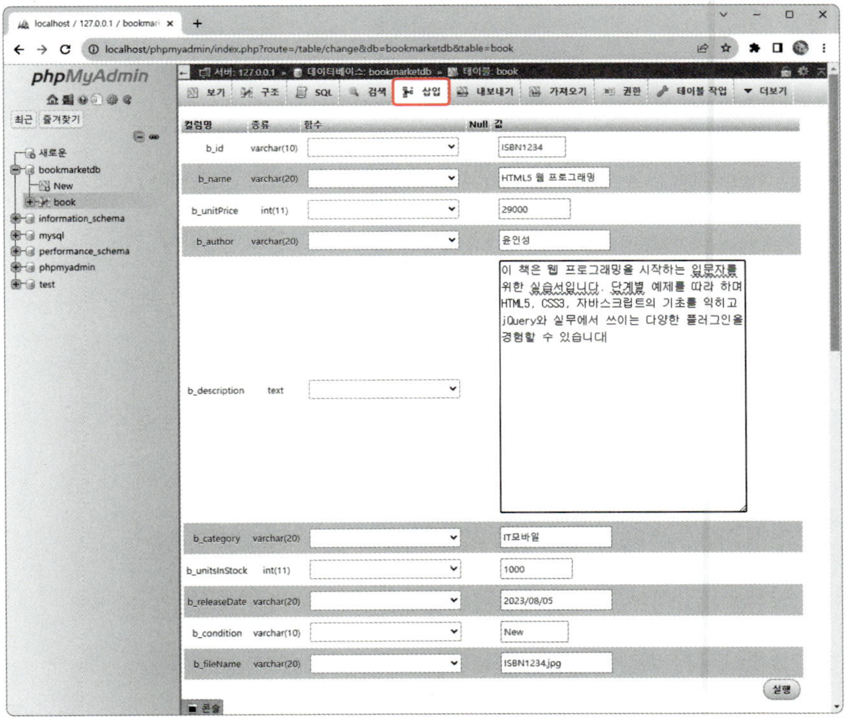

**2 실행 결과 확인하기:** phpMyAdmin의 왼쪽 메뉴에서 bookmarketdb 데이터베이스 하위의 book 테이블을 선택하여 실행 결과를 확인해봅니다.

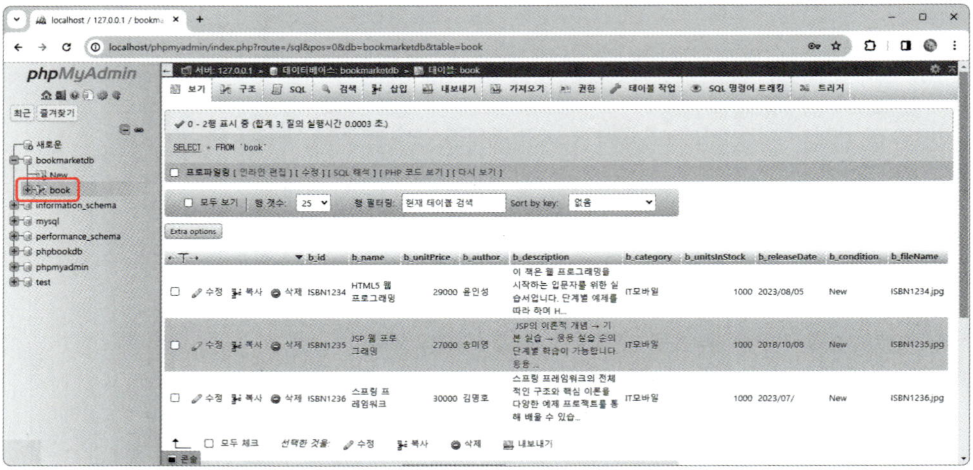

## 요약

### 01 데이터베이스 개요

- **데이터베이스(DataBase)**

  여러 자료를 동시에 여러 사람이 공유하여 사용할 수 있도록 체계화한 데이터의 집합을 말합니다. 몇 개의 데이터 파일을 조직적으로 통합하여 중복을 없애고 구조화한 데이터의 모음이므로 검색과 갱신이 효율적으로 처리됩니다.

- **데이터베이스 관리 시스템(DataBase Management System, DBMS)**

  데이터베이스를 관리하는 소프트웨어로, 다수의 사용자와 데이터베이스 사이에서 사용자의 요구에 따라 정보를 생성하는 역할을 합니다.

- **MySQL**

  전 세계적으로 가장 널리 사용되고 있는 오픈소스 관계형 데이터베이스 관리 시스템입니다. 관계형 데이터베이스 관리 시스템의 표준화된 사용자 및 프로그래밍 인터페이스인 질의 언어 SQL을 사용하며, 매우 빠르고 유연하고 사용하기 쉽기 때문에 많은 기업에서 다양한 웹 기반 애플리케이션을 개발하는 데 사용하고 있습니다.

### 02 PHPMyAdmin과 MySQL 연동

- **phpMyAdmin**

  오픈소스 데이터베이스 관리 프로그램이며 MySQL와 MariaDB를 위한 관리 도구입니다.

### 03 MySQL 기본 명령어

- **테이블 생성하기**

```
CREATE TABLE 테이블_이름(필드_이름1 자료형1[, 필드_이름2 자료형2, ...]);
```

- **테이블 조회하기**

```
SHOW TABLES;
```

- **테이블 세부 사항 조회하기**

```
DESC 테이블 이름;
```

- **테이블 구조 변경하기**

```
ALTER TABLE 테이블 이름
    [ADD 필드 이름 자료형 ¦
    DROP COLUMN 필드 이름 ¦
    CHANGE COLUMN 기존 필드 이름 새 필드 이름 자료형];
```

- **테이블 이름 변경하기**

```
RENAME TABLE 테이블_이름 TO 새_테이블_이름[,
             테이블_이름 TO 새_테이블_이름, ...];
```

## 04 데이터 조작 명령어

- **데이터 등록하기**

```
INSERT [INTO] 테이블_이름 [(필드_이름, 필드_이름, ...)] VALUES (필드_값, 필드_
값, ...)
```

- **데이터 조회하기**

```
SELECT 필드_이름[, 필드_이름, ...] FROM 테이블_이름
[WHERE 검색조건]
[ORDER BY 필드_이름 [ASC or DESC]]
[GROUP BY 필드_이름[, 필드_이름, ...]] ...
```

- **데이터 수정하기**

```
UPDATE 테이블_이름 SET 필드_이름 = 필드_값[, 필드_이름 = 필드_값, ...]
[WHERE 검색조건]
```

- **데이터 삭제하기**

```
DELETE FROM 테이블 이름 [WHERE 검색조건]
```

## 연습문제

**01** 다음 빈칸에 들어갈 단어를 채우시오.

> (                    )는 여러 자료를 동시에 여러 사람이 공유하여 사용할 수 있도록 체계화한 데이터의 집합을 말합니다. (                    )은 데이터베이스를 관리하는 소프트웨어로, 다수의 사용자와 데이터베이스 사이에서 사용자의 요구에 따라 정보를 생성하는 역할을 합니다.

**02** MySQL의 특징에 대한 설명으로 옳지 않은 것은?

① 오픈소스 라이선스의 관계형 데이터베이스 관리 시스템이다.

② SQL 데이터 언어의 표준 형식을 사용한다.

③ 매우 빠르게 작동하며 대용량 데이터 세트로도 잘 작동한다.

④ 웹 개발보다는 모바일 개발에 매우 친숙하다.

**03** MySQL의 테이블 관련 명령어에 대해 옳지 않은 것은?

① 테이블 생성하기: `CREATE TABLE 테이블명(...)`

② 테이블 조회하기: `SELECT TABLES;`

③ 테이블 세부 조회하기: `DESC 테이블명;`

④ 테이블 이름 변경하기: `RENAME TABLE 테이블명 TO 새 테이블명`

**04** MySQL의 데이터 조작 명령어에 대해 옳지 않은 것은?

① `INSERT`: 데이터를 등록

② `MODIFY`: 데이터를 수정

③ `DELETE`: 데이터를 삭제

④ `SELECT`: 데이터를 조회

**05** student 테이블에서 id 필드 값이 4인 것을 검색하여 해당 행을 삭제하는 명령어의 빈칸을 채우시오.

```
DELETE FROM student ______________
```

**06** phpmyadmin 웹 사이트에서 다음 조건에 맞게 만들고 실행하여 결과를 확인하시오.

조건

❶ MySQL에 접속하여 데이터베이스명 ExerciseDB를 생성합니다.

❷ Student 테이블을 생성합니다.

```
CREATE TABLE Student(
   num int NOT NULL,      //학번
   depart  VARCHAR(20),   //학과
   name VARCHAR(30),      //이름
   address VARCHAR(50),   //주소
   phone VARCHAR(20),     //전화번호
   PRIMARY KEY (num)
);
```

**07** Student 테이블에 다음과 같이 레코드를 삽입하여 결과를 확인하시오.

| num | depart | name | address | phone |
|---|---|---|---|---|
| 202400001 | 모바일과 | 홍길순 | 서울시 | 010-9002-1234 |
| 202400002 | 모바일과 | 홍길동 | 경기도 | 010-2009-4321 |
| 2024200001 | 영어과 | 수여인 | 인천시 | 010-3918-0007 |
| 2024200002 | 영어과 | 김다운 | 서울시 | 010-3002-0101 |

**08** Student 테이블에 depart 필드 값이 '모바일과'인 레코드를 조회하여 결과를 확인하시오.

| num | depart | name | address | phone |
|---|---|---|---|---|
| 202400001 | 모바일과 | 홍길순 | 서울시 | 010-9002-1234 |
| 202400002 | 모바일과 | 홍길동 | 경기도 | 010-2009-4321 |

**09** Student 테이블에 depart 필드 값이 '모바일과'인 레코드를 모두 '컴퓨터과'로 변경하여 결과를 확인하시오.

| num | depart | name | address | phone |
|---|---|---|---|---|
| 202400001 | 컴퓨터과 | 홍길순 | 서울시 | 010-9002-1234 |
| 202400002 | 컴퓨터과 | 홍길동 | 경기도 | 010-2009-4321 |
| 2024200001 | 영어과 | 수여인 | 인천시 | 010-3918-0007 |
| 2024200002 | 영어과 | 김다운 | 서울시 | 010-3002-0101 |

**10** Student 테이블에 depart 필드 값이 '영어과'인 레코드를 삭제하여 결과를 확인하시오.

| num | depart | name | address | phone |
|---|---|---|---|---|
| 202400001 | 컴퓨터과 | 홍길순 | 서울시 | 010-9002-1234 |
| 202400002 | 컴퓨터과 | 홍길동 | 경기도 | 010-2009-4321 |

# CHAPTER 14

# MySQL 데이터베이스 연동: 도서 조회, 등록, 수정, 삭제하기



**학습목표**

- PHP와 MySQL 데이터베이스 연동에 대해 이해합니다.
- 데이터베이스 서버 연결과 해제 방법을 익힙니다.
- 데이터베이스 쿼리 실행 방법을 익힙니다.
- 쿼리문을 실행하고 결과를 가져오는 방법을 익힙니다.
- 북마켓의 도서를 조회, 등록, 수정, 삭제합니다.

# PREVIEW

PHP와 MySQL 데이터베이스 연동에 대해 이해하고 PHP 스크립트를 통해서 MySQL 데이터베이스 서버에 연결하고 해제하는 방법 및 데이터 접근하는 방법에 대해 알아봅니다. 그리고 도서 쇼핑몰에서 데이터베이스에 저장된 도서 목록에 대한 등록, 조회, 수정, 삭제 등의 CRUD 처리를 해봅니다.

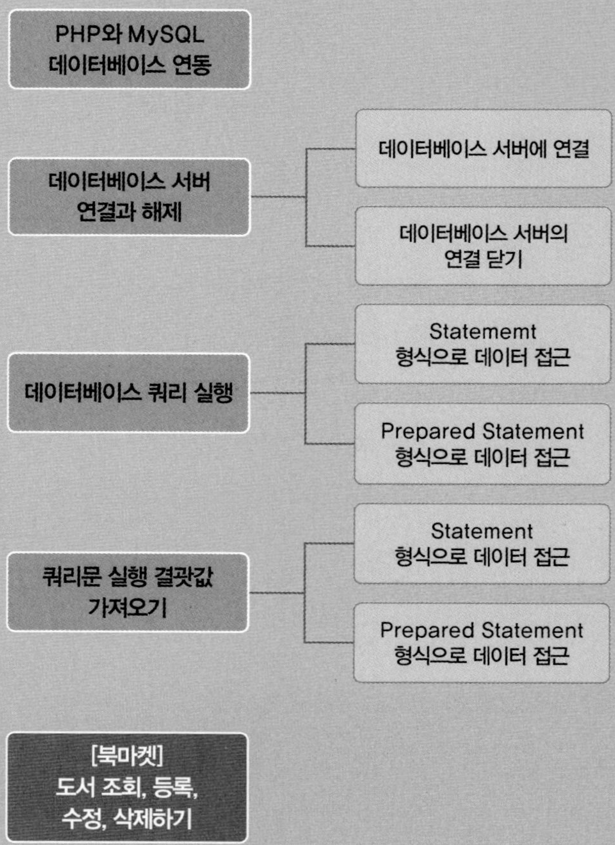

# 01 PHP와 MySQL 데이터베이스 연동

MySQL 데이터베이스에 접근하기 위한 PHP API로 MySQLi 확장(MySQL Improved Extension) 또는 PDO(PHP Data Object)를 지원합니다. MySQLi와 PDO는 모두 객체 지향 API를 제공하지만 MySQLi는 초보자가 비교적 이해하기 쉬운 절차적 API도 제공합니다.

표 14-1 MySQLi와 PDO의 차이점

| 구분 | MySQLi | PDO |
|---|---|---|
| 도입 시기 | PHP 5.0부터 도입 | PHP 5.1부터 도입 |
| 특징 | MySQL 데이터베이스 서버에 액세스하는 세 가지 방법 중 하나이다. | PHP의 데이터베이스에 액세스하기 위한 경량의 공통 인터페이스를 정의한다. |
| 접근 방식 | 절차 지향 방식과 객체 지향 방식을 지원한다. | 객체 지향 방식을 지원한다. |
| 성능 | MySQL과 직접 통신하기 때문에 PDO보다 빠르다. | MySQLi보다 느리다. |
| 가독성 | 객체 지향적인 접근 방식을 사용하기 때문에 코드의 가독성이 좋아지고, 유지보수가 쉽다. | 바인딩 변수를 사용하여 SQL 쿼리를 작성하기 때문에 가독성이 좋아진다. |
| 호환성 | 쿼리를 포함한 전체 코드를 다시 작성해야 하기 때문에 MySQL 데이터베이스에서만 작동한다. | 연결 문자열과 몇 가지 쿼리만 변경하기 때문에 이식성이 뛰어나 12종류 이상의 데이터베이스에서 작동한다. |
| 보안성 | Prepared Statements와 같은 보안 기능을 지원한다. | Prepared Statements와 같은 보안 기능을 지원한다. |

php와 MySQL 데이터베이스의 연동 과정은 [그림 14-1]과 같습니다.

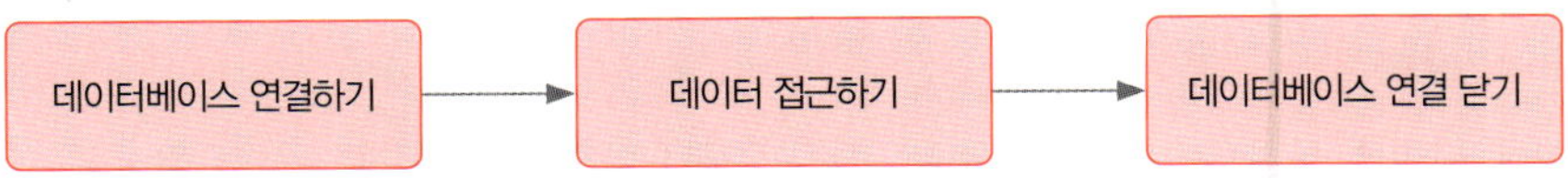


그림 14-1 php와 MySQL 데이터베이스 연동 과정

**NOTE Prepared Statements에 대해서**

SQL Injection(악의적인 사용자가 보안상의 취약점을 이용하여, 임의의 SQL 문을 주입하고 실행되게 하여 데이터베이스가 비정상적인 동작을 하도록 조작하는 행위)을 방지하며 웹 응용 프로그램 보안에 매우 중요한 기능입니다.

# 02 데이터베이스 서버 연결과 해제

## 1 데이터베이스 서버에 연결하기

MySQL 데이터베이스 내부의 데이터를 저장하거나 접근하려면 먼저 MySQL 데이터베이스 서버에 연결해야 합니다. 이후 데이터베이스 서버 연결이 더 이상 필요하지 않으면 연결을 종료해야 합니다. PHP와 MySQL 데이터베이스 서버 간의 모든 통신은 이 연결을 통해 이루어집니다.

**표 14-2** 데이터베이스 서버 연결/해제와 관련된 주요 함수

| 함수명 | | 설명 |
|---|---|---|
| 절차 지향 형식 | 객체 지향 형식 | |
| mysqli_connect() | mysqli::__construct() | MySQL 서버에 대한 새 연결을 한다. |
| mysqli_real_connect() | mysqli::real_connect() | |
| mysqli_close() | mysqli::close() | 이전에 열린 데이터베이스 연결을 닫는다. |
| mysqli_connect_errno() | connect_errno | 마지막 연결 호출의 오류 코드를 반환한다. |
| mysqli_connect_error() | mysqli::connect_error | |
| mysqli_get_host_info() | mysqli::host_info | 연결 유형을 나타내는 문자열을 반환한다. |
| mysqli_get_server_info() | mysqli::get_server_info() | MySQL 서버 버전을 나타내는 문자열을 반환한다. |

MySQL 데이터베이스 서버에 연결하는 함수의 기본 형식을 살펴보겠습니다.

### mysqli_connect( ) 함수 이용하기

MySQL 서버에 새로운 연결을 할 때 사용하는 함수의 절차 지향 형식과 객체 지향 형식을 살펴보겠습니다.

• **절차 지향 형식**

```
mysqli_connect(
    string $hostname = null,
    string $username = null,
    string $password = null,
    string $database = null,
    int $port = null,
    string $socket = null
):bool
```

• **객체 지향 형식**

```
public mysqli::__construct(
    ?string $hostname = null,
    ?string $username = null,
    ?string $password = null,
    ?string $database = null,
    ?int $port = null,
    ?string $socket = null
): bool
```

**표 14-3 mysqli_connect( ) 함수의 매개변수와 역할**

| 매개변수 | 역할 |
| --- | --- |
| $hostname | 호스트 이름 또는 IP 주소이다. |
| $username | MySQL 사용자의 이름이다. |
| $password | MySQL 비밀번호이다. |
| $database | 쿼리를 수행할 때 사용할 기본 데이터베이스의 이름이다. |
| $port | MySQL 서버에 연결을 시도하는 포트 번호이다. |
| $socket | 소켓을 가정하여 사용한다. |

다음은 phpMyAdmin 웹사이트의 기본 사용자 계정과 데이터베이스명 phpbookdb로 MySQL 데이터베이스 서버에 연결하는 예입니다.

[절차 지향 형식의 데이터베이스 서버 연결 예]

```
<?php
// 연결 생성
$conn = mysqli_connect("localhost", "root", "", "PHPBookDB");

// 연결 확인
if (!$conn) {
    die("데이터베이스 연결 실패: " . mysqli_connect_error());
}
echo "데이터베이스 연결 성공: " .mysqli_get_host_info($conn);
?>
```

```
데이터베이스 연결 성공: localhost via TCP/IP
```

[객체 지향 형식의 데이터베이스 서버 연결 예]

```
<?php
// 연결 생성
$conn = new mysqli("localhost", "root", "", "PHPBookDB");

// 연결 확인
if ($conn->connect_error) {
    die("데이터베이스 연결 실패: " . $conn->connect_error);
}
echo "데이터베이스 연결 성공: ". $conn->host_info;
?>
```

```
데이터베이스 연결 성공: localhost via TCP/IP
```

## mysqli_real_connect( ) 함수 이용하기

mysqli_real_connect() 함수는 mysqli_connect() 함수와 다르게 mysqli_init() 함수에 의해 생성되어야 하는 유효한 객체가 필요합니다. 또한 mysqli_options() 함수를 사용하여 연결에 대한 다양한 옵션을 설정할 수 있습니다.

**표 14-4** mysqli_real_connect()와 함께 사용하는 주요 함수

| 함수명 | | 설명 |
|---|---|---|
| 절차 지향 형식 | 객체 지향 형식 | |
| mysqli_init() | mysqli::init() | MySQLi를 초기화하고 mysqli_real_connect와 함께 사용할 객체를 반환한다. |
| mysqli_options() | mysqli::options | 옵션을 설정한다.<br>옵션<br>• MYSQLI_OPT_CONNECT_TIMEOUT: 연결 시간 초과(초)<br>• MYSQLI_INIT_COMMAND: MySQL 서버 접속 후 실행할 명령어<br>TIP 더 많은 옵션은 https://www.php.net/manual/en/mysqli.options.php 사이트를 참고하세요. |

- 절차 지향 형식

```
mysqli_real_connect(
    mysqli $mysql,
    ?string $hostname = null,
    ?string $username = null,
    ?string $password = null,
    ?string $database = null,
    ?int $port = null,
    ?string $socket = null,
    int $flags = 0
): bool
```

- 객체 지향 형식

```
public mysqli::real_connect(
    ?string $hostname = null,
    ?string $username = null,
    ?string $password = null,
    ?string $database = null,
    ?int $port = null,
    ?string $socket = null,
    int $flags = 0
): bool
```

**표 14-5** mysqli_real_connect() 함수의 매개변수와 역할

| 매개변수 | 역할 |
| --- | --- |
| `$hostname` | 호스트 이름 또는 IP 주소이다. |
| `$username` | MySQL 사용자의 이름이다. |
| `$password` | MySQL 비밀번호이다. |
| `$database` | 쿼리를 수행할 때 사용할 기본 데이터베이스이름이다. |
| `$port` | MySQL 서버에 연결을 시도하는 포트 번호이다. |
| `$socket` | 소켓을 가정하여 사용한다. |
| `$flags` | 매개변수 플래그를 사용하여 다양한 연결 옵션을 설정한다. |

**TIP** $flags 매개변수 플래그에 대한 자세한 내용은 https://www.php.net/manual/en/mysqli.real-connect.php 사이트를 참고합니다.

다음은 phpMyAdmin 웹사이트의 기본 사용자 계정과 데이터베이스명 phpbookdb로 MySQL 데이터베이스 서버에 연결하는 예입니다.

**[절차 지향 형식의 데이터베이스 서버 연결 예]**

```
<?php
//연결 생성
$conn = mysqli_init();
if(!$conn){
    die('mysqli 초기화 실패');
}

//연결 확인
if(!mysqli_real_connect($conn, "localhost", "root", "", "PHPBookDB")){
    die("데이터베이스 연결 실패: " . mysqli_connect_errno(). mysqli_connect_rror());
}
echo "데이터베이스 연결 성공: ".mysqli_get_host_info($conn);
?>
```

```
데이터베이스 연결 성공: localhost via TCP/IP
```

[객체 지향 형식의 데이터베이스 서버 연결 예]

```
<?php
//연결 생성
$conn = mysqli_init();
if(!$conn){
    die('mysqli 초기화 실패');
}

//연결 확인
if(!$conn->real_connect("localhost", "root","root", "",  "PHPBookDB")){
    die("데이터베이스 연결 실패: " . $conn->connect_errno. $conn->connect_error);
}
echo "데이터베이스 연결 성공: ".$conn->host_info;
?>
```

```
데이터베이스 연결 성공: localhost via TCP/IP
```

## 2 데이터베이스 서버의 연결 닫기

PHP에서 MySQL 데이터베이스에 대한 연결을 생성하고 작업이 완료되거나 데이터베이스 서버 연결이 더 이상 필요하지 않으면 mysqli_close() 함수를 사용하여 연결을 끊거나 닫아야 합니다.

- **절차 지향 형식**

```
bool mysqli_close(mysqli $mysql)
```

여기서 매개변수 **$mysql**은 mysqli_connect() 함수에 의해 반환된 MySQLi 객체로 데이터베이스 연결이 저장된 변수를 설정합니다.

- **객체 지향 형식**

```
book mysqli::close()
```

다음은 위에서 설명한 세 가지 방식에서 MySQL 데이터베이스에 대한 연결을 닫는 예입니다.

**[절차 지향 형식의 데이터베이스 서버 연결 닫기 예]**

```
<?php
$conn = mysqli_connect("localhost", "root", "", "PHPBookDB");

... //데이터 접근 쿼리문 실행

mysqli_close($conn);
?>
```

**[객체 지향 형식의 데이터베이스 서버 연결 닫기 예]**

```
<?php
$conn = new mysqli("localhost", "root", "", "phpbookdb");

... //데이터 접근 쿼리문 실행

$conn->close();
?>
```

### 예제 14-1 데이터베이스 서버에 접속하기

데이터베이스 서버에 접속할 수 있는 새로운 계정(사용자명: admin, 암호: admin1234)을 만들고 CHAPTER 13에서 생성한 데이터베이스명 phpbookdb로 MySQL 데이터베이스 서버에 접속하는 결과를 출력합니다.

[chap14] 폴더에 'myslqi01.php' 파일을 생성해 다음과 같이 작성하고 웹 브라우저에 'http://localhost/chap14/myslqi01.php'를 입력하여 실행 결과를 확인합니다.

**1 사용자 계정 만들기:** phpMyAdmin 웹 페이지에 접속하여 [사용자 계정] 메뉴를 클릭하고 하단의 [사용자 추가]를 클릭합니다.

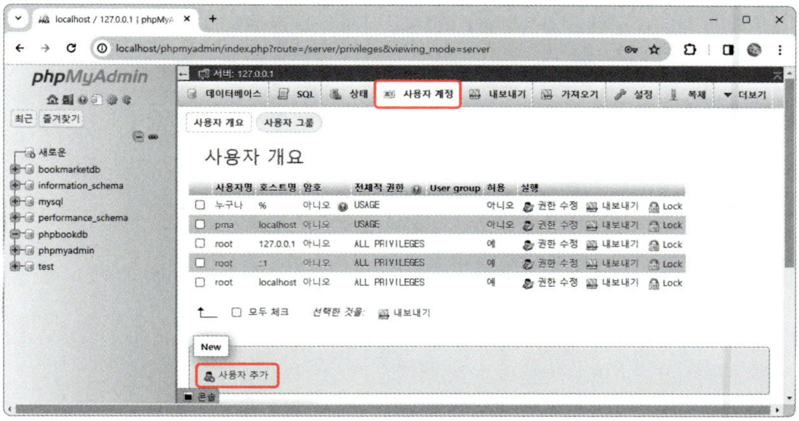


**2 사용자 계정 작성하기:** [사용자 추가] 화면에서 사용자명(admin), 암호(admin1234)를 입력하고 [전체적 권한]에서 [모두 체크]를 선택한 후 〈실행〉을 클릭합니다.

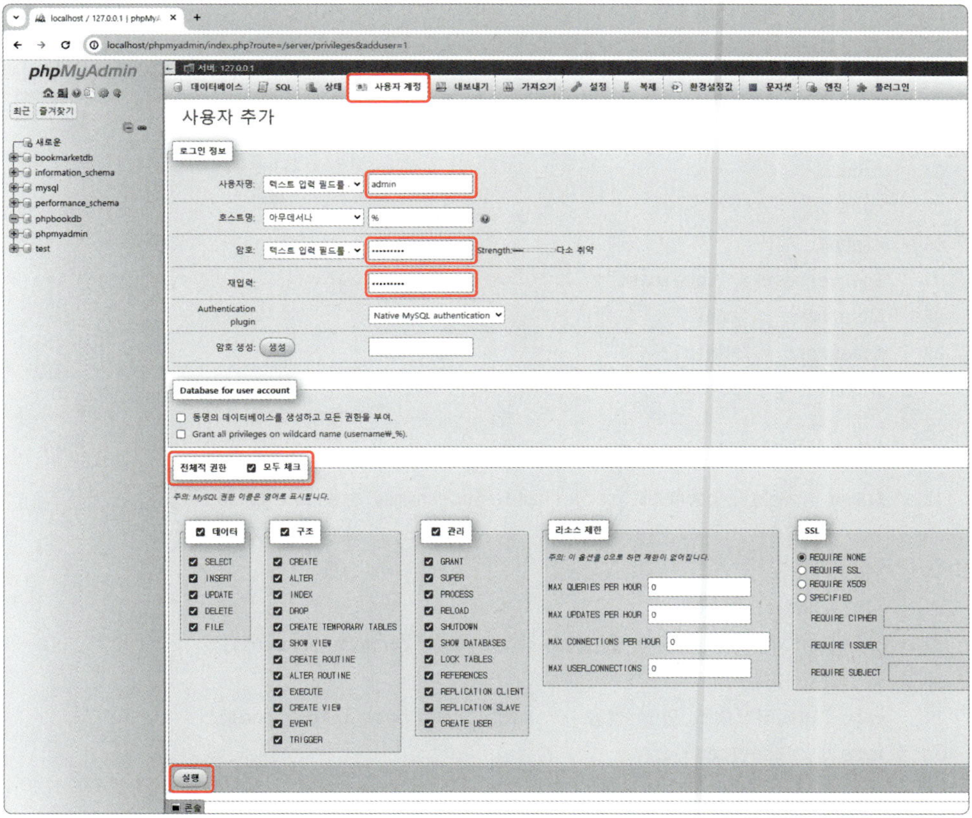

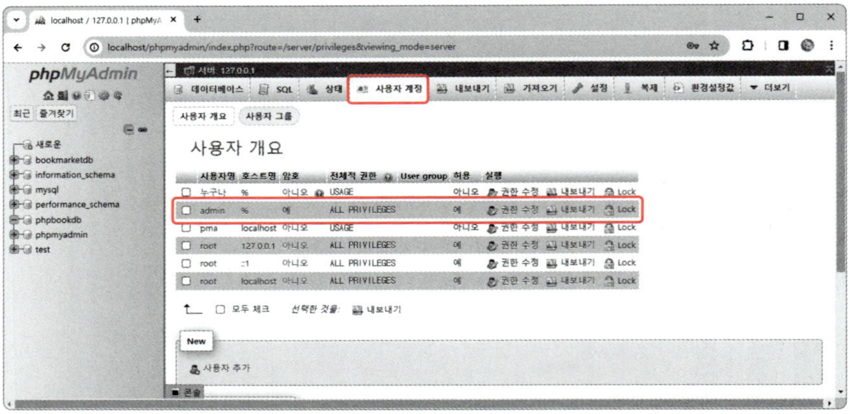


**3 데이터베이스 서버에 연결하기:** 새로 생성한 사용자 계정으로 데이터베이스명 phpbookdb에 연결합니다.

chap14/myslqi01.php

```
<html>
<head>
    <title>데이터베이스 연동</title>
</head>
<body>
<?php
$servername = "localhost";  //서버명
$username = "admin";        //사용자명
$password = "admin1234";    //암호
$dbname = "phpbookdb";      //데이터베이스명

//연결 생성
$conn = mysqli_connect($servername, $username, $password, $dbname);

//연결 확인
if(!$conn){
    die("데이터베이스 연결 실패: " . mysqli_connect_error());
}
echo "데이터베이스 연결 성공: " .mysqli_get_host_info($conn);
mysqli_close($conn);
```

```
21    ?>
22    </body>
23    </html>
```

**13행** 데이터베이스명 phpbookdb로 데이터베이스 서버에 연결하기 위해 mysqli_connect() 함수의 매개변수로 서버명, 사용자명, 암호, 데이터베이스명을 작성합니다.

**17행** 데이터베이스 서버 연결시 연결 오류에 대한 정보를 가져오는 mysqli_connect_error() 함수를 작성합니다.

**19행** MySQL 호스트 정보를 가져오는 mysqli_get_host_info() 함수를 작성합니다.

▼ 실행 결과

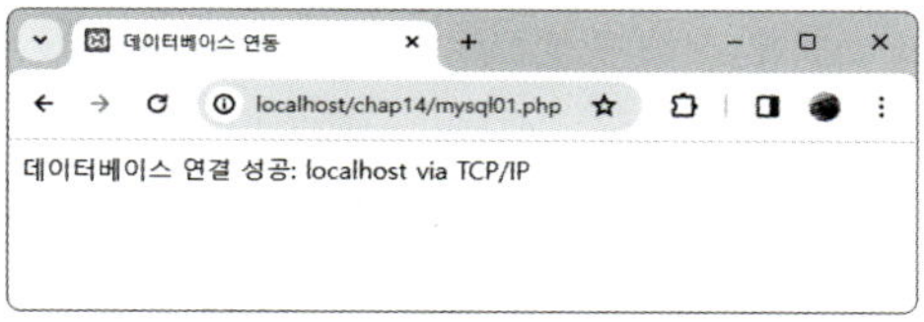

# 03 데이터베이스 쿼리 실행

데이터베이스 서버에 연결되었다면 데이터베이스에 저장된 데이터에 접근하기 위해서 쿼리 실행 객체인 mysqli, mysqli_stmt에서 지원하는 함수를 이용하여 INSERT, SELECT, UPDATE, DELETE 등의 쿼리문을 실행합니다. 그리고 쿼리문의 실행 성공이나 실패 여부와 상관없이 데이터베이스 서버 연결을 해제해야 합니다

데이터를 다루는 방법인 생성(Create), 조회(Read), 갱신(Update), 삭제(Delete)에 사용하는 INSERT, SELECT, UPDATE, DELETE 등의 쿼리문 실행 함수는 다음과 같습니다.

**표 14-6** 쿼리문 실행 함수

| 함수명 | | 설명 |
|---|---|---|
| 절차 지향 형식 | 객체 지향 형식 | |
| mysqli_query() | mysqli::query() | statement 형식을 사용하여 정적 쿼리문을 실행한다. |
| mysqli_stmt_execute() | mysqli_stmt::execute() | prepared statement 형식을 사용하여 동적 쿼리문을 실행한다. |
| mysqli_execute_query() | mysqli::execute_query() | prepared statement 형식을 사용하여 동적 쿼리문을 실행한다. |

**NOTE 정적 쿼리문과 동적 쿼리문**

- **정적 쿼리문:** 고정된 방식으로 작성되고 실행되는 SQL 문을 의미합니다. SQL 문은 프로그램이 실행되기 전에 정의되므로 데이터나 다른 변수의 변화에 영향을 받지 않습니다.
- **동적 쿼리문:** 미리 쿼리문을 준비한 후에 실행합니다. 프로그램이 실행되는(런타임) 동안 생성되고 실행되는 SQL 문으로 데이터나 다른 변수에 따라 변경될 수 있는 변수를 사용하여 구성합니다. 정적 쿼리문보다 SQL 쿼리의 유연성과 더 넓은 범위의 조건과 상황을 처리할 수 있습니다.

## 1 Statememt 형식으로 데이터 접근하기

Statement 형식은 정적 쿼리문으로 mysqli_query() 함수를 사용하여 INSERT, SELECT, UPDATE, DELETE 쿼리문을 실행합니다. 이 형식은 하나의 쿼리문를 사용하고 나면 더는

사용할 수 없습니다.

Statement 형식은 복잡하지 않은 간단한 쿼리문을 사용하는 경우에 좋습니다.

- **절차 지향 형식**

```
mysqli_result|bool mysqli_query(mysqli $mysql,
                                string $query,
                                int $result_mode = MYSQLI_STORE_RESULT)
```

- **객체 지향 형식**

```
mysqli_result|bool mysqli::query(string $query,
                                 int $result_mode = MYSQLI_STORE_RESULT):
```

**표 14-7 mysqli_query() 함수의 매개변수와 역할**

| 매개변수 | 역할 |
|---|---|
| `$mysql` | mysqli_connect() 또는 mysqli_init()에 의해 반환된 mysqli 객체이다. |
| `$query` | 쿼리 문자열이다. |
| `$result_mode` | MySQL 서버에서 결과가 반환되는 방식을 나타내는 3가지 상수 중 하나일 수 있다.<br>• `MYSQLI_STORE_RESULT`: 기본값으로 버퍼링된 결과 세트와 함께 `mysqli_result` 객체를 반환한다.<br>• `MYSQLI_USE_RESULT`: 버퍼링되지 않은 결과 세트가 있는 `mysqli_result` 객체를 반환한다.<br>• `MYSQLI_ASYNC`: 쿼리가 비동기식으로 수행되며 결과 세트가 즉시 반환되지 않는다. `MYSQLI_STORE_RESULT` 또는 `MYSQLI_USE_RESULT` 상수와 함께 사용된다. |

다음은 INSERT 쿼리문을 실행하여 데이터베이스에 새로운 데이터를 삽입하는 예로, Student 테이블의 `id`, `name`, `passwd` 필드에 각각 `'1'`, `'홍길순'`, `'1234'`를 삽입합니다.

**[절차 지향 형식의 데이터 삽입 예: INSERT 쿼리문]**

```
<?php
$conn = mysqli_connect("localhost", "root", "", "phpbookdb");

$sql = "INSERT INTO Student(id, name, passwd) VALUES ('1', '홍길순', '1234')";
mysqli_query($conn, $sql);
```

```
mysqli_close($conn);
?>
```

| id | name | passwd |
|---|---|---|
| 1 | 홍길순 | 1234 |

[객체 지향 형식의 데이터 삽입 예: INSERT 쿼리문]

```
<?php
$conn =  new mysqli("localhost", "root", "", "phpbookdb");

$sql = "INSERT INTO Student(id, name, passwd) VALUES ('1', '홍길순', '1234')";
$conn->query($sql);

$conn->close();
?>
```

| id | name | passwd |
|---|---|---|
| 1 | 홍길순 | 1234 |

다음은 SELECT 문을 실행하는 예입니다. 쿼리문이 Student 테이블에서 `id`가 1인 레코드를 검색하여 `$result`에 모든 필드 값을 반환합니다.

[절차 지향 형식의 데이터 조회 예: SELECT 쿼리문]

```
<?php
$conn = mysqli_connect("localhost", "root", "", "phpbookdb");

$sql = "SELECT * FROM Student WHERE id = '1'";
$result = mysqli_query($conn, $sql);

mysqli_close($conn);
?>
```

[객체 지향 형식의 데이터 조회 예: SELECT 쿼리문]

```
<?php
$conn = new mysqli("localhost", "root", "", "phpbookdb");

$sql = "SELECT * FROM Student WHERE id = '1'";
```

```
$result= $conn->query($sql);

$conn->close();
?>
```

다음은 UPDATE 쿼리문을 실행하여 데이터베이스에 저장된 데이터를 수정하는 예입니다. Student 테이블의 id 필드 값이 '1'인 것을 찾아 name 필드 값을 '관리자'로 변경합니다.

**[절차 지향 형식의 데이터 수정 예: UPDATE 쿼리문]**

```
<?php
$conn = mysqli_connect("localhost", "root", "", "PHPBookDB");

$sql = "UPDATE Student SET name = '관리자' WHERE id = '1'";
mysqli_query($conn, $sql);

mysqli_close($conn);
?>
```

| id | name | passwd |
|---|---|---|
| 1 | 관리자 | 1234 |

**[객체 지향 형식의 데이터 수정 예: UPDATE 쿼리문]**

```
<?php
$conn = new mysqli("localhost", "root", "", "phpbookdb");

$sql = "UPDATE Student SET name = '관리자' WHERE id = '1'";
$conn->query($sql);

$conn->close();
?>
```

| id | name | passwd |
|---|---|---|
| 1 | 관리자 | 1234 |

다음은 DELETE 쿼리문을 실행하여 데이터베이스에 저장된 데이터를 삭제하는 예입니다. Student 테이블의 id 필드 값이 '1'인 것을 찾아 레코드를 삭제합니다.

[절차 지향 형식의 데이터 삭제 예: DELETE 쿼리문]

```
<?php
$conn = mysqli_connect("localhost", "root", "", "phpbookdb");

$sql = "DELETE FROM Student WHERE id = 1";
mysqli_query($conn, $sql);

mysqli_close($conn);
?>
```

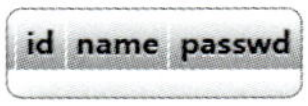


[객체 지향 형식의 데이터 삭제 예: DELETE 쿼리문]

```
<?php
$conn = new mysqli("localhost", "root", "", "phpbookdb");

$sql = "DELETE FROM Student WHERE id = '1'";
$conn->query($sql);

$conn->close();
?>
```

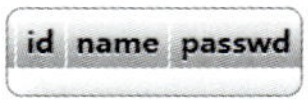


## 2 Prepared Statement 형식으로 데이터 접근하기

Prepared Statement 형식은 동적 쿼리문으로 INSERT, SELECT, UPDATE, DELETE 쿼리문을 실행합니다. 이 형식은 쿼리문에 정해지지 않은 값을 물음표(?)로 표시하여 사용하기 때문에 동일한 쿼리문에 특정 값만 바꾸어 여러 번의 쿼리문을 실행할 수 있습니다.

### mysqli_stmt_execute( ) 함수 사용하기

mysqli_stmt_execute() 함수는 쿼리문을 실행하기 전에 쿼리문을 준비하기 위해 다음과 같은 별도의 함수가 필요합니다.

**표 14-8** 쿼리문 준비를 위한 함수

| 함수명 | | 설명 |
|---|---|---|
| 절차 지향 형식 | 객체 지향 형식 | |
| mysqli_prepare() | mysqli::prepare() | 실행을 위해 쿼리문을 준비한다. |
| mysqli_stmt_prepare() | mysqli_stmt::prepare() | |
| mysqli_stmt_bind_param() | mysqli_stmt::bind_param() | 자료형(i(정수), d(실수), s(문자열), b(blob)과 변수를 prepared statement 형식의 쿼리문의 매개변수로 바인딩한다. |

mysqli_stmt_execute() 함수의 절차 지향 형식과 객체 지향 형식을 살펴보겠습니다.

- 절차 지향 형식

```
bool mysqli_stmt_execute(mysqli_stmt $statement,
                         ?array $params = null)
```

- 객체 지향 형식

```
bool mysqli_stmt::execute(?array $params = null)
```

**표 14-9** mysqli_stmt_execute() 함수의 매개변수와 역할

| 매개변수 | 역할 |
|---|---|
| $statement | mysqli_stmt_init()에 의해 반환된 mysqli_stmt 객체이다. |
| $params | 실행 중인 SQL 문에 바인딩된 매개변수만큼 많은 요소가 포함된 선택적 목록 배열이다. 각 값은 문자열로 처리된다. |

다음은 INSERT 문을 실행하여 데이터베이스에 새로운 데이터를 삽입하는 예입니다. Student 테이블의 id, name, passwd 필드에 각각 '1', '홍길순', '1234'를 삽입합니다. 이 예의 실행 결과는 앞서 INSERT 문을 실행한 예의 실행 결과와 같습니다.

[절차 지향 형식의 데이터 삽입 예 INSERT 쿼리문]

```
<?php
$conn = mysqli_connect("localhost", "root", "", "phpbookdb");
```

```
$sql = "INSERT INTO Student(id, name, passwd) VALUES (?,?,?)";
$stmt =  mysqli_prepare( $conn, $sql);

mysqli_stmt_bind_param($stmt, 'sss', $id, $name, $passwd);

$id = '1';
$name = '홍길순';
$passwd = "1234";

mysqli_stmt_execute($stmt);

mysqli_close($conn);
?>
```

[객체 지향 형식의 데이터 삽입 예: INSERT 쿼리문]

```
<?php
$conn =  new mysqli("localhost", "root", "", "phpbookdb");

$sql = "INSERT INTO Student(id, name, passwd) VALUES (?,?,?)";
$stmt= $conn->prepare($sql);

$stmt->bind_param('sss', $id, $name, $passwd);
$id = '1';
$name = '홍길순';
$passwd = "1234";

$stmt->execute();

$conn->close();
?>
```

다음은 SELECT 문을 실행하는 예입니다. 쿼리문이 Student 테이블에서 id가 1인 레코드를 검색합니다. 이 예의 실행 결과는 앞서 SELECT 문을 실행한 예의 실행 결과와 같습니다.

[절차 지향 형식의 데이터 조회 예: SELECT 쿼리문]

```
<?php
$conn = mysqli_connect("localhost", "root", "", "phpbookdb");

$sql = "SELECT * FROM Student WHERE id = ?";
$stmt =  mysqli_prepare( $conn, $sql);

mysqli_stmt_bind_param($stmt, 's', $id);

$id = '1';

mysqli_stmt_execute($stmt);

mysqli_close($conn);
?>
```

[객체 지향 형식의 데이터 조회 예: SELECT 쿼리문]

```
<?php
$conn =  new mysqli("localhost", "root", "", "phpbookdb");
$sql = "SELECT * FROM Student WHERE id = ?";
$stmt = $conn->prepare($sql);

$stmt->bind_param('s', $id);
$id = '1';

$stmt->execute();

$conn->close();
?>
```

다음은 UPDATE 문을 실행하여 데이터베이스에 저장된 데이터를 수정하는 예시입니다. Student 테이블의 id 필드 값이 1인 것을 찾아 name 필드 값을 '관리자'로 변경합니다. 이 예의 실행 결과는 앞서 UPDATE 문을 실행한 예의 실행 결과와 같습니다.

[절차 지향 형식의 데이터 수정 예: UPDATE 쿼리문 예]

```
<?php
$conn = mysqli_connect("localhost", "root", "", "phpbookdb");

$sql = "UPDATE Student SET name = ? WHERE id = ?";
$stmt = mysqli_prepare($conn, $sql);

mysqli_stmt_bind_param($stmt, 'ss', $name,$id);

$id = '1';
$name = '관리자';

mysqli_stmt_execute($stmt);

mysqli_close($conn);
?>
```

[객체 지향 형식의 데이터 수정 예: UPDATE 쿼리문]

```
<?php
$conn =  new mysqli("localhost", "root", "", "phpbookdb");

$sql = "UPDATE Student SET name = ? WHERE id = ?";
$stmt = $conn->prepare($sql);

$stmt->bind_param('ss', $name,$id);
$id = '1';
$name = '관리자';

$stmt->execute();

$conn->close();
?>
```

다음은 DELETE 문을 실행하여 데이터베이스에 저장된 데이터를 삭제하는 예입니다. Student 테이블의 **id** 필드 값이 1인 것을 찾아 레코드를 삭제합니다. 실행 결과는 앞서 DELETE 문을 실행한 예의 실행 결과와 같습니다.

[절차 지향 형식의 데이터 삭제 예: DELETE 쿼리문]

```
<?php
$conn = mysqli_connect("localhost", "root", "", "phpbookdb");

$sql = "DELETE FROM Student WHERE id = ?";
$stmt = mysqli_prepare( $conn, $sql);

mysqli_stmt_bind_param($stmt, 's', $id);

$id = '1';

mysqli_stmt_execute($stmt);

mysqli_close($conn);
?>
```

[객체 지향 형식의 데이터 삭제 예: DELETE 쿼리문]

```
<?php
$conn =  new mysqli("localhost", "root", "", "phpbookdb");

$sql = "DELETE FROM Student WHERE id = ?";
$stmt = $conn->prepare($sql);

$stmt->bind_param('s', $id);
$id = '1';

$stmt->execute();

$conn->close();
?>
```

### mysqli_execute_query( ) 함수 사용하기

mysqli_execute_query() 함수는 쿼리문 실행 전에 쿼리문을 준비하기 위한 별도의 함수가 필요하지 않으며 해당 함수 내의 매개변수에 쿼리문을 설정합니다.

- 절차 지향 형식

```
mysqli_result|bool mysqli_execute_query(mysqli $mysql,
                                        string $query,
                                        ?array $params = null):
```

- 객체 지향 형식

```
mysqli_result|bool  mysqli::execute_query(string $query,
                                          ?array $params = null)
```

**표 14-10** mysqli_stmt_query( ) 함수의 매개변수와 역할

| 매개변수 | 역할 |
|---|---|
| $mysql | mysqli_connect( ) 또는 mysqli_init( )에 의해 반환된 mysqli 객체이다. |
| $query | 쿼리 문자열이다. |
| $params | 실행 중인 SQL 문에 바인딩된 매개변수만큼 많은 요소가 포함된 선택적 목록 배열이다. 각 값은 문자열로 처리된다. |

다음은 INSERT 문을 실행하여 데이터베이스에 새로운 데이터를 삽입하는 예입니다. Student 테이블의 id, name, passwd 필드에 각각 '1', '홍길순', '1234'를 삽입합니다. 실행 결과는 앞서 INSERT 문을 실행한 예의 실행 결과와 같습니다.

[절차 지향 형식의 데이터 삽입 예: INSERT 쿼리문]

```
<?php
$conn = mysqli_connect("localhost", "root", "", "phpbookdb");

$sql = "INSERT INTO Student(id, name, passwd) VALUES (?,?,?)";
mysqli_execute_query($conn, $sql, ['1', '홍길순', '1234']);
```

```
mysqli_close($conn);
?>
```

[객체 지향 형식의 데이터 삽입 예: INSERT 쿼리문]

```
<?php
$conn =  new mysqli("localhost", "root", "", "phpbookdb");

$sql = "INSERT INTO Student(id, name, passwd) VALUES (?,?,?)";
$conn->execute_query($sql, ['2', '홍길순', '1234']);

$conn->close();
?>
```

다음은 SELECT 문을 실행하는 예입니다. 쿼리문이 Student 테이블에서 **id**가 1인 레코드를 검색하여 **ResultSet** 객체의 **rs**에 모든 필드 값을 반환합니다. 실행 결과는 앞서 SELECT 문을 실행한 예의 실행 결과와 같습니다.

[절차적 지향 형식의 데이터 조회 예: SELECT 쿼리문]

```
<?php
$conn = mysqli_connect("localhost", "root", "", "phpbookdb");

$sql = "SELECT * FROM Student WHERE id = ?";
mysqli_execute_query($conn, $sql, ['1']);

mysqli_close($conn);
?>
```

[객체 지향 형식의 데이터 조회 예: SELECT 쿼리문]

```
<?php
$conn = new mysqli("localhost", "root", "", "phpbookdb");

$sql = "SELECT * FROM Student WHERE id = ?";
```

```
$conn->execute_query($sql, ['1']);

$conn->close();
?>
```

다음은 UPDATE 문을 실행하여 데이터베이스에 저장된 데이터를 수정하는 예입니다. Student 테이블의 id 필드 값이 1인 것을 찾아 name 필드 값을 '관리자'로 변경합니다. 실행 결과는 앞서 UPDATE 문을 실행한 예의 실행 결과와 같습니다.

**[절차 지향 형식의 데이터 조회 예: UPDATE 쿼리문]**

```
<?php
$conn = mysqli_connect("localhost", "root", "", "phpbookdb");

$sql = "UPDATE Student SET name = ? WHERE id = ?";
mysqli_execute_query($conn, $sql, ['관리자', '1' ]);

mysqli_close($conn);
?>
```

**[객체 지향 형식의 데이터 조회 예: UPDATE 쿼리문]**

```
<?php
$conn = new mysqli("localhost", "root", "", "phpbookdb");

$sql = "UPDATE Student SET name = ? WHERE id = ?";
$conn->execute_query($sql, ['관리자', '1' ]);

$conn->close();
?>
```

다음은 DELETE문을 실행하여 데이터베이스에 저장된 데이터를 삭제하는 예입니다. Student 테이블의 id 필드 값이 1인 것을 찾아 레코드를 삭제합니다. 실행 결과는 앞서 DELETE 문을 실행한 예의 실행 결과와 같습니다.

**[절차 지향 형식의 데이터 삭제 예: DELETE 쿼리문]**

```
<?php
$conn = mysqli_connect("localhost", "root", "", "phpbookdb");

$sql = "DELETE FROM Student WHERE id = ?";
mysqli_execute_query($conn, $sql, ['1']);

mysqli_close($conn);
?>
```

**[객체 지향 형식의 데이터 삭제 예: DELETE 쿼리문]**

```
<?php
$conn = new mysqli("localhost", "root", "", "phpbookdb");

$sql = "DELETE FROM Student WHERE id = ?";
$conn->execute_query($sql, ['1']);

$conn->close();
?>
```

## 예제 14-2 INSERT 쿼리문 실행하기

[예제 13-1]에서 생성한 계정(사용자명: admin, 암호: admin1234)과 데이터베이스 이름 phpbookdb를 사용하고, 새로운 테이블 member를 만들어 폼 페이지에서 입력된 값을 삽입합니다. [chap14] 폴더에 'mysqli02_table.php' 파일을 생성해 다음과 같이 작성하고 웹 브라우저에 'http://localhost/chap14/mysqli02.php'를 입력하여 실행 결과를 확인합니다.

우선 [chap14] 폴더에 다음과 같이 Member 테이블 생성 파일을 만듭니다.

chap14/mysqli02_table.php

```
<html>
<head>
    <title>데이터베이스 연동</title>
</head>
```

```
<body>

<?php
$servername = "localhost";  //서버 이름
$username = "admin";        //사용자 이름
$password = "admin1234";    //비밀번호
$dbname = "PHPBookDB";      //데이터베이스 이름
//연결 생성
$conn = mysqli_connect($servername, $username, $password, $dbname);

//연결 확인
if(!$conn){
    die("데이터베이스 연결 실패: " . mysqli_connect_error());
}
echo "데이터베이스 연결 성공: " .mysqli_get_host_info($conn);

$sql = "CREATE TABLE IF NOT EXISTS member(
    id VARCHAR(20) NOT NULL,
    passwd VARCHAR(20),
    name VARCHAR(30),
    PRIMARY KEY (id))";

    if(mysqli_query($conn, $sql)){
        echo "테이블 생성 성공";
    }else{
        echo "테이블 생성 실패: ". mysqli_error($conn);
    }

    mysqli_close($conn);
?>
</body>
</html>
```

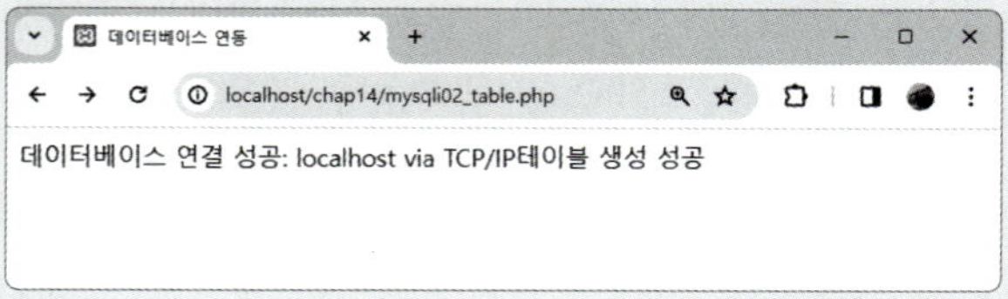

**21행** member 테이블을 생성하도록 CREATE 명령어를 작성합니다. IF NOT EXISTS 옵션은 member 테이블이 없다면 테이블을 생성하라는 의미입니다.

**22행** 아이디를 문자형 최대 길이 20자로 작성합니다. NOT NULL은 NULL을 허용하지 않는다는 것을 나타냅니다.

**23행** 비밀번호를 문자형 최대 길이 20자로 작성합니다.

**24행** 이름을 문자형 최대 길이 30자로 작성합니다.

**25행** id를 고유한 키 인덱스인 PRIMARY KEY로 작성합니다.

**27~31행** CREATE 쿼리문을 실행하도록 mysqli_query() 함수를 작성하고 CREATE 쿼리문의 실행이 성공하면 메시지를 출력하도록 작성합니다.

**33행** 데이터베이스 연결을 해제합니다.

chap14/mysqli02.php

```
<html>
<head>
    <title>데이터베이스 연동</title>
</head>
<body>
    <form method="post" action="mysqli02_process.php">
        <p>아 이 디 : <input type="text" name="id">
        <p>비밀번호 : <input type="password" name="passwd">
        <p>이    름 : <input type="text" name="name">
        <p><input type="submit" value="전송">
    </form>
</body>
</html>
```

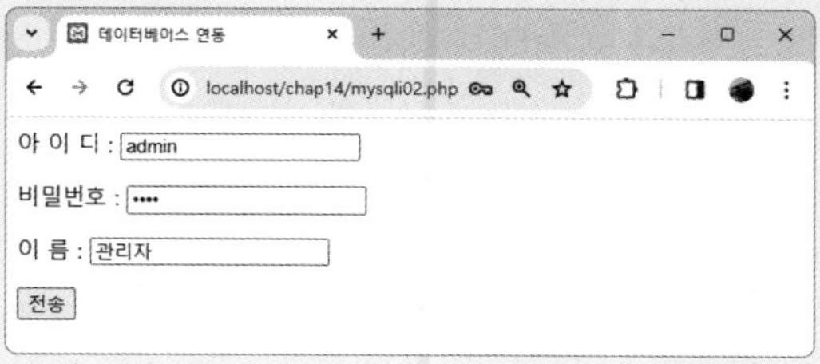

chap14/mysqli02_process.php

```php
<html>
<head>
    <title>데이터베이스 연동</title>
</head>
<body>
<?php
$servername = "localhost";  //서버 이름
$username = "root";         //사용자 이름
$password = "";             //비밀번호
$dbname = "PHPBookDB";      //데이터베이스 이름

//연결 생성
$conn = mysqli_connect($servername, $username, $password, $dbname);

$id = $_POST["id"];
$passwd = $_POST["passwd"];
$name = $_POST["name"];

$sql = "INSERT INTO Member(id, passwd, name) VALUES ('$id', '$passwd' , '$name')";

if(mysqli_query($conn, $sql)){
    echo "데이터 삽입 성공";
}else{
    echo "데이터 삽입 실패: ". mysqli_error($conn);
}
mysqli_close($conn);

?>
</body>
</html>
```

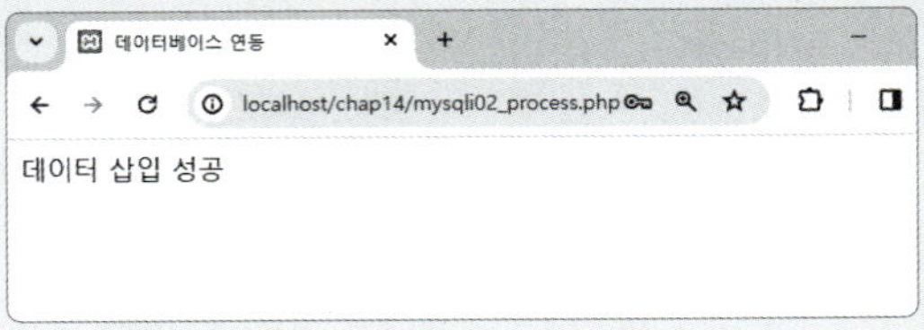

**15~17행** 폼 페이지로부터 아이디, 비밀번호, 이름을 전달받도록 작성합니다.

**19행** member 테이블의 `id`, `passwd`, `name` 필드에 전달받은 값을 삽입하도록 INSERT 문을 작성합니다.

**21~25행** INSERT 문을 실행하도록 mysqli_query() 함수를 작성하고 INSERT 문의 실행이 성공하면 메시지를 출력하도록 작성합니다.

**26행** 데이터베이스 연결을 해제합니다.

▼ 실행 결과

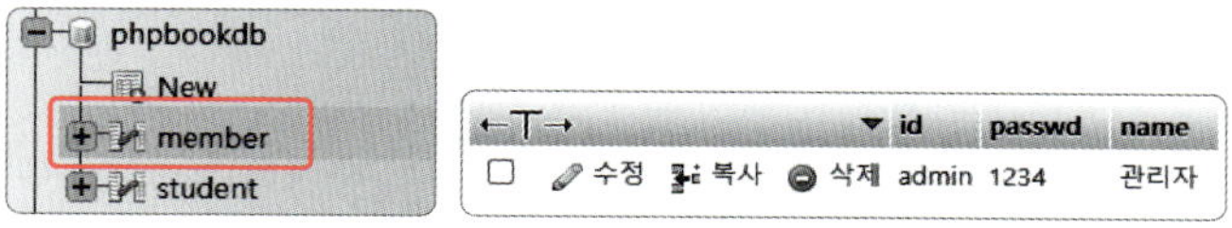

# 04 쿼리문 실행 결괏값 가져오기

데이터베이스의 테이블에 저장된 데이터를 가져오거나 특정 데이터를 검색하여 가져오는 데 사용되는 SELECT 문은 다른 INSERT, UPDATE, DELETE 문와 같이 쿼리문 실행을 위해서 동일한 함수를 사용합니다. 하지만 실행 결과의 집합(행, 레코드)를 가져오려면 mysqli_result 또는 mysqli_stmt 객체에서 지원하는 함수가 필요합니다.

## 1 Statement 형식으로 데이터 접근하기

Statement 형식은 정적 쿼리문으로 mysqli_query() 함수를 사용하여 SELECT 문을 실행한 후 실행 결과의 행을 가져오기 위해 mysqli_fetch_array() 또는 mysqli_fetch_row() 함수를 사용합니다.

### mysqli_fetch_array() 함수 사용하기

mysqli_fetch_array() 함수는 SELECT 쿼리문을 실행한 후 실행 결과의 행을 연관 또는 숫자 배열, 연관 및 숫자 배열로 가져오며 형식은 다음과 같습니다.

- 절차 지향 형식

```
mysqli_fetch_array(mysqli_result $result, int $mode = MYSQLI_BOTH): array|null|false
```

- 객체 지향 형식

```
public mysqli_result::fetch_array(int $mode = MYSQLI_BOTH): array|null|false
```

**표 14-11** mysqli_fetch_array( ) 함수의 매개변수와 역할

| 매개변수 | 역할 |
|---|---|
| `$result` | 절차 지향 방식에만 해당한다. mysqli_query( )에 의해 반환된 mysqli_result 객체이다. |
| `$mode` | 현재 행(레코드) 데이터에서 생성되어야 하는 배열 유형을 나타내는 상수입니다.<br>• MYSQLI_ASSOC: mysqli_fetch_assoc( ) 함수와 같다.<br>• MYSQLI_NUM: mysqli_fetch_row( ) 함수와 같다.<br>• MYSQLI_BOTH: MYSQLI_ASSOC와 MYSQLI_NUM 속성을 모두 포함하는 단일 배열을 생성한다. |

다음은 SELECT 문을 실행하는 예로, 쿼리문이 Student 테이블에서 `id`가 1인 레코드를 검색합니다.

**[절차 지향 형식의 데이터 조회 예: SELECT 쿼리문]**

```
<?php
$conn = mysqli_connect("localhost", "root", "", "phpbookdb");

$sql = "SELECT * FROM student WHERE id = '1'";

$result = mysqli_query($conn , $sql);
// 숫자 배열(numeric array)
$row = mysqli_fetch_array($result, MYSQLI_NUM);
echo $row[1]. " ". $row[2]."<br>";

$result = mysqli_query($conn , $sql);
// 연관 배열(associative array)
$row = mysqli_fetch_array($result, MYSQLI_ASSOC);
echo $row['name']. " ". $row['passwd']."<br>";

$result = mysqli_query($conn , $sql);
// 연관&숫자 배열(associative and numeric array)
$row = mysqli_fetch_array($result, MYSQLI_BOTH);
echo $row[1]. " ". $row['passwd']."<br>";

mysqli_close($conn);
?>
```

[객체 지향 형식의 데이터 조회 예: SELECT 쿼리문]

```
<?php
$conn = new mysqli("localhost", "root", "", "phpbookdb");

$sql = "SELECT * FROM student WHERE id = '1'";

$result = $conn->query($sql);
// 숫자 배열(numeric array)
$row = $result->fetch_array(MYSQLI_NUM);
echo $row[1]. " ". $row[2]."<br>";

$result = mysqli_query($conn, $sql);
// 연관 배열(associative array)
$row = $result->fetch_array(MYSQLI_ASSOC);
echo $row['name']. " ". $row['passwd']."<br>";

$result = mysqli_query($conn , $sql);
// 연관&숫자 배열(associative and numeric array)
$row = $result->fetch_array(MYSQLI_BOTH);
echo $row[1]. " ". $row['passwd']."<br>";

$conn->close();
?>
```

## mysqli_fetch_row( ) 함수 사용하기

mysqli_fetch_row() 함수는 열거된 배열로 결과 집합의 다음 행을 가져오며 형식은 다음과 같습니다.

- 절차 지향 형식

```
mysqli_fetch_row(mysqli_result $result): array|null|false
```

- 객체 지향 형식

```
public mysqli_result::fetch_row(): array|null|false
```

**표 14-12** mysqli_fetch_row() 함수의 매개변수와 역할

| 매개변수 | 역할 |
|---|---|
| $result | 절차적 방식에만 해당한다. mysqli_query()에 의해 반환된 mysqli_result 객체이다. |

다음은 SELECT 문을 실행하는 예입니다. 쿼리문이 Student 테이블에서 id가 1인 레코드를 검색합니다.

[절차 지향 형식의 데이터 조회 예: SELECT 쿼리문]

```
<?php
$conn = mysqli_connect("localhost", "root", "", "phpbookdb");

$sql = "SELECT * FROM student WHERE id = '1'";

$result = mysqli_query($conn , $sql);

$row = mysqli_fetch_row($result);
echo $row[1]. " ". $row[2]."<br>";

mysqli_close($conn);
?>
```

[객체 지향 형식의 데이터 조회 예: SELECT 쿼리문]

```
<?php
$conn = new mysqli("localhost", "root", "", "phpbookdb");

$sql = "SELECT * FROM student WHERE id = '1'";

$result =  $conn->query($sql);

$row =  $result ->fetch_row();
echo $row[1]. " ". $row[2]."<br>";

$conn->close();
?>
```

## 예제 14-3 SELECT 쿼리문 실행하기

[예제 13-1]에서 생성한 계정(사용자명: admin, 암호: admin1234)과 데이터베이스 이름 phpbookdb을 사용하고, 테이블 member에 저장된 모든 값을 가져와 출력합니다. [chap14] 폴더에 'mysqli03' 파일을 생성해 다음과 같이 작성하고 웹 브라우저에 'http://localhost/chap14/mysqli03.php'를 입력하여 실행 결과를 확인합니다.

[예제 14-1]에서 폼 페이지를 통해 값을 삽입하여 member 테이블에 [그림 14-2]와 같이 저장되어 있다고 가정합니다. SELECT 문을 이용하여 테이블 member에 저장된 모든 값을 Statement 형식으로 가져옵니다.

| id | passwd | name |
|---|---|---|
| admin | 1234 | 관리자 |
| guest | 4567 | 홍길동 |

**그림 14-2** member 테이블에 저장되어 있는 값

chap14/mysqli03.php

```
<html>
<head>
    <title>데이터베이스 연동</title>
</head>
<body>
<?php
$servername = "localhost";  //서버 이름
$username = "admin";        //사용자 이름
$password = "admin1234";    //비밀번호
$dbname = "PHPBookDB";      //데이터베이스 이름

//연결 생성
$conn = mysqli_connect($servername, $username, $password, $dbname);

$sql = "SELECT * FROM member";

if($result = mysqli_query($conn, $sql)){
    if(mysqli_num_rows($result) > 0){
        echo "<table>";
```

```
20            echo "<tr>";
21                echo "<th>아이디</th>";
22                echo "<th>비밀번호</th>";
23                echo "<th>이름</th>";
24            echo "</tr>";
25        while($row = mysqli_fetch_array($result)){
26            echo "<tr>";
27                echo "<td>" . $row['id'] . "</td>";
28                echo "<td>" . $row['passwd'] . "</td>";
29                echo "<td>" . $row['name'] . "</td>";
30            echo "</tr>";
31        }
32        echo "</table>";
33    } else{
34        echo "검색어와 일치하는 값을 찾을 수 없습니다.";
35    }
36 } else{
37    echo "쿼리문을 실행할 수 없습니다. " . mysqli_error($conn);
38 }
39
40 mysqli_close($conn);
41
42 ?>
43 </body>
44 </html>
```

**18행** 쿼리문의 실행 결과 집합의 행 수를 가져오도록 mysqli_num_rows() 함수를 작성합니다.

**25~31행** 쿼리문을 실행한 후 실행 결과의 모든 행을 연관 또는 숫자 배열, 연관 및 숫자 배열로 가져오도록 mysqli_fetch_array() 함수를 작성합니다.

▼ 실행 결과

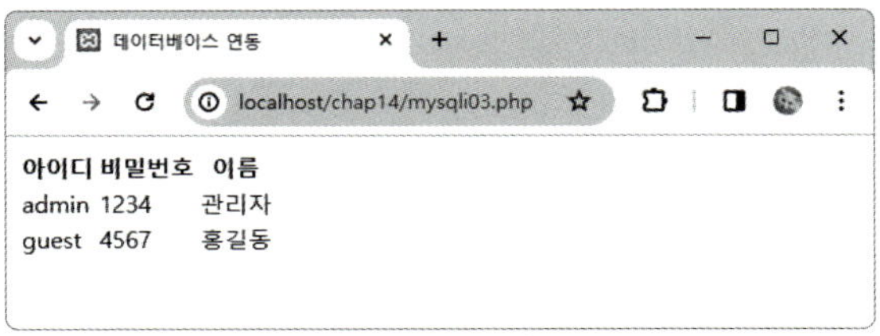

## 2 Prepared Statement 형식으로 데이터 접근하기

### mysqli_stmt_fetch() 함수 사용하기

mysqli_stmt_fetch() 함수는 SELECT 문을 실행한 후 Prepared Statement 형식의 실행 결과를 지정한 변수로 가져옵니다. 이때 먼저 SELECT 문의 실행 결과를 저장하기 위해서 mysqli_stmt_bind_result() 함수를 함께 사용합니다.

- 절차 지향 형식

```
mysqli_stmt_bind_result(mysqli_stmt $statement, mixed &$var, mixed &...$vars): bool
mysqli_stmt_fetch(mysqli_stmt $statement): ?bool
```

- 객체 지향 형식

```
public mysqli_stmt::bind_result(mixed &$var, mixed &...$vars): bool
public mysqli_stmt::fetch(): ?bool
```

표 14-13 mysqli_fetch_row() 함수의 매개변수와 역할

| 매개변수 | 역할 |
|---|---|
| $statement | 절차 지향 형식에만 사용한다. mysqli_stmt_init()에 의해 반환된 mysqli_stmt 객체이다. |
| $var | 바인딩할 첫 번째 매개변수이다. |
| $vars | 바인딩할 추가 매개변수이다. |

다음은 SELECT 문을 실행하는 예입니다. 쿼리문이 Student 테이블에서 id가 1인 레코드를 검색합니다.

[절차 지향 방식의 사용 예: SELECT 쿼리문]

```
<?php
$conn = mysqli_connect("localhost", "root", "", "phpbookdb");

$sql = "SELECT * FROM Student WHERE id = ?";
$stmt =  mysqli_prepare( $conn, $sql);
```

```
mysqli_stmt_bind_param($stmt, 's', $id);

$id = '1';

mysqli_stmt_execute($stmt);

mysqli_stmt_bind_result($stmt, $id, $name, $passwd);

while(mysqli_stmt_fetch($stmt)){
    echo $id."  ". $name."  ". $passwd;
}

mysqli_close($conn);
?>
```

[객체 지향 방식의 사용 예: SELECT 쿼리문]

```
<?php
$conn =  new mysqli("localhost", "root", "", "phpbookdb");

$sql = "SELECT * FROM Student WHERE id = ?";
$stmt = $conn->prepare($sql);

$stmt->bind_param('s', $id);
$id = '1';

$stmt->execute();

$stmt->bind_result($id, $name, $passwd);

while($stmt->fetch()){
    echo $id."  ". $name."  ". $passwd;
}

$conn->close();
?>
```

## 예제 14-4 SELECT 쿼리문 실행하기

[예제 13-1]에서 생성한 계정(사용자명: admin, 암호: admin1234)과 데이터베이스 이름 php bookdb을 사용하고, 테이블 member에 저장된 모든 값을 가져와 출력합니다. [chap14] 폴더에 'mysqli04.php' 파일을 생성해 다음과 같이 작성하고 웹 브라우저에 'http://localhost/chap14/mysqli04.php'를 입력하여 실행 결과를 확인합니다.

[예제 14-1]에서 폼 페이지를 통해 값을 삽입하여 member 테이블에 [그림 14-3]과 같이 저장되어 있다고 가정합니다. SELECT 문을 이용하여 테이블 member에 저장된 모든 값을 prepared statement 형식으로 가져옵니다.

| id | passwd | name |
|---|---|---|
| admin | 1234 | 관리자 |
| guest | 4567 | 홍길동 |

**그림 14-3** member 테이블에 저장된 값

chap14/mysqli04.php

```
<html>
<head>
    <title>데이터베이스 연동</title>
</head>
<body>
<?php
    $servername = "localhost"; //서버 이름
    $username = "admin";       //사용자 이름
    $password = "admin1234";   //비밀번호
    $dbname = "PHPBookDB";     //데이터베이스 이름

    //연결 생성
    $conn = mysqli_connect($servername, $username, $password, $dbname);

    $sql = "SELECT * FROM member";

    $stmt =  mysqli_prepare( $conn, $sql);

    if($result = mysqli_stmt_execute($stmt)){
```

```
20          mysqli_stmt_bind_result($stmt, $id, $name, $passwd);
21          echo "<table>";
22          echo "<tr>";
23              echo "<th>아이디</th>";
24              echo "<th>비밀번호</th>";
25              echo "<th>이름</th>";
26          echo "</tr>";
27          while(mysqli_stmt_fetch($stmt)){
28          echo "<tr>";
29              echo "<td>" . $id . "</td>";
30              echo "<td>" . $passwd . "</td>";
31              echo "<td>" . $name . "</td>";
32          echo "</tr>";
33          }
34      } else{
35          echo "쿼리문을 실행할 수 없습니다. " . mysqli_error($conn);
36      }
37  mysqli_close($conn);
38  ?>
39  </body>
40  </html>
```

**20행** 쿼리문의 실행 결과를 저장하기 위해서 mysqli_stmt_bind_result() 함수를 함께 사용합니다.

**27~33행** 쿼리문을 실행한 후 실행 결과의 모든 행을 연관 또는 숫자 배열, 연관 및 숫자 배열로 가져오도록 mysqli_stmt_fetch() 함수를 작성합니다.

▼ 실행 결과

# 05 북마켓 도서 조회, 등록, 수정, 삭제하기

앞에서 배운 MySQL API를 적용하여 도서 조회, 등록, 수정, 삭제 페이지를 만듭니다.

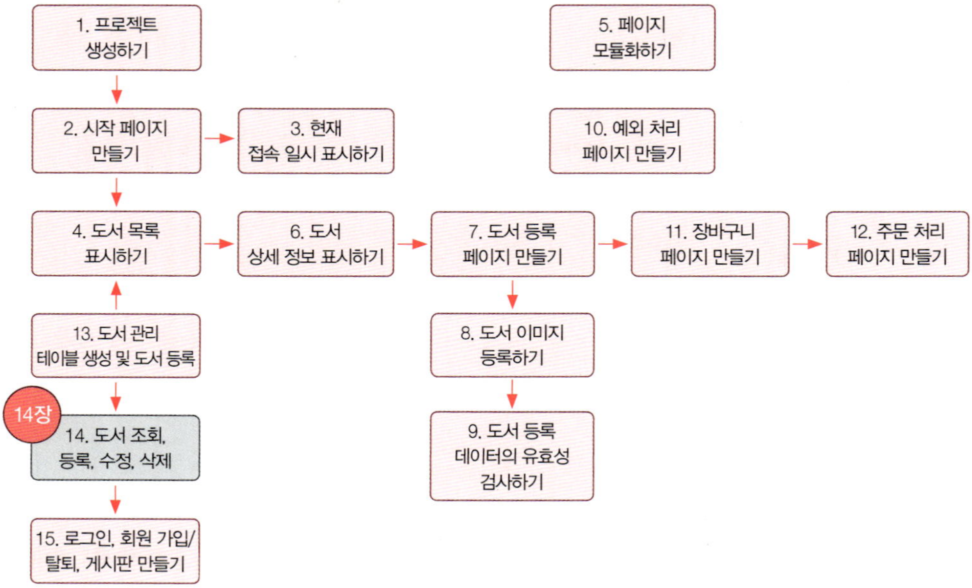


그림 14-4 작업 과정 확인: 도서 조회, 등록, 수정, 삭제하기

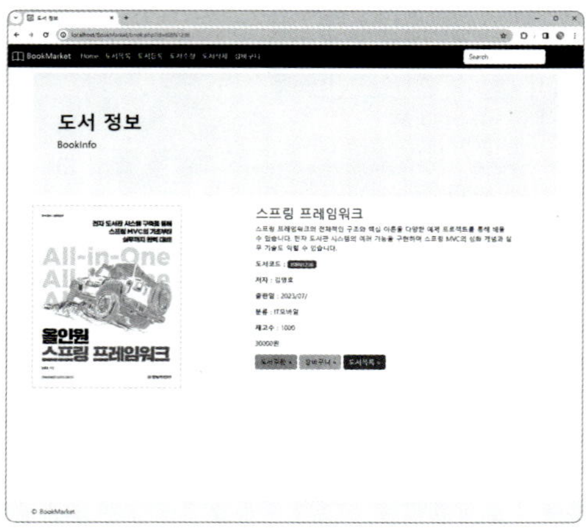

**그림 14-5** 완성된 웹 쇼핑몰 도서 조회, 등록, 수정, 삭제 페이지 화면

## 예제 14-5 사용자 계정 추가하고 데이터베이스 서버 연결 페이지 만들기

**1 사용자 계정 추가하기:** phpMyAdmin 웹 페이지에 접속하여 [사용자 계정] 메뉴를 클릭하고 하단에 [사용자 추가]를 클릭합니다. [사용자 추가] 화면에서 사용자명(admin), 암호(admin1234)를 입력하고 [전체적 권한]에서 [모두 체크]를 선택하고 〈실행〉을 클릭합니다.

TIP 사용자 계정 추가 과정이 기억나지 않으면 [예제 14-1]을 참고하여 진행합니다.

**2 데이터베이스 연결 페이지 만들기:** 'dbconn.php' 파일을 생성하고 다음과 같이 작성합니다.

BookMarket/dbconn.php

```
<?php
$host = 'localhost';
$user = 'admin';
$pass = 'admin1234';
$conn = mysqli_connect($host, $user, $pass, "bookmarketdb");

if(!$conn){
    die('데이터베이스 연결이 실패 : ' . mysqli_connect_error());
}
?>
```

**02~04행** 데이터베이스 연결을 위해서 호스트명, 사용자명, 암호를 작성합니다.

**05행** 데이터베이스와 연동하기 위해 mysqli_connect() 함수를 작성합니다.

**07~09행** 데이터베이스 연결이 실패한 경우 오류를 출력하도록 mysqli_connect_error() 함수를 작성합니다.

## 예제 14-6 데이터베이스 저장된 도서 목록 가져와 출력하기: SELECT 문

**1 도서 목록 페이지 수정하기:** 'books.php' 파일을 다음과 같이 수정하고 추가 작성합니다.

BookMarket/books.php

```
<!doctype html>
...
<?php
//require "./model.php";
require "./menu.php";
require "./dbconn.php"
?>
<br>
<main>
  ...
  <div class="row align-items-md-stretch text-center">
  <?php
  $sql = "SELECT * FROM book";
  $result = mysqli_query($conn, $sql);
  while ($row = mysqli_fetch_array($result)) {
  ?>
    <div class="col-md-4">
      <div class="h-100 p-5">
        <a href="processDownloadImage.php?file=<?php echo urlencode($book['filename']);?>">
          <img src="./resources/images/<?php echo $row['b_fileName']; ?>" style ="width: 100%"> </a>

          <h2><?php echo $row["b_name"]; ?></h2>
          <p><?php  echo $row["b_author"]. " ¦ ".$row["b_releaseDate"]; ?>
```

```
24            <p><?php  echo mb_substr($row["b_description"], 0, 90, 'utf-8')."...""; ?>
25            <p><?php  echo  $row["b_unitPrice"]; ?>원
26            <p> <a href="./book.php?id=<?php echo $row['b_id']; ?>"><button class="btn btn-outline-secondary" type="button">상세 정보</button></a>
27          </div>
28        </div>
29      <?php
30      }
31      mysqli_free_result($result);
32      mysqli_close($conn);
33      ?>
34      </div>
35    </main>
36    ...
```

**6행** 데이터베이스를 연결하는 외부 파일 'dbconn.php'의 내용을 포함하도록 작성합니다.

**13행** book 테이블의 모든 필드 값을 가져오도록 SELECT 문을 작성합니다.

**14행** 쿼리문을 실행하도록 mysqli_query() 함수를 작성합니다.

**15~30행** SELECT 문으로 가져온 레코드가 있을 때까지 `b_fileName`, `b_name`, `b_author`, `b_unitPrice`, `b_description`, `b_unitPrice`, `b_id` 필드 값을 가져와 반복 출력하도록 작성합니다.

**31행** 메모리를 해제하도록 mysqli_free_result() 함수를 합니다.

**32행** 데이터베이스 연결을 해제하도록 mysqli_close() 함수를 작성합니다.

**2 도서 상세 정보 페이지 수정하기:** 'book.php' 파일을 다음과 같이 수정하고 추가 작성합니다.

BookMarket/book.php

```
<!doctype html>
..
<?php
//require "./model.php";
require "./menu.php";
require "./dbconn.php";
```

```
try{
  $id = $_GET["id"];

  $sql = "SELECT * FROM book where b_id = '".$id."'";

  $result = mysqli_query($conn, $sql);
  if(mysqli_num_rows($result)<=0)
    throw new Exception();
  else  $row = mysqli_fetch_array($result);
?>
<br>
<main>
...
  <div class="row align-items-md-stretch">
    <div class = "col-md-5">
      <img src="./resources/images/<?php echo $row['b_fileName']; ?>" style="width: 70%">
    </div>
    <div class = "col-md-6">
      <h2><?php echo $row["b_name"]; ?></h2>
      <p><?php echo  $row["b_description"]; ?>
      <p><b>도서코드 : </b>  <span class="badge text-bg-danger"> <?php echo $id; ?></span>
      <p><b>저자</b> : <?php echo $row["b_author"]; ?>
      <p><b>출판일</b> : <?php echo $row["b_releaseDate"]; ?>
      <p><b>분류</b> : <?php echo $row["b_category"]; ?>
      <p><b>재고수</b> : <?php echo $row["b_unitsInStock"]; ?>
      <p><?php echo $row["b_unitPrice"]; ?>원
      ...
</main>
<?php
mysqli_free_result($result);
mysqli_close($conn);
} catch(Exception $e){
  require "./exceptionNoBookId.php";
}
```

```
42  require "./footer.php";
43  ?>
44  </body>
45  </html>
```

**23~33행** SELECT 문으로 특정 도서 id에 대한 가져온 레코드의 `b_fileName`, `b_name`, `b_author`, `b_unitPrice`, `b_description`, `b_unitPrice` 필드 값을 가져와 출력하도록 작성합니다.

## 예제 14-7 데이터베이스에서 새로운 도서 등록하기: INSERT 문

**1 도서 등록 처리 페이지 수정하기:** 'processAddBook.php' 파일을 다음과 같이 수정하고 추가 작성합니다.

BookMarket/processAddBook.php

```
<?php
...
if($bookIdErr =="" && $nameErr =="" && $unitPriceErr =="" && $descriptionErr
=="" && $unitsInStockErr =="" && $bookImageErr ==""){

  $target_path = "resources/images/";

  $ext = pathinfo($filename, PATHINFO_EXTENSION);
  $filename = $bookId.".".$ext;
  if(move_uploaded_file($_FILES["bookImage"]["tmp_name"], $target_path
.$filename)){
     require "./dbconn.php";

     $sql = "INSERT INTO book (b_id, b_name, b_unitPrice, b_author, b_description,
b_category,b_unitsInStock, b_releaseDate, b_condition, b_fileName) VALUES
('$bookId', '$name', $unitPrice, '$author',  '$description', '$category',
$unitsInStock, '$releaseDate', '$condition', '$filename')";

      if(mysqli_query($conn, $sql))
        Header("Location:books.php");
  }
```

```
17     } else{
18       echo "파일이 업로드되지 않았습니다. 다시 시도해 주세요!";
19     }
20   }
21   require "./addBook_Error.php";
22   ?>
```

**12행** book 테이블의 새로운 필드 값을 삽입하도록 INSERT 문을 작성합니다.

**14~15행** 쿼리문을 실행하도록 mysqli_query() 함수를 작성하고 쿼리문이 성공하면 'book.php' 페이지로 이동하도록 작성합니다.

## 예제 14-8 데이터베이스에 저장된 도서 정보 수정하기: UPDATE 문

**1 메뉴 페이지 수정하기:** 'menu.php' 파일에 다음과 같이 추가 작성합니다.

BookMarket/menu.php

```
01   <header>
02     ...
03       <li class="nav-item">
04         <a class="nav-link active" aria-current="page" href="./addBook.php">
     도서 등록</a>
05       </li>
06       <li class="nav-item">
07         <a class="nav-link active" aria-current="page" href="./editBooks.php?
     edit=update">도서 수정</a>
08       </li>
09       <li class="nav-item">
10         <a class="nav-link active" aria-current="page" href="./cart.php">장바
     구니</a>
11       </li>
12   </ul>
13   ...
```

**06~08행** 도서 수정 메뉴를 추가하도록 작성합니다.

**2 도서 편집 페이지 작성하기:** 'editBooks.php' 파일을 생성하고 다음과 같이 작성합니다.

BookMarket/editBooks.php

```
<!doctype html>
<html class="h-100" >
  <title>도서 편집</title>
<head>
  <link href="./resources/css/bootstrap.min.css" rel="stylesheet">
</head>

<body class="d-flex flex-column h-100">
<?php
require "./menu.php";
require "./dbconn.php";
?>
<br>
<main>
  <div class="container py-5">
    <div class="p-5 mb-4 bg-body-tertiary rounded-3">
      <div class="container-fluid py-5">
        <h1 class="display-5 fw-bold">도서 편집</h1>
        <p class="col-md-8 fs-4">BookEidting</p>
      </div>
    </div>
    <div class="row align-items-md-stretch text-center">
    <?php
    edit = $_GET["edit"];

    $sql = "SELECT * FROM book";
    $result = mysqli_query($conn, $sql);
    while ($row = mysqli_fetch_array($result)) {
    ?>

      <div class="col-md-4">
        <div class="h-100 p-5">
          <img src ="./resources/images/<?php echo $row['b_fileName']; ?>"
style ="width: 100%">
```

```
34              <p><h2><?php echo $row["b_name"]; ?></h2>
35              <p><?php echo $row["b_author"]. " | ".$row["b_releaseDate"]; ?>
36              <p><?php echo mb_substr($row["b_description"], 0, 90, 'utf-8')."..."; ?>
37            <p><?php echo $row["b_unitPrice"]; ?>원
38              <p><?php
39                 if ($edit=="update"){
40                 ?>
41                    <a href="./updateBook.php?id=<?php echo $row['b_id']; ?>">
    <button class="btn btn-success" type="button">수정 &raquo;></button></a>
42                 <?php
43                 }
44                 ?>
45            </div>
46          </div>
47        <?php
48        }
49        mysqli_free_result($result);
50        mysqli_close($conn);
51        ?>
52        </div>
53      </div>
54    </main>
55    <?php
56    require "./footer.php";
57    ?>
58    </body>
59    </html>
```

**11행** 데이터베이스를 연결하는 외부 파일 'dbconn.php'의 내용을 포함하도록 작성합니다.

**26행** book 테이블의 모든 필드 값을 가져오도록 SELECT 문을 작성합니다.

**27행** 쿼리문을 실행하도록 mysqli_query() 함수를 작성합니다.

**28~48행** SELECT 문으로 가져온 레코드가 있을 때까지 b_fileName, b_name, b_author, b_unitPrice, b_description, b_unitPrice, b_id 필드 값을 가져와 반복 출력하도록 작성합니다.

**49행** 메모리를 해제하도록 mysqli_free_result( ) 함수를 합니다.

**50행** 데이터베이스 연결을 해제하도록 mysqli_close( ) 함수를 작성합니다.

**3 도서 수정 페이지 작성하기:** 'updateBook.php' 파일을 생성하고 다음과 같이 작성합니다.

BookMarket/updateBook.php

```
<!doctype html>
<html class="h-100" >
  <title>도서 수정</title>
<head>
  <link href="./resources/css/bootstrap.min.css" rel="stylesheet">
</head>

<body class="d-flex flex-column h-100">
<?php
require "./menu.php";
require "./dbconn.php";

$id = $_GET["id"];

$sql = "SELECT * FROM book where b_id = '".$id."'";

$result = mysqli_query($conn, $sql);
$row = mysqli_fetch_array($result);
?>
<br>
<main>
<div class="container py-5">
  <div class="p-5 mb-4 bg-body-tertiary rounded-3">
    <div class="container-fluid py-5">
      <h1 class="display-5 fw-bold">도서 수정</h1>
      <p class="col-md-8 fs-4">Book Addition</p>
    </div>
  </div>
  <div class="row align-items-md-stretch">

```

```
    <div class = "col-md-5">
      <img src ="./resources/images/<?php echo $row['b_fileName']; ?>" style = "width: 70%">
    </div>

    <div class="col-md-7">
      <div class="h-100 p-5">
      <form name="newBook" action="./processUpdateBook.php" method="post" enctype="multipart/form-data">
        <div class="mb-3 row">
        <label class="col-sm-2">도서코드</label>
          <div class="col-sm-3">
          <input type="hidden" name="bookId" value ="<?php echo $row['b_id']; ?>" class="form-control">
          <span class="badge text-bg-danger"><?php echo $row['b_id']; ?></span>
          </div>
        </div>
        <div class="mb-3 row">
        <label class="col-sm-2">도서명</label>
          <div class="col-sm-5">
          <input type="text" name="name" value="<?php  echo $row['b_name']; ?>" class="form-control">
          </div>
        </div>
        <div class="mb-3 row">
          <label class="col-sm-2">가격</label>
          <div class="col-sm-5">
            <input type="text" name="unitPrice" value="<?php echo $row['b_unitPrice']; ?>" class="form-control">
          </div>
        </div>
        <div class="mb-3 row">
          <label class="col-sm-2">저자</label>
          <div class="col-sm-5">
          <input type="text" name="author" value="<?php echo $row['b_author']; ?>" class="form-control">
          </div>
```

```
        </div>
        <div class="mb-3 row">
        <label class="col-sm-2">상세정보</label>
          <div class="col-sm-10">
          <textarea name="description" cols="50" rows="2"
           class="form-control" placeholder="100자 이상 적어주세요"><?php echo $row['b_description']; ?></textarea>
          </div>
        </div>
        <div class="mb-3 row">
          <label class="col-sm-2">분류</label>
          <div class="col-sm-5">
          <input type="text" name="category" value="<?php echo $row['b_category']; ?>" class="form-control">
          </div>
        </div>
        <div class="mb-3 row">
        <label class="col-sm-2">재고수</label>
          <div class="col-sm-5">
           <input type="text" name="unitsInStock" value="<?php echo $row['b_unitsInStock']; ?>" class="form-control">
          </div>
        </div>
        <div class="mb-3 row">
        <label class="col-sm-2">출판일</label>
          <div class="col-sm-5">
           <input type="text" name="releaseDate" value="<?php echo $row['b_releaseDate']; ?>" class="form-control">
          </div>
        </div>
        <div class="mb-3 row">
        <label class="col-sm-2">상태</label>
          <div class="col-sm-5">
          <input type="radio" name="condition" value="New " checked> 신규도서
          <input type="radio" name="condition" value="Old" > 중고도서
          <input type="radio" name="condition" value="EBook" > E-Book
          </div>
```

```
95            </div>
96            <div class="mb-3 row">
97            <label class = "col-sm-2">이미지</label>
98              <div class ="col-sm-10">
99              <input type="file" name="bookImage" class="form-control">
100             </div>
101           </div>
102           <div class="mb-3 row">
103             <div class="col-sm-offset-2 col-sm-10 ">
104             <input type="submit" class="btn btn-primary" value="등록" >
105             </div>
106           </div>
107         </form>
108         </div>
109       </div>
110     </div>
111   </div>
112   </main>
113   <?php
114   require "./footer.php";
115   mysqli_free_result($result);
116   mysqli_close($conn);
117   ?>
118   </body>
119   </html>
```

**11행** 데이터베이스를 연결하는 외부 파일 'dbconn.php'의 내용을 포함하도록 작성합니다.

**15행** 특정 도서 ID에 대해 book 테이블의 필드 값을 가져오도록 SELECT 문을 작성합니다.

**17행** 쿼리문을 실행하도록 mysqli_query() 함수를 작성합니다.

**18행** 특성 도서 ID에서 검색된 레코드를 가져오도록 mysqli_fetch_array() 함수를 작성합니다.

**32~85행** SELECT 문으로 가져온 레코드가 있을 때까지 `b_fileName`, `b_name`, `b_author`, `b_unitPrice`, `b_description`, `b_unitPrice`, `b_id` 필드 값을 가져와 출력하도록 작성합니다.

**115행** 메모리를 해제하도록 mysqli_free_result() 함수를 합니다.

**116행** 데이터베이스 연결을 해제하도록 mysqli_close() 함수를 작성합니다.

**4 도서 수정 처리 페이지 작성하기:** 'processUpdateBook.php' 파일을 생성하고 다음과 같이 작성합니다.

BookMarket/processUpdateBook.php

```
<?php
require "./dbconn.php";
if($_SERVER["REQUEST_METHOD"] == "POST"){
  $bookId = $_POST["bookId"];
  $name = $_POST["name"];
  $unitPrice = $_POST["unitPrice"];
  $author = $_POST["author"];
  $description = $_POST["description"];
  $category = $_POST["category"];
  $unitsInStock = $_POST["unitsInStock"];
  $releaseDate = $_POST["releaseDate"];
  $condition = $_POST["condition"];

  $target_path = "resources/images/";
  $filename = $_FILES['bookImage']['name'];
  $target_path = $target_path.basename($filename);

  if(empty($bookIdErr) && empty($nameErr) && empty($unitPriceErr) && empty
($descriptionErr) && empty($unitsInStockErr) && empty($bookImageErr)){
    if(move_uploaded_file($_FILES['bookImage']['tmp_name'], $target_path)){
      $sql = "UPDATE book SET b_name='$name', b_unitPrice=$unitPrice, b_
author='$author', b_description='$description',  b_category= '$category', b_
unitsInStock='$unitsInStock', b_releaseDate='$releaseDate', b_condition=
'$condition',  b_fileName= '$filename' WHERE b_id='$bookId'";
    }else{
      $sql = "UPDATE book SET b_name='$name', b_unitPrice=$unitPrice, b_
author='$author', b_description='$description',  b_category= '$category', b_
unitsInStock='$unitsInStock', b_releaseDate='$releaseDate', b_condition=
'$condition' WHERE b_id='$bookId'";
    }
    if (mysqli_query($conn, $sql))
      Header("Location:editBooks.php?edit=update");
    mysqli_free_result($result);
```

```
27      mysqli_close($conn);
28    }
29  }
30  ?>
```

**02행** 데이터베이스를 연결하는 외부 파일 'dbconn.php'의 내용을 포함하도록 작성합니다.

**20, 22행** 특정 도서 ID에 대해 book 테이블의 필드 값을 수정하도록 UPDATE 문을 작성합니다.

**24~25행** 쿼리문을 실행하도록 mysqli_query() 함수를 작성하고 쿼리문이 성공하면 'editBooks.php' 페이지로 이동하도록 작성합니다.

## 예제 14-9 데이터베이스에 저장된 도서 삭제하기: DELETE문

**1 메뉴 페이지 수정하기:** 'menu.php' 파일에 다음과 같이 추가 작성합니다.

BookMarket/menu.php

```
01  <header>
02    ...
03      <li class="nav-item">
04        <a class="nav-link active" aria-current="page" href="./editBooks.php?edit=update">도서수정</a>
05      </li>
06      <li class="nav-item">
07        <a class="nav-link active" aria-current="page" href="./editBooks.php?edit=delete">도서삭제</a>
08      </li>
09      <li class="nav-item">
10        <a class="nav-link active" aria-current="page" href="./cart.php">장바구니</a>
11      </li>
12    </ul>
13  ...
```

**07행** 도서 삭제 메뉴를 추가하도록 작성합니다.

**2 도서 편집 페이지 작성하기:** 'editBooks.php' 파일을 생성하고 다음과 같이 작성합니다.

BookMarket/editBooks.php

```
<!doctype html>
<html class="h-100" >
  <title>도서 편집</title>
<head>
  <link href="./resources/css/bootstrap.min.css" rel="stylesheet">
  <script type ="text/javascript">
  function deleteConfirm(id) {
    if (confirm("해당 도서를 삭제합니다!!") == true)
      location.href = "./deleteBook.php?id=" + id;
    else
      return;
  }
  </script>
</head>

<body class="d-flex flex-column h-100">
...
  <p><?php  echo $row["b_unitPrice"]; ?>원
  <p><?php
     if($edit=="update"){
     ?>
     <a href="./updateBook.php?id=<?php echo $row['b_id']; ?>"><button class=
"btn btn-success" type="button">수정 &raquo;></button></a>
     <?php
     }else if($edit=="delete"){
     ?>
     <a href="#" onclick="deleteConfirm('<?php echo $row['b_id']; ?>')" class=
"btn btn-danger" role="button">삭제 &raquo;></a>
     <?php
     }
     ?>
    </div>
  </div>
...
```

**06~13행** 자바스크립트로 도서 삭제 여부를 확인하는 deleteConfirm() 함수를 작성합니다.

**23~25행** 요청 파라미터 `edit`의 값이 `delete`이면 26행의 〈삭제〉 버튼을 출력하도록 작성합니다.

**26행** 〈삭제〉 버튼을 클릭하면 deleteConfirm() 함수가 실행되도록 `onclick` 속성을 작성합니다.

**3 도서 삭제 페이지 작성하기:** 'deleteBook.php' 파일을 생성하고 다음과 같이 작성합니다.

BookMarket/deleteBook.php

```
01  <?php
02  $id = $_GET["id"];
03
04  require "./dbconn.php";
05
06  $sql = "SELECT * FROM book where b_id = '$id'";
07
08  $result = mysqli_query($conn, $sql);
09  if(mysqli_num_rows($result)<=0)
10    echo "일치하는 도서가 없습니다";
11  else{
12    $sql = "DELETE FROM book WHERE b_id = '$id'";
13    $result = mysqli_query($conn, $sql);
14  }
15
16  mysqli_close($conn);
17  Header("Location:editBooks.php?edit=delete");
18  ?>
```

**06행** 특정 도서 ID에 대한 book 테이블에서 필드 값을 가져오도록 SELECT 문을 작성합니다.

**08행** 쿼리문을 실행하도록 mysqli_query() 함수를 작성합니다.

**09행** SELECT 문으로 가져온 레코드가 있는지 mysqli_num_rows() 함수를 작성합니다.

**12행** book 테이블에서 `b_id` 필드 값과 일치하는 값이 있으면 해당 레코드를 삭제하도록 DELETE 문을 작성합니다.

**13행** 쿼리문을 실행하도록 mysqli_query() 함수를 작성합니다.

요약

## 01 PHP와 MySQL 데이터베이스 연동

- **php와 MySQL 데이터베이스의 연동 과정**

데이터베이스 연결하기 → 데이터 접근하기 → 데이터베이스 연결 닫기

## 02 데이터베이스 서버 연결과 해제

- **mysqli_connect( ) 함수 이용하기**

① 절차 지향 형식

```
mysqli_connect(
    string $hostname = null,
    string $username = null,
    string $password = null,
    string $database = null,
    int $port = null,
    string $socket = null
):bool
```

② 객체 지향 형식

```
public mysqli::__construct(
    ?string $hostname = null,
    ?string $username = null,
    ?string $password = null,
    ?string $database = null,
    ?int $port = null,
    ?string $socket = null
): bool
```

- **mysqli_real_connect( ) 함수 이용하기**

① 절차 지향 형식

```
mysqli_real_connect(
    mysqli $mysql,
    ?string $hostname = null,
    ?string $username = null,
    ?string $password = null,
    ?string $database = null,
    ?int $port = null,
    ?string $socket = null,
    int $flags = 0
): bool
```

② 객체 지향 형식

```
public mysqli::real_connect(
    ?string $hostname = null,
    ?string $username = null,
    ?string $password = null,
    ?string $database = null,
    ?int $port = null,
    ?string $socket = null,
    int $flags = 0
): bool
```

- **데이터베이스 서버의 연결 닫기**

① 절차 지향 형식

```
bool mysqli_close(mysqli $mysql)
```

② 객체 지향 형식

```
book mysqli::close()
```

## 03 데이터베이스 쿼리 실행

- **Statememt 형식으로 데이터 접근하기**

① 절차 지향 형식

```
mysqli_result|bool mysqli_query(mysqli $mysql,
                                string $query,
                                int $result_mode = MYSQLI_STORE_RESULT)
```

② 객체 지향 형식

```
mysqli_result|bool mysqli::query(string $query,
                                 int $result_mode = MYSQLI_STORE_RESULT):
```

- **Prepared Statememt 형식으로 데이터 접근하기: mysqli_stmt_execute( ) 함수 사용**

① 절차 지향 형식

```
bool mysqli_stmt_execute(mysqli_stmt $statement,
                         ?array $params = null)
```

② 객체 지향 형식

```
bool mysqli_stmt::execute(?array $params = null)
```

• **Prepared Statememt 형식으로 데이터 접근하기: mysqli_execute_query() 함수 사용**

① 절차 지향 형식

```
mysqli_result|bool mysqli_execute_query(mysqli $mysql,
                                        string $query,
                                        ?array $params = null):
```

② 객체 지향 형식

```
mysqli_result|bool  mysqli::execute_query(string $query,
                                          ?array $params = null)
```

## 04 쿼리문 실행 결괏값 가져오기

• **Statement 형식으로 데이터 접근하기 : mysqli_fetch_array() 함수 사용**

① 절차 지향 형식

```
mysqli_fetch_array(mysqli_result $result, int $mode = MYSQLI_BOTH): array|
null|false
```

② 객체 지향 형식

```
public mysqli_result::fetch_array(int $mode = MYSQLI_BOTH): array|null|false
```

- **Prepared Statement 형식으로 데이터 접근하기: mysqli_stmt_fetch( ) 함수 사용**

① 절차 지향 형식

```
mysqli_stmt_bind_result(mysqli_stmt $statement, mixed &$var, mixed &...$vars): bool
mysqli_stmt_fetch(mysqli_stmt $statement): ?bool
```

② 객체 지향 형식

```
public mysqli_stmt::bind_result(mixed &$var, mixed &...$vars): bool
public mysqli_stmt::fetch(): ?bool
```

## 연습문제

**01** PHP와 데이터베이스의 연동하는 기법을 단계별로 나열한 것으로 옳은 것은?

> ❶ 쿼리 실행으로 데이터 접근하는 쿼리문 실행하기
> ❷ 데이터베이스 연결하기
> ❸ 데이터베이스 종료하기

① ❷-❶-❸ ② ❷-❸-❶

③ ❸-❷-❶ ④ ❶-❷-❸

**02** 다음 중 데이터베이스 서버에 연결하는 함수는?

① mysql_connect( ) ② mysqli_connect( )

③ mysql_construct( ) ④ mysqli_construct( )

**03** Statement 객체의 함수로 데이터베이스로부터 검색 SQL 문 쿼리를 실행하여 데이터에 접근할 수 있는 함수는?

① mysqli_query( ) ② mysqli_prepare( )

③ mysql_query( ) ④ mysql_prepare( )

**04** Statement 객체의 함수로 데이터베이스로부터 삽입, 수정, 삭제와 관련된 SQL 문 쿼리를 실행하여 데이터에 접근할 수 있는 함수는?

① mysqli_query( ) ② mysqli_prepare( )

③ mysql_query( ) ④ mysql_prepare( )

**05** 데이터베이스로부터 쿼리문의 실행 결괏값을 가져오는 함수로 옳지 <u>않은</u> 것은?

① mysqli_fetch_array( ) ② mysqli_fetch_row

③ mysqli_stmt_fetch( ) ④ mysqli_fetch( )

**06** 사용자 계정이 root, 비밀번호가 1234이고, 데이터베이스명이 phpbookdb인 MySQL 데이터베이스 서버에 연결하도록 빈칸을 채우시오.

```
<?php
$conn = mysqli_connect(__________, __________, __________, __________);

if (!$conn) {
    die("데이터베이스 연결 실패: " . mysqli_connect_error());
}
echo "데이터베이스 연결 성공: " .mysqli_get_host_info($conn);
?>
```

**07** PreparedStatement 객체로 데이터를 조회하도록 다음 조건에 맞게 JSP 애플리케이션을 만들고 실행하여 결과를 확인하시오.

**조건**

❶ 'ex08.php' 파일을 생성합니다.

- student 테이블에 저장된 모든 레코드를 조회하여 그림과 같이 출력하도록 작성합니다.

❷ 웹 브라우저에 'http://localhost/chap14/ex08.php'를 입력하여 실행 결과를 확인합니다.

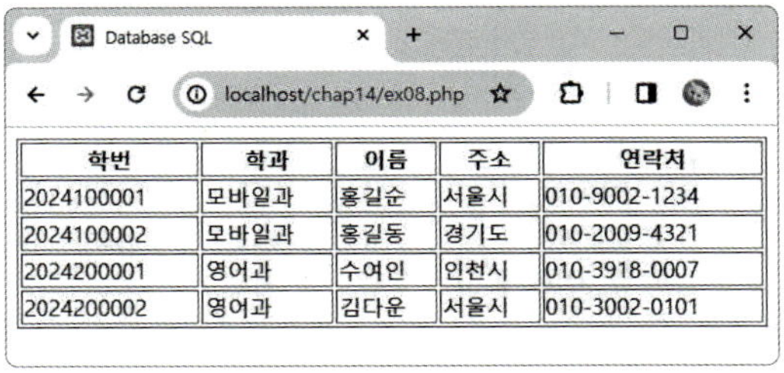


| 학번 | 학과 | 이름 | 주소 | 연락처 |
|---|---|---|---|---|
| 2024100001 | 모바일과 | 홍길순 | 서울시 | 010-9002-1234 |
| 2024100002 | 모바일과 | 홍길동 | 경기도 | 010-2009-4321 |
| 2024200001 | 영어과 | 수여인 | 인천시 | 010-3918-0007 |
| 2024200002 | 영어과 | 김다운 | 서울시 | 010-3002-0101 |

**08** PreparedStatement 객체로 데이터를 삽입하도록 다음 조건에 맞게 JSP 애플리케이션을 만들고 실행하여 결과를 확인하시오.

**조건**

❶ 데이터베이스 생성 및 테이블을 생성합니다.

- MySQL 접속하여 데이터베이스명 ExerciseDB를 생성합니다.
- student 테이블을 생성하고 아래 그림과 같이 레코드를 삽입합니다.

| num | depart | name | address | phone |
|---|---|---|---|---|
| 2024100001 | 모바일과 | 홍길순 | 서울시 | 010-9002-1234 |
| 2024100002 | 모바일과 | 홍길동 | 경기도 | 010-2009-4321 |
| 2024200001 | 영어과 | 수여인 | 인천시 | 010-3918-0007 |
| 2024200002 | 영어과 | 김다운 | 서울시 | 010-3002-0101 |

❷ 'ex07.php' 파일을 생성합니다.

- input 태그 내에 text 유형을 이용하여 학번, 학과, 이름, 주소, 연락처 항목을 작성합니다.
- form 태그의 action 속성 값은 ex07_process.jsp로 작성합니다.

❸ 'ex07_process.php' 파일을 생성합니다.

- 폼페이지에서 전송된 요청 파라미터 값을 전달 받아 student 테이블에 삽입하도록 작성합니다.

❹ 웹 브라우저에 'http://localhost/chap14/ex07.php'를 입력하여 실행 결과를 확인합니다.

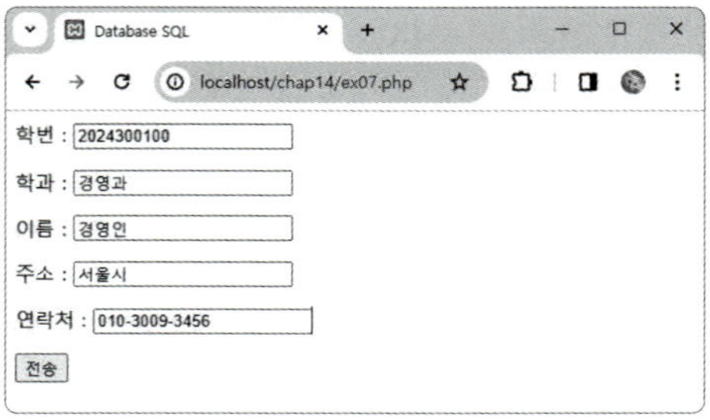

**09** PreparedStatement 객체로 데이터를 갱신하도록 다음 조건에 맞게 JSP 애플리케이션을 만들고 실행하여 결과를 확인하시오.

**조건**

❶ 'ex09.php' 파일을 생성합니다.

- input 태그 내에 text 유형을 이용하여 '변경전 학과명', '변경후 학과명' 항목을 작성합니다.
- form 태그의 action 속성 값은 ex09_process.php로 작성합니다.

❷ 'ex09_process.php' 파일을 생성합니다.

- 폼 페이지에서 전송된 요청 파라미터 값을 전달 받아 '변경전 학과명'을 student 테이블에서 조회하여 '변경후 학과명'으로 수정하도록 작성합니다.

❸ 웹 브라우저에 'http://localhost/chap14/ex09.php'를 입력하여 실행 결과를 확인합니다.

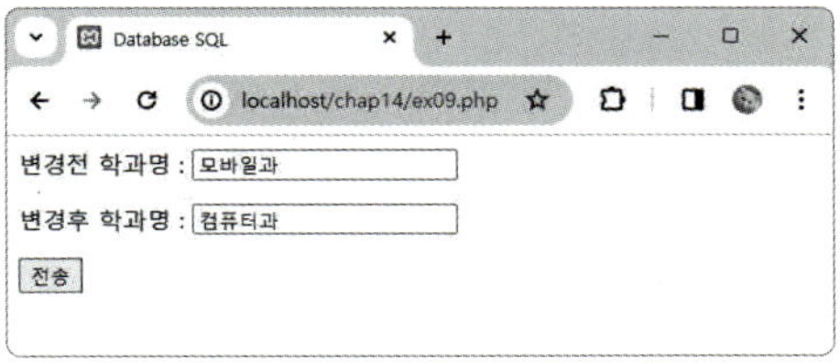


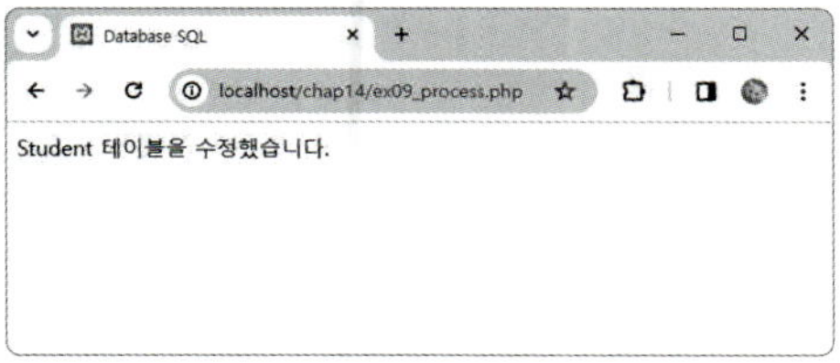

**10** PreparedStatement 객체로 데이터를 삭제하도록 다음 조건에 맞게 JSP 애플리케이션을 만들고 실행하여 결과를 확인하시오.

**조건**

❶ 'ex10.php' 파일을 생성합니다.

- input 태그 내에 text 유형을 이용하여 삭제할 학과명 항목을 작성합니다.
- form 태그의 action 속성 값은 ex10_process.php로 작성합니다.

❷ 'ex10_process.php' 파일을 생성합니다.

- 폼 페이지에서 전송된 요청 파라미터 값을 전달 받아 student 테이블에서 조회하여 삭제하도록 작성합니다.

❸ 웹 브라우저에 'http://localhost/chap14/ex10.php'를 입력하여 실행 결과를 확인합니다.

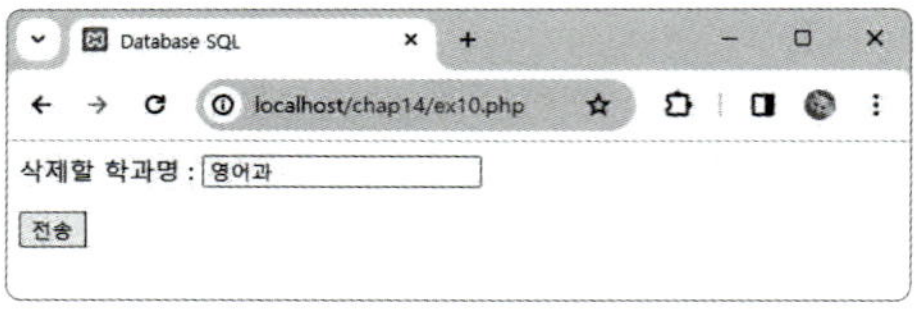

## 찾아보기